Hermes
Hand
Lexikon

ETB

Johann Wolfgang Goethe

Leben · Werk · Wirkung

Von Klaus Schröter und Helmut Riege

Hermes
Hand
Lexikon

ECON Taschenbuch Verlag

Hermes Handlexikon

1. Auflage 1983

Redaktion: Eginhard Hora, Rudolf Radler
Marginalien, Bildunterschriften: Dr. Peter Klimm
Herstellung: Franz Richarz, Dorothea Grandjean
Bildredaktion: Angelica Pöppel
Umschlagdesign: Ludwig Kaiser
Satz: Friedrich Pustet, Regensburg
Reproduktion: Fotolito Longo, Frangart
Druck und Bindung: Landshuter Druckhaus Ltd., Landshut
Printed in Germany
ISBN 3-612-10022-X

Die Reihe »Hermes Handlexikon« wurde
von Bodo Harenberg begründet

Inhalt

Einführung

Goethe und seine Welt wurden zum ersten Mal vor mehr als sechs Jahrzehnten in lexikalischer Form dargestellt: 1916 bis 1918 gab Julius Zeitler unter Mitarbeit zahlreicher Fachgelehrter ein nach Stichworten alphabetisch geordnetes dreibändiges *Goethe-Handbuch* heraus. Es wird noch heute in Bibliotheken und Seminaren benutzt, ist aber nach dem derzeitigen Wissensstand veraltet. (Eine 1961 versuchte Neubearbeitung des Handbuchs durch Alfred Zastrau kam nicht über den ersten Band – Buchstabe F – hinaus.)

Das vorliegende Handlexikon unterscheidet sich – abgesehen von der alphabetischen Anordnung – grundlegend von seinem Vorgänger. Neu ist bereits die äußere Form: außer dem Text wird ein reiches Bildmaterial geboten; daneben begleiten kurze Marginalien die Lexikonartikel. Inhaltlich sind völlig veränderte Schwerpunkte gesetzt. Die Stichworte wurden neu konzipiert. Dabei war – dem gegenwärtigen Erkenntnisstand gemäß – der Gedanke an die Allseitigkeit Goethes maßgebend. Sie ist sichtbar in seiner umfassenden Bildung, seinem stets wachen Erleben und seiner immerwährenden Produktivität. Im Wirken Goethes waren demnach seine Tätigkeiten als Verwaltungsbeamter und Staatsminister, als Theaterleiter, als Wissenschaftler – vor allem als Naturforscher, aber auch auf anderen Gebieten, wie den Altertumswissenschaften, der Geschichte, der Rechtswissenschaft – ebenso der Behandlung wert wie seine dichterischen und schriftstellerischen Arbeiten, seine Korrespondenzen und Gespräche, seine Bemühungen zur bildenden Kunst und seine Herausgebertätigkeit.

Die Stichworte gehören folgenden Bereichen zu: historische und zeitgenössische Personen, die für Goethe eine besondere Rolle spielten; Orte und Länder, in denen er lebte, die er besuchte oder zu denen er geistige Beziehungen unterhielt; Charakteristika zu seiner Person; Bereiche seiner Erlebnis- und Erfahrungswelt; Gebiete seiner Interessen und Tätigkeiten; Goethes wichtigere dichterische Werke und Werkgruppen.

Bei der Benutzung des Handlexikons empfiehlt es sich, zur Ermittlung von Fakten und Zusammenhängen, die nicht unter einem eigenen Stichwort abgehandelt werden konnten, unter einem übergeordneten allgemeinen Stichwort nachzuschlagen, unter dem die gewünschten Informationen gebündelt gegeben werden. Hierzu seien Beispiele aus allen Stichwortgruppen angeführt. Zu Personen: Ludwig Börne findet man

Gegenüberliegende Seite:

Goethe mit der Silhouette. *Gemälde von Johann Ehrenfried Schumann (1778) nach einem 1776 in Weimar entstandenen Bildnis von Georg Melchior Kraus. Die Kopie war von der Großherzogin Anna Amalia als Geschenk für Goethes Mutter bestellt worden, die »ihren Hätschelhanß«, wie sie in einem Brief vom 30. 11. 1778 schrieb, mit großer Freude erblickte: »Wir finden viel gleichheit drinnen und haben eine große herrlichkeit damit . . ., da wir ihn selbst in 3 Jahren nicht gesehen haben, zumahl da er im Frack gemahlt ist, worin ich ihn immer am liebsten so um mich herum hatte . . .«*

unter *Junges Deutschland,* Zar Alexander I. unter *Rußland,* Carl Wilhelm Stadelmann unter *Diener*; zu Orten und Ländern: Tiefurt unter *Weimar*, Paestum unter *Antike* und *Italien*, Indien unter *Mythologie* und *Orient*; zu Goethes Person: Körpergröße unter *Konstitution*, Haushaltsführung unter *Lebensweise, -gewohnheiten*, Reiten unter *Sport*; zu Goethes Erlebnis- und Erfahrungswelt: Halsbandaffäre unter *Französische Revolution*, Gott unter *Pantheismus* und *Religion,* Idee unter *Naturphilosophie* und *Weltbild*; zu Goethes Interessen und Tätigkeiten: Buchdruck unter *Raubdrucke* und *Verleger,* Spektralanalyse unter *Farbenlehre* und *Newton,* Bergwerkskommission unter *Staatsdienst*; zu Goethes Werken und Werkgruppen: »An den Mond« unter *Gedichte,* »Nausikaa« unter *Dramenfragmente*, Balladen unter *Gedichte.* Ein enges Netz von Verweisungen bietet eine feste Orientierungshilfe.

Das übersichtlich gegliederte Material dieses Handlexikons eröffnet von vielen Ausgangspunkten her Zugang zu Goethe und seiner Welt. Das Lexikon speichert Namen, Daten, Fakten und Erfahrungszusammenhänge in der leicht abrufbaren Form eines Nachschlagewerkes. Darüber hinaus soll es Schülern und Studenten als Einführung dienen, Goethefreunden beim Aufarbeiten der Stoff- und Ideenfülle helfen, dem Kenner aber auch Probleme bezeichnen und erhellen.

So kommt diesem Handlexikon angesichts der zahlreichen Goethe-Ausgaben, Kataloge von Goethes Sammlungen, Bildbänden, ja Devotionalien zu Goethe, zu schweigen von der uferlosen Masse der Sekundärliteratur, geradezu die Rolle eines Kompasses zu.

Im ganzen ist ein analytisches Goethebild angestrebt, in dem generalisierende Synthesen vermieden sind. In historischer, kritischer Verfahrensweise werden nicht nur Vielfalt und Größe Goethes dargestellt, sondern auch Widersprüche und sein grandioser Eklektizismus im Denken und Schaffen beleuchtet.

Lexikalischer Teil

Aberglaube

Goethes intuitive Kenntnis des Unbewußten spricht sich besonders klar in seiner Einschätzung des Aberglaubens aus, den er *»auf einer viel größeren Tiefe und Delikatesse als den Unglauben«* beruhen sieht (zu Riemer, 12. 12. 1806). Er maß ihm im seelischen Haushalt eine bereinigende Funktion zu und ließ mit dieser Einsicht die Anthropologie der →*Aufklärung* weit hinter sich: *»Der Aberglaube gehört zum Wesen des Menschen und flüchtet sich, wenn man ihn ganz und gar zu verdrängen denkt, in die wunderlichsten Ecken und Winkel, von wo er auf einmal, wenn er einigermaßen sicher zu sein glaubt, wieder hervortritt.« (Maximen und Reflexionen)*

Aberglaube, Vorahnung und Zauber bilden vielfältige, aber keine tragenden Motive in Goethes Werk.
→*Alchemie*; →*Astrologie*

In der *Geschichte der Farbenlehre* bemerkt Goethe: »eigentlich ergreift der Aberglaube nur falsche Mittel, um ein wahres Bedürfnis zu befriedigen, und ist deswegen weder so scheltenswert, als er gehalten wird, noch so selten in den sogenannten aufgeklärten Jahrhunderten und bei aufgeklärten Menschen.«

Adelsstand

Herzog →*Carl August* erreichte bei Kaiser Joseph II. 1782 die Ausstellung eines Adelsdiploms für Goethe. Die Erhebung Goethes in den Adelsstand erleichterte im diplomatischen Verkehr mit anderen Standespersonen (→*Staatsdienst*) die Etikette. Goethe selbst nahm seine Nobilitierung gelassen hin. *»Als man mir das Adelsdiplom gab, glaubten viele, wie ich mich dadurch möchte erhoben fühlen. Allein, unter uns, es war mir nichts, gar nichts! Wir Frankfurter Patrizier hielten uns immer dem Adel gleich.«* (Zu Eckermann, 26. 9. 1827)

Alchemie

In der Frankfurter Zeit von 1768 bis 1770 unternahm Goethe, wie noch viele aufgeklärte und gelehrte Geister im 18. Jh., alchemistische Versuche, aus denen ihm eine Kenntnis magisch-okkultistischer Symbolik erwuchs, die seine Dichtungen, insbesondere den »Urfaust« (→*Faust*), und seine naturwissenschaftlichen Schriften befruchtete.
→*Aberglaube*

Alterswerk

Goethes Alterswerk entstand in der Epoche der →*Restauration*. Es umfaßt in der Dichtung alle literarischen Gattungen: die großen eigenständigen Werke →*West-östlicher Divan*, →*Wilhelm Meisters Wanderjahre*, →*Faust* II, →*Gedichte*, Spruchsammlungen in Vers und Prosa (→*Zahme Xenien*, →*Maximen und Reflexionen*), die →*Italienische Reise*, auch ausgedehnte Korrespondenzen (→*Briefe*). Hinzu trat Goethes →*Herausgebertätigkeit* sowie seine Forschungen und Veröffentlichungen zu den →*Naturwissenschaften*. Ei-

AUREA CATENA
HOMERI.
Das ist:
Eine Beschreibung
von dem
Ursprung der Natur
und natürlichen Dinge,
wie und woraus sie gebohren und gezeuget,
auch wie sie erhalten und wiederum in ihr uranfängliches
Wesen zerstöret werden, auch was das Ding sey,
welches alles gebähret und wieder zerstöret,
ganz simpliciter nach der Natur selbst eigner Anleitung und Ordnung mit seinen schönsten natürlichen rationibus
und Ursachen überall illustriret.
Neue Auflage,
welche nach einem accuraten und vollständigen Manuscript fast auf allen Blättern verbessert, und an sehr vielen
Orten um ein grosses auch nunmehro mit dem ächten
Dritten Theil
vermehret ist.

Jena,
bey Christian Henrich Cuno.
1757.

Das Buch von der Aurea Catena Homeri *(wörtl. »Die güldene Kette des Homer«) interessierte den jungen Goethe ganz besonders, weil es die Natur in – manchmal phantastischer – Verknüpfung darstellte.*

Ernst Bloch widmete dem Goetheschen Alterswerk in *Das Prinzip Hoffnung* (1959) besondere Aufmerksamkeit: »Gerade Goethes Alterswerke haben das ganze vorige Jahrhundert und lange darüber hinaus die Uferbewohner gestört, die sich aus Goethe ein vornehmes Bürgeridyll herauslesen wollen ... der alte Goethe hat mit dieser Art großer Einfalt, stiller Kleinheit, pensionierter Schönheit nichts gemein, und ewige Ruh ist ihm nur in Gott dem Herrn. Vom Abend des Lebenstags aber sagt Goethe: ›Es gehen dem gefaßten Geist Gedanken auf, bisher undenkbare; sie sind wie selige Dämonen, die sich auf den Gipfel der Vergangenheit glänzend niederlassen.‹«

Unten: *Die neue Zeitschrift der Weimarischen Kunstfreunde,* Über Kunst und Altertum. *Frontispiz und Titelseite des ersten Heftes (1816).*

nen großen Raum nimmt fernerhin der Komplex der aufgezeichneten → *Gespräche* ein.

In allen Äußerungen herrschen größte sprachliche Konzentration, symbolische, oft formelhafte Verkürzungen, Allgemeingültigkeit der Formulierung, manchmal (in Briefen und Gesprächen) kuriale Umständlichkeit. In seiner Dichtung verwandte Goethe neben den seit der Sturm-und-Drang-Zeit benutzten Versformen auf das geschmeidigste sämtliche metrischen und strophischen Ausdrucksformen (→ *Verskunst*).

In Goethes Alterswerken ist die Neigung unübersehbar, den jeweiligen Gehalt ins Überirdische transzendieren zu lassen: im *»Buch des Paradieses«* des → *West-östlichen Divan*, in weltanschaulichen Gedichten, im Themenkreis um die Gestalt der Makarie in *Wilhelm Meisters Wanderjahre*, im katholisierenden Himmel am Ende von *Faust* II. Überhaupt betrachtete Goethe alle Realien symbolisch als *»Abglanz«* und *»Gleichnis«* einer höheren Welt. Diesen symbolhaften Bezug deutet er in seinen Alterswerken in beispielhaften Bildern und mit belehrendem Anspruch.
→ *Ästhetik*; → *Novelle*

Altertumswissenschaft

Goethes Beschäftigung mit den Altertumswissenschaf-

Ueber
Kunst und Alterthum
in den
Rhein und Mayn
Gegenden.

Von
Goethe.

Erstes Heft.

Stuttgard,
in der Cottaischen Buchhandlung
1816.

ten wurde durch das Studium der Schriften →*Johann Joachim Winckelmanns* eingeleitet und späterhin durch den Gedankenaustausch mit den klassischen Philologen →*Friedrich Wilhelm Riemer,* →*Johann Heinrich Voß* und →*Friedrich August Wolf* gefördert. Seine Reisen durch →*Italien* und Aufenthalte in →*Rom* gaben Goethe die lebendige Anschauung archäologischer Forschungen.

Seine eigenen Arbeiten zu antiker Malerei, Plastik und Architektur (→*Antike*) veröffentlichte er in der von ihm herausgegebenen Zeitschrift *Über Kunst und Altertum* (1816–1832).

Amerika

Wie die meisten jungen europäischen Intellektuellen gegen Ende des 18. Jh.s hatte auch Goethe an den amerikanischen Freiheitskriegen lebhaftes Interesse. Er sympathisierte mit den Unabhängigkeitsbestrebungen der nordamerikanischen Kolonien gegenüber dem Mutterland England.

Im Alter interessierten Goethe die geologischen Verhältnisse Amerikas, über die er sich u. a. durch →*Alexander von Humboldt* unterrichten ließ. Über die damals herrschenden gesellschaftlichen und wirtschaftlichen Verhältnisse der Vereinigten Staaten von Amerika fand Goethe ausführliche Darstellungen im Reisejournal Carl Bernhards von Sachsen-Weimar (1792–1862), des jüngeren Sohnes von Herzog →*Carl August von Sachsen-Weimar-Eisenach* (1825/26).

Die Notwendigkeit eines Panama-Kanals erläuterte Goethe 1827 gegenüber Eckermann (→*Technik*). Amerikanische Besucher fanden den alten Goethe außerordentlich informiert über ihr Land.

Goethe hat Nordamerika in seinem eigenen Werk in dem Roman →*Wilhelm Meisters Wanderjahre* breiten Raum gewidmet. Amerika ist dort als Ziel der Auswanderungsbestrebungen thematisiert, die der überwiegende Teil der Romanfiguren hegt.

Amerika diente Goethe als Gegenbild zum zeitgenössischen Europa, indem es ihm unvorbelastet durch verfallenen Feudalismus, Eruptivgestein, geschichtliche Traditionen und romantische Gespenstergeschichten erschien: das ist der Sinn der vielzitierten *Zahmen Xenie*, die *Den Vereinigten Staaten* (1818) gewidmet ist, *»Amerika, du hast es besser / Als unser Kontinent, das alte . . .«*.

Den Vereinigten Staaten

Amerika, du hast es besser
Als unser Kontinent das alte,
Hast keine verfallene Schlösser
Und keine Basalte.
Dich stört nicht im Innern
Zu lebendiger Zeit
Unnützes Erinnern
Und vergeblicher Streit.

Benutzt die Gegenwart mit
Glück!
Und wenn nun eure Kinder
dichten,
Bewahre sie ein gut Geschick
Vor Ritter-, Räuber- und
Gespenstergeschichten.

Amtliche Tätigkeit →*Staatsdienst*

Anakreontik →*Rokoko*; →*Gedichte*

Justus Christian Loder. Stich von F. Müller nach dem Gemälde von F. A. Tischbein.

Anatomie

Seit seiner Studienzeit beschäftigte sich Goethe mit Anatomie. Seit 1781 betrieb er anatomische Studien unter Anleitung des an der Universität Jena als Medizinprofessor lehrenden Justus Christian Loder (1753–1832) zusammen mit → *Alexander von Humboldt*. 1781/82 hielt Goethe Vorträge über Anatomie in Weimar. Seine Studien waren alle vergleichender Natur und schlossen die Analyse fossiler Funde mit ein. Goethe erwies sich von Anfang an als Anhänger der natürlichen → *Evolution* des Menschen. Eine Zusammenfassung seiner vergleichenden anatomischen Arbeiten enthält Goethes *Erster Entwurf einer allgemeinen Einleitung in die vergleichende Anatomie, ausgehend von der Osteologie* (1795) und die hieraus hervorgegangenen Vorträge.

Die bedeutendsten Einzelergebnisse von Goethes osteologischen Studien sind seine Entdeckung des *»Os intermaxillare«* (→ *Zwischenkieferknochen*) am Menschen, 1784, durch die Goethe die Evolution des Menschen aus der Säugetierfamilie bewiesen fand, und seine Wirbeltheorie des Schädels, 1790, in der Goethe Methoden seiner Metamorphosenlehre (→ *Botanik*) auf die Osteologie anwandte. Beide Funde wurden erst 1820 in den von Goethe herausgegebenen Heften *Zur Morphologie* veröffentlicht. Diese Hefte, bis 1824 fort-

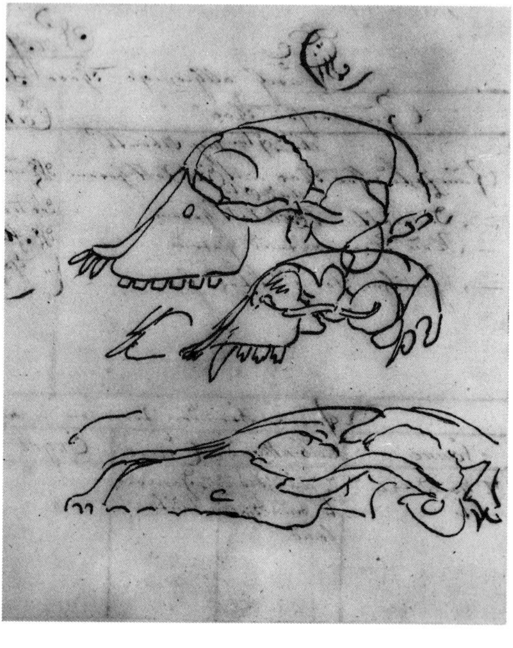

Rechts: *Eigenhändige Zeichnungen Goethes zum Zwischenkieferknochen.*

geführt, dienten der Veröffentlichung früherer und laufender Forschungen.
→*Georges de Cuvier*; →*Morphologie*; →*Naturwissenschaften*

Johann André

* 28. 3. 1741 Offenbach; † 18. 6. 1799 Offenbach

Ursprünglich Seidenfabrikant, später Komponist, ab 1774 Musikverleger und Kapellmeister in Offenbach, 1777–1784 Musikdirektor der Döbbelinschen Schauspielertruppe in Berlin.

Nach flüchtiger Bekanntschaft 1764 trat Goethe 1775 mit André in näheren Kontakt, als dessen Kompositionen im Kreis von →*Anna Elisabeth Schönemann* häufig gespielt wurden und Operetten von ihm in Frankfurt außerordentlich erfolgreich waren. André vertonte 1775 Goethes Singspiel →*Erwin und Elmire* und um 1780 →*Claudine von Villa Bella*.
→*Singspiele*; →*Vertonungen*

Johann André. Stich von Lips nach einem Gemälde von G. O. May.

Anna Amalia, Herzogin von Sachsen-Weimar-Eisenach

* 24. 10. 1739 Wolfenbüttel; † 10. 4. 1807 Weimar

Tochter des Herzogs Karl I. zu Braunschweig-Lüneburg (1735–1780) und seiner Frau Philippine Charlotte (1716–1801), einer Schwester →*Friedrichs II. von Preußen*.

Seit dem Tode ihres Mannes, des Herzogs Ernst August Constantin von Sachsen-Weimar-Eisenach (1758) war sie Regentin des Landes und Vormund ihrer beiden Söhne →*Carl August* und Constantin (1758–1793). Sie widmete sich mit besonderer Umsicht deren Erziehung und leitete durch die Berufung →*Christoph Martin Wielands* die Gründung des sprichwörtlich gewordenen »Weimarer Musenhofes« ein.

Goethe hatte bald nach seinem Eintritt in →*Weimar* vertraulichen Umgang mit Anna Amalia. Im Sommer 1788 trat sie eine Reise nach Italien an. Ihren Aufenthalt in Rom hatte Goethe sorgfältig vorbereitet. 1790 holte Goethe sie aus →*Venedig* ab.

Anna Amalia förderte das 1776 gegründete Herzogliche Liebhabertheater, für das Mitglieder der Hofgesellschaft, darunter auch Goethe, Stücke schrieben, in denen sie auftraten. Sie komponierte 1776 Musik zu Goethes →*Erwin und Elmire* und 1778 zu seinem →*Jahrmarktsfest zu Plundersweilern*. 1781 begründete sie das *Journal von Tiefurt*, das in mehreren handschriftlichen Exemplaren in ihrem Kreis kursierte und bis 1784 bestand.

1805 widmete Goethe ihr das Sammelwerk *Winckelmann und sein Jahrhundert* (→*Johann Joachim Win-*

Unten: *Herzogin Anna Amalia. Kohlezeichnung, wahrscheinlich aus dem Jahr 1789, von Wilhelm Tischbein.*

Rechts: *Gesellschaft bei Herzogin Anna Amalia im Wittumspalais zu Weimar, zugleich eine der eindrucksvollsten Darstellungen des »Weimarer Musenhofes«. Aquarell von Georg Melchior Kraus, um 1795.*
V.l.n.r.: *Johann Heinrich Meyer, Jakob Friedrich v. Fritsch, der lesende Goethe, Friedrich Hildebrand v. Einsiedel, die Herzogin, Eliza, Charles und Emilia Gore, Louise v. Göchhausen und Johann Gottfried Herder.*

ckelmann). Nach ihrem Tode verfaßte Goethe einen Nekrolog auf sie.
→ *Singspiele*; → *Vertonungen*

Goethe an Staatsrat Schultze, Weimar, 31. Mai 1825: »Das was ich nicht recht zu nennen weiß, was aber wohl auf ein paar Bände anschwellen möchte, sind Notizen aus meinem Leben, ... der Ausführung nach möchte man sie bald Chronik, bald Annalen, Memoiren, Konfessionen und wer weiß wie sonst noch nicht mit Unrecht benennen. Sie streifen in ihrem einfachen Gang an die Weltgeschichte oder die Weltgeschichte – wenn man will – streift an sie ...«

Annalen oder Tag- und Jahreshefte

Entstehung 1817–1826; Erstdruck 1830

Aus Anlaß der zweiten Gesamtausgabe seiner *Werke* bei Cotta seit 1815 (→ *Verleger*) faßte Goethe den Plan, seine autobiographischen Schriften durch ein *»summarisch-chronologisches Verzeichnis«* seiner Werke zu ergänzen. Mit Hilfe seiner → *Sekretäre* und → *Diener* wertete Goethe verschiedenste Materialien seines Archivs aus: → *Tagebücher*, → *Briefwechsel* und vielfältiges Aktenmaterial. Auf ihrer Grundlage dokumentierte er chronikalisch seine jährlichen Tätigkeiten auf allen Gebieten sowie seinen geselligen Verkehr und seine → *Reisen* bis 1822. Der Zeitabschnitt von 1749 bis 1788 ist nur überblickhaft behandelt (→ *Dichtung und Wahrheit* deckt den größten Teil dieses Zeitraums), während ab 1789 eine jährliche Berichterstattung einsetzt, die ab 1794 ausführlicher wird.
→ *Autobiographie*; → *Johann Peter Eckermann*

Anstalten für Wissenschaft und Kunst → *Staatsdienst*

Antike

Goethes Auseinandersetzung mit der Antike kommt innerhalb seiner Bildungswelt eine zentrale Stellung zu. Sie wurde bedeutend für die Entwicklung seines Daseinsverständnisses und Ethos, seines Denkens und Schaffens. Leitend wurden ihm die antiken Ideale des

Menschen als Maß aller Dinge, der Harmonie, die unmittelbare Naturauffassung und die Äußerungsformen im Gesellschaftsleben und in der Kunst.

Eine eigene Anschauung der Antike gewann Goethe in →*Italien*; in Griechenland ist er – wie →*Johann Joachim Winckelmann*, Johann Jakob Wilhelm Heinse (1746–1803), →*Wilhelm von Humboldt* und →*Friedrich Hölderlin* – nie gewesen.

Die erste nachhaltige Berührung mit der antiken Welt wurde Goethe während seiner Leipziger Studienzeit durch Winckelmanns Schrift *Gedanken über die Nachahmung der Griechischen Werke in der Malerei und Bildhauerkunst* (1754) vermittelt. Winckelmanns aus Werken der klassischen attischen Periode entwickelter Kunstkanon blieb für Goethe bis weit über die italienische Reise hinaus bestimmend (vgl. *Winckelmann und sein Jahrhundert*, 1805). Noch in seinem Aufsatz *Antik und Modern* (1818) äußert Goethe: *»Die Klarheit der Ansicht, die Heiterkeit der Aufnahme, die Leichtigkeit der Mitteilung, das ist es, was uns entzückt, und wenn wir nun behaupten, dieses alles finden wir in den echt griechischen Werken, und zwar geleistet am edelsten Stoff, am würdigsten Gehalt, mit sicherer und vollendeter Ausführung, so wird man uns verstehen, wenn wir immer von dort ausgehen und immer dort hinweisen.«*

Die erste größere Sammlung antiker Plastiken, wenngleich in Gipsabgüssen, sah Goethe 1769 im »Mannheimer Antikensaal«. Neben der Kenntnisnahme weiterer Skulpturen in deutschen Sammlungen gewann Goethe die entscheidenden Eindrücke von antiker Plastik während seines Aufenthalts in Italien. In →*Rom* erwarb er Abgüsse des Zeus von Otricoli, der Juno Ludovisi und der Medusa Rondanini, die er in seinem Weimarer Wohnhaus aufstellte.

»Zu meiner Erquickung habe ich gestern einen Ausguß des kolossalen Junokopfes, wovon das Original in der Villa Ludovisi steht, in den Saal gestellt. Es war dies meine erste Liebschaft in Rom, und nun besitz' ich sie. Keine Worte geben eine Ahnung davon. Es ist wie ein Gesang Homers.«
(*Italienische Reise*, 6. Januar 1787)

Links: *Das »Juno-Zimmer« in Goethes Haus am Frauenplan in Weimar. Es ist das eigentliche Gesellschaftszimmer im vorderen Teil des Hauses. Hier pflegte Goethe zu empfangen. Links neben der Tür ist die 1823 hier aufgestellte Kolossalbüste der sogen. »Juno Ludovisi« zu sehen, ein Abguß nach einem Marmororiginal aus dem 1. Jh. n. Chr.*

Der Tempel von Segesta. Kolorierter Kupferstich von Hegui nach Cassas aus der Sammlung des Barons Basile de Lemmerman, Rom. Goethe richtete einen sehr sachlichen, beinahe nur registrierenden Blick auf den Tempel. Sein Begleiter, der Maler Christoph Heinrich Kniep, nahm das Motiv des Tempels für eine Sepiazeichnung aus größerer Entfernung auf.

Theoretische Rechenschaft über seine durch diese Plastiken befestigten klassizistischen Anschauungen legte Goethe u. a. in den Aufsätzen *Über Laokoon* (1798), *Myrons Kuh* (1812) und *Relief von Phigalie* (1818) ab. Die Überführung der Basreliefs aus Giebelfeldern und Friesen des Parthenons in Athen (Phidias und seine Schule) durch Thomas Bruce Lord Elgin (1799–1803 britischer Gesandter in Istanbul) nach London (1816) sowie Zeichnungen zu den Skulpturen des Parthenon wurden von Goethe auf das lebhafteste verfolgt und kommentiert (vgl. u. a. *Annalen*, 1817).

Antike Malereien lernte Goethe vornehmlich in Pompeji, Herculanum, Stabiae und in den Bädern des Titus in Rom kennen. Er äußerte sich zu ihnen u. a. in den *Materialien zur Geschichte der Farbenlehre* (1810) sowie in dem Aufsatz *Philostrats Gemälde* (1818).

Antike Gemmen wurden Goethe besonders nahegebracht durch die Sammlung der Fürstin Amalie von Gallitzin (1748–1806), die Goethe 1792 auf Drängen der Fürstin nach Weimar nahm, wo er sich mit der Interpretation der Gemmen befaßte und Abdrücke anfertigen ließ. (→*Kunstsammlungen*)

Mit römischen und griechischen Bauwerken wurde Goethe in Italien vertraut, wobei ihn an den römischen Bauten sogleich *»Großheit«* und Zweckmäßigkeit beeindruckten, während ihn die griechischen Tempel von Paestum, Segesta und Girgenti in ihren archaischen Maßen zunächst erschreckten und er sich erst in einem zweiten Studiengang mit ihnen befreunden konnte. Für eigene architektonische Anschauungen blieben Goethe römische Bauwerke, insbesondere aus der Epoche des Kaisers Hadrian, in einer Kombination mit Ideen →*Andrea Palladios* musterhaft. (→*Baukunst*)

Bedeutender als die Beschäftigung mit den bildenden Künsten und der Architektur der Antike war Goethe

Paestum. Blick auf den Poseidontempel, im Hintergrund die Basilika. Bei seiner ersten Begegnung mit Paestum empfand Goethe »die enggedrängten Säulenmassen lästig, ja furchtbar«. Doch dann nahm er sich zusammen – wie er freiwillig gesteht –, erinnerte sich der Kunstgeschichte und war nach einer knappen Stunde mit dem zuerst so fremd wirkenden Gegenstand befreundet.

für das eigene Schaffen das Studium der antiken Literatur. Den humanistischen Bildungsgepflogenheiten seiner Epoche entsprechend lernte er als Knabe das Lateinische und Griechische. Latein beherrschte er (→ *Labores juveniles*, → *Bildungsgang*). Griechische Werke las er in seinen Knabenjahren in Übersetzungen. Einen ersten Höhepunkt erreichte sein Studium der griechischen Literatur unter Anleitung → *Johann Gottfried Herders* in den Straßburger Studienjahren, in denen er → *Homer* und → *Pindar* im Original las.

Im Verlauf seines Lebens machte sich Goethe mit antiker Literatur in allen ihren Gattungen intensiv vertraut. Er beschäftigte sich außer mit dem Epiker Homer und der »Homerischen Frage« (→ *Friedrich August Wolf*) sowie dem Lyriker Pindar mit der griechischen Tragödie (Aischylos, Sophokles, Euripides) und Komödie (Aristophanes) sowie mit der griechischen Historiographie (Herodot, Thukydides, Xenophon, Plutarch). Von lateinischer Literatur las er Lyrik (Vergil, Horaz, Properz, Tibull, Ovid), didaktische Poesie (Lukrez), Epigrammatik (Martial), römische Komödie (Plautus, Terenz), lateinische Historiographie (Caesar, Sallust, Livius, Quintilian, Plinius, Tacitus).

Einen besonderen Komplex in Goethes Lektüre antiker Schriften bildet das Studium der Rhetorik (→ *Redekunst*). Goethe hatte ständig die Sammlungen des Leip-

Goethe und die Weimarer Klassik waren von der Vorbildhaftigkeit und Vollkommenheit der Antike überzeugt, gleichzeitig aber mit Herder vom Gedanken ihrer geschichtlichen Unwiederbringlichkeit durchdrungen. »Tragik des Verzichts, die Stimmung des Abschieds liegen über der deutschen Klassik. Nur so versteht man den Ton, in dem Goethe die Griechen ›glücklich‹ nannte, und daß er von sich spät noch behauptete, sein Verzicht auf Rom sei die größte Handlung seines Lebens gewesen und bekannte, seither keinen rein glücklichen Tag mehr gehabt zu haben.«
(Richard Alewyn, *Goethe und die Antike,* 1932)

ziger Professors Johann Christian Gottlieb Ernesti (1707–1781), *Lexicon technologiae Graecorum rhetoricae* (1795) und *Lexicon technologiae Romanorum rhetoricae* (1797), zur Hand und bekannte: *»Dadurch erfuhr ich wiederholt, was ich in meiner schriftstellerischen Laufbahn recht und unrecht gemacht hatte.«* (*Annalen*, 1816)

Nicht so präzise wie die Wirkung der Literatur und der Rhetorik auf Goethes Schaffen lassen sich Einwirkungen der antiken Philosophie auf Goethes Denken bestimmen. Seine Kenntnis des →*Aristoteles*, Heraklits, →*Platons*, Plotins u. a. war fragmentarisch und zudem mit den neuplatonischen Traditionen der →*Renaissance* gemischt. Am greifbarsten ist der Einfluß der antiken Philosophen in Goethes →*Naturphilosophie*.

Eine lebendige Anschauung fortdauernder Elemente antiken Wesens in Gesellschaft und Kunst gewann Goethe in →*Italien* und →*Rom*. Aus den Arenen las er das unmittelbare gemeinsinnige Funktionieren antiker politischer und theatralischer Veranstaltungen ab. Der aus dem Männlichkeitsideal archaischer Adelsgesellschaften hergeleitete Begriff der »Kalokagathia« (des Schön- und Gutseins) blieb für Goethe zeitlebens ein Maßstab. Goethes an der Antike geschultes Gesellschaftsverständnis schloß ein hochentwickeltes Freundschaftsideal und – wie das im 18. Jh. üblich war – die Anerkennung der Pädophilie, der »griechischen Liebe«, ein: *»Die Knabenliebe sei so alt wie die Menschheit, und man könne daher sagen, sie liege in der Natur, ob sie gleich gegen die Natur sei.«* (Zu Müller, 7. 4. 1830)

Der Reflex des Bildungserlebnisses der Antike in Goethes dichterischem Schaffen ist gar nicht abzuschätzen. In seinen →*Gedichten* folgte er in der Jugend allgemein mißverstandenen griechischen Mustern, in der Hymnik des →*Sturm und Drang* →*Pindar*, in den klassischen Elegien und Epigrammen dem Vorbild antiker Distichen (→*Römische Elegien,* →*Venetianische Epigramme,* →*Xenien*). Die griechische Epik ahmte Goethe in seinem hexametrischen Epos →*Hermann und Dorothea* nach. Stoffe, Formen, Figuren und Motive der antiken Literatur und Mythologie durchdringen Goethes Werke in allen Gattungen. Aus seinem dramatischen Schaffen sei in diesem Zusammenhang verwiesen auf →*Iphigenie auf Tauris,* →*Pandora,* →*Proserpina, Nausikaa* (→*Dramenfragmente*) und auf die *»Klassische Walpurgisnacht«* sowie den Helena-Akt in *Faust* II.

Arbeitsweise

Goethes ungemein tiefe psychologische Erkenntnisse haben ihn die bestimmenden Momente des Unter-, Vor- und Unbewußten im dichterischen Schaffensvor-

Links: *Goethes Arbeitszimmer im Wohnhaus am Frauenplan in Weimar. Hier hatten nur wenige Vertraute Zutritt. Das Zimmer ist zweckmäßig eingerichtet, an grün gehaltenen Wänden lenken keine Bilder ab. Grüne Rouleaus konnten zum Schutz gegen zu starke Sonneneinstrahlung die Fenster verschließen. An der Wand rechts vor dem Aktenregal ist der große Schreibtisch mit Schubladen, zwei Aufsätzen und Bücherrepositur zu erkennen.*

gang erkennen lassen. Vornehmlich Teile seiner Jugenddichtung erschienen ihm als unbewußte Schöpfungen (→ *Empfindsamkeit*; → *Sturm und Drang*). Im Alter dagegen hat Goethe neben seiner Überzeugung: *»vom eigentlich Produktiven ist niemand Herr« (Maximen und Reflexionen),* auch die bewußte Kontrolle der poetischen Produktion betont (vgl. insbesondere seinen Brief an W. v. Humboldt vom 17. 3. 1832).

Innerhalb seiner Lebensführung schwankte Goethe zwischen weniger produktiven und höchst produktiven Phasen; auch einzelne Werke entstanden in sehr unterschiedlichen Zeitspannen. An → *Faust* arbeitete Goethe über sechzig Jahre, an den → *Wilhelm Meister*-Romanen über fünfzig Jahre; die Arbeit bis zur Vollendung der beiden Dramen → *Iphigenie auf Tauris* und → *Torquato Tasso* zog sich über ein Jahrzehnt hin. Die Lyrik dagegen entstand meist momentan; noch im Alter, als er den → *West-östlichen Divan* dichtete, schrieb er häufig mehrere bedeutende Gedichte an einem Tag.

Goethe bediente sich im Laufe seines Lebens in zunehmendem Maße der Mitarbeit von Schreibern und → *Sekretären* und zog Philologen wie → *Friedrich Wilhelm Riemer* und → *August Wilhelm Schlegel* als Ratgeber hinzu.

Zehn Jahre hatte die Arbeit am *Tasso* gestockt. Dann erfolgte in Italien der produktive Schub. Auch die Seekrankheit konnte daran nichts ändern: »Ich begab mich in meine Kammer, wählte die horizontale Lage, enthielt mich außer weißem Brot und rotem Wein aller Speisen und Getränke ... Das Meer fing an, höher zu gehen, und im Schiffe war fast alles krank. Ich blieb in meiner gewohnten Lage, das ganze Stück ward um und um, durch und durch gedacht. Die Stunden gingen vorüber ... Um drei Uhr morgens heftiger Sturm. Im Schlaf und Halbtraum setzte ich meine dramatischen Pläne fort, indessen auf dem Deck große Bewegung war.« (*Italienische Reise,* 30. 3. bis 1. 4. 1787)

Ludovico Ariosto

* 8. 9. 1474 Reggio nell'Emilia; † 6. 7. 1533 Ferrara

Das Hauptwerk des neben → *Dante Alighieri* bedeutendsten italienischen Renaissancedichters, das in Stanzen abgefaßte Epos *Orlando furioso* (1516; endgültige Fassung: 1532), war Goethe seit seiner Jugendzeit bekannt. Während seiner ersten Reise durch → *Italien* besuchte Goethe im Oktober 1786 Ariosts Grabmahl in Ferrara. 1807/08 beschäftigte er sich eingehend auch

Rechts: Orlando furioso. *Epos von Ludovico Ariosto. Angelica ist vom Pferd gestiegen, um dem verwundeten Medoro zu helfen, eine Episode aus dem 19. Gesang. Fresco von Gian Battista Tiepolo in der Villa Valmarana, Vicenza, um 1757.*

mit dessen kleineren Werken, den Satiren, Komödien und Sonetten. Zahlreiche Äußerungen belegen Goethes Vertrautheit mit Ariost, den er 1796 in einer Xenie einen *»wahrhaft unsterblichen Dichter«* nennt.
→ *Renaissance*

Aristophanes

* um 445 v. Chr.; † um 385 v. Chr. Athen
→ *Die Vögel*

»Wenn man die Probleme des Aristoteles ansieht, so erstaunt man über die Gabe des Bemerkens und für was alles die Griechen Augen gehabt haben. Nur begehen sie den Fehler der Übereilung, da sie von dem Phänomen unmittelbar zur Erklärung schreiten, wodurch denn ganz unzulängliche theoretische Aussprüche zum Vorschein kommen. Dieses ist jedoch der allgemeine Fehler, der noch heutzutage begangen wird.« (*Wilhelm Meisters Wanderjahre.* Betrachtungen im Sinne der Wanderer, Nr. 139)

Aristoteles

* 384 v. Chr. Stagita (Makedonien); † 322 v. Chr. Chalkis (Euböa)

Aristoteles' sog. drei Einheiten in der Tragödie – Ort, Zeit und Handlung – wurden Goethe zunächst hauptsächlich durch → *Pierre Corneille* und → *Jean-Baptiste de Racine* vermittelt. Sie waren nach vorübergehendem Einfluß → *Shakespeares* besonders während Goethes klassischer Schaffensperiode (→ *Klassik*) richtungweisend für seine → *Dramen.* 1797 und 1824 beschäftigte sich Goethe eingehend mit der Poetik des Aristoteles. Das Resultat war die Abhandlung *Nachlese zu Aristoteles' Poetik* (1827).

Goethe übersetzte 1801 mit → *Friedrich Wilhelm Rie-*

mer die als Werk des Aristoteles geltende Schrift *De coloribus* und nahm die Übersetzung 1810 in seine *Materialien zur Geschichte der Farbenlehre* auf. Er war von der empirischen Forschung des Aristoteles mehr angezogen als von dessen Metaphysik: »*Aristoteles ... hat die Natur besser gesehen als irgendein Neuerer ...*« (zu Eckermann, 1. 10. 1828). Über die Schwierigkeit, der Begrifflichkeit des Aristoteles zu folgen, finden sich Ausführungen in den *Materialien zur Geschichte der Farbenlehre* (1810). Im ganzen zählte Goethe Aristoteles neben der → *Bibel* und → *Platon* zu den drei Hauptfaktoren der menschlichen Bildungsgeschichte.

Achim von Arnim

* 26. 1. 1781 Berlin; † 21. 1. 1831 Wiepersdorf (Mark Brandenburg)

Unter der Führung des späteren Romantikers Arnim brachte eine Gruppe von Studenten Goethe bei dessen Aufenthalt in Göttingen 1801 eine Ovation dar. 1806 dankte Arnim Goethe für eine Rezension, die dieser über die von ihm und → *Clemens Brentano* herausgegebene Sammlung *Des Knaben Wunderhorn* (1806) verfaßt hatte.

In den folgenden Jahren sandte Arnim Goethe weitere Werke zu, die dieser zwiespältig beurteilte. Zu einem Bruch der Beziehung kam es 1811 während eines Besuches Arnims und seiner Frau bei Goethe in Weimar, als → *Bettina von Arnim* mit Goethes Frau (→ *Christiane von Goethe*) in einen heftigen Streit geriet.

Erst nach Christianes Tod nahmen Goethe und Arnim den Kontakt wieder auf: Besuche Arnims in Weimar erfolgten 1817, 1820 und 1827. Arnims Schriften nahm Goethe dagegen kaum mehr zur Kenntnis.

→ *Romantik*

Achim von Arnim 1804, im Alter von 23 Jahren. Gemälde von Peter Eduard Ströhling (1768–1826).

Bettina von Arnim, geb. Brentano

* 4. 4. 1785 Frankfurt a. M.; † 20. 1. 1859 Berlin

Tochter von Goethes Freundin aus der *Werther*-Zeit Maximiliane Brentano (1756–1793), Enkelin von → *Sophie von La Roche* und Schwester von → *Clemens Brentano*.

Bettina suchte Goethe 1807 in Weimar auf. Dem Besuch folgte eine lockere Korrespondenz. 1810 berichtete sie Goethe von Erzählungen über seine Kindheit, die sie Goethes Mutter abgefordert hatte. Goethe verwertete daraus Details in → *Dichtung und Wahrheit*. 1811 besuchte sie Goethe mit ihrem Mann → *Achim von Arnim*. Nach einer Auseinandersetzung zwischen Bettina und Goethes Frau (→ *Christiane von Goethe*) brach Goethe seine Beziehung zu ihr ab und erteilte ihr Hausverbot. Spätere versöhnliche Besuche Bettinas

Rechts: *Bettina Brentano. Zeichnung von L. E. Grimm, 1809, zwei Jahre nachdem sie Goethe in Weimar kennengelernt hatte.*

stellten das freundschaftliche Verhältnis nicht wieder her.

1807 boten einige ihrer lebhaften Briefe Goethe Anregungen für seine →*Sonette*. Bettina setzte ihrer Beziehung zu Goethe ein monumentalisierendes, eigenwilliges Denkmal durch ihre Veröffentlichung von *Goethes Briefwechsel mit einem Kinde* (1835).
→*Romantik*

Ästhetik

Goethes Äußerungen zur Ästhetik befassen sich vornehmlich mit Bildender Kunst und Dichtung. Eine systematische Ästhetik hat er in seinem »gegenständlichen Denken« (→*Philosophie*) weder ausgebildet noch angestrebt. Stets aber leitete er seine Einsichten über die Künste aus dem Vergleich mit den beiden anderen großen menschlichen Erfahrungsbereichen ab, der Natur und der Gesellschaft. Unter dem starken Einfluß der →*Antike* glaubte Goethe, in Natur und Kunst analoge Gesetze wirksam zu sehen, unter denen er das Prinzip der »inneren Form«, d. h. der harmonischen Organisation der Einzelteile untereinander und in ihrem Verhältnis zum Ganzen, für das oberste hielt. Diese Einsicht war ihm während des →*Sturm und Drang* durch →*Herder* u. a. vermittelt worden. Wäh-

Ästhetik als zusammenhängende Kunstlehre lag Goethe nicht nahe. J. G. Sulzers *Allgemeine Theorie der schönen Künste* (1771–1774) bedachte er mit respektlosen Sätzen:
»Da sind sie denn, versteht sich, wieder alle beisammen, verwandt oder nicht. Was steht im Lexikon nicht alles hintereinander? Was läßt sich durch solche Philosophie nicht verbinden? Malerei und Tanzkunst, Beredsamkeit und Baukunst, Dichtkunst und Bildhauerei, alle aus einem Loche, durch das magische Licht eines philosophischen Lämpchens auf die weiße Wand gezaubert, tanzen sie im Wunderschein buntfarbig auf und nieder, und die verzückten Zuschauer frohlocken sich fast außer Atem.« Gleichwohl argumentierte Goethe, besonders in seinen mittleren und späteren Jahren, etwa in den Kunstgesprächen mit Sulpiz Boisserée, vor Bild- und Literaturwerken durchweg ästhetisch.

rend Goethe in späteren Entwicklungsphasen ästhetische Grundgedanken der Sturm-und-Drang-Periode, wie den vom → *Genie*, änderte, hielt er an dem Gedanken der »inneren Form« fest.

Goethes ästhetische Vorstellungen waren in den verschiedenen Bereichen von unterschiedlicher Dimension. Am meisten eingeengt durch klassizistische Formvorstellungen war seine Ästhetik der → *Bildenden Kunst*; vergleichbar eng war seine Ästhetik der → *Musik*. Am weitesten war sein stets gesellschaftlich orientierter Begriff von Literatur und mußte es auch sein, denn er begleitete eine dichterische Produktion, die über mehr als sechzig Jahre hin von den unterschiedlichsten Stilepochen geprägt war und zugleich immer auch über diese hinauswies.

→ *Aufklärung*; → *Baukunst*; → *Dramen*; → *Gartenkunst*; → *Gedichte*; → *Klassik*; → *Oper*; → *Renaissance*; → *Rokoko*; → *Romantik*; → *Singspiele*; → *Theaterleitung*; → *Weltliteratur*

Astrologie

Seit Kindheitstagen war Goethe mit astrologischen Vorstellungen vertraut. Dementsprechend eröffnete er seine Autobiographie mit dem persönlichen Horoskop seiner Geburtsstunde (*Dichtung und Wahrheit*, 1. Buch). Späterhin haben ihn naturwissenschaftliche Forschungen vom *»astrologischen Aberglauben«* (an Schiller, 8. 12. 1798) entfernt. Astrologie blieb aber ein beziehungsreiches Motiv in seinem dichterischen Schaffen (vgl. die Figur der Makarie in → *Wilhelm Meisters Wanderjahre*).

»Am 28. August 1749, mittags mit dem Glockenschlage zwölf, kam ich in Frankfurt am Main auf die Welt. Die Konstellation war glücklich; die Sonne stand im Zeichen der Jungfrau, und kulminierte für den Tag; Jupiter und Venus blickten sie freundlich an, Merkur nicht widerwärtig; Saturn und Mars verhielten sich gleichgültig: nur der Mond, der soeben voll ward, übte die Kraft seines Gegenscheins um so mehr, als zugleich seine Planetenstunde eingetreten war. Er widersetzte sich daher meiner Geburt, die nicht eher erfolgen konnte, als bis diese Stunde vorübergegangen.«
(*Dichtung und Wahrheit*, 1. Buch)

Astronomie

Als Mitbegründer und Förderer der Universitätssternwarte in Jena (→ *Staatsdienst*) nahm Goethe an astronomischen Beobachtungen teil. Für die Jahre 1799 und 1800 ist seine systematische Beschäftigung mit Astronomie belegt (vgl. *Annalen*).

Aufklärung

Durch die Bibliothek seines Vaters lernte Goethe schon als Knabe die bedeutendsten Werke der deutschen und französischen Aufklärung kennen. Er las 1764/65 Dichtungen von Friedrich Rudolf Ludwig von Canitz (1654–1699), Friedrich Carl Casimir von Creuz (1724–1770), Carl Friedrich Drollinger (1688–1742), Christian Fürchtegott Gellert (1715–1769), Albrecht von Haller (1708–1777), → *Gotthold Ephraim Lessing* und Justus Friedrich Wilhelm Zachariae (1726–1777).

Gegen Ende der Knabenjahre im Elternhaus begann

Links: *Der französische Philosoph Pierre Bayle (1647–1706) kämpfte für religiöse Toleranz. Stich von C. F. Petit (1694–1760).*

Rechts: *Georges-Louis Leclerc de Buffon (1707–1788), französischer Naturforscher. Kupferstich von C. Baron Drouais nach einem Gemälde von Duplessis, 1761.*

»Wenn wir von den Enzyklopädisten reden hörten, oder einen Band ihres ungeheuren Werks aufschlugen, so war es uns zu Mute, als wenn man zwischen den unzähligen bewegten Spulen und Weberstühlen einer großen Fabrik hingeht, und vor lauter Schnarren und Rasseln, vor allem Aug und Sinne verwirrenden Mechanismus, vor lauter Unbegreiflichkeit einer auf das mannigfaltigste in einander greifenden Anstalt, in Betrachtung dessen, was alles dazu gehört, um ein Stück Tuch zu fertigen, sich den eignen Rock selbst verleidet fühlt, den man auf dem Leibe trägt.«
(*Dichtung und Wahrheit*, 11. Buch)

Goethe mit dem Studium französischer enzyklopädischer Werke, wie Pierre Bayles *Dictionnaire historique et critique* (1697) und Georges-Louis Leclerc de Buffons *Histoire naturelle générale et particulière* (1749 ff.). Hinzu trat die von → *Denis Diderot*, Jean Le Rond d'Alembert u. a. verfaßte *Encyclopédie* (1751–1780) sowie Paul-Henri Thiry (Dietrich) Baron d'Holbachs *Système de la nature* (1770). In einem Urteil über das letztgenannte Werk spricht Goethe rückblickend seine dauerhafte Sympathie für das Denken der Aufklärung aus: *»Daß hierbei wohl manches vorkommen müßte, was dem gemeinen Menschen als schädlich, der Geistlichkeit als gefährlich, dem Staat als unzuläßlich erscheinen möchte, daran hatten wir keinen Zweifel, und wir hofften, dieses Büchlein sollte nicht unwürdig die Feuerprobe bestanden haben.«* (*Dichtung und Wahrheit*, 11. Buch)

Im besonderen wirkten auf den jungen Juristen naturrechtliche Lehren ein, wie sie ihm früh durch Charles de Montesquieus *De l'esprit des loix* (1748), Hugo Grotius (1583–1645), Samuel Freiherrn von Pufendorf (1632–1694), Christian Thomasius (1655–1728), Christian Wolff (1679–1754), → *Jean-Jacques Rousseau* und → *Justus Möser* nahegebracht worden waren.

Seit den französischen Theatererfahrungen des Knaben (→ *Frankfurt*) beschäftigte sich Goethe lebenslänglich mit → *Voltaire*. Seit den achtziger Jahren zeigte er ein durchgehendes Interesse an der Philosophie → *Immanuel Kants*.

Von den zeitgenössischen deutschen Schriftstellern der Aufklärung lernte Goethe → *Johann Christoph Gottsched* in Leipzig kennen; er war mit → *Christoph Martin Wieland* befreundet, schätzte → *Gotthold Ephraim Lessing* ungemein hoch. Mit dem Berliner → *Friedrich Nicolai* geriet er in eine literarische Fehde.

→ *Klassik*; → *Sturm und Drang*

Autobiographie

Als Sechzigjähriger setzte Goethe mit einem *Schema zur Biographie* den Rahmen für eines seiner Hauptwerke, die Autobiographie *Aus meinem Leben,* fest. Aus dem Schema wurden in verschiedenen Arbeitsphasen vornehmlich mehrere Lebensabschnitte ausführlich behandelt, die in das 18. Jh., in die erste Lebenshälfte Goethes, fielen: →*Dichtung und Wahrheit* stellt die Zeit 1749 bis 1775 dar, die →*Italienische Reise* die Jahre 1786 bis 1788, →*Campagne in Frankreich* und →*Belagerung von Mainz* Erlebnisse der Jahre 1792 und 1793. Die →*Annalen* geben nach summarischem Überblick über die Jahre 1749 bis 1793 eine jährliche Chronik der anschließenden Jahre 1794 bis 1822. Danach übernahm →*Johann Peter Eckermann* die Berichterstattung über Goethes Leben bis zu dessen Tod. Goethe selbst leistete nach Brief- und Aktenmaterialien Vorarbeiten für die Darstellung →*Reise in die Schweiz im Jahre 1797,* die von Eckermann posthum (1833) herausgegeben wurde.

In *Über Kunst und Altertum* (1817) berichtete Goethe über seine Reisen an Rhein, Main und Neckar, 1814 und 1815. Ferner stellte er einzelne Begegnungen wie seine *Erste Bekanntschaft mit Schiller. 1794* und seine *Unterredung mit Napoleon. 1808* in Aufsätzen dar, die in den Goethe-Ausgaben häufig unter dem zusammenfassenden Titel »Biographische Einzelheiten« zusammengestellt sind.

Die Prinzipien, nach denen Goethe seine autobiographischen Schriften verfaßte, hatte er nach der Herausgabe von *Winckelmann und sein Jahrhundert* (1805) (→*Herausgebertätigkeit*) ausgebildet: daß die Autoren *»eine doppelte Pflicht«* zu erfüllen haben: *»nicht zu verschweigen, was von außen, sei es nun als Person oder Begebenheit, auf sie gewirkt, aber auch nicht in Schatten zu stellen, was sie selbst geleistet, von ihren Arbeiten, von deren Gelingen und Einfluß mit Behaglichkeit zu sprechen . . .«* (Rezension von *Bildnisse jetzt lebender Berliner Gelehrten, mit ihren Selbstbiographien,* hg. von S. M. Lowe, 1806.)

Das durchaus Neue von Goethes autobiographischem Verfahren liegt in der engen Verknüpfung der Darstellung des Individuums und dessen Bedingtheit durch Geschichte und Gesellschaft (→*Menschenbild*). In dieser Besonderheit hat alles Autobiographische von Goethe folgenreichsten Einfluß auf die Entwicklung der modernen Autobiographie genommen.

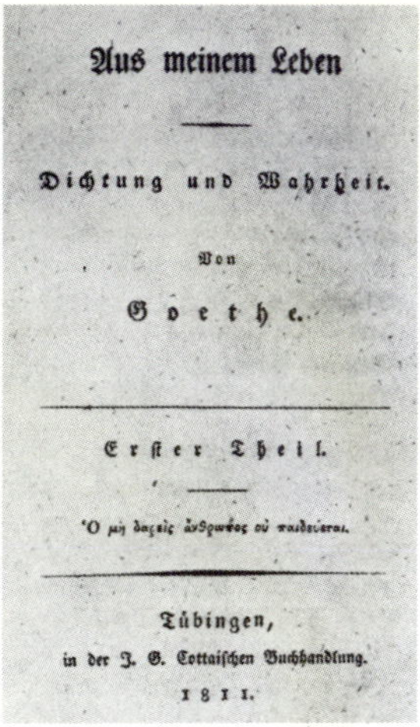
Aus meinem Leben

Dichtung und Wahrheit.

Von

Goethe.

Erster Theil.

Ὁ μὴ δαρεὶς ἄνθρωπος οὐ παιδεύεται.

Tübingen,
in der J. G. Cottaischen Buchhandlung.
1811.

Titelseite der Erstausgabe von Goethes Autobiographie, 1811. Das griechische Motto zum ersten Teil ist ein Vers aus einer Komödie von Menandros und heißt wörtlich übersetzt: »Der nicht geschundene Mensch wird nicht erzogen«.

»Ich hatte die Entwicklung eines bedeutend gewordenen Kindes, wie sie sich unter gegebenen Umständen hervorgetan, aber doch wie sie im allgemeinen dem Menschenkenner und dessen Einsichten gemäß wäre, darzustellen.
In diesem Sinne nannt' ich bescheiden genug ein solches mit sorgfältiger Treue behandeltes Werk: ›Wahrheit und Dichtung‹, innigst überzeugt, daß der Mensch in der Gegenwart, ja vielmehr noch in der Erinnerung die Außenwelt nach seinen Eigenheiten bildend modele.« (*Annalen,* 1811)

Autographensammlung

In humanistischer Tradition sammelte Goethe gern Schriftstücke bedeutender Persönlichkeiten und kam auch dem Wunsch anderer nach eigenen Autographen, oft auf kunstreich verzierten Blättern, oft in kalligraphischer Manier ausgefertigt, nach. Über seine Autographensammlung bemerkte er: »... *denn da mir die sinnliche Anschauung durchaus unentbehrlich ist, so werden mir vorzügliche Menschen durch ihre Handschrift auf eine magische Weise vergegenwärtigt. Solche Dokumente ihres Daseins sind mir, wo nicht ebenso lieb als ein Porträt, doch gewiß als ein wünschenswertes Supplement oder Surrogat desselben.*« (An F. H. Jacobi, 10. 5. 1812)

1811 ließ Goethe ein Verzeichnis *»eigenhändiger Briefe merkwürdiger Männer«*, die sich in seinem Besitz befanden, drucken.

→ *Goethe-Häuser und -Museen*

Johann Sebastian Bach

* 21. 3. 1685 Eisenach; † 28. 7. 1750 Leipzig

Eingehende Kenntnisse der Werke Bachs verdankte Goethe vornehmlich dem Klaviervortrag des Pianisten und Organisten Johann Heinrich Friedrich Schütz (1779–1829), eines Schülers von Bachs Schüler Johann Christian Kittel, der Goethe bei seinen Aufenthalten in Berka ab 1814 regelmäßig vorspielte. Auch durch seinen mehrfachen Hausgast → *Felix Mendelssohn-Bartholdy* wurde er mit Werken von Bach bekannt. Vor allem Bachs Fugen schätzte Goethe außerordentlich. → *Karl Friedrich Zelter* teilte ihm Einzelheiten über das Studium der Bachschen Motetten, der *Messe in h-Moll*, der *Johannes*- und *Matthäus-Passion* mit. 1829 berichtete ihm Zelter von der unter Mendelssohn-Bartholdys Leitung aufgeführten *Matthäus-Passion* in Berlin.

Für Goethes harmonikales Musikverständnis war Bachs Werk der Gipfel der *»Bachischen Epoche«* (an Zelter, 3. 6. 1830), der sein eigentliches musikalisches Interesse galt (→ *Ästhetik*). Über die Wirkung, die Bachs Musik auf ihn ausübte, äußerte er sich: »... *als wenn die ewige Harmonie sich mit sich selbst unterhielte, wie sich's etwa in Gottes Busen, kurz vor der Weltschöpfung, möchte zugetragen haben, so bewegte sich's auch in meinem Innern und es war mir als wenn ich weder Ohren, am wenigsten Augen, und weiter keine übrigen Sinne besäße noch brauchte.*« (An Zelter, 21. 6. 1827)

→ *Musik*

Unten: *Honoré de Balzac in der Arbeitskutte. Federzeichnung von Gavarni.*

Honoré de Balzac

* 20. 5. 1799 Tours; † 18. 8. 1850 Paris

Durch die Vermittlung Pierre-Jean David d'Angers (1788–1856) (→ *Goethe-Büsten*) nahm Goethe Balzacs Roman *La peau de chagrin* (1831; *Das Chagrinleder*) im Oktober 1831 zur Kenntnis und bezeichnete ihn als das *»Produkt eines ganz vorzüglichen Geistes«* (an Müller, 17. 11. 1831). Obwohl er manche Schwächen im Detail wahrnahm, erkannte Goethe die ungeheure erzählerische Kühnheit Balzacs.

Barock

Goethes Verhältnis zur Kunst und Literatur des Barock war zwiespältig. Barocke Formen umgaben die Lebenswelt des jungen Goethe. Barocke Möbel und Dekorationselemente des Elternhauses empfand Goethe als altmodisch.

Sein literarischer Geschmack aber war in den Anfängen noch dermaßen von barocken Formmustern und Motiven abhängig, daß er erste Gedichte und auch noch Dramen im barocken Versmaß des Alexandriners verfaßte und eine barocke Metaphorik benutzte (→*Die Laune des Verliebten*; →*Die Mitschuldigen*). Mit der Übernahme des durch →*Adam Friedrich Oeser* und →*Johann Joachim Winckelmann* vermittelten klassizistischen Kanons erhielt Goethes Abneigung gegen das Barock ein theoretisches Fundament.

Barocke Bauwerke fanden nur dann Goethes Billigung, wenn das klassizistische Ebenmaß eingehalten wurde, das Goethe an →*Andrea Palladio* studierte und zum Maßstab setzte. Bei von Goethe in Weimar geleiteten Bauten wurde streng jedes barocke Dekor vermieden (→*Baukunst*).

Die barocke Malerei und Plastik bewertete Goethe unterschiedlich.

Von barocker Literatur haben fast nur Schauspiele des spanischen Dramatikers →*Pedro Calderón* Goethes intensives Interesse gefunden, obwohl in ihnen jesuitisch-gegenreformatorische Tendenzen propagiert werden.

Die Musik des Barock (→*Johann Sebastian Bach*) schätzte Goethe überaus.

→*Ästhetik*; →*Rokoko*

Goethe verwendet das in Deutschland erst um 1750 aufkommende Wort »barock« dem damaligen Sprachgebrauch entsprechend in der Bedeutung von »verwirrt, ungeordnet, überladen« und tendenziell abschätzig. Die Vorstellung eines künstlerischen Epochenstils besteht dabei nicht. Sein Blick auf später dem Barock zugeordnete Phänomene wird demnach auch nicht durch die Abstraktion eines Oberbegriffes geleitet. Andererseits hat Goethe durch Persönlichkeit und Werk dazu beigetragen, daß ein Epochenwandel, weg von »barocken« Erscheinungen, erst stattfand.

Baukunst

Mit der Baukunst war Goethe seit seinen Knabenjahren konfrontiert, als der Vater zwei mittelalterliche Stadthäuser zu einem barocken Patrizierhaus umbaute. Römische und griechische Bauwerke (→*Antike*, →*Italien*, →*Rom*) sowie das Studium →*Andrea Palladios* blieben für Goethe das Richtmaß seiner klassizistischen Anschauungen zur Baukunst.

Er setzte sie seit 1789 praktisch durch als Leiter der Schloßbau-Kommission, 1792 beim Umbau seines Hauses am Frauenplan in Weimar. Andere Bauten, die Goethe beaufsichtigte, waren das Römische Haus im Weimarer Park, die nacheinander errichteten zwei Theaterbauten in →*Weimar*, das Lauchstädter Theater.

In seinem Aufsatz *Baukunst* aus dem Jahr 1795 macht Goethe eine funktionsästhetisch modern anmutende Entdeckung: »Man sollte denken, die Baukunst als schöne Kunst arbeite allein fürs Auge; allein sie soll vorzüglich, und worauf man am wenigsten achthat, für den Sinn der mechanischen Bewegung des menschlichen Körpers arbeiten; wir fühlen eine angenehme Empfindung, wenn wir uns im Tanze nach gewissen Gesetzen bewegen; eine ähnliche Empfindung sollten wir bei jemand erregen können, den wir mit verbundenen Augen durch ein wohlgebautes Haus hindurchführen.«

Römisches Haus im Weimarer Park. *Neuere Fotografie. Es war als Sommerwohnung des Herzogs 1792–1796 erbaut worden. Carl August hatte Goethe den Auftrag gegeben: »Den Bau des Gartenhauses übergebe ich dir ganz. Tue, als wenn du für dich bautest . . .« Der Architekt war J. A. Arens aus Hamburg.*

In seiner Straßburger Zeit (→*Straßburg*) entwickelte Goethe lebhaftes Interesse für die Gotik des Straßburger Münsters, dessen Aufrisse er studierte (→*Sturm und Drang*). Im Alter belebte sich dieses Interesse noch einmal beim Studium der Aufrisse des Kölner Doms (→*Sulpiz Boisserée*). In Italien lernte Goethe große Bauwerke der →*Renaissance* und des →*Barock* kennen.

Vgl. auch Goethes Verhältnis zu den Baumeistern in →*Berlin*.

Bearbeitungen →*Übersetzungen und Bearbeitungen*

Ludwig van Beethoven

* 16./17. 12. 1770 Bonn; † 26. 3. 1827 Wien

Beethoven komponierte 1792 Goethes *Mailied* (*Maifest*, 1771), später eine große Anzahl weiterer Gedichte Goethes. Im Mai 1811 erhielt Goethe Proben von Beethovens Musik zu →*Egmont* (1810) und einen verehrungsvollen Brief von ihm, auf den er im Juni freundlich antwortete. Später urteilte er: *»Beethoven ist mit bewundernswertem Genie in meine Intentionen eingegangen.«* (Zu F. Förster, Mai/Juli 1821)

Beethovens Musik zu *Egmont* hat die Aufführungsgeschichte dieses Dramas entscheidend beeinflußt: In dem Bestreben, Beethoven zu Gehör zu bringen, wurde die Schillersche Bühnenbearbeitung des Stückes, die sich zuerst durchgesetzt hatte, zu der die Musik jedoch nicht paßte, im Lauf des 19. Jh.s wieder zurückgedrängt.

Im Juli 1812 lernten sich Goethe und Beethoven in Teplitz persönlich kennen. Sie unternahmen gemeinsame Ausfahrten; Beethoven war mehrfach Goethes Abendgast und beeindruckte ihn aufs äußerste mit seinem Klavierspiel: *»Zusammengefaßter, energischer, inniger habe ich noch keinen Künstler gesehen. Ich begreife recht gut, wie er gegen die Welt wunderlich stehen muß.«* (An Christiane von Goethe, 19. 7. 1812) Im September 1812 besuchte Beethoven Goethe in Karlsbad.

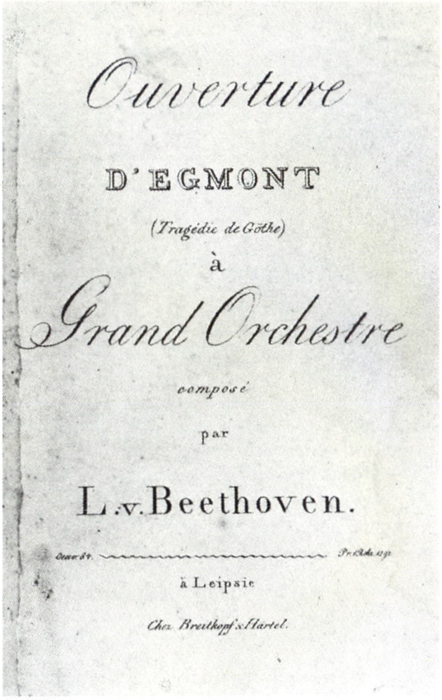

Links: *Ludwig van Beethoven. Kupferstich von Blasius Höfel nach der Zeichnung von Letronne, 1814.*

Rechts: *Titelseite der Erstausgabe von Beethovens Ouvertüre zu Goethes* Egmont, *1811.*

Eine treffende Charakteristik der Persönlichkeit Beethovens entwarf Goethe in einem Brief an Zelter vom 2. 9. 1812. Das viel kolportierte Detail, wie der Höfling Goethe in Teplitz der Hofgesellschaft der Kaiserin → *Maria Ludovica* Reverenz erwies, während der Republikaner Beethoven diese unhöflich brüskierte, entstammt einem Brief Bettina von Arnims an Fürst Hermann Ludwig von Pückler-Muskau von 1832 und gehört wahrscheinlich in den Bereich der Anekdote, wenngleich Beethoven in einem Brief vom 9. 8. 1812 an seinen Verleger Breitkopf & Härtel Goethes Behagen an »*Hofluft*« kritisiert.
→ *Vertonungen*

Belagerung von Mainz

Entstehung 1820–1822; Erstdruck 1822

Neben der Darstellung seiner Kriegserlebnisse 1792 (→ *Campagne in Frankreich*) schrieb Goethe eine Berichterstattung von der preußischen Entsetzung des französisch-jakobinisch besetzten Mainz, 1793, an der er ebenfalls als Begleiter Herzog → *Carl Augusts* teilgenommen hatte. Der Bericht über die kriegerischen Ereignisse wird ergänzt durch autobiographische Schilderungen geselligen Verkehrs im Laufe des Feldzugs.
→ *Autobiographie*

»Die Belagerung von Mainz als ein seltener wichtiger Fall, wo das Unglück selbst malerisch zu werden versprach ...«
(*Belagerung von Mainz*)

Ansicht der Stadt Berlin von Norden. Kolorierter Kupferstich von Martin Engelbrecht, um 1750.

Berlin

Zur Zeit Goethes Residenz des Königs von Preußen und größte deutsche Stadt.

Der einzige Besuch Goethes erfolgte 1778 zusammen mit Herzog → *Carl August* und Leopold III. Friedrich Franz von Anhalt-Dessau (1740–1817), um → *Friedrichs II.* Haltung im Bayerischen Erbfolgekrieg zu erkunden.

Goethe besichtigte das »Forum Friderici«, das Zeughaus, das Opernhaus, die Universität, die Bibliothek, die Schlösser, die Hedwigskirche. Er besuchte die Porzellan- und Wollmanufaktur sowie den neugestalteten Tiergarten. Er beobachtete ein Truppenmanöver. Er reiste über die damals noch nicht zu Berlin gehörenden Orte Charlottenburg, Schmargendorf, Dahlem, Zehlendorf nach → *Potsdam.*

Goethe machte Bekanntschaft mit Prinz Heinrich von Preußen (1726–1802), Prinz Johann Georg von Anhalt-Dessau; Karl Abraham Freiherrn von Zedlitz (1731–1793); Daniel Nikolaus Chodowiecki (1726–1801), Anton Graff (1768–1848), Anna Luise Karsch (1722–1791).

In späteren Jahren fand Goethes Verhältnis zu Berlin Ausdruck in satirischen Äußerungen gegen den Berliner Rationalismus in den → *Xenien*. Er schloß Bekanntschaft mit → *Wilhelm von Humboldt*, später auch mit

→*Alexander von Humboldt*. Im 19. Jh. hatte er Kontakt zu den Baumeistern und Bildhauern Christian Daniel Rauch (1777–1857), Gottfried Schadow (1764–1850), Karl Friedrich Schinkel (1781–1841). Eine seiner intimsten Korrespondenzen im Alter war der Briefwechsel mit →*Karl Friedrich Zelter*.

Im Salon der Rahel Varnhagen von Ense (1771–1833) liegen Ursprünge des Berliner Goethe-Kults. →*Georg Wilhelm Friedrich Hegels* Vorlesungen zur Ästhetik bestärkten Goethes Geltung.

Augusta von Sachsen-Weimar (1811–1890), spätere Deutsche Kaiserin, die als Kind verehrungsvoll mit Goethe verkehrte und Adressatin von dessen Gedicht *An die Prinzeß* (1827) war, förderte die Anfänge der →*Goethe-Forschung* durch ihre Beziehung zu Herman Grimm (1828–1901), Gustav von Loeper (1822–1891) und Wilhelm Scherer (1841–1886).

→*Verleger*; →*Friedrich Nicolai*

Augusta von Sachsen-Weimar, später als Gattin Wilhelms I. Deutsche Kaiserin. Gemälde von Xaver Winterhalter, 1850.

Bibel

Schon als Knabe hat Goethe die Bibel – zum Teil auf griechisch und hebräisch – fleißig gelesen und sich auf diese Weise eine lebenslange Bibelfestigkeit angeeignet.

Nach seiner Abwendung vom →*Pietismus* begann Goethe die Bibel unter Anleitung →*Johann Gottfried Herders* historisch-kritisch zu lesen (vgl. *Zwo biblische Fragen*, 1772), wobei es ihm unnötig erschien, ihre *»Göttlichkeit«* anzunehmen (*Brief des Pastors zu *** an den neuen Pastor zu ****, 1773). Die Bibel erschien ihm seither als ein Volksbuch historischen Inhalts.

In den Weimarer Jahren trat die Lektüre der Bibel zurück. 1797 jedoch beschäftigte sich Goethe im analytisch-kritischen Sinn mit Datierungsfragen (*Israel in der Wüste*, 1819 in den *»Noten und Abhandlungen«* zum →*West-östlichen Divan* gedruckt). Bei seinem Argwohn gegen das Christentum beurteilte er die Bibel teilweise höchst kritisch. So notierte Johannes Daniel Falk (1768–1826) die Äußerung Goethes, *»das gefährlichste aller Bücher in weltgeschichtlicher Hinsicht sei doch wohl unstreitig die Bibel, weil wohl leicht kein anderes Buch so viel Gutes und Böses, als dieses, im Menschengeschlechte zur Entwicklung gebracht habe«*. (10. 10. 1810)

1775 übersetzte Goethe das *Hohelied Salomos* und dichtete in dessen Sinn die Parabel *Von der Ceder bis zum Ysop*. Biblische Motive sind in Goethes Gesamtwerk unzählbar vorhanden. Der Übersetzung →*Martin Luthers* brachte Goethe die höchste Bewunderung entgegen: *»Nur das Zarte unterstehe ich mich, hin und wieder besser zu machen.«* (Zu Schütze, Mai/Juni 1813) Die Entwicklung von Goethes →*Sprache* und →*Stil* ist

Zwischen »Bibelkritiker« Basedow (1723–1790) und dem Sturm- und Drang-Theologen Lavater (1741–1801), der die Bibel manchmal zu wörtlich haben wollte, bewegte sich Goethe vergnügt auf einer Rheinreise 1774:
»Und wie nach Emmaus weiter ging's
Mit Sturm- und Feuerschritten;
Prophete rechts, Prophete links,
Das Weltkind in der Mitten.«

Rechts: *Goethes Bibliothek mit rund 6500 Bänden ist heute noch nahezu so geordnet wie zu seinen Lebzeiten. Die bedeutende Büchersammlung aus vielen Wissensgebieten ist durch den Katalog von Hans Ruppert seit 1958 auch wissenschaftlich erschlossen.*

durch die Einwirkung des Bibeldeutsch entscheidend beeinflußt.
→ *Juden, Judentum*; → *Reformation*; → *Übersetzungen und Bearbeitungen*

Bibliothek
Goethes private Bibliothek umfaßte bei seinem Tod 5424 Titel mit Werken der Antike, aus sämtlichen modernen europäischen und orientalischen Literaturen sowie aus allen Sachgebieten. Deutliche Schwerpunkte bildeten Wörterbücher, Grammatiken und rhetorische Schriften, Werke zur bildenden Kunst, zu den Naturwissenschaften sowie Biographien. Ein erstes Verzeichnis von Goethes Bibliothek erstellte Friedrich Theodor Kräuter (→ *Sekretäre*).
→ *Goethe-Häuser und -Museen*

Biedermeier
Dekorative Elemente des biedermeierlichen Kunststils benutzte der alte Goethe gern bei eigenen kalligraphischen Handschriften, die er verschenkte. Mobiliar in den Empfangsräumen seines Hauses am Frauenplan (→ *Weimar*) war nach dem neuesten Kunstgeschmack des Biedermeier angeschafft.

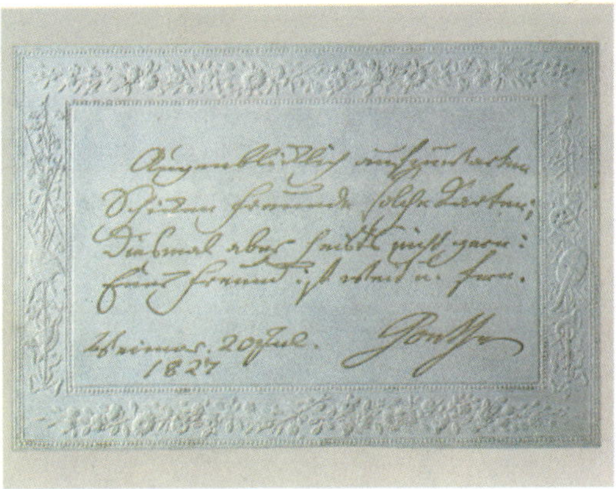

Links: *Eines jener mit biedermeierlicher Blumenbordüre umränderten Kärtchen, die Goethe gern Freunden und Bekannten zukommen ließ, hier dem schottischen Schriftsteller Thomas Carlyle.*
»Augenblicklich aufzuwarten Schicken Freunde solche Karten; Diesmal aber heißt's nicht gern: Euer Freund ist weit und fern. Weimar, 20. Juli 1827.«

→*Johann Peter Eckermanns* Goethebild ist von »biedermeierlichen« Zügen der Mäßigung, wie sie das Bürgertum in der Epoche der →*Restauration* ab 1815 übte, bestimmt.

Bildende Kunst

Goethes Begegnungen mit bildender Kunst setzten im Elternhaus durch die Kunstsammlungen seines Vaters ein. Geschmackselemente des →*Rokoko*, die Goethe an den in seinem Elternhaus hergestellten Werken der Frankfurter Maler (→*Frankfurt*) wahrnahm, wurden in der Leipziger Studienzeit durch die kanonischen Regeln des Klassizismus (→*Adam Friedrich Oeser*, →*Johann Joachim Winckelmann*) verändert, der für Goethe lebenslänglich maßgebend blieb. Die leitende Anschauung war für Goethe vom Besuch des »Mannheimer Antikensaales« (1769) bis zur ersten Reise durch Italien (1786–1788) und weit darüber hinaus die bildende Kunst der →*Antike*, der das Erlebnis der →*Renaissance* beigeordnet wurde. Goethes Verhältnis zum →*Barock* war zwiespältig.

Sein Studium und seine Auseinandersetzung mit allen Gattungen der bildenden Künste brachte eine Fülle von kritischen Schriften und Äußerungen zur bildenden Kunst hervor (→*Kunstkritik*), die im weitesten Sinn zum neuzeitlichen Fundus der philosophischen →*Ästhetik* gehören.

Um die bildende Kunst seiner Zeit in seinem Sinn zu beeinflussen, veranstaltete Goethe mit den →*Weimarer Kunstfreunden*, von 1799 bis 1805 Preisausschreiben, in denen er Themen und Motive aus der Antike zur Bearbeitung vorschlug. Gleichzeitig wurden in Weimar Kunstausstellungen veranstaltet.

Im Alter gab Goethe die Zeitschrift *Über Kunst und*

In *Wilhelm Meisters Wanderjahren* bewegt den »Wanderer« die Dialektik von einsamem Schaffensprozeß und seiner Wirkung auf eine Vielzahl: »Der bildende Künstler denkt sich zwar immer in Bezug auf alles, was unter den Menschen lebt und webt, aber sein Geschäft ist einsam, und durch den sonderbarsten Widerspruch verlangt vielleicht kein anderes so entschieden lebendige Umgebung. Hier nun bildet jeder im stillen, was für immer die Augen der Menschen beschäftigen soll; eine Feiertagsruhe waltet über dem ganzen Ort . . .«. Hier bildet sich jenes Stereotyp des einsam und in großer Distanz zum Publikum schaffenden Künstlers noch nicht heraus, das war Goethes Epigonen vorbehalten, aber seine Möglichkeit war angelegt.

Altertum (1816–1832) heraus. Seit ihrer Gründung 1781 war er in leitender Funktion der »Freien Zeichenschule« zu Weimar verbunden.

Goethes Verhältnis zur bildenden Kunst hat praktisch auf seine Tätigkeit als Theaterleiter (→ *Theaterleitung*) eingewirkt.

Goethe besaß eine der bedeutendsten privaten → *Kunstsammlungen*, die je zusammengetragen wurden. Durch seine Akquisitionen von Kunstgegenständen für den Weimarer Hof, die er unter steter Beratung → *Johann Heinrich Meyers* vornahm, blieb Goethe über den europäischen Kunstmarkt informiert.

In seiner eigenen Ausübung der bildenden Kunst beschränkte sich Goethe seit seinen Knabenjahren im wesentlichen auf → *Zeichnungen*.

Vgl. Goethes Kenntnis der Werke von → *Benvenuto Cellini,* → *Albrecht Dürer,* → *Leonardo da Vinci,* → *Michelangelo Buonarroti,* → *Raffael,* → *Tizian*; vgl. auch Goethes gesellschaftlichen Verkehr in → *Rom* sowie seinen Umgang mit → *Philipp Hackert,* → *Angelica Kauffmann* und → *Johann Heinrich Wilhelm Tischbein,* seine Beziehungen zu Bildhauern in → *Berlin,* → *Philipp Otto Runge,* dem Kreis der → *Nazarener*; vgl. ferner sein Verhältnis zu den Kunsthistorikern → *Sulpiz Boisserée* und → *J. H. Meyer.*

Goethe übersetzte und veröffentlichte die Autobiographie → *Benvenuto Cellinis* und Teile von → *Denis Diderots Essais sur la peinture* (1799; → *Übersetzungen und Bearbeitungen*).

→ *Baukunst*

Bildung

Bildung – nicht im Sinn von »Form« oder »Gestalt«, sondern im Sinn von »Ausbildung geistig-künstlerischer Fähigkeiten« – war Goethe in allen Phasen seiner Entwicklung ein bedeutendes, in wechselndes Licht gestelltes Anliegen. Von einer lediglich utilitaristischen, engen Fachausbildung hat Goethe nie etwas gehalten, vielmehr hat er von jeher alle Fakultäten, von den Naturwissenschaften über Gesellschaftslehren bis hin zu → *Ethik* und → *Ästhetik,* für sich heranzuziehen gesucht.

Der Goethesche Bildungsgedanke wirkte in Literatur, Wissenschaft, Pädagogik, darüber hinaus in Gesellschaft und Politik, wurde vorbildhaft für den Bildungsbürger, zur Karikatur im »Bildungsphilister«. Das Vorherrschen der Bildungsidee bewirkte in der Geschichte des deutschen Romans nach Goethe die einseitige Beschäftigung mit dem Bildungs- und Entwicklungsroman, zuungunsten des Ereignis- und Sozialromans, wie er in französischer, englischer und russischer Literatur die Regel wurde.

Dabei war an die Selbstausbildung ebenso gedacht wie an den gesellschaftlichen Nutzen. Im klassischen Humanitätsideal Goethes fand dieser Bildungsgedanke eine erste verbindliche Programmatik. In Goethes großem, fünf Jahrzehnte hindurch bearbeiteten Bildungsroman → *Wilhelm Meisters Lehr- und Wanderjahre* wurde diese Programmatik im zweiten Teil, den *Wanderjahren*, in der Epoche der industriellen Revolution und unter dem Eindruck neuer, von Johann Heinrich Pestalozzi (1746–1827) u. a. entwickelter pädagogi-

scher Gedanken erweitert: Das universale Bildungsprogramm wurde ergänzt durch das Programm der Spezialausbildung.
→ *Menschenbild*; → *Pädagogik*

Bildungsgang
Um Goethes Bildungsgang annähernd zu umreißen, sei – in entwicklungsgeschichtlicher Abfolge – auf folgende Stichworte verwiesen: → *Aufklärung*, → *Catharina Elisabeth Goethe*, → *Johann Caspar Goethe*, → *Labores juveniles*, → *Christentum*, → *Antike*, → *Studium*, → *Bildende Kunst*, → *Rokoko*, → *Reisen*, → *Religion*, → *Pietismus*, → *Empfindsamkeit*, → *Sturm und Drang*, → *Weimar*, → *Naturwissenschaften*, → *Philosophie*, → *Italien*, → *Französische Revolution*, → *Klassik*, → *Weltbild*, → *Alterswerk*

Biologie → *Botanik*; → *Morphologie*; → *Naturwissenschaften*; → *Zoologie*

Böhmen
In der Goethezeit österreichische Provinz.
Seit 1785 benutzte Goethe die böhmischen Bäder

Unten: *Karlsbad, Neubrunnen. Kolorierte Aquatinta von Ludwig Graf Buquoy (1783–1834). Darstellung des bewegten Kurbetriebes um 1815 am Neubrunnen, der neben dem Sprudel wichtigsten Therme von Karlsbad.*

Karlsbad, Franzensbad und Marienbad zu Wasserkuren. Seine insgesamt 16 Reisen, die auch von seinem Interesse an →*Geologie* und →*Mineralogie* geleitet waren, führten ihn außerdem nach Teplitz und Eger.

In den Bädern traf sich – der balneologischen Mode der Zeit folgend – die europäische Gesellschaft aus Politik, Diplomatie, Kunst und Wissenschaft. Goethe hatte hier vertrauten Umgang mit den Spitzen des russischen, polnischen, österreichischen und ungarischen Hochadels. Er verkehrte u. a. mit Kaiserin →*Maria Ludovica von Österreich*, Prinz August von Preußen (1779–1843), Louis Bonaparte (1778–1846), dem Bruder →*Napoleons*, Karl Joseph Fürst von Ligne (1735–1814), →*Carl Friedrich Graf von Reinhard,* Clemens Wenzeslaus Fürst von Metternich (1773–1859), Gebhard Leberecht Blücher (1742–1819), →*Caspar Maria Graf von Sternberg*, →*Ludwig van Beethoven*, Eugène de Beauharnais, Herzog von Leuchtenberg (1781–1824).

Fern von der beengenden Weimarer Gesellschaft verliebte sich der alte Goethe 1823 in die junge →*Ulrike von Levetzow*. Im selben Jahr trat Goethe in freundschaftliche Beziehung zu der Petersburger Pianistin Maria Szymanowska (1789–1831) (→*Gedichte*).
→*Österreich*; →*Zeichnungen*

Sulpiz Boisserée

Sulpiz Boisserée, Bleistiftzeichnung von Johann Joseph Schmeller, 1827. Boisserée kam u. a. 1826 nach Weimar und fand Goethes Umgebung einigermaßen philiströs: »Eckermann, ein subordiniertes, treues Männchen voll hübschen Talentes«, notierte er zum Beispiel.

* 2. 8. 1783 Köln; † 2. 5. 1854 Bonn

Mit dem rheinländischen Kaufmann, Kunstsammler und Kunsthistoriker wurde Goethe 1810 auf Empfehlung →*Carl Friedrich Graf von Reinhards* brieflich bekannt. Eine Korrespondenz wurde bis zu Goethes Tode geführt. Boisserées Aufrisse und Entwürfe zum Kölner Dom erweckten erneut Goethes Interesse für die Gotik (→*Straßburg*). Im Mai 1811 besuchte Boisserée Goethe in Weimar. Er überbrachte ihm Zeichnungen von Peter Cornelius (1783–1867) zum →*Faust* und gewann damit sowie mit Berichten über seine und seines Bruders Melchior (1786–1851) Sammlung altdeutsch-niederrheinischer Kunst Goethes Interesse an der modernen romantischen bildenden Kunst wie auch an der *»altdeutschen Art und Weise«* (an Reinhard, 8. 5. 1811). 1814 und 1815 lernte Goethe auf seinen Rhein-Main-Reisen, auf denen ihn Boisserée teilweise begleitete, die Kunstsammlung der Brüder in Heidelberg kennen. (Vgl. *Kunst und Altertum am Rhein, Main und Neckar. 1814 und 1815.*) Vorbereitet durch Sulpiz Boisserée besichtigte Goethe mit diesem im Juli 1815 in Begleitung des preußischen Ministers Heinrich Friedrich Karl vom Stein (1757–1831) und Ernst Moritz Arndts (1769–1860) die mittelalterliche Bauruine des Kölner Doms und trug durch seine Gutachten zur Voll-

Links: *Der Kölner Dom, Bau der Türme. Kupferstich. Sulpiz Boisserée gewann Karl Friedrich Schinkel (1781–1841) und Domenico Quaglio (1787–1837) für seinen Plan, die noch vorhandenen Risse und die schon gebauten, aber vom Einsturz bedrohten Teile in einem Mappenwerk darzustellen. Letzteres sandte Boisserée 1810 an Goethe. Damit begann die andauernde Verbindung zwischen den beiden.*

endung des Dombaus bei. Boisserées Werk *Ansichten, Risse und einzelne Teile des Doms zu Köln* (1821) zeigte Goethe 1823 in *Über Kunst und Altertum* an.

1825/26 führte Boisserée die Verhandlungen mit Cotta (→ *Verleger*) über den Vertrag für die »Ausgabe letzter Hand« zu Goethes größter Zufriedenheit. Kurz nach dessen Abschluß besuchte Boisserée Goethe noch einmal in Weimar. Boisserées umfangreiche Tagebücher (1862) gehören zu den bedeutendsten Zeugnissen zu Goethes letzten beiden Lebensjahrzehnten.

Botanik

1785 setzte Goethes systematisches Studium der Botanik ein. Er benutzte Carl Linnés (1707–1778) *Philosophia botanica* (1751), geriet aber bald in Widerspruch zu dessen analytischer Systematik. Goethe suchte eine synthetische Einheitslehre aufzustellen, nach der die Prinzipien der Entwicklung der Pflanze für alle Arten allgemein gültig hergeleitet werden sollten. In Palermo, 1787, bildete er sich den Begriff der *»Urpflanze«*, einer *»symbolischen Pflanze«* oder *»Idealpflanze«*, die man sich in der Stammesgeschichte der Pflanzen nicht als eine geologisch frühe Pflanze, sondern als ein Experimentalkonstrukt zu denken hat. An ihr zeigte Goethe die → *Morphologie* der Pflanzenarten unter besonderer

Unten: *Carl von Linné. Porträt von Alexander Roslin, 1775.*

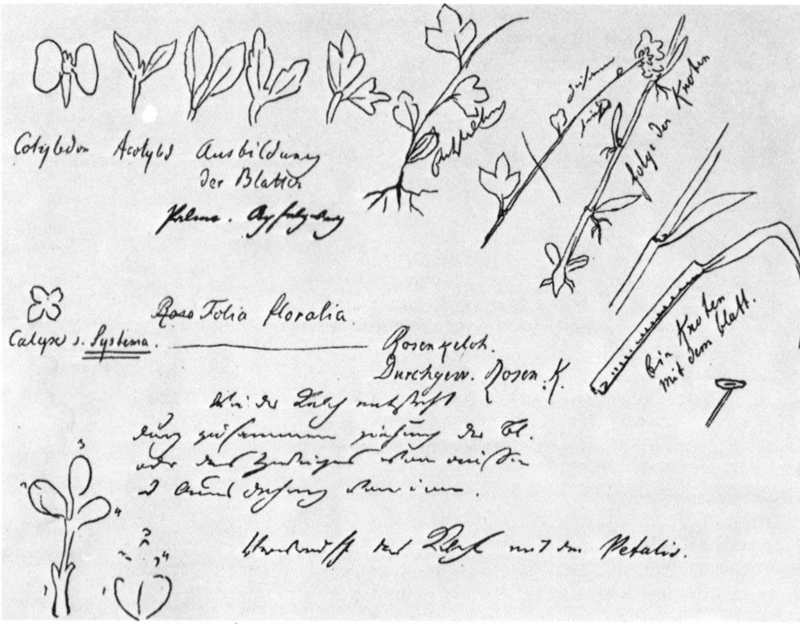

Oben: *Goethes eigenhändige Bleistiftskizzen und Notizen zur* Metamorphose der Pflanzen, *um 1790.*

Unten: *Clemens Brentano. Kupferstich (1851) mit seinem Porträt aus späteren Jahren.*

Betonung der allseitigen Entwicklungsfähigkeit des Blattes auf.

Eine erste Zusammenfassung seiner botanischen Studien lieferte Goethe nach seiner Rückkehr aus Italien in dem Werk *Versuch, die Metamorphose der Pflanzen zu erklären* (1790). Ein weiterer grundlegender Beitrag Goethes zur Botanik waren seine Forschungen zur allgemeinen *»Spiraltendenz«* (Parastichien) in der Vegetation, 1830/31, die in der modernen Biologie weiterverfolgt werden.
→*Naturwissenschaften*

Bettina Brentano →*Bettina von Arnim*

Clemens Brentano

* 9. 9. 1778 Ehrenbreitstein b. Koblenz; † 28. 7. 1842 Aschaffenburg

Auf ein von Goethe und Schiller im Jahre 1800 veranstaltetes Preisausschreiben für die beste Intrigenkomödie sandte der Romantiker Brentano *Ponce de Leon* (erschienen 1804) ein; das Stück blieb allerdings unprämiiert.

Brentano widmete Goethe den ersten Band seiner mit →*Achim von Arnim* herausgegebenen Sammlung

Des Knaben Wunderhorn (1806), die Goethe in einer Rezension in der *Jenaischen Allgemeinen Literatur-Zeitung* mit verhaltenem Lob bedachte. Goethe rechnete beide Romantiker dem *»halb Dutzend jüngeren poetischen Talenten«* zu, in deren Arbeiten alles *»durchaus ins Form- und Charakterlose«* ginge (an Zelter, 30. 10. 1808). Ein Besuch Brentanos bei Goethe in Weimar fand im August 1809 statt.
→ *Romantik*

Briefe, Briefwechsel

»Briefe gehören unter die wichtigsten Denkmäler, die der einzelne Mensch hinterlassen kann« (*Winckelmann und sein Jahrhundert*, 1805), war Goethes Meinung zeit seines Lebens. Seit seinen Studienjahren führte er ausgedehnte regelmäßige Briefwechsel nach vielen Seiten hin. In der Jugend schrieb er die Briefe spontan, auch mundartlich, im Alter diktierte er sie und überarbeitete sie oft sorgfältig in mehrfachen Fassungen; der Stil wurde gegebenenfalls kurial.

Von dem Wert seiner Korrespondenzen war Goethe in einzelnen Fällen überzeugt: seinen Briefwechsel mit → *Friedrich von Schiller* veröffentlichte er als erste der großen Korrespondenzen 1827/28 selbst. Seinen Briefwechsel mit → *Karl Friedrich Zelter* bereitete er zur Veröffentlichung vor (erschienen 1833/34). In den folgenden Jahrzehnten des 19. Jh.s erschienen weitere umfangreiche Goethe-Briefwechsel, wie etwa die mit → *Sulpiz Boisserée* (1862) und → *Karl Ludwig von Knebel* (1851). Noch im 20. Jh. wurden bedeutende Einzelkorrespondenzen erstveröffentlicht (z. B. mit Herzog → *Carl August*, 1915–1918; → *Alexander* und → *Wilhelm von Humboldt*, 1909).

Goethes Briefwechsel steht in der durch Freundschaftskult und Empfindsamkeit bereicherten humanistisch-aufgeklärten Tradition persönlichen Austauschs, an deren geschwätzigen, indiskreten Auswüchsen Goe-

Unten: *Eigenhändiger Brief Goethes an Schiller vom 27. 8. 1794, mit dem er dessen berühmten Brief vom 23. 8. 1794 beantwortet und der den Beginn des Briefwechsels wie der freundschaftlichen Beziehung beider Dichter markiert.*
Die Anfangszeilen lauten:
»Zu meinem Geburtstage, der mir diese Woche erscheint, hätte mir kein angenehmer Geschenk werden können als Ihr Brief, in welchem Sie, mit freundschaftlicher Hand, die Summe meiner Existenz ziehen und mich, durch Ihre Teilnahme, zu einem emsigern und lebhafteren Gebrauch meiner Kräfte aufmuntern.«

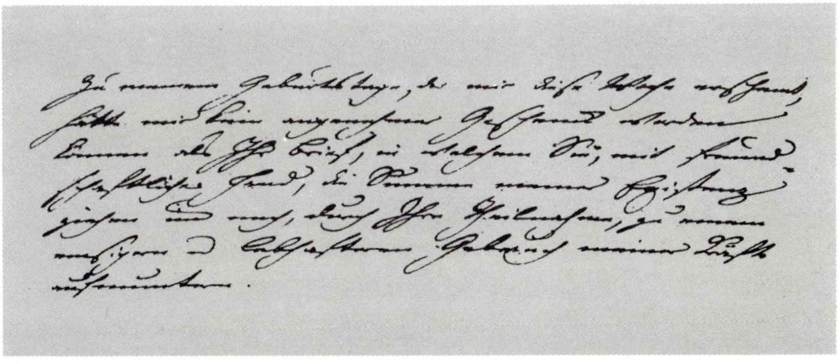

the nie beteiligt war. Hingegen war er einer der ersten, die der Briefform tragende Funktion in der Dichtung gaben. Schon um 1770 plante er einen *»Roman in Briefen«*. → *Die Leiden des jungen Werthers* (1774) sind in Briefform verfaßt. Die → *Briefe aus der Schweiz* und die → *Italienische Reise* gingen aus Briefen von Goethes entsprechenden Reisen hervor. Auch in seinen späteren Romanen ist die Briefform benutzt.
→ *Gespräche*

Briefe aus der Schweiz

Entstehung 1780 (2. Abt.), 1796 (1. Abt.); Erstdruck 1808

Die erste, unvollendete der zwei Abteilungen der *Briefe aus der Schweiz* faßte Goethe vermutlich nach Aufzeichnungen seiner ersten Reise in die → *Schweiz* (1775) ab; sie wurde von Goethe auch als *»Werthers Reise«* bezeichnet, da er die Reiseerlebnisse der Werther-Figur zuschrieb (→ *Die Leiden des jungen Werthers*).

Die zweite Abteilung entstand nach Briefen von Goethes zweiter Schweizer Reise (1779).

Die Brieferzählung gehört zu den bedeutendsten Zeugnissen der Loslösung Goethes vom → *Sturm und Drang* und seiner Hinwendung zur klassischen Naturbetrachtung (→ *Klassik*).

Friederike Brion

* 19. 4. 1752 Niederrödern (Elsaß); † 3. 4. 1813 Meißenheim b. Lahr

Goethe lernte die Pfarrerstochter Mitte Oktober 1770 während seinesAufenthalts in → *Straßburg* in ihrem häuslichen Kreis mit fünf Geschwistern in → *Sesen-*

Links: *Friederike Brion. Silberstiftzeichnung von J.F.W. Tischbein.*

Rechts: *Der alte Pfarrhof zu Sesenheim. Rötelzeichnung Goethes aus dem Jahr 1770.*

heim kennen. Weitere Besuche Goethes erfolgten Ende Oktober, im November und Dezember 1770 sowie im Mai/Juni 1771.

Im November 1770 las Goethe →*Oliver Goldsmiths* Roman *The Vicar of Wakefield* (1766), dessen idyllische Schilderung eines kinderreichen und puritanisch-tugendhaften Landpfarrerhaushalts für seine spätere Beschreibung der Sesenheimer Szenerie in →*Dichtung und Wahrheit* bestimmend blieb. Insbesondere hat Goldsmiths Motiv von der »verführten Unschuld« Goethe angehalten, sein Verhältnis zu Friederike literarisch gleichfalls zu einer schuldhaften Verführungsgeschichte zu stilisieren (*Dichtung und Wahrheit*, Buch 10–12).

Die Figuren des Weislingen im →*Götz von Berlichingen* und des →*Clavigo*, die in der Goethe-Forschung häufig als autobiographischer Nachhall verschuldeter Untreue ausgelegt werden, sind kaum aus dem Sesenheimer Erlebnis herzuleiten.

Die sog. »Sesenheimer Lieder« (→*Sturm und Drang*), Gedichte an Friederike gerichtet, setzen den unmittelbaren Gefühlsausdruck der Leipziger *Oden* an den Jugendfreund Ernst Wolfgang Behrisch fort (→*Gedichte*). Anläßlich seiner zweiten Reise in die →*Schweiz*, 1779, besuchte Goethe die Familie Brion noch einmal; er berichtete darüber Charlotte von Stein am 28. 9. 1779.

Friederike Brion verliebte sich nach Goethes Abreise aus Straßburg in →*Jakob Michael Reinhold Lenz*. Ein weiteres Verhältnis hatte später die Geburt eines Kindes zur Folge. Nach dem Tode ihres Vaters (1787) verließ Friederike Sesenheim und lebte bei Verwandten.

»In diesem Augenblick trat sie wirklich in die Türe; und da ging fürwahr an diesem ländlichen Himmel ein allerliebster Stern auf. Beide Töchter trugen sich noch deutsch, wie man es zu nennen pflegte, und diese fast verdrängte Nationaltracht kleidete Friederiken besonders gut. Ein kurzes weißes rundes Röckchen mit einer Falbel, nicht länger, als die nettesten Füßchen bis an die Knöchel sichtbar blieben; ein knappes weißes Mieder und eine schwarze Taffetschürze – so stand sie auf der Grenze zwischen Bäuerin und Städterin. Schlank und leicht, als wenn sie nichts an sich zu tragen hätte, schritt sie, und beinahe schien für die gewaltigen blonden Zöpfe des niedlichen Köpfchens der Hals zu zart. Aus heiteren blauen Augen blickte sie sehr deutlich umher, und das artige Stumpfnäschen forschte so frei in die Luft, als wenn es in der Welt keine Sorge geben könnte; der Strohhut hing ihr am Arm, und so hatte ich das Vergnügen, sie beim ersten Blick auf einmal in ihrer ganzen Anmut und Lieblichkeit zu sehn und zu erkennen.«
(*Dichtung und Wahrheit*, 10. Buch)

Charlotte (»Lotte«) Buff

* 11. 1. 1753 Wetzlar; † 16. 1. 1828 Hannover

Die Tochter des Amtsmannes des Deutschen Ordens in Wetzlar war seit 1768 mit dem hannoverschen Legationssekretär Johann Christian Kestner (1741–1800) verlobt, den sie 1773 heiratete.

Goethe lernte beide im Juli 1772 kennen und verliebte sich bald in Charlotte. Im September 1772 verließ er →*Wetzlar* nach schriftlichem Abschied von Kestner und Lotte. Nach einem intensiven Briefwechsel mit Kestner, 1772–1774, blieb ein lockerer Kontakt zu dem nach Hannover gezogenen Ehepaar erhalten. 1816 besuchte Charlotte Goethe in Weimar. (Dieser Besuch ist Gegenstand der Darstellung in Thomas Manns Roman *Lotte in Weimar*, 1939; →*Wirkung*)

Knapp anderthalb Jahre nach seiner Wetzlarer Zeit wurden Goethe Charlotte Buff und Kestner Vorbilder für die Charaktere von Lotte und Albert in →*Die Leiden des jungen Werthers*. Wie Goethe seine frühere

Das Ehepaar Charlotte und Johann Christian Kestner in einem zeitgenössischen anonymen Schattenriß.

Beziehung zu → *Friederike Brion* in seiner Autobiographie nach einem Roman von → *Oliver Goldsmith* stilisierte, so gestaltete er sein Wetzlarer Liebeserlebnis sowohl in *Werther* als auch in der späteren Schilderung in → *Dichtung und Wahrheit* (12. Buch) nach dem Muster von → *Jean-Jacques Rousseaus* Brieftoman *Julie, ou la Nouvelle Héloïse* (1761; dt. *Julie oder Die neue Heloise. Briefe zweier Liebenden*).

Der Bürgergeneral

Ein Lustspiel in einem Aufzuge. Entstehung und Erstdruck 1793; Urauff. 2. 5. 1793, Herzogl. Hoftheater, Weimar.

Das Stück um die karikierte Jakobinerfigur Schnaps, dessen Umtriebe durch einen einsichtigen Aristokraten berichtigt werden, stellt nach dem → *Groß-Cophta* Goethes zweite Auseinandersetzung mit der → *Französischen Revolution* dar.

Lord Byron. Skizze des Grafen D'Orsay, Mai 1823.
Goethe nahm Byrons exzentrisches Wesen als »dämonische Natur«. Kein anderer der zeitgenössischen jungen Dichter hat Goethe so dauernd und tief beschäftigt. Goethe liebte Byron väterlich, weil er in ihm seine eigene Jugend widergespiegelt sah. Der »Wertherismus« der europäischen Literaturen war im »Byronismus« aufgegangen.

George Gordon Lord Byron

* 22. 1. 1788 London; † 19. 4. 1824 Missolunghi

Durch englische Zeitungsberichte über Byrons Ehe-skandal auf den Dichter aufmerksam geworden, begann Goethe 1816 sich aufs lebhafteste für dessen Persönlichkeit und Dichtungen zu interessieren. Er schrieb 1820, 1821 und 1824 Rezensionen zu Byrons Dichtungen *Manfred* (1817), *Don Juan* (unvollendet; 1819–1824) und *Cain* (1821).

1823 überbrachte Charles James Sterling (1804–1880) Goethe ein Autograph Byrons. Goethe dankte mit dem Gedicht *»Ein freundlich Wort ...«* (1824), das Byron noch vor seiner Einschiffung zur Teilnahme am griechischen Befreiungskampf erreichte. Goethe beeindruckte es, daß Byron *»seinen großen Sinn, seine mannigfaltigen Kräfte an erhaben gefährliche Taten über Meer verwenden«* wollte (*Goethes Beitrag zum Andenken Lord Byrons*, 1824). Nach dessen Tod setzte er ihm ein Denkmal in dem Gedicht *»Stark von Faust ...«* (1829). Ebenso ist der Trauergesang für Euphorion in *Faust* II (3. Akt; *»Nicht allein! – wo du auch weilest, ...«*) eine Totenklage um Byron.

Goethe erkannte in Byron einen der begabtesten seiner Leser: *»Dieser seltsame geistreiche Dichter hat meinen Faust in sich aufgenommen und, hypochondrisch, die seltsamste Nahrung daraus gesogen.« (Manfred)*. In Byrons Dichtung und Tatendrang sah Goethe titanische Züge der eigenen jugendlichen Geniezeit wiederverkörpert (→ *Genie*). Seine hohe Wertschätzung Byrons zeigt unter anderem eine Äußerung zu Kanzler Friedrich von Müller: *»Byron allein lasse ich neben mir gelten!«* (2. 10. 1823).

Pedro Calderón de la Barca

* 17. 1. 1600 Madrid; † 25. 5. 1681 Madrid

Goethes Interesse für Calderón wurde 1802 durch →*August Wilhelm Schlegels* Übersetzung des Dramas *Die Andacht zum Kreuz* (1634), die er im Manuskript las, geweckt und 1803 durch Lektüre der von Schlegel übersetzten Dramen *Über allen Zauber Liebe* (1635) und *Die Schärpe und die Blume* (1649?) verstärkt. Vorbehaltlose Bewunderung löste bei Goethe Calderóns Drama *Der standhafte Prinz* (1636) aus, das er 1804 in Schlegels Übertragung las. (Vgl.: An Schiller, 28. 1. 1804.)

In den folgenden Jahren beschäftigte sich Goethe intensiv mit Calderón, veranlaßte Vorlesungen von dessen Dramen in literarischen Zirkeln und ließ 1811 den *Standhaften Prinzen*, 1812 *Das Leben ein Traum* (1636) in Friedrich Hildebrand von Einsiedels Übersetzung und 1815 *Die große Zenobia* (um 1634) in Schlegels Übersetzung in Weimar aufführen. Für den gleichen Zweck interessierte ihn 1815 ein weiteres Drama Calderóns: *Der wundertätige Magus* (1663).

Unbefriedigt von den Übersetzungen Schlegels (1803–1809) und anderer regte er Johann Diederich Gries (1775–1842) zur Übertragung von 13 Dramen Calderóns an, mit deren Ausführung dieser Goethes volle Anerkennung fand.

Goethe bewunderte an Calderón in erster Linie dessen Kunstverstand, das Geschick der dramatischen Konstruktionen, die *»poetische Gleichnisfülle«* und *»rhetorische Dialektik«* (an Gries, 20. 5. 1821).

1807 entwarf Goethe das Schema zu einem christlichen Trauerspiel nach dem Muster Calderóns, von dem er einige Verse ausführte (*Bruchstücke einer Tragödie*, 1807). Diesen Plan griff er 1810 nochmals auf. 1822 veröffentlichte Goethe einen Aufsatz über Calderóns Drama *Die Tochter der Luft* (1650), in dem er – wie schon in früheren Äußerungen – Calderón, den großen »künstlichen« Dichter, als ebenbürtigen Antipoden dem großen »naturhaften« Dichter →*Shakespeare* gegenüberstellt (*Calderóns »Tochter der Luft«* in *Über Kunst und Altertum*). Gegenüber Eckermann betonte Goethe jedoch, daß Calderón, *»so groß er ist«*, auf sein eigenes dichterisches Schaffen keinen Einfluß gehabt habe, *»weder im Guten noch im Schlimmen«* (12. 5. 1825).

Pedro Calderón de la Barca. Kupferstich von F. de Grado, um 1700.
Eine fruchtbare dichterische Aufnahme fand Calderón im deutschen Sprachraum erst in der Dramatik der Österreicher Grillparzer und Hofmannsthal, deren »barocke«, vom Katholizismus bestimmte Weltsicht dem Spanier gerechter wurde als die klassisch-romantischen Annäherungen.

Campagne in Frankreich

Entstehung 1820–1822; Erstdruck 1822

Goethes Berichterstattung über den preußischen Feldzug gegen das jakobinische Frankreich, 1792, an dem er als Begleiter Herzog →*Carl Augusts* teilnahm, ist kein Werk der Geschichtsschreibung. Goethes Ver-

Das Jahr 1792/93 ist das seiner Lebensjahre, das Goethe ausführlich schilderte. Für die spätere Lebenszeit gibt es nur noch Zusammenfassungen und Notizen. Als politischer Gegner der Revolution zeichnet er deren Kräfte und Gegenkräfte dichterisch anschaulich und anschauend. In diesem Zusammenhang war er der Meinung, daß »der Dichter seiner Natur nach unparteiisch sein und bleiben und sich von den Zuständen beider kämpfenden Teile zu durchdringen suchen müsse«.

Rechts: *Luxemburger Landschaft mit Freiheitsbaum. Aquarell über Bleistift und Tuschfeder von Goethe, entstanden 1792, während der* Campagne in Frankreich.

hältnis zur →*Geschichte* im allgemeinen und seiner reservierten Haltung gegen die →*Französische Revolution* entsprechend wird das politisch-gesellschaftliche Geschehen in autobiographische Impressionen aufgelöst. Wenn Goethe auch nach der erfolglosen Kanonade von Valmy diesen Moment als epochemachend für die Französische Republik erkannte, hat er sich um eine Einsicht in die historischen Ursachen des Vorgangs nicht bemüht.

Zusammen mit →*Belagerung von Mainz* bildet *Campagne in Frankreich* nach →*Dichtung und Wahrheit*, Teil 1–3, und →*Italienische Reise*, Teil 1, den dritten Komplex der groß geplanten →*Autobiographie Aus meinem Leben*.

Carl August, Herzog (ab 1815 Großherzog) von Sachsen-Weimar-Eisenach

* 3. 9. 1757 Weimar; † 14. 6. 1828 Graditz b. Torgau

Sohn des Herzogs Ernst August Constantin (1737–1758) und seiner Frau →*Anna Amalia*; durch seine Mutter Großneffe →*Friedrichs II. von Preußen*.

Carl August wurde von Johann Eustachius Graf von Görtz (1737–1821), →*Christoph Martin Wieland* und →*Karl Ludwig von Knebel* im Sinne eines aufgeklärt patriarchalischen Absolutismus erzogen. Knebel war es auch, der die erste Begegnung zwischen Carl August und Goethe im Dezember 1774 in Frankfurt am Main vermittelte, während der sogleich der lebhafteste Austausch über staatspolitische Theorien stattfand (s. *Dichtung und Wahrheit*, 15. Buch; →*Justus Möser*).

Carl August übernahm Anfang September 1775, an seinem 18. Geburtstag, die Regierung des Herzogtums →*Sachsen-Weimar-Eisenach*. Während eines abermaligen Aufenthalts in Frankfurt Ende September 1775 lud er Goethe zu einem Besuch nach Weimar ein. Im Oktober 1775 heiratete Carl August in Karlsruhe Prinzessin Luise von Hessen-Darmstadt (→*Luise von Sachsen-Weimar-Eisenach*).

Nachdem Goethe im November 1775 in Weimar eingetroffen war, ernannte Carl August ihn im Juni 1776 zum Geheimen Legationsrat mit Sitz und Stimme im Geheimen Consilium (→*Staatsdienst*).

Zwischen Carl August und Goethe stellte sich sehr bald ein enges persönliches Freundschaftsverhältnis her, in dem der um acht Jahre ältere Goethe die Rolle eines mäßigenden Mentors gegenüber dem ungestümen jungen Herzog übernahm. Eine erste gemeinsame Reise führte sie 1779 in die →*Schweiz*.

Von seinen landesherrlichen Aufgaben wenig befriedigt, wandte sich Carl August 1783 mit anderen deutschen Fürsten einer reichsreformerischen Deutschlandpolitik zu, die er 1785 in dem von →*Friedrich II. von Preußen* gegründeten Deutschen Fürstenbund fortzusetzen versuchte. Er ging jedoch in der Vertretung preußischer Interessen auf Anraten Goethes nicht so weit, sich gegen Österreich für eine ungarische Thronkandidatur aufstellen zu lassen.

1790 unternahm Carl August gemeinsam mit Goethe eine Reise nach →*Schlesien*. Als preußischer General nahm er 1792 an der Campagne in Frankreich und 1793 an der Belagerung von Mainz teil. Auf beiden Feldzügen begleitete ihn Goethe (→*Belagerung von Mainz*, →*Campagne in Frankreich*).

Nach dem Sieg →*Napoleons* über preußische Truppen bei Jena/Auerstädt, 1806, trat Carl August – obwohl Gegner Napoleons – dem unter dem Protektorat Frankreichs stehenden Rheinbund bei. Ab 1813 beteiligte er sich an der europäischen Allianz gegen Napoleon und führte 1814 das Armeekorps, das die Niederlande und Belgien von französischen Truppen befreite.

1814 unternahm er eine Reise nach England; über seine dortigen naturwissenschaftlich-technischen Eindrücke berichtete er Goethe (→*Technik*).

1815, auf dem Wiener Kongreß, erreichte er mit Unterstützung seiner Schwiegertochter Maria Pawlowna (→*Rußland*) seine Erhebung zum Großherzog und eine erhebliche Erweiterung seiner Länder. Durch eine Verfassungsänderung, in der das Geheime Consilium in

Herzog Carl August von Sachsen-Weimar. Jugendbildnis. Kupferstich von Johann Heinrich Lips.

Goethes Dankbarkeit gegenüber seinem Herzog ist wiederholt zum Ausdruck gekommen, auch als zu Zeiten der *Campagne in Frankreich* die sich nur andeutende Möglichkeit, nach Frankfurt zurückzugehen, verworfen wird: »Seit zwölf Jahren genoß ich eines seltenen Glückes, des Vertrauens wie der Nachsicht des Herzogs von Weimar. Dieser von der Natur höchst begünstigte, glücklich ausgebildete Fürst ließ sich meine wohlgemeinten, oft unzulänglichen Dienste gefallen und gab mir Gelegenheit, mich zu entwickeln, welches unter keiner andern vaterländischen Bedingung möglich gewesen wäre; meine Dankbarkeit war ohne Grenzen, so wie die Anhänglichkeit an die hohen Frauen Gemahlin und Mutter, an die heranwachsende Familie, an ein Land, dem ich doch auch manches geleistet hatte.«
(Campagne in Frankreich)

Rechts: *Der Großherzog Carl August von Sachsen-Weimar zu Besuch bei Goethe, um 1815. Stahlstich von C. A. Schwerdgeburth.*

ein Staatsministerium umgewandelt wurde, ein ständisches Mitspracherecht verankert und Pressefreiheit gewährt wurde, arbeitete Carl August einer ersten konstitutionellen Verfassung in Deutschland vor. Er unterstützte die studentische Reformbewegung und – im Gegensatz zu den meisten Mitgliedern der »Heiligen Allianz« – nationale und liberale Bestrebungen.

Er verfestigte die verwandtschaftliche Bindung an Preußen: seine Enkelin Maria (1808–1877) heiratete den Prinzen Karl (1801–1883)und seine Enkelin Augusta (1811–1890) 1829 den Prinzen Wilhelm (1797–1888), den späteren deutschen Kaiser.

Goethe verfaßte von 1775 bis zum Tode Carl Augusts mehrfach an diesen gerichtete Gelegenheitsgedichte. In dem Gedicht *Ilmenau* (1783) hat er sein Freundschaftsbündnis mit dem jugendlichen Herzog umfänglich beschrieben (→ *Ilmenau*). Zum 50jährigen Regierungsjubiläum Carl Augusts schrieb Goethe das Logengedicht *»Laßt fahren hin ...«* (1825) (→ *Freimaurerei*). Eine Korrespondenz des Herzogs mit Goethe bestand lebenslänglich.

Nach dem Tod Carl Augusts zog Goethe sich Anfang Juli 1828 für zwei Monate nach → *Dornburg* zurück. In Briefen an Karl Friedrich Zelter und Friedrich August von Beulwitz (1785–1871) reflektierte und betrauerte er den Verlust.

Goethes Briefwechsel mit Carl August wurde 1915–1918 in drei Bänden von H. Wahl veröffentlicht. Der politische Briefwechsel des Herzogs erschien 1954, hg. von W. A. und H. Tümmler.

Links: *Das Reiterstandbild des Großherzogs Carl August (1875), von vorn gesehen, vor dem im 18. Jh. erbauten »Fürstenhaus«.*

→ *Alexander von Humboldt* schilderte als Augenzeuge die letzten Tage und Stunden Carl Augusts in einem Brief an Friedrich von Müller (vgl. den Abdruck in: Eckermann, *Gespräche*, 23. 10. 1828).

Thomas Carlyle
* 4. 12. 1795 Ecclefechan (Dumfries); † 5. 12. 1881 London

Der schottische Schriftsteller, Literaturkritiker und Übersetzer Carlyle sandte Goethe 1824 seine Übersetzung von → *Wilhelm Meisters Lehrjahre* zu. Doch erst 1827, mit Carlyles Übersendung seiner Biographie *Life of Schiller* (1825) und seiner Sammlung *German Romance* (1827), die Übersetzungen zeitgenössischer deutscher Prosa enthält, begann ein regelmäßiger intensiver Gedankenaustausch.

Goethe rezensierte 1828 beide Werke in *Über Kunst und Altertum*, wobei er die im Vorjahr gebildete Anschauung einer → *Weltliteratur* – zwar nicht mit dem Begriff, aber dem Sinne nach – zugrundelegte. 1829 beschäftigte sich Goethe mit Carlyles fragmentarischer Übersetzung der Helena-Szene aus → *Faust* II, die ihn zu dem Gedicht *Ein Gleichnis* (*»Jüngst pflückt ich einen Wiesenstrauß ...«*) veranlaßte. 1830 schrieb Goethe ein Vorwort zur deutschen Ausgabe von Carlyles Schiller-

Unten: *Thomas Carlyle. Holzstich nach einer Aufnahme, 1881.*

Rechts: *Gestochener Vortitel zu Thomas Carlyles Schiller-Biographie (Frankfurt a. M. 1830) mit einem Vorwort von Goethe. Im Hintergrund der Titelvignette ist »Carlyles Wohnung« zu erkennen. Die englische Originalausgabe erschien 1825. »Carlyle hat das Leben von Schiller geschrieben und ihn überall so beurteilt, wie ihn nicht leicht ein Deutscher beurteilen wird.« (Zu Eckermann, 15. 7. 1827)*

Biographie und forderte die »Gesellschaft für ausländische schöne Literatur zu Berlin« auf, Carlyle aufgrund dieses Werkes zu ihrem Ehrenmitglied zu ernennen.

1831 sandten 15 englische Verehrer Goethes auf Carlyles Betreiben eine Huldigungsadresse zu Goethes Geburtstag, die dieser mit dem Gedicht *Den funfzehn englischen Freunden* (1831) beantwortete.

Goethe bewahrte eine gleichbleibende Wertschätzung Carlyles, über den er sich gegenüber Eckermann äußerte: *»Wir können lange warten, bis wir auf einen Mann wie Carlyle stoßen. Es ist aber sehr artig, daß wir jetzt, bei dem engen Verkehr zwischen Franzosen, Engländern und Deutschen, in den Fall kommen, uns einander zu korrigieren. Das ist der große Nutzen, der bei einer Weltliteratur herauskommt und der sich immer mehr zeigen wird.«* (15. 7. 1827)

Der spätere politische Reformer und Historiker Carlyle blieb Goethe unbekannt. Carlyles Voluntarismus und seine puritanische Leistungsethik haben sein Goethe-Bild geprägt und sind für das Goethe-Verständnis der angelsächsischen Welt einflußreich geworden.

Unten: *Carl Gustav Carus,* Das Goethe-Denkmal. *Ölgemälde, entstanden 1832. Carus malte das Bild, wie er selbst schrieb, »zu Goethes Ehrengedächtnis« (Brief an Regis, 9. 8. 1832). In seinen* Lebenserinnerungen *(1865/66) hat er es beschrieben: »Man sah da also in klarem Sommermondschein in ein wunderbares Felsental hinein, wo auf großer, von Klippen umragter Platte ein dunkler Sarkophag sich erhob, dessen Mitte eine hohe metallene Harfe zierte, zu deren beiden Seiten Bilder von betenden Engeln knieten, von Nebelsilberduft umzogen und von schlanken Tannen überwachsen. Das ganze Bild trug den Ausdruck von Stille, Einsamkeit und Klarheit . . .«*

Carl Gustav Carus

* 3. 1. 1789 Leipzig; † 28. 7. 1869 Dresden

Goethe stand mit dem Dresdner Professor für

Frauenheilkunde und späteren königlich-sächsischen Leibarzt seit 1818 in Briefwechsel.

Carus hatte sich an der genetischen Methode Goethes, vornehmlich an dessen *Versuch, die Metamorphose der Pflanzen zu erklären* (→ *Botanik*) und Studien zur vergleichenden → *Anatomie* geschult (→ *Morphologie*). Goethe las Carus' *Lehrbuch der Zootomie* (1818), die Schrift *Von den Naturreichen* (1818) sowie andere osteologische, anatomische und malakologische Untersuchungen mit lebhaftem Interesse und Zustimmung.

1821 besuchte Carus Goethe in Weimar. Carus' im folgenden Jahr veröffentlichte *Briefe über Landschaftsmalerei* fand Goethe *»sehr wohlgedacht und wohlgefühlt«* (*Annalen*, 1822). 1823 schrieb Goethe in Anknüpfung an Carus' *Grundzüge allgemeiner Naturbetrachtung* den Aufsatz *Die Lepaden*.

Nach Goethes Tod trat Carus mit den ersten Versuchen einer ganzheitlichen Goethe-Deutung hervor: *Göthe. Zu dessen näherem Verständniß* (1843), *Göthe und seine Bedeutung für diese und die künftige Zeit* (1849), *Goethe, dessen Bedeutung für unsere und die kommende Zeit* (1863).

Carl Gustav Carus. Ölgemälde von Rößler.

Benvenuto Cellini

* 3. 11. 1500 Florenz; † 14. 2. 1571 Florenz

Der Florentiner Goldschmied, Bildhauer und Musiker, der unter anderem an den Höfen der Päpste und des französischen Königs Franz I. (1515–1547) sowie für die Familie Medici tätig war, erregte Goethes Aufmerksamkeit weniger durch einzelne seiner Werke als durch seine Autobiographie (entst. 1558–1566), die Goethe übersetzte. Erste Teile erschienen 1796/97 in *Die Horen*, die vollständige Ausgabe 1803: *Leben des Benvenuto Cellini, florentinischen Goldschmieds und Bildhauers, von ihm selbst geschrieben. Übersetzt und mit einem Anhange herausgegeben von Goethe.*

Von Cellinis Werken ist die Bronzestatue des *Perseus* (1533) in der Loggia dei Lanzi in Florenz bekannt geblieben.

→ *Übersetzungen und Bearbeitungen*

Titelblatt eines nichtautorisierten Drucks von Goethes Übersetzung der Vita *des Benvenuto Cellini, 1798 in Braunschweig erschienen. Goethe übertrug Cellinis* Vita *nicht aus dem Italienischen, was ihm aufgrund seiner Sprachbeherrschung möglich gewesen wäre, sondern aus einer englischen Übersetzung und ergänzte das Werk durch einen Kommentar zu Kunst, Politik und gesellschaftlicher Situation im Italien Cellinis.*

Chemie

Goethe, wissenschaftsgeschichtlich in seiner Jugend einer Zeit zugehörig, in der auch von aufgeklärten Geistern noch die → *Alchemie* betrieben wurde, war durch seine Leitung der Universitätsinstitute in Jena (→ *Staatsdienst*), denen 1789 ein chemisches Institut angegliedert wurde, und seinen Verkehr mit den dorthin berufenen Chemikern Johann Friedrich August Göttling (1755–1809) und → *Johann Wolfgang Döbereiner* mit Forschungen der modernsten Chemie vertraut.

→ *Industrie*; → *Naturwissenschaften*; → *Technik*

Die Wandlung Goethes zum *»dezidierten Nichtchristen«* verlief in mehreren Schüben. In der Sphäre des Pietismus wurde das Christsein der Jugendjahre verinnerlicht. Durch Herders Einfluß löste dann der junge Dichter die Alternative »Christ oder Autor« auf ins prometheische Leitbild des *»großen Menschen«* und schließlich verwandelt sich auch Christus in den großen Menschen.

Christentum

Das Christentum als geoffenbarte Religion hat Goethe als Anhänger einer natürlichen →*Religion* beargwöhnt. Das christlich-dualistische Weltverständnis war Goethe, dem Schüler des Monisten →*Baruch de Spinoza*, fremd (→*Weltbild*).

Aus einem protestantischen Elternhaus stammend, näherte sich Goethe in seiner Jugend vorübergehend der christlichen Vorstellungswelt des →*Pietismus*. Die *»Göttlichkeit«* der →*Bibel* anzuerkennen, fand Goethe unnötig (*Brief des Pastors zu *** an den neuen Pastor zu ****, 1773).

Späterhin erschien ihm gelegentlich der Kultus der römisch-katholischen Kirche als den Sinnen anschaulich und der Gesellschaft eine verbindliche Ordnung gebend. Den verinnerlichten Individualismus des Protestantismus (→*Martin Luther*, →*Reformation*) zweifelte Goethe in seinem Wert an.

Gegen Bekehrungsversuche behauptete sich Goethe als *»dezidierter Nichtchrist«*. (An Lavater, 29. 7. 1782)

Claudine von Villa Bella

Ein Schauspiel mit Gesang. Entstehung 1774/75 (erste Fassung), 1787/88 (zweite Fassung); Erstdruck 1776 (erste Fassung), 1788 (zweite Fassung, Untertitel: *Ein Singspiel*); Urauff. 13. 6. 1780, Burgtheater, Wien (erste Fassung), 29. 7. 1789, Gotha (zweite Fassung)

Mit der ersten Fassung steht Goethe in der Tradition des deutschen →*Singspiels*. Mit der zweiten Fassung wollte er einen Beitrag zur deutschen →*Oper* liefern. Bei der Umarbeitung nahm Goethe die italienische Opera buffa zum Vorbild; so wurde die bewegte Handlung gestrafft und um der musikalischen Regelmäßigkeit willen wurden zwei Liebespaare eingeführt. Der große Formenreichtum der Verse blieb erhalten.
→*Johann André*; →*Johann Friedrich Reichardt*; →*Franz Schubert*

Clavigo

Ein Trauerspiel. Entstehung und Erstdruck 1774; Urauff. 23. 8. 1774, Ackermannsche Gesellschaft, Hamburg

Beeinflußt durch seinen Freund Carlos wird Clavigo trotz eines Eheversprechens seiner Verlobten Marie Beaumarchais aus Gründen der Karriere untreu. Nach Maries Tod rächt ihr Bruder ihre Unehre und tötet Clavigo.

Den Stoff dieser Verführungsgeschichte entnahm Goethe den 1774 erschienenen Memoiren Pierre-Augustin Caron de Beaumarchais' (1732–1799). Wie →*Stella* wird *Clavigo* in modernen Interpretationen häufig als

Gespräch mit Eckermann, 26. 7. 1826: »In der Zeit meines *Clavigo* wäre es mir ein leichtes gewesen, ein Dutzend Theaterstücke zu schreiben; an Gegenständen fehlte es nicht, und die Produktion ward mir leicht; ich hätte immer in acht Tagen ein Stück machen können, und es ärgert mich noch, daß ich es nicht getan habe.«

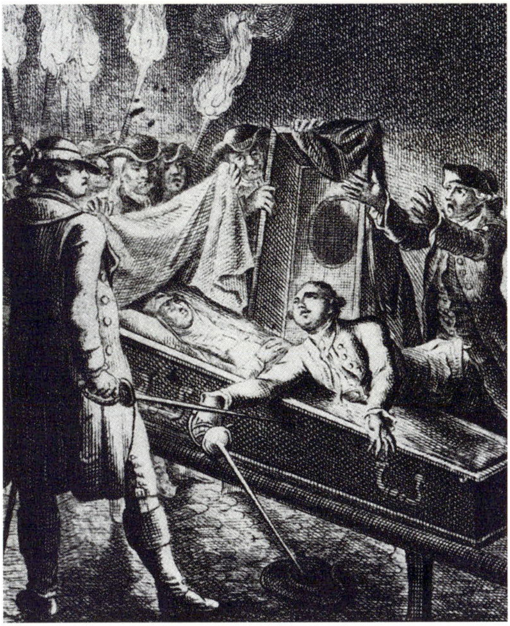

Links: Clavigo. *Kupferstich zum 5. Akt der Tragödie von Daniel Chodowiecki (1726–1801).*

psychologisierendes Stück gesehen. Diese Deutung stützt sich auf die einfühlsame Sprache Goethes. Motive und Stoff hingegen bezeichnen den althergebrachten exemplarischen Fall des ehrgeizigen Höflings. Dieses zu betonen, spielt die Handlung in der absolutistischen Monarchie Spaniens.

→*Johann Friedrich Reichardt*

Pierre Corneille

* 6. 6. 1606 Rouen; † 1. 10. 1684 Paris

Bereits als Knabe kam Goethe durch Lektüre von Werken aus der väterlichen Bibliothek und durch Besuch des französischen Theaters in Frankfurt (1759–1761) mit Dramen Corneilles in Berührung.

Durch diese Eindrücke angeregt beschäftigte er sich anhand von Corneilles Abhandlung *Discours des trois unités d'action, de jour et de lieu* (1660) sowie von dessen und →*Jean-Baptiste de Racines* Vorreden mit dem Formprinzip der »drei Einheiten« (vgl. *Dichtung und Wahrheit*, 3. Buch) (→*Aristoteles*), die für das französische klassische Drama verbindlich waren und die Goethe in →*Die Laune des Verliebten* und →*Die Mitschuldigen* anzuwenden versuchte.

Etwa 1767, als Leipziger Student, begann er eine Übertragung von Corneilles Lustspiel *Le menteur*

»Ein großes Herz hatte er gewiß. Eine tiefe, innere Selbständigkeit ist der Grund aller seiner Charaktere. Stärke des Geistes in allen Situationen ist das Liebste, was er schildert. Trotz einer gewissen Rotomontade und Härte bleibt er immer eine edle Seele, deren Äußerungen uns wohl tun.«
(*Wilhelm Meisters theatralische Sendung*)

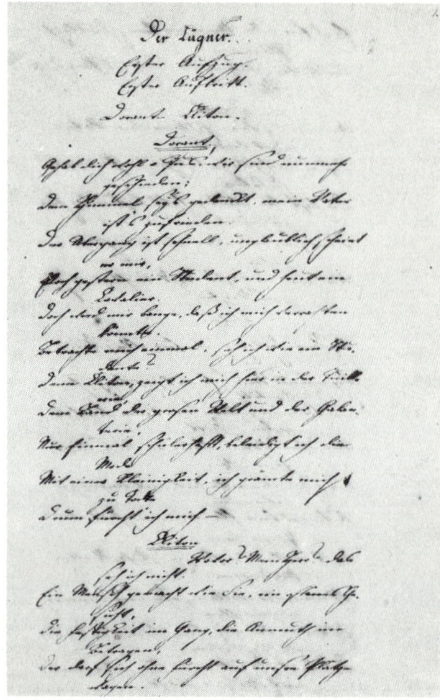

Der Lügner.

Erster Aufzug.

Erster Auftritt.

Oben links: *Pierre Corneille. Stich von Michel Lasne, 1643.*

Rechts: *Goethes Fragment einer Übersetzung von Corneilles Komödie* Le menteur, *vermutlich aus dem Jahr 1767.*

Unten: *Georges Baron de Cuvier. Kolorierter Kupferstich, 1826.*

(1644). 1779 plante er, für →*August Wilhelm Iffland* Corneilles *Le Cid* (1636) umzuarbeiten. 1806 brachte er dieses Drama in einer Bearbeitung August Hermann Niemeyers (1754–1828) in Weimar zur Aufführung.

Der Rang, den Goethe Corneille als Meister der Form und als kraftvollem Gestalter *»großer Menschen«* zuerkannte, wird an den respektvollen Charakteristiken deutlich, die er dem französischen Klassiker – trotz aller Begeisterung für →*Shakespeare* – in *Wilhelm Meisters theatralische Sendung* und in →*Wilhelm Meisters Lehrjahre* widmet. Im Alter äußerte er gegenüber Eckermann: *»Von Corneille ging eine Wirkung aus, die fähig war, Heldenseelen zu bilden.«* (1. 4. 1827)
→*Klassik;* →*Theaterleitung;* →*Übersetzungen und Bearbeitungen*

Johann Friedrich Cotta

* 27. 4. 1764 Stuttgart; † 29. 12. 1832 Stuttgart
→*Verleger*

Georges Baron de Cuvier

* 23. 8. 1769 Montbéliard; † 13. 5. 1832 Paris

Der französische analytische Naturwissenschaftler, vergleichende Osteologe und Begründer eines natürlichen Systems der Zoologie geriet im Juli 1830 mit seinem synthetisch spekulativ verfahrenden Kollegen Étienne Geoffroy Saint-Hilaire (1772–1844) in den sog. »Akademiestreit«, durch den gegensätzliche Anschauungen beider öffentlich wurden. Goethe nahm für letzteren Partei und äußerte sich dazu ausführlich unter dem 2. 8. 1830 gegenüber Eckermann. In dem Aufsatz *Principes de Philosophie zoologique* (1830–1832) legte Goethe seine Stellungnahme nieder (→ *Zoologie*).

Das Dämonische → *Metaphysik*

Dante Alighieri
* Mai 1265 Florenz; † 14. 9. 1321 Ravenna

Eine – wenn auch eingeschränkte – Anerkennung des bedeutenden italienischen Dichters setzte bei Goethe erst sehr spät ein. In der Jugend und während seiner ersten Reise durch → *Italien* stand er Dante eher ablehnend gegenüber. Nach 1806/07 begann Goethe sich im Zusammenhang mit seinen Forschungen zur → *Morphologie* stärker für Dante zu interessieren und entdeckte Parallelen zwischen seinem Begriff der *»Metamorphose«* und Dantes Denken. Dennoch blieben seine Urteile über ihn distanziert. 1821, im Jahr der 500. Wiederkehr von Dantes Todestag, sprach er in den *Annalen* von dessen *»widerwärtiger oft abscheulicher Großheit«*.

Bildnis des Dante Alighieri aus den Fresken von Giotto (Ausschnitt).

Ein intensives Studium Dantes setzte bei Goethe 1826 während seiner letzten Arbeitsphase an → *Faust* II ein und führte – verstärkt durch eigene Übersetzungsbemühungen – zu einer größeren Vertrautheit mit dessen Werk. Goethe verfaßte 1826 einen Aufsatz über Dante, der sich auf die Übertragung der *Göttlichen Komödie* (1824–1826) durch Karl Streckfuß (1778–1844) bezieht. Der literarische Einfluß von Dantes *La Divina Commedia* (entst. um 1307–1321) auf Goethes → *Faust*, die seit der Romantik stets als die beiden großen »Menschheitsgedichte« zusammen gesehen werden, ist geringfügig und eher auf äußerliche Einzelheiten beschränkt.

Darmstadt → *Empfindsamkeit*; → *Johann Gottfried Herder*; → *Johann Heinrich Merck*

Deutschland
Goethe war sich des Partikularismus, der die Geschichte des Heiligen Römischen Reiches Deutscher Nation beherrschte, voll bewußt. *»Wir Deutschen sind auch wirklich schlimm daran: unsere Urgeschichte liegt zu*

Deutscher Bund 1815

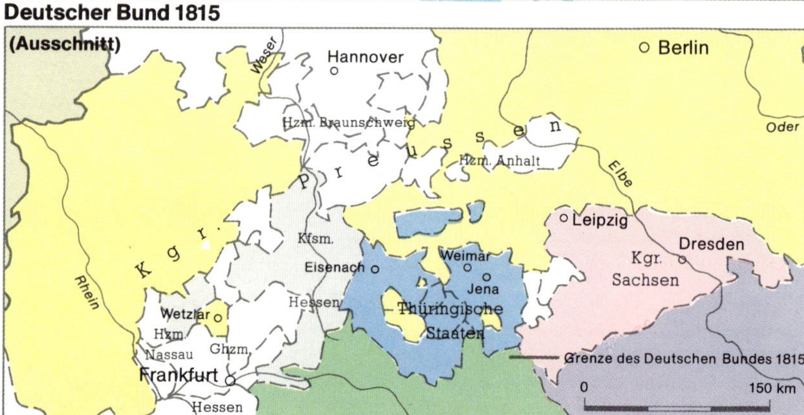

sehr im Dunkel, und die spätere hat aus Mangel eines einzigen Regentenhauses kein allgemeines nationales Interesse.« (Zu Eckermann, 16. 2. 1826) In seiner klassischen Phase kompensierte Goethe dieses Manko durch ein humanistisch-idealistisches Bildungsideal: *»Zur Nation euch zu bilden, ihr hoffet es, Deutsche, vergebens; / Bildet, ihr könnt es, dafür freier zu Menschen euch aus!«* (*Xenien*). Der nationale Befreiungskrieg der Deutschen gegen Frankreich (→*Freiheitskriege*) begeisterte Goethe zunächst nicht; erst im hohen Alter begriff er ihn als Stufe der nationalstaatlichen Einigung Deutschlands.

Zur Zeit des Deutschen Bundes, als die Landeshoheiten von den 360 des Heiligen Römischen Reiches auf 34 zurückgegangen waren, bedachte Goethe häufiger Probleme der deutschen Reichseinheit. *»Mir ist nicht bange, daß Deutschland nicht eins werde; unsere guten Chausseen und künftigen Eisenbahnen werden schon das ihrige tun. Vor allem aber sei es eins in Liebe untereinander, und immer sei es eins gegen den auswärtigen Feind. Es sei eins, daß der deutsche Taler und Groschen im ganzen Reich gleichen Wert habe; eins, daß mein Reisekoffer durch alle sechsunddreißig Staaten ungeöffnet passieren könne.«* (Zu Eckermann, 23. 10. 1828)
→*Politik*; →*Preußen*

»Es sind nicht nur einzelne Seiten des deutschen Lebens, die Goethe anerkannt, gegen andere, die ihm widerstreben. Es sind häufiger verschiedene Stimmungen, in denen er sich befindet; es ist ein fortwährender Kampf in ihm zwischen dem genialen Dichter, den die Misère seiner Umgebung anekelt, und dem behutsamen Frankfurter Ratsherrnkind resp. Weimarschen Geheimrat, der sich genötigt sieht, Waffenstillstand mit ihr zu schließen und sich an sie zu gewöhnen ...
Auch Goethe war nicht imstande, die deutsche Misère zu besiegen; im Gegenteil, sie besiegte ihn, und dieser Sieg der Misère über den größten Deutschen ist der beste Beweis dafür, daß sie ›von innen heraus‹ gar nicht zu überwinden ist.«
(Friedrich Engels, *Deutscher Sozialismus in Versen und Prosa*, 1846/47)

Dichterberuf, -stand

Den Stand des sog. »freien Schriftstellers« gab es im 18. Jh. bis zu →*Friedrich Gottlieb Klopstock* nicht. Wie andere Schriftsteller übte auch Goethe eine Berufsarbeit aus (→*Rechtswissenschaft*, →*Staatsdienst*). Das Dichten ließ er als eine solche Berufsarbeit nicht gelten: *»Selbst der anerkannte Dichter ist nur in Momenten fähig, sein Talent im höchsten Grade zu zeigen ...«* (*Plato als Mitgenosse einer christlichen Offenbarung*, 1795/96) Gegen die Zunahme der freiberuflichen Schriftstellerei hegte Goethe Argwohn und geißelte einen damit sich breit machenden Dilettantismus.

Im ganzen erschien Goethe der Dichterstand als besonders exponiert und dem Gezänk ideologischer Fraktionen ausgesetzt. *»Ein deutscher Schriftsteller – ein deutscher Märtyrer!«* (Zu Eckermann, 14. 3. 1830)

Dichtung und Wahrheit

Entstehung 1809–1814 (1.–3. Teil), 1830/31 (4. Teil); Erstdruck 1811 (1. Teil), 1812 (2. Teil), 1814 (3. Teil), 1833 (4. Teil)

Der Titel geht auf →*F. W. Riemer* zurück, der »Wahrheit und Dichtung« vorgeschlagen hatte. Goethe stellte die Reihenfolge aus Klanggründen um, was Leser zu Unrecht veranlaßt hat, mehr dichterische Freiheit als realen Gehalt in dem Werk anzunehmen.

Gegenüberliegende Seite: *Deutscher Bund 1815, die Neuordnung Deutschlands im Wiener Kongreß; der Staatenbund schloß anfangs 34 und zuletzt (1866) 24 souveräne Fürstentümer und vier Freie Reichsstädte zusammen.*

Goethe sucht in *Dichtung und Wahrheit* keine Selbstbestätigung als Dichter, was seine Autobiographie wohltuend von den Lebenserinnerungen späterer Schriftsteller und Künstler besonders des späteren 19. Jh.s abhebt. Wenn er zu seinen Werken Stellung nimmt, ist er meist distanziert, selbstkritisch. Die *Faust*-Dichtung bleibt geradezu unerwähnt. Doch finden sich reiche Einblicke in die Literaturgeschichte des 18. Jh.s sowie kritische Erörterungen zur französischen und englischen Literatur.

Bei seiner Neigung, alles Geschichtliche zu personalisieren, maß Goethe Lebensbeschreibungen in der Literatur eine ungewöhnliche Bedeutung bei. Er hat das reiche biographische Material seiner Epoche stets gern gelesen. Noch ehe er ansetzte, seine groß geplante →*Autobiographie Aus meinem Leben* auszuführen, hatte er mehrfach Lebensbeschreibungen veröffentlicht, bearbeitet, übersetzt (→*Benvenuto Cellini*, →*Philipp Hackert*, →*Johann Heinrich Jung-Stilling*, →*Johann Joachim Winckelmann*).

Aus dieser Arbeit hatte sich Goethe die Prinzipien hergeleitet, nach denen er *Dichtung und Wahrheit* als das erste große Werk seiner Autobiographie aufbaute. Sein Ansatz ist historisch-genetisch: *»Denn dieses scheint die Hauptaufgabe der Biographie zu sein, den Menschen in seinen Zeitverhältnissen darzustellen, und zu zeigen, inwiefern ihm das Ganze widerstrebt, inwiefern es ihn begünstigt, wie er sich eine Welt- und Menschenansicht daraus gebildet, und wie er sie, wenn er Künstler, Dichter, Schriftsteller ist, wieder nach außen abgespiegelt.«* (*Dichtung und Wahrheit*, 1. Teil, Vorwort.) Mit solch einer dialektischen Methode vereinigte Goethe als Schüler →*Johann Gottfried Herders* und Zeitgenosse →*Georg Wilhelm Friedrich Hegels* in sich komplexere Voraussetzungen für die Ausgestaltung des großen Entwurfs seiner Lebensgeschichte, als aufklärerische und romantische Traditionen sie geschaffen hätten.

Dichtung und Wahrheit umfaßt lediglich den Berichtsraum von Goethes Geburt bis zu seinem Eintritt in Weimar, 1775. Rücksichten auf die dortige Gesellschaft und den Hof bewogen Goethe, hier abzubrechen. Wenn er später aus weiteren Lebensabschnitten berichtete, stellte er nur andernorts verbrachte Lebensphasen und Reisen dar.

Das Werk hat nicht nur in der deutschen Literatur-, sondern in der europäischen Kulturgeschichte einen einzigartigen Rang, weil in ihm mit Weite und Umblick Goethes geistig-künstlerische Entwicklung mit Bezug auf alle Fakultäten menschlichen Wissens aufgezeigt wird.

Innerhalb der deutschen Geistesgeschichte haben manche Urteile Goethes (wie die über →*Johann Christoph Gottsched*, Johann Christian Günther, 1695–1723, →*Jakob Michael Reinhold Lenz*) bei Autoritätsgläubigen falsche Meinungen verfestigt.

Denis Diderot

* 5. 10. 1713 Langres; † 30. 7. 1784 Paris

Erste Kenntnisse von Diderots schriftstellerischem Werk erhielt Goethe bereits als Knabe durch den Besuch des französischen Theaters in Frankfurt (1759–

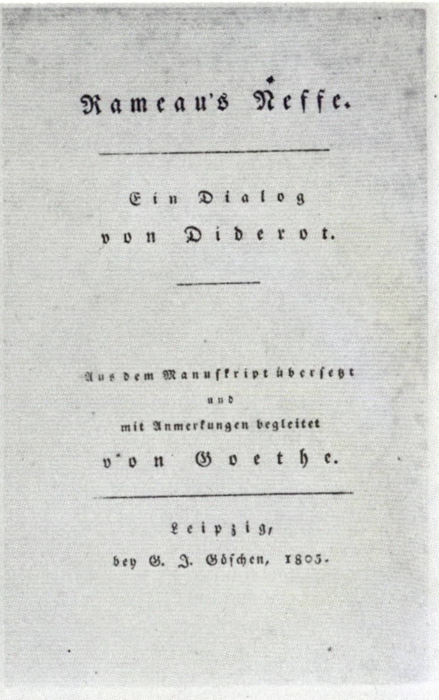
Rameau's Neffe.

Ein Dialog
von Diderot.

Aus dem Manuskript übersetzt
und
mit Anmerkungen begleitet
von Goethe.

Leipzig,
bey G. J. Göschen, 1805.

Titelblatt der Erstausgabe von Goethes Übersetzung und Porträtkupferstich von Denis Diderot.
Als Rameaus Neffe *1805 auf deutsch erschien, war das Werk den Franzosen unbekannt. Zu Goethe war eine Abschrift aus der Petersburger Eremitage gelangt, wo sie sein Jugendfreund Klinger, nunmehr im Dienste des Zaren, entdeckt hatte. Erst 1891 wurde in einem Pariser Antiquariat das Original Diderots entdeckt.*

1761), wo er u. a. dessen Lustspiel *Le père de famille* (1758) sah. Vermutlich durch →*Johann Gottfried Herder*, für den Diderot eine Sonderstellung im französischen Geistesleben einnahm, wurde Goethe während seiner Straßburger Zeit erneut auf Diderot aufmerksam (→*Straßburg*). Er empfand ihn – trotz gewisser Vorbehalte gegenüber der *Encyclopédie ou Dictionnaire raisonné des sciences, des arts et des métiers* (1751–1780), die Diderot begründet hatte (→*Aufklärung*) – als einen geistigen Weggenossen des →*Sturm und Drang*: »*Diderot war nahe genug mit uns verwandt; wie er denn in alle dem, weshalb ihn die Franzosen tadeln, ein wahrer Deutscher ist.*« (*Dichtung und Wahrheit*, 11. Buch)

In wesentlich weiterem Umfang als vorher wurde Goethe in Weimar mit dem französischen Dichter, Ästhetiker und Philosophen vertraut. 1780/81 las er unter außerordentlichem Eindruck Auszüge aus Diderots Romanen *Jacques le fataliste et son maître* (entst. 1773–1775) und *La religieuse* (entst. um 1760) in dem in handschriftlichen Kopien verbreiteten Sammelwerk *Correspondance littéraire, philosophique et critique adressée à un souverain d'Allemagne depuis 1753 jusqu'en 1790* (frz.: 1812–1814), dessen Diderot nahestehenden Begründer Frédéric-Melchior Baron de Grimm (1723–1807) Goethe 1777 kennengelernt hatte. 1798/99 übersetzte er die ersten beiden Stücke von Diderots

Essais sur la peinture (1796), die unter dem Titel *Diderots Versuch über die Malerei* mit kritischen Zwischenbemerkungen Goethes im ersten Band der *Propyläen* gedruckt wurden. Anfang 1805 übersetzte und kommentierte Goethe, veranlaßt durch →*Schiller*, Diderots noch ungedruckten Dialog *Le neveu de Rameau* (entst. 1762), den er für *»ein wahrhaftes Meisterwerk«* hielt (an Zelter, 19. 6. 1805). Die Übertragung erschien im selben Jahr: *Rameaus Neffe. Ein Dialog von Diderot. Aus dem Manuskript übersetzt und mit Anmerkungen begleitet.* In dem von Goethe beigegebenen Anhang, der 1823 erweitert wurde, finden sich die ausführlichsten Urteile Goethes über Diderot.

Über Diderots Persönlichkeit erfuhr Goethe manche Einzelheiten durch Berichte Herders, Herzog →*Carl Augusts*, →*Karl Ludwig von Knebels* und →*Friedrich Heinrich Jacobis*, die dem Franzosen begegnet waren. Auch der Baron de Grimm, mit dem Goethe nochmals 1781 in Gotha zusammentraf, dürfte ihm über Diderot berichtet haben. 1813 las Goethe die Biographie Diderots, die dessen Tochter verfaßt hatte.

Goethe beurteilte Diderot – von bestimmten Einschränkungen abgesehen – positiv, oft begeistert. Die früher abgelehnte *Encyclopédie* erkannte er im Alter als eine der großen Leistungen des 18. Jh.s an. In einem Brief an Zelter vom 9. 3. 1831 heißt es: *»Diderot ist Diderot, ein einzig Individuum; wer an ihm oder seinen Sachen mäkelt, ist ein Philister ...«*

Den Naturwissenschaftler Diderot scheint Goethe nicht gekannt zu haben.

→*Übersetzungen und Bearbeitungen*

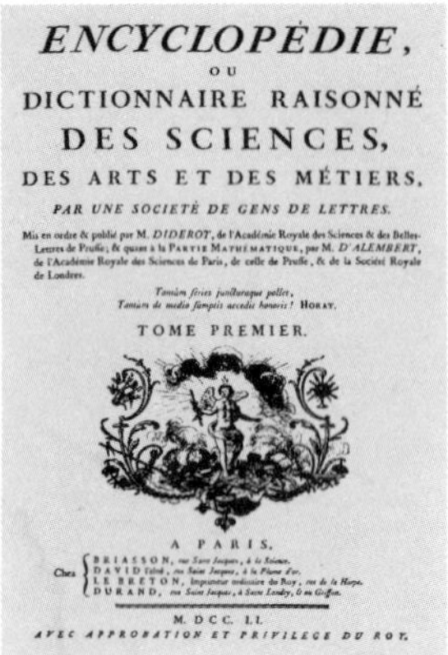
ENCYCLOPÉDIE,
OU
DICTIONNAIRE RAISONNÉ
DES SCIENCES,
DES ARTS ET DES MÉTIERS,
PAR UNE SOCIETÉ DE GENS DE LETTRES.
Mis en ordre & publié par M. DIDEROT, de l'Académie Royale des Sciences & des Belles-Lettres de Prusse; & quant à la PARTIE MATHÉMATIQUE, par M. D'ALEMBERT, de l'Académie Royale des Sciences de Paris, de celle de Prusse, & de la Société Royale de Londres.
Tantùm series juncturaque pollet,
Tantùm de medio sumptis accedit honoris! HORAT.
TOME PREMIER.
A PARIS,
Chez BRIASSON, DAVID l'aîné, LE BRETON, DURAND
M. DCC. LI.
AVEC APPROBATION ET PRIVILEGE DU ROY.

Titelseite des 1. Bandes der von Diderot und d'Alembert herausgegebenen Encyclopédie, *1751. »Die Führer der Weimarer Klassik . . . setzen sich bewundernd zu Diderot ins Kaffeehaus, lauschen ihm wie einem älteren Bruder . . . Was wäre aus dem deutschen Sturm und Drang geworden, schreibt Goethe nachträglich, hätte er einen solchen Mann zur rechten Zeit in seiner vollen Größe erkannt!« (R. Minder,* Dichter in der Gesellschaft, *Ffm. 1966)*

Diener

Unter dem zahlreichen Hauspersonal, das Goethe in Weimar beschäftigte, nahmen die persönlichen Diener, die für Goethe häufig auch als Schreiber und →*Sekretäre* arbeiteten, eine besondere Stellung ein. In einigen Fällen ist Goethes vertraulicher Umgang mit ihnen dokumentiert.

So forderte Goethe Philipp Seidel (1755–1820), der ihm von Frankfurt nach Weimar gefolgt war und bis 1788 bei ihm in Diensten stand, auf, *»mir über alles was mich selbst angeht und was du sonst gut finden magst, deine Meinung unverhohlen, ja ohne Einleitung und Entschuldigung zu sagen. Ich habe dich immer als einen meiner Schutzgeister angesehen«* (15. 5. 1787).

Weitere Diener waren u. a.: Christoph Erhard Sutor (1754–1838) von 1776 bis 1795, Johann Georg Paul Götze (1761–1835) von 1777 bis 1794, Johann Jakob Ludwig Geist (1776–1854) von 1795 bis 1804, Johann David (Carl) Eisfeld (1787–1852) von 1806 bis 1812, Johann Carl Wilhelm Stadelmann (1782–1844) von

Geschäftigkeit verlangte Goethe von seinen Dienern, vielseitig mußten sie sein wie ihr Patron. Seidel zum Beispiel: »In Weimar regierte er die Spinnereien, die für den Haushalt im Gartenhäuschen an der Ilm hunderte von »Hembden«, Servietten und Tischtüchern spannen. Er stellte seinem Herrn vor, weniger Wein und weniger Bücher zu kaufen, nahm – ähnlich wie später der Diener Stadelmann – an den naturwissenschaftlichen Studien und mikroskopischen Beobachtungen teil, verwaltete, als Goethe nach Italien ging, Haus und Garten und besorgte – für den Dichter in Rom – sogar die Ausgabe der Werke.«
(E. Beutler, *Essays um Goethe*, 7. Aufl. 1980)

1814 bis 1815 und 1817 bis 1824, Friedrich Krause (1805–1865) von 1824 bis 1832).

Goethe besorgte Götze 1795 bei der Wegebaukommission in Jena eine Anstellung. Götze leitete 1802 den Lauchstädter Theaterbau. Noch 1828, als Goethe in →*Dornburg* weilte, versorgte Götze ihn mit Wein.

Von Stadelmann ist überliefert, daß er 1844, als er im Jenaer Armenhaus lebte, einer Einladung als Ehrengast zur Einweihung des Goethe-Denkmals nach Frankfurt folgte. Wenig später, noch bevor die ihm von der Stadt Frankfurt gewährte Pension bei ihm eintraf, verübte er nach einem Rückfall in die frühere Trunksucht in Jena Selbstmord. Seines Namens bediente sich im 20. Jh. eine parodistische »Gegengründung« zur Weimarer →*Goethe-Gesellschaft,* die Stadelmann-Gesellschaft, die – insgeheim getragen von den Leitern der Goethe-Gesellschaft – nach deren Vorbild auch mit einer Schriftenreihe hervortrat.

Johann Wolfgang Döbereiner

* 13. 12. 1780 Hof; † 24. 3. 1849 Jena

1810 lernte Goethe den an die Universität →*Jena* berufenen Pharmazeuten und Chemiker kennen. Er blieb mit ihm in stetem wissenschaftlichen Verkehr und beteiligte sich mehrfach an dessen chemischen Versuchen. Döbereiner wurde 1816 Professor der Chemie, Technologie und Pharmazie. Ein Briefwechsel zwischen Goethe und Döbereiner bestand bis 1830.

→*Chemie*; →*Industrie*

Oben: *Johann Wolfgang Döbereiner, populär als Erfinder eines Feuerzeuges. Kupferstich von C. A. Schwerdgeburth.*

Dornburg

Ort am linken Saaleufer nahe →*Jena*. Von 1776 bis 1830 bevorzugter Aufenthaltsort Goethes und des weimarischen Hofes.

Links: *Dornburg von der Südseite. Blick auf die drei Schlösser im Saaletal bei Jena. Kolorierte Radierung von J. W. Ch. Roux, 1818, aus Goethes Sammlungen.*

Von seinen drei Schlössern auf felsigem Hochufer war das älteste als Reichspfalz im 10. und 11. Jh. errichtet worden. Das jüngste war 1728–1748 von Herzog → *Carl Augusts* Großvater, Ernst August von Sachsen-Weimar-Eisenach, im italienischen Stil erbaut worden. 1824 erwarb Carl August das südlichste, um 1600 errichtete, im 18. Jh. erweiterte Gebäude. Goethe hat den Komplex mehrfach gezeichnet. Während seines Aufenthaltes aus Anlaß von Carl Augusts Tod (1828) entstanden hier lyrische Alterswerke (→ *Gedichte*).

Vgl. auch Goethes Briefe aus Dornburg an Karl Friedrich Zelter (10. 7. 1828) und Friedrich August von Beulwitz (18. 7. 1828).

Friedrich Engels bemerkte 1846: »Wir werfen Goethe nicht vor, daß er Hofmann war, sondern daß er zur Zeit, wo ein Napoleon den großen deutschen Augiasstall ausschwemmte, die winzigsten Angelegenheiten und menus plaisirs eines der winzigsten deutschen Höflein mit feierlichem Ernst betreiben konnte«. Dieser kritische Ansatzpunkt bestimmte auch spätere differenzierte Urteile zu Goethe aus marxistischer Sicht.

Dramatische Gelegenheitsdichtungen

Goethe führte bei den Redouten am Weimarer Hof Maskenzüge ein. Eigene Texte Goethes zu ihnen sind in lockerer Folge aus den Jahren 1781 bis 1818 erhalten. *»Symbolik und Allegorie, Fabel, Gedicht, Historie und Scherz reichten gar mannigfaltigen Stoff und die verschiedensten Formen dar.«* (Zu *Maskenzüge* in: *Werke*, 1806)

Goethes Tätigkeit als Theaterleiter brachte es mit sich, daß er Dramen und Dramenbearbeitungen mit Vorspielen und Prologen versah (→ *Theaterleitung*).

Vgl. auch Goethes Festspiele → *Des Epimenides Erwachen*, → *Paläophron und Neoterpe*, → *Pandora* sowie das Fragment → *Elpenor*.

Dramen

Im Drama als einer der drei großen literarischen Gattungen hat Goethe in allen Phasen seiner Entwicklung (→ *Rokoko*, → *Sturm und Drang*, → *Klassik*, → *Alterswerk*) Hervorragendes, aber auch Umstrittenes geleistet.

Fülle und Vielfalt finden sich besonders in Goethes Jugenddramen. Kein anderer Abschnitt seines Lebens läßt sich auch quantitativ damit vergleichen. Das hat geistesgeschichtliche Hintergründe. Die »Wut, alles zu dramatisieren« (Goethe) war ein Kennzeichen dieser literarischen Generation, ihres Drangs nach unmittelbarem Ausdruck und unmittelbaren Wirkungsmöglichkeiten. Dem kam das Drama entgegen, von dem damals behauptet wurde, daß es das Leben am reinsten wiedergebe.

Seit dem Sturm und Drang war ihm vorübergehend → *William Shakespeare* Vorbild für seine Dramen; in seinen → *Schwänken* folgte er der Tradition → *Hans Sachs'*. Seit der Mitte der siebziger Jahre, insbesondere auch durch seine erneute Beschäftigung mit Werken der französischen Klassik und Aufklärung (→ *Pierre Corneille*, → *Jean-Baptiste de Racine*, → *Voltaire*) arbeitete Goethe wieder nach dem Muster der drei Einheiten des → *Aristoteles*.

Goethes Stellung am Hof und seine → *Theaterleitung* in Weimar brachten es mit sich, daß er häufig zweckdienliche → *Dramatische Gelegenheitsdichtungen* und → *Singspiele* verfaßte. Auch im Genre der → *Oper* hat Goethe Versuche unternommen.

Goethe – seit seiner Kindheit mit dem Theater und dessen Praxis eng vertraut – war rasch im Planen und

Entwerfen dramatischer Sujets. Die Ausführung mancher Dramen war jedoch ein langwieriger Prozeß, in dessen Verlauf viele als Fragmente liegen blieben (→*Arbeitsweise*, →*Dramenfragmente*).

Nach den vom anakreontischen Geschmack geprägten frühen dramatischen Dichtungen →*Die Laune des Verliebten* und →*Die Mitschuldigen* stellte Goethe in →*Götz von Berlichingen*, →*Clavigo* und →*Egmont* historisch bzw. zeitgeschichtlich dokumentierte Gestalten in den Mittelpunkt. Seine Art individuell-psychologischer Figurenbehandlung, auch in kleinen Werken wie →*Die Geschwister* durchgeführt, fand einen Höhepunkt in →*Stella*. Seit den Weimarer Jahren traten antike mythologische Stoffe – →*Proserpina*, →*Iphigenie auf Tauris*, →*Pandora* – in den Vordergrund. In →*Torquato Tasso* spiegelte Goethe eigene Erfahrungen als Dichter im höfischen Lebenskreis wider – wie überhaupt seit seinen dramatischen Anfängen Überliefertes und Erlebtes in Stoffen und Motiven einander ergänzen. Goethes Auseinandersetzung mit der →*Französischen Revolution* brachte eine Reihe von Dramen – →*Der Groß-Cophta*, →*Der Bürgergeneral*, →*Die natürliche Tochter* – hervor (vgl. auch →*Dramenfragmente*).

Goethes formal und gehaltlich umfassendste dramatische Dichtung, an der er sechs Jahrzehnte hindurch arbeitete, ist →*Faust*.

→*Ästhetik*

Bei der Analyse von Goethes Dramatik wurde letztlich, gestützt auch auf Goethes Selbstaussagen, seine Tragikferne unterstrichen. Peter Szondi dazu in seinem *Versuch über das Tragische*, 1961: »Der Grund, aus dem Goethe sich nicht zum tragischen Dichter geboren fühlte, war nicht Fremdheit, sondern gerade Vertrautheit mit dem Tragischen. Erst dessen gewalttätige, vom Dramatiker mit Gewalt und wohl auch mit Lust herbeigeführte Zuspitzung in der Tragödie mußte ihn befremden, empfand er es doch schon tief und schmerzvoll in den Begebenheiten des realen Lebens.«

Dramenfragmente

Unter den fragmentarischen Dramen Goethes verdienen besondere Erwähnung die →*Sturm-und-Drang*-Fragmente *Mahomet* (entst. 1773), aus dem Goethe einen in sich geschlossenen Teil als Gedicht (*Mahomets-Gesang*, Erstdr. 1774) herauslöste, und *Prometheus* (entst. 1773), zu dem parallel die gleichnamige, teils textgleiche Hymne entstand. Auf →*Sizilien* begann Goethe nach Motiven →*Homers* an einem Trauerspiel *Nausikaa* (entst. 1787, Erstdr. 1827) zu arbeiten. Aus den neunziger Jahren liegen Dramenfragmente zum Thema →*Französische Revolution* vor: *Die Aufgeregten* (entst. 1793, Erstdr. 1817) und *Das Mädchen von Oberkirch* (entst. 1795/96).

Weitere bedeutende Fragmente sind →*Hanswursts Hochzeit*, →*Die Vögel*, →*Elpenor*, →*Pandora* und *Der Zauberflöte zweiter Teil* (→*Oper*).

Albrecht Dürer

* 21. 5. 1471 Nürnberg; † 6. 4. 1528 Nürnberg

Goethe mag Graphiken Dürers bereits in der Kunstsammlung seines Vaters kennengelernt haben, denn er

Rechts: *Dürers berühmtester Kupferstich* Ritter, Tod und Teufel *bildet mit den Blättern* Melancholia *und* Hieronymus im Gehäus *die Gruppe der 1513/14 entstandenen und unübertroffen gebliebenen Meisterstiche. Der in Italien reisende Goethe gedachte des Malers: »Hätte doch das Glück Albrecht Dürern tiefer nach Italien geführt! In München habe ich ein paar Stücke von ihm gesehen von unglaublicher Großheit. Der arme Mann, wie er sich in Venedig verrechnet und mit den Pfaffen einen Akkord macht, bei dem er Wochen und Monate verliert! Wie er auf seiner niederländischen Reise gegen seine herrlichen Kunstwerke, womit er sein Glück zu machen hoffte, Papageien eintauscht und, um das Trinkgeld zu sparen, die Domestiken porträtiert, die ihm einen Teller Früchte bringen! Mir ist so ein armer Narr von Künstler unendlich rührend, weil es im Grunde auch mein Schicksal ist, nur daß ich mir ein klein wenig besser zu helfen weiß.«* (Italienische Reise, *18. 10. 1786)*

setzte dessen Arbeiten schon früh gegen den Rokoko-Geschmack: *»Männlicher Albrecht Dürer, den die Neulinge anspötteln, deine holzgeschnitzteste Gestalt ist mir willkommner.«* (*Von deutscher Baukunst*, 1772)

Goethe kaufte für seine eigenen und die herzoglichen Sammlungen in Weimar zahlreiche Arbeiten Dürers. Auf seinen Reisen beachtete er dessen Werke in öffentlichen und privaten Sammlungen mit besonderer Aufmerksamkeit.

In höheren Jahren setzte sich Goethe auch mit Dürers kunsttheoretischen Schriften auseinander. Bei aller Hochschätzung des deutschen Meisters hielt Goethe in seinem Kunsturteil Vorbehalte aufrecht: *»Albrecht Dürern förderte ein höchst innigstes realistisches Anschauen, ein liebenswürdiges menschliches Mitgefühl aller gegenwärtigen Zustände; ihm schadete eine trübe, form- und bodenlose Phantasie.«* (*Maximen und Reflexionen*)

Johann Peter Eckermann

* 21. 9. 1792 Winsen/Luhe; † 3. 12. 1854 Weimar

Sohn eines Kätners und Hausierers.

Während seiner Studienzeit in Göttingen war Eckermann Mitarbeiter an Goethes Zeitschrift *Über Kunst und Altertum.* Im Juni 1823 machte er seinen ersten Besuch bei Goethe, dem er zuvor seine *Beiträge zur*

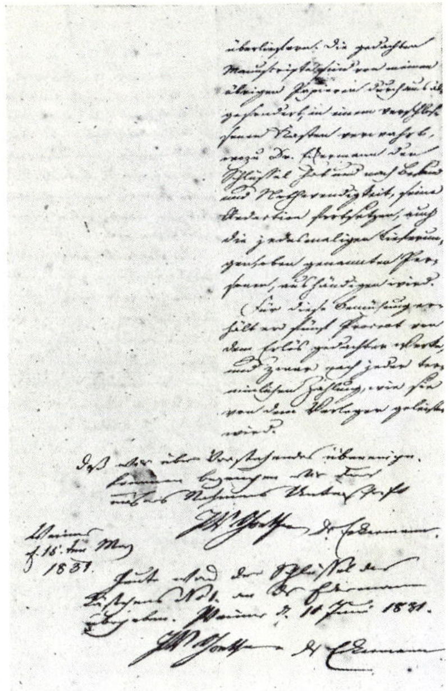

Poesie zugeschickt hatte, deren Druck bei Cotta (→ *Verleger*) Goethe vermittelte. Goethe veranlaßte Eckermann, in Weimar zu bleiben, und gewann ihn als ständigen Mitarbeiter, den er vor allem zum Herausgeber seines Nachlasses heranbildete. Nach dem Eintritt von Eckermann in Goethes literarischen Haushalt erweiterte Goethe den Berichtsraum der verschiedenen Abteilungen seiner → *Autobiographie Aus meinem Leben* sowie seiner *Annalen* nicht über 1822 hinaus. Die autobiographischen Werke wurden nun ergänzt und ihr Berichtsraum fortgeführt durch mit Wissen Goethes oft täglich gesammelte Gesprächsaufzeichnungen Eckermanns. Eckermann bearbeitete und veröffentlichte seine *Gespräche mit Goethe in den letzten Jahren seines Lebens* in drei Teilen, 1836–1848. In den dritten Teil arbeitete er Gesprächsaufzeichnungen → *Frédéric Sorets* ein. Gemeinsam mit → *Friedrich Wilhelm Riemer* gab Eckermann 1832–1842 in Goethes Auftrag dessen *Nachgelassene Werke* heraus.

Eckermanns Leben entbehrte nicht gewisser Züge der persönlichen Entsagung. Seit 1819 mit der hannoverschen Kaufmannstochter Johanna Bertram (1801–1834) verlobt, erlaubten ihm die Bestimmtheit, mit der Goethe ihn an sich band, und seine minimale Besoldung erst 1831 die Heirat. Goethe setzte sich kurz darauf für eine Erhöhung von Eckermanns Bezügen aufgrund sei-

Oben links: *J. P. Eckermann. Kreidezeichnung von J. J. Schmeller, um 1828. Der Germanist J. Petersen hat die »Zuverlässigkeitsschichten« der Gesprächswiedergaben in Eckermanns* Gesprächen mit Goethe *untersucht und kam zu einem verwirrenden Ergebnis: manches ist Wortlaut, manches ist zuverlässig nur im Hinblick auf Thema und Verlauf des Gesprächs. Daneben gibt es nachträgliche Zusammenstellungen, novellistische Ausdeutungen Goethescher Gedanken, ja Mitteilungen von Gesprächen, denen Eckermann nicht beiwohnte.*

Rechts: *Goethes Vertrag mit Eckermann über die Herausgabe von Goethes nachgelassenen Schriften vom 16. 5. und 10. 6. 1831. Hauptstück dieses Nachlasses war* Faust II.

In Goethes Hand heißt Martin Walsers Theaterstück, ein Eckermann-Drama, das im Goethejahr 1982 in Wien uraufgeführt wurde. Thema ist die gegenseitige Abhängigkeit von Goethe und Eckermann, pointiert und witzig dialogisiert.

ner *»bedeutenden Mitwirkung bei den Oberaufsichtlichen Geschäften«* ein (an Maria Pawlowna, etwa 26. 1. 1832), ohne vor seinem Tod ein Ergebnis zu erreichen.

Eckermann nahm die besonderen Umstände seines Lebens als gegeben hin und verinnerlichte sie: *»Mein Verhältnis zu Goethe war eigentümlicher Art und sehr zarter Natur. Es war das des Schülers zum Meister, das des Sohnes zum Vater, das des Bildungs-Bedürftigen zum Bildungs-Reichen.«* (Eckermann an H. Laube, 5. 3. 1844)

→ *Gespräche*

Egmont

Ein Trauerspiel in fünf Aufzügen. Entstehung 1775, 1778/79, 1781/82, 1787; Erstdruck 1788; Urauff. 31. 3. 1791, Deutsche Schauspielergesellschaft (Bellomosche Truppe), Weimar

Trotz der auf historischen Quellen basierenden Titelfigur und der Darstellung des spanisch-niederländischen Konflikts hat Goethe in *Egmont* kein Geschichtsdrama, sondern ein Charakterdrama gestaltet. Egmont ist durch seine vertrauensselige *»Natur«* zum Volksführer und großen Liebenden bestimmt. Sein Schicksalsglaube verbietet ihm taktische Vorsicht. Warnungen seines Freundes Wilhelm von Oranien zum Trotz führt

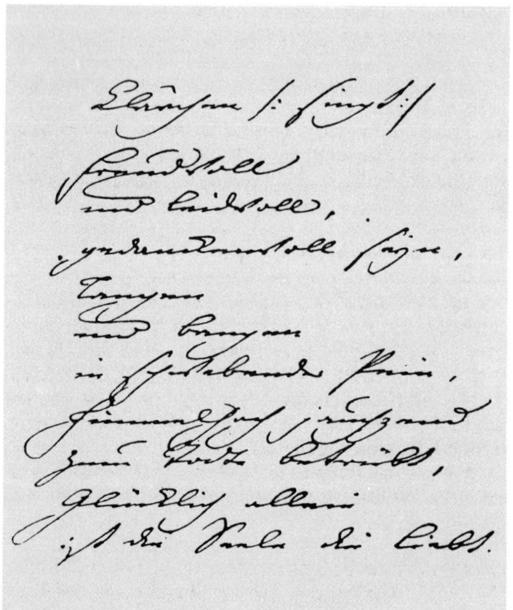

Rechts: *Klärchens Lied im dritten Aufzug von* Egmont. *Autograph Goethes.*
»Freudvoll
und leidvoll,
gedankenvoll sein,
Langen
und bangen
in schwebender Pein,
Himmelhoch jauchzend
zum Tode betrübt;
Glücklich allein
ist die Seele, die liebt.«

Unten: *Lamoral Graf von Egmont (1522–1568), der Vorkämpfer eines selbständigen niederländischen Staates. Kupferstich von A. Vaillant nach einem zeitgenössischen Bildnis.*

er vor Herzog Alba rebellische Reden. Wie der historische Egmont (1522–1568) wird auch Goethes Egmont eingekerkert und zum Tode verurteilt. Seine Geliebte Klärchen vergiftet sich.

Egmonts Bekenntnis seines Schicksalsglaubens (2. Akt, 2. Szene) ist von Goethe als eigenes Bekenntnis an den Glauben leitender Kräfte des Dämonischen (→ *Metaphysik*) an den Schluß von *Dichtung und Wahrheit* gesetzt worden.

Vgl. → *Schillers* Rezension zu *Egmont* (1788) und seine Bühnenbearbeitung. Bühnenmusiken schrieben → *Philipp Christoph Kayser*, → *Johann Friedrich Reichardt* und → *Ludwig van Beethoven*.

Schiller kritisierte den Schluß des *Egmont*, die Schlafvision, als »Salto mortale in die Opernwelt« und die Verschmelzung der Freiheit mit Klärchen als witzigen Einfall. Dennoch vertraute Goethe 1796 eine Bühnenbearbeitung des *Egmont* Schiller an, der allerdings Teile der dichterischen Struktur theatralischen Effekten opferte. Goethe sah sich diese »grausame Redaktion« nie an.

Einkünfte → *Vermögen, Einkünfte*

Elpenor

Ein Schauspiel. Entstehung 1781/1783 (Prosafassung); Erstdruck 1806 (Versfassung von → *Friedrich Wilhelm Riemer*, von Goethe redigiert)

Das Fragment gebliebene Stück war als Festspiel zur erhofften Geburt eines weimarischen Erbprinzen geplant. Dieser Umstand läßt die Annahme zu, daß der tragische Konflikt – Prinz Elpenor hat Königin Antiope versprochen, den Tod ihres Sohnes zu rächen, muß aber erfahren, daß sein eigener Vater Lykus jenen getötet hat – versöhnlich gelöst werden sollte.

Empfindsamkeit

Goethe verkehrte mit dem Kreis der sog. »Empfindsamen« von Darmstadt von 1772 bis zu seiner Übersiedlung nach Weimar. In diesem Kreis wurde – angeregt durch die neueste französische und englische Belletristik (→ *Jean-Jacques Rousseau*, → *Oliver Goldsmith*, → *Laurence Sterne*) – ein Kult verinnerlichter Gefühle betrieben, wie er dem Subjektivismus des Bürgertums in der Phase vor der → *Französischen Revolution* gemäß war. In Briefen und Selbstzeugnissen wurde die individuelle Mitteilung kultiviert. Goethe hat späterhin sich und anderen solche *»Empfindsamkeitskrankheit«* untersagt (*Über Goethes Harzreise im Winter*, 1820) und in → *Die Leiden des jungen Werthers* eine umfassende Kritik dazu geliefert.
→ *Ein Fastnachtsspiel vom Pater Brey*; → *Pietismus*; → *Der Triumph der Empfindsamkeit*

»Es entstand eine Art zärtlich-leidenschaftlicher Asketik, welche, da uns die humoristische Ironie des Briten nicht gegeben war, in eine leidige Selbstquälerei gewöhnlich ausarten mußte. Ich hatte mich persönlich von diesem Übel zu befreien gesucht und trachtete nach meiner Überzeugung andern hülfreich zu sein; das aber war schwerer, als man denken konnte, denn eigentlich kam es darauf an, einem jeden gegen sich selbst beizustehen.«
(*Campagne in Frankreich*)

England und Schottland

Die englische Sprache war Goethe schon als Leipziger Student so geläufig, daß er mit seiner Schwester eng-

The Tragicall Hiſtory
of the Life and Death
of Doctor Fauſtus.
Written by Ch. Mar

LONDON,
Printed for John Wright, and are to be sold at his shop
Without Newgate, at the

1616

Links: *Christopher Marlowe, der Verfasser der ersten englischen Faustdichtung um 1590. Kupferstich von der Hand eines unbekannten Künstlers.*

Rechts: *Titel einer Textausgabe des* Doctor Faustus *von Christopher Marlowe, London 1616.*

lisch korrespondierte. In →*Leipzig* las er auch zum erstenmal Werke von →*William Shakespeare*.

Während seiner Straßburger Studentenzeit (→*Straßburg*) wurde ihm die moderne englische Literatur mit Henry Fielding (1707–1754), →*Oliver Goldsmith,* Samuel Richardson (1689–1761), →*Ossian,* →*Laurence Sterne* für die Bildung seines literarischen Geschmacks wichtiger als die französischen Muster (→*Frankreich*). In dieser Zeit wurde auf Anregung →*Johann Gottfried Herders* Shakespeare das herausragende dichterische Vorbild für Goethe und gewann entscheidenden Einfluß auf seine Dramen der →*Sturm-und-Drang*-Zeit. Die Epen John Miltons (1608–1674) las Goethe mehrfach. Während er an der Vollendung des →*Faust* II arbeitete, nahm er Christopher Marlowes (1564–1593) Tragödie *Doctor Faustus* zur Kenntnis.

Neueste Prinzipien englischer Parkanlage übernahm Goethe bei der Gestaltung der Weimarer Parks (→*Gartenkunst*).

Goethes Auseinandersetzung mit →*Isaac Newtons* Optik gehört zu den umfangreichsten – wenngleich polemischen – Kapiteln von Goethes naturwissenschaftlicher Beschäftigung (→*Farbenlehre*). Im Alter interessierte sich Goethe für Luke Howards (1772–1864) Wolkenlehre (→*Meteorologie*). Aus dem praktisch industriellen Bereich erhielt er durch Reiseberichte Herzog →*Carl Augusts* Kenntnis von der Entwicklung der englischen industriellen Revolution.

Im 19. Jh. setzte Goethe seine Lektüre der modernsten englischen Literatur fort (→*George Gordon Lord Byron*; →*Walter Scott*). Hinzu trat durch den wachsenden Zustrom englischer Besucher in Weimar sowie durch einen regen Geistesaustausch mit dem Schotten →*Thomas Carlyle* ein Element persönlicher Anteilnahme an der englischen Kultur.

Entsagen, Entsagung →*Ethik*

Epen

Mit Ausnahme von *Der ewige Jude* (→*Epenfragmente*) hat Goethe sich mit dem Versepos im Unterschied zum Prosaepos (→*Romane*) nur während seiner klassischen Phase befaßt. Vollendet wurden die beiden Epen →*Reineke Fuchs* und →*Hermann und Dorothea*. Das antike Muster waren die hexametrischen Epen →*Homers* (→*Johann Heinrich Voß*).

Die epische Verssprache in Hexametern hatte Goethe in Reineke Fuchs ausgebildet. *Hermann und Dorothea* schien eine neue bürgerliche Epik begründen zu können, doch die Konstellation war, wie sich später herausstellte, einmalig gewesen: Humaner Idealismus und antikisierende Form begegneten sich nicht mehr überzeugend.

Epenfragmente

An epischen Fragmenten in Versform sind erhalten *Der ewige Jude* (entst. 1774, Erstdr. 1836), *Die Geheimnisse* (entst. 1784/85, Erstdr. 1789), *Achilleis* (entst. 1797–1799, Erstdr. 1808).

Des Epimenides Erwachen

Ein Festspiel. Entstehung 1814; Erstdruck 1815; Urauff. 30. 3. 1815, Königl. Schauspiele, Berlin, 7. 2. 1816, Herzogl. Hoftheater, Weimar (veränderte Fassung)

Goethes Text war als Opernlibretto für die Feier des Sieges über →*Napoleon* und die Rückkehr Friedrich Wilhelms III. von Preußen (1770–1840) nach Berlin geplant (→*August Wilhelm Iffland*). Die Aufführung erfolgte jedoch erst am Jahrestag der Einnahme von Paris.

Goethe benutzte die Figur des mythischen griechischen Reformers, um allegorisch darzustellen, wie ein Weltweiser, der während politischer Erniedrigungen seines Volkes im Tempel in tiefen Schlaf gefallen ist, die zerfallene Welt mit Hilfe von Glaube, Liebe, Hoffnung wieder aufrichtet. Die Berliner bewitzelten das mythologische Stück, indem sie den Namen der Titelfigur durch »I wie meenen Sie des« verballhornten.

Goethe an Knebel, Weimar, 5. 4. 1815: »Epimenides ist am 30. März endlich in Berlin erwacht, gerade zu rechter Zeit, um dasselbige, was sich die Deutschen bisher so oft in dürrer Prosa vorgesagt, symbolisch zu wiederholen, daß sie nämlich viele Jahre das Unerträgliche geduldet, sich sodann aber auf eine herrliche Weise von diesem Leiden befreit. Jedermann wird hinzufügen, daß neue Tatkraft nötig ist, um das Errungene zu schützen und zu erhalten.«

Erdgeschichte

Goethe war mit seinem regen Interesse an einer der seinerzeit jüngsten naturwissenschaftlichen Sparten, der Erdgeschichte, noch deren spekulativen Ursprüngen verhaftet: Wenngleich er gelegentlich vulkanistische Ansichten vertrat, d. h. durch Hitze geschmolzene Urgesteinsschübe annahm, neigte er in späteren Jahren neptunistischen Ansichten zu, d. h. er erklärte Erdrinde und Gebirge ausschließlich als Ablagerungen aus Gewässern. Er folgte in diesen Meinungen dem Mineralogen Abraham Gottlob Werner (1750–1817), befand sich damit aber im Gegensatz zu solch bedeutenden

Besonders der Kammerberg in der Nähe des böhmischen Eger, ein Hügel vulkanischen Ursprungs, hat Goethe seit 1808 wiederholt beschäftigt. Hier hat er zwischen den Theorien des Vulkanismus und des Neptunismus geschwankt. Er wollte deshalb jeden auffordern »seinen Scharfsinn gleichfalls an diesem Gegenstand zu üben« und maß seinem eigenen Ergebnis keinen dogmatischen Wert zu.

Porträt des Mineralogen Abraham Gottlob Werner (1750–1817), dem die Bergakademie in Freiberg ihren großen Ruf verdankte. Stich von Ambroise Tardieu nach einer Zeichnung von Vogel.

Vulkanisten wie →*Alexander von Humboldt* und →*Christian Gottlob von Voigt*. Welche Bedeutung dieser wissenschaftliche Streit um die Erdentstehung im frühen 19. Jh. hatte, zeigen die poetischen Streitgespräche zwischen Anaxagoras und Thales im 2. Akt von →*Faust* II (*»Klassische Walpurgisnacht«*).

Während Goethe mit seinem beharrlichen Neptunismus einem wissenschaftlichen Irrtum aufsaß, weisen seine anderen Beiträge zur Geschichte der Absonderung der Gesteine (Eiszeit-, Geschiebe-, Höhlenforschung) auf modernes Wissen voraus.

Vgl. Goethes Abhandlungen *Über den Granit* (1784) und *Der Kammerberg bei Eger* (1808, 1820).

Ein 1781 geplanter *Roman über das Weltall* wurde nicht ausgeführt.

→*Geologie*; →*Mineralogie*

Erwin und Elmire

Ein Schauspiel mit Gesang. Entstehung 1773–1775 (erste Fassung), 1787 (zweite Fassung); Erstdruck 1775 (erste Fassung), 1788 (zweite Fassung, Untertitel: *Ein Singspiel*); Urauff. Ende Mai 1775, Liebhabertheater, Frankfurt a. M.; erste öffentliche Auff. 13. 9. 1775, Marchandsche Truppe, Frankfurt a. M.

Das nach einer Liebes- und Verkleidungsromanze aus →*Oliver Goldsmiths The Vicar of Wakefield* (1766) im anakreontischen Geschmack gearbeitete →*Singspiel* wurde in der zweiten Fassung der Form der italienischen →*Oper* angeglichen.

→*Anna Amalia*; →*Johann André*; →*Johann Friedrich Reichardt*

Essay

Goethes →*Kritische Schriften* sind zu einem großen Teil von so kommunikativem, diskursivem Charakter, daß unter ihnen nur eine Minderzahl dem Anspruch eines Essays entspricht.

Die Essays berühren sämtliche Gegenstände von Goethes Welterfahrung. Sie reichen von dem frühen hymnischen Aufsatz über das Straßburger Münster *Von deutscher Baukunst* (1722; →*Baukunst*) über den umrißhaften Beitrag zur Ästhetik der bildenden Kunst *Einfache Nachahmung der Natur, Manier, Stil* (1789), die Würdigung →*Johann Joachim Winckelmanns* (*Winckelmann und sein Jahrhundert*, 1805) und die literarische Bewertung →*William Shakespeares* in *Shakespeare und kein Ende* (1813–1816) bis zur umfassenden naturwissenschaftlichen Summe *Principes de Philosophie zoologique* (1830/1832, →*Georges Baron de Cuvier*).

→*Herausgebertätigkeit;* →*Journalismus*

Ethik

Goethes Vorstellung von Sittlichkeit war gesellschaftlich gedacht und ein bestimmendes Element in seinem Schaffen, insbesondere in seiner Gedankenlyrik (→ *Gedichte*) und seinen gesellschaftskritischen und gesellschaftsbezogenen Romanen (→ *Die Leiden des jungen Werthers*, → *Die Wahlverwandtschaften*, → *Wilhelm Meisters Lehr- und Wanderjahre*).

Jeden dualistischen Rigorismus vermeidend weist Goethes Ethik stets ins Praktische. Dabei hat sie sich zwischen *»Tätigkeit«* und *»Entsagung«* im Persönlichen und in der Gesellschaft zu bewähren. Durch diese Polarität ist Goethes Ethik über die Glückseligkeitstheorien des Rationalismus hinausgehoben. Auch andere Goethesche Leitideen zur Ethik, wie *»Folge«*, *»Gerechtigkeit«*, *»Ordnung«*, *»Pflicht«*, und sein humanistisches → *Menschenbild* weisen über die Befriedigung individuellen Begehrens hinaus ins Gesellschaftliche.

In diesem Sinn sind auch Goethes Ideen zur → *Bildung* und → *Pädagogik* ethisch gelenkt. So ist auch Goethes → *Naturwissenschaft* an seine Ethik gebunden, woraus ihre teilweise polemischen Abschnitte (→ *Farbenlehre*) eine Erklärung finden.

→ *Immanuel Kant*; → *Baruch de Spinoza*

Ethische Prinzipien anschaulich werden zu lassen, war auch für Goethe ein Problem. Als man ihm vorwarf, daß in den *Wahlverwandtschaften* das Sittliche nicht zu erkennen sei, antwortete er, daß es »hinter die Szene« verlegt sei. »Der Kampf des Sittlichen eignet sich niemals zu einer ästhetischen Darstellung.« (Gespräch mit Riemer, Dezember 1809)

Evolution

Goethes Entdeckung des → *Zwischenkieferknochens* am Menschen (1784) war ihm der Beweis für die Evolution des Menschen aus der Säugetierfamilie (→ *Anatomie*). Auch auf anderen Wissenschaftsgebieten, wie in seiner Metamorphose der Pflanzen (→ *Botanik*) und der Tiere, auch in der → *Geologie* und → *Erdgeschichte*, arbeitete Goethe nach entwicklungsgeschichtlichen Prinzipien.

→ *Morphologie*

Farbenlehre

Goethes Forschungen und Veröffentlichungen zur Optik gipfeln in seiner Farbenlehre. Zur genaueren Beobachtung von Farberscheinungen wurde er in → *Italien* angeregt; ihr systematisches Studium betrieb er seit 1790.

Zunächst befaßte er sich vor allem mit prismatischen Versuchen, deren Ergebnisse er in *Beiträge zur Optik* (1791/92) veröffentlichte. Schon in ihnen und deutlicher noch in Vorträgen des Folgejahres (1793) bewegte er sich in striktem Widerspruch zu → *Isaac Newtons* Spektralanalyse des Lichts. Seit 1795 beteiligten sich u. a. → *Johann Heinrich Meyer* und → *Friedrich von Schiller* an Goethes optischen Versuchen, wobei Schiller hilfreich in der Ordnung begrifflicher Kategorien war.

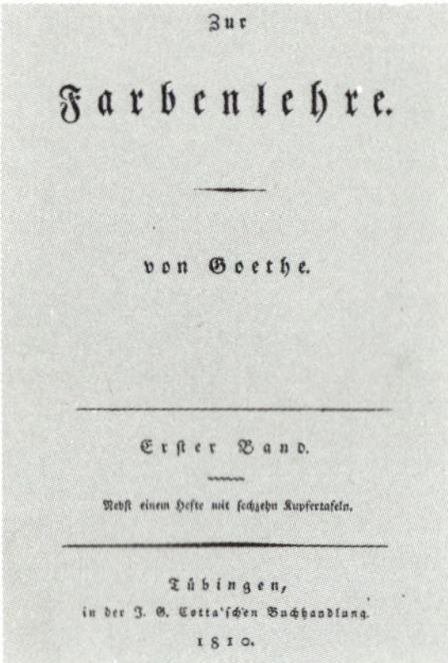
Zur

Farbenlehre.

von Goethe.

Erster Band.

Nebst einem Hefte mit sechzehn Kupfertafeln.

Tübingen,
in der J. G. Cotta'schen Buchhandlung.
1810.

Oben links: *Titelseite des ersten Bandes der Erstausgabe, die 1810 im Verlag von J. G. Cotta, Tübingen erschien.*
Die Reaktion auf die Farbenlehre *war recht wechselvoll. Goethes Zeitgenosse, der Kieler Physiker C. H. Pfaff, wies den Dilettanten Goethe in die Schranken. Schopenhauers positive Stellungnahme war Goethe, der sich sonst über jede Zustimmung zu seiner Polemik gegen Newton freute, allerdings nicht recht. Nach den Erschütterungen des Weltbilds der klassischen Physik waren in unserem Jahrhundert bekannte Naturwissenschaftler um eine gerechte Würdigung von Goethes Leistung bemüht, darunter Werner Heisenberg, Max Born und Carl Friedrich von Weizsäcker.*

Rechts: *Die erste von insgesamt 16 Tafeln, die Goethes* Farbenlehre *beigegeben sind.*

1810 erschien als das umfangreichste Werk Goethes überhaupt seine dreiteilige Schrift *Zur Farbenlehre*. Sie ist gegliedert in einen ersten, didaktischen Teil, *Entwurf einer Farbenlehre*, in einen zweiten, polemischen Teil, *Enthüllung der Theorie Newtons*, und einen dritten, historischen Teil, *Materialien zur Geschichte der Farbenlehre*.

Das Werk enthält Goethes wissenschaftlichen Grundirrtum in der physikalischen Optik: er erklärt die Farbentstehung im Gegensatz zu der Newtonschen Erkenntnis, daß Farben Bestandteile des weißen Lichts sind, aus der Vereinigung von Hell und Dunkel, aus der Beimengung des Trüben zu einem unzerlegbaren weißen Licht – einem von Goethe sog. *»Urphänomen«* (→*Morphologie*): *»Die Farben sind Taten des Lichts, Taten und Leiden.«* (*Zur Farbenlehre,* Vorwort)

Zur physiologischen Optik hingegen – Sinnesphysiologie, Farbpsychologie, Farbästhetik – hat Goethe Fortwirkendes geleistet. Der historische Teil des Werks macht Goethes Stellung in der abendländischen Wissenschaftsgeschichte sowie sein Verhältnis zu dieser deutlich.

Jeder Widerspruch gegen seine Theorie der Farbentstehung hat Goethe ergrimmt und zu den ausfallendsten Äußerungen veranlaßt.

Untersuchungen zu entoptischen Farben, zur Chro-

matik, zur Psychologie des Sehens und andere Abhandlungen zur Optik hat Goethe bis ans Ende seines Lebens verfaßt.
→*Leonardo da Vinci*; →*Naturwissenschaften*; →*Philipp Otto Runge*; →*Arthur Schopenhauer*

Farcen →*Schwänke*

Fastnachtsspiele →*Schwänke*

Ein Fastnachtsspiel vom Pater Brey dem falschen Propheten
Entstehung 1773; Erstdruck 1774

Die von Goethe als moralischer Spiegel gedachte Satire richtete sich gegen die überschwengliche Schwärmerei gewisser Empfindsamer in Darmstadt (→*Empfindsamkeit*).

Faust
Eine Tragödie (in zwei Teilen mit *»Zueignung«*, *»Vorspiel auf dem Theater«*, *»Prolog im Himmel«*). Entstehung 1774/75, 1786–1790, 1797–1806, 1825–1831; Erstdrucke: 1790 *(Faust. Ein Fragment)*, 1808 (*Faust. Eine Tragödie* [Erster Teil]), 1827 (*Helena, klassisch-romantische Phantasmagorie. Zwischenspiel zu Faust* [Zweiter Teil, 3. Akt]), 1832 (*Faust. Der Tragödie zweiter Teil in fünf Akten*; *Nachgelassene Werke,* hg. von →*Johann Peter Eckermann*); Erstaufführungen: 24. 5. 1819, Schloß Monbijou, Berlin (Erster Teil, einzelne Szenen), 19. 1. 1829 Herzogl. Hoftheater, Braunschweig (Erster Teil), 4. 4. 1854 Stadttheater Hamburg (Zweiter Teil), 6./7. 5. 1876, Großherzogl. Hoftheater, Weimar (Erster und zweiter Teil).

Auf das historische Vorbild seiner Faust-Figur, den Dr. Johannes (Georg?) Faust (um 1480–1536/40) aus Knittlingen, wurde Goethe in seiner Jugendzeit auf zweierlei Weise aufmerksam: durch Frankfurter Aufführungen eines Puppenspiels – das sich aus deutschen populären Bearbeitungen von Christopher Marlowes um 1590 entstandenen *Doctor Faustus* (*The Tragicall History of D. Faustus,* 1604) herleitete – und durch das Volksbuch von Doktor Faust – das eine erste literarische Gestaltung in der von Johann Spies zusammengefaßten Faustsage *Historia von D. Johann Fausten* (1587) erhielt. Ihr folgten zahlreiche Varianten.

Faust, Zeitgenosse des Naturforschers Paracelsus (1493–1541), war ein außenseiterischer, rebellischer Halbgelehrter, dem, wie Paracelsus, ein Bündnis mit dem Teufel zugeschrieben wurde. Damit war die Figur zu einer exemplarischen in der protestantischen Literatur geworden, die vor unbedingtem naturwissenschaftlichem Erkenntniswillen, vor Fausts Vorsatz, *»die Ele-*

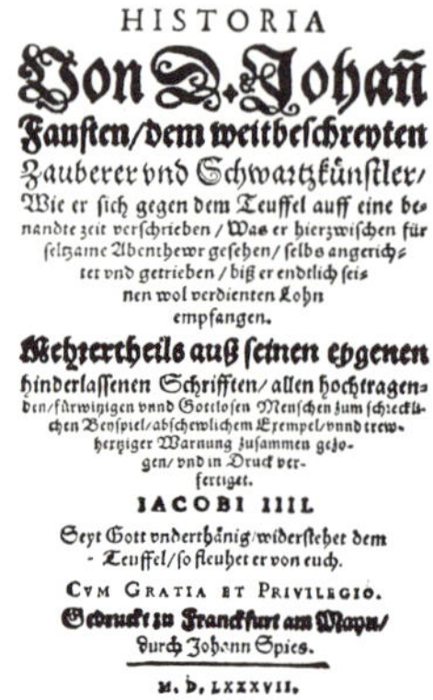

HISTORIA
Von D. Johañ
Fausten/dem weitbeschreyten
Zauberer vnd Schwartzkünstler/
Wie er sich gegen dem Teuffel auff eine benandte zeit verschrieben / Was er hierzwischen für seltzame Abenthewr gesehen/ selbs angerichtet vnd getrieben / biß er endtlich seinen wol verdienten Lohn empfangen.
Mehrertheils auß seinen eygenen hinderlassenen Schrifften/ allen hochtragenden/fürwitzigen vnnd Gottlosen Menschen zum schrecklichen Beyspiel/abschewlichem Exempel/vnnd trewhertziger Warnung zusammen gezogen/ vnd in Druck verfertiget.
IACOBI IIII.
Seyt Gott vnderthänig/widerstehet dem Teuffel/so fleuhet er von euch.
CVM GRATIA ET PRIVILEGIO.
Gedruckt zu Franckfurt am Mayn/ durch Johann Spies.
M. D. LXXXVII.

Links: *Porträt des »berühmten Schwartz-Künstlers Doct. Faust«. Frontispiz einer Ausgabe des Volksbuchs vom Doctor Johann Faust, das unter der fiktiven Verfasserschaft eines »Christlich-Meynenden« erschien (1725).*

Rechts: Historia von D. Johann Fausten. *Volksbuch eines anonymen Verfassers. Titelblatt der Erstausgabe des frühesten Faustbuchs, in Frankfurt von Johann Spies 1587 gedruckt.*

menta zu spekulieren« (Volksbuch, 6. Kapitel), warnen sollte.

Dem Stürmer und Dränger Goethe (→*Sturm und Drang*) wurde der Rebell gegen die Ständegesellschaft, der erkenntnissuchende Forscher wie auch der deutsche historische Charakter aus der Lutherschen Epoche – ähnlich wie →*Götz von Berlichingen* – als originales →*Genie* zum positiven Leitbild.

Seit 1774 liegen Zeugnisse von Goethes Beschäftigung mit dem Faust-Stoff vor. In dieser ersten Arbeitsphase, 1774/75, schrieb Goethe die Universitätssatire und die Gretchentragödie des ersten Teiles. Diese Fassung brachte er mit nach Weimar. Sie wurde dort von dem Hoffräulein Luise von Göchhausen (1752–1807) abgeschrieben; ihre Handschrift wurde 1887 entdeckt und ist seither als der sog. »Urfaust« bekannt.

Eine zweite Arbeitsphase setzte 1786 in →*Rom* ein, als Goethe für die Ausgabe seiner *Schriften* verschiedene Dichtungen umzuarbeiten bzw. zu vollenden begann; sie führte jedoch lediglich zum Abschluß des sog. *Fragments*, das Goethe 1790 veröffentlichte und das wenig mehr als eine glättende Bearbeitung der »Urfaust«-Partien darstellt.

Erst auf Drängen →*Schillers* setzte 1797 die dritte Arbeitsphase am ersten Teil ein, die sich mit Unterbrechungen bis 1806 hinzog. In ihr wurden die tektonisch-konstruktiven Elemente des *»Prolog im Himmel«*, mit der den Verlauf der Tragödie bestimmenden Wette zwischen Gott und Mephistopheles sowie der Teufelspakt-Szene geschaffen.

Am zweiten Teil begann Goethe 1816 zu arbeiten, als er in →*Dichtung und Wahrheit* vom Fortgang der Tragödie berichten wollte. 1818 las Goethe zum erstenmal Marlowes *Faust*-Tragödie, und zwar in der von →*Achim von Arnim* zugesandten Übersetzung von

Auch die *Walpurgisnacht* entstand in der dritten Arbeitsphase zum *Faust*. Wie neuere Forschungen nahelegen, war die Szene umfassender geplant als der schließlich kanonisierte Text preisgibt. A. Schöne deutet die ursprüngliche Absicht als eine poetische Summe des Ketzer- und Hexenwahns, als dramatische Gestaltung des Satanskultes (A. Schöne, *Götterzeichen, Liebeszauber, Satanskult*, Mchn. 1981). Doch Goethe legte seine jeden Rahmen sprengenden Entwürfe beiseite und führte die Szene weg vom rein sinnlichen Hexentanz zur Liebesvision.

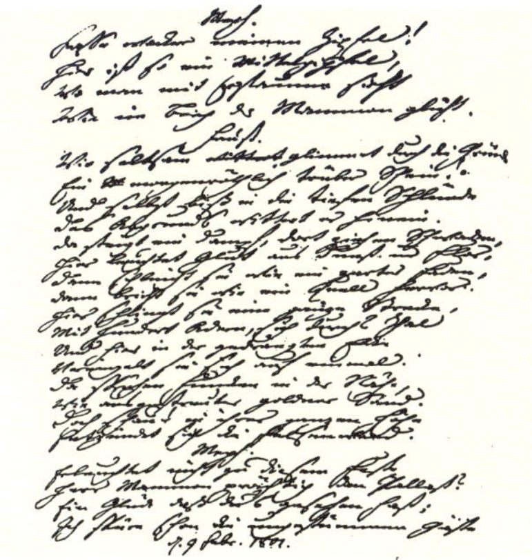

Oben links: *Die dritte Seite der Brockenszene der* Walpurgisnacht *in Goethes eigenhändiger Niederschrift, datiert 19. 2. 1801.*

Rechts: Die Beschwörung des Pudels. *Federzeichnung mit Sepia und Tuschlavierung von Goethes Hand zu* Faust, *entstanden 1810–1812.*

Wilhelm Müller (1794–1827). Die eigentliche Arbeitsphase am zweiten Teil dauerte von 1825 bis Ende 1831.

Nicht Handlungsabläufe, sondern symbolisch-allegorische Beziehungen – wie oft im →*Alterswerk* Goethes – bestimmen den Zusammenhang des zweiten Teils der Dichtung (die aus diesem Grunde vielfach erst im 20. Jh. verstanden und gewürdigt wurde).

Nach dem Scheitern des Subjektivisten und Originalgenies im ersten Teil wird Faust jetzt in die objektiven großen Welten von Gesellschaft, Geschichte, Natur und Kunst eingeführt. In ihnen soll er seinen Tätigkeitssinn bewähren. In der Begegnung des nordischen Faust mit der mittelländischen Helena, Deutschlands mit der griechischen Antike, sowie mit dem Kind der Poesie, Euphorion, das aus dieser Begegnung hervorgeht, erreicht Goethes synthetische Weltsicht einen Höhepunkt (3. Akt). Einen anderen erreicht sie in der auf

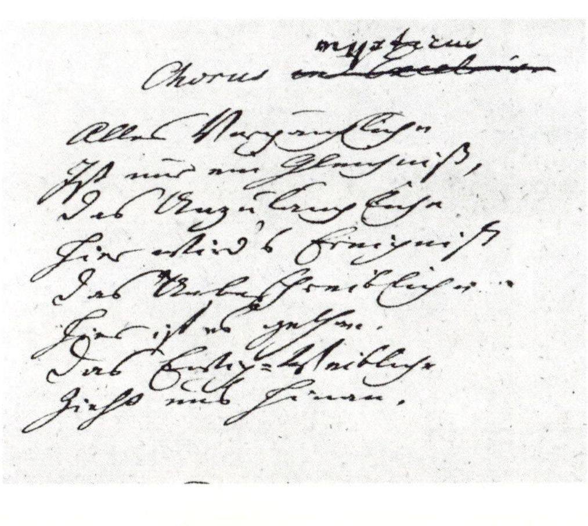

Goethes Autograph der Schlußszene von Faust II.
»Chorus mysticus.
Alles Vergängliche
Ist nur ein Gleichnis,
Das Unzulängliche
Hier wird's Ereignis
Das Unbeschreibliche
Hier ist es getan.
Das Ewig-Weibliche
Zieht uns hinan.«

technischen Großprojekten beruhenden Herrschertätigkeit Fausts, die Landgewinnung und den Wunsch der Volksbefreiung einschließt (5. Akt). Der katholisierende Himmel, in den Faust am Ende als *»Doctor Marianus«* entschwebt, ist das Symbol ethischer Läuterungen, die derjenige erfährt, von dem die Engel singen: *»Wer immer strebend sich bemüht, / Den können wir erlösen.«* (5. Akt, *»Bergschluchten«*)

Entsprechend der Entstehungszeit von *Faust* I und II, die sich über fast sechs Jahrzehnte erstreckte, ist die ganze Vielfalt Goethescher →*Verskunst* in das Werk eingegangen.

Johann Gottlieb Fichte

* 19. 5. 1762 Rammenau (Oberlausitz); † 29. 1. 1814 Berlin

Fichte wurde 1794 als Professor der Philosophie an die Universität →*Jena* berufen. Seine auch von Goethe befürwortete Entlassung, 1799, wurde hervorgerufen durch den sog. »Atheismusstreit«, in dem Goethe folgenlos zu vermitteln versucht hatte.

Seit Fichte 1794 Goethe die Druckbögen seiner *Grundlage der gesammten Wissenschaftslehre* (1794) zugesandt hatte, faßte dieser ein fortdauerndes Interesse an Fichtes Wissenschaftslehre. Goethe stimmte mit Fichtes Tätigkeitsbegriff und pädagogischen Vorstellungen überein. Er schätzte dessen *Reden an die deutsche Nation* (1808). Fichtes spekulative Identitätsphilosophie blieb ihm fremd.

Johann Georg Adam Forster

* 27. 11. 1754 Nassenhuben b. Danzig; † 10. 1. 1794 Paris

Goethe lernte den weltgereisten Naturhistoriker 1779 in Kassel kennen. Wechselseitige Besuche erfolgten 1785 in Weimar und 1792 in Mainz.

1791 sandte Forster Goethe seine Übersetzung einer englischen Übertragung des indischen Dramas *Sakontala oder der entscheidende Ring* (1791) von Kālidāsa (4./5. Jh.) und seine *Ansichten vom Niederrhein* (1791) zu. Goethe schätzte diese Arbeiten und dankte für die erstere mit dem Epigramm *Sakontala* (*»Will ich die Blumen . . .«*, 1791).

Der Jakobiner Forster war entsetzt über Goethes satirisches Lustspiel über die französische Adelsgesellschaft →*Der Groß-Cophta*.

Frankfurt am Main

In Goethes Jugend Freie Reichsstadt und Krönungsstadt des Heiligen Römischen Reiches Deutscher Na-

Gegenüberliegende Seite:

Faust-Illustrationen

Oben links: *Rembrandt,* Dr. Faust in der Studierstube. *Radierung, 1652.*

Oben rechts: *Eugène Delacroix,* Kerker. *Lithographie, 1827. Goethe sagte, Delacroix' Illustrationen hätten seine eigenen Vorstellungen noch übertroffen.*

Unten links: *Ernst Barlach,* Faust tanzt mit der jungen Hexe. *Holzschnitt auf Japan, 1923.*

Unten rechts: *Max Beckmann,* Chorus mysticus. *Schlußblatt. Tusche, 1943/44.*

Johann Gottlieb Fichte. Kreidezeichnung von F. Bury, 1800. »Nach Reinholds Abgang . . . war mit Kühnheit, ja Verwegenheit, an seine Stelle Fichte berufen worden, . . . Er war eine der tüchtigsten Persönlichkeiten, die man je gesehen, und an seinen Gesinnungen in höherm Betracht nichts auszusetzen; aber wie hätte er mit der Welt, die er als seinen erschaffenen Besitz betrachtete, gleichen Schritt halten sollen?« (Annalen, *1794)*

Oben: *Goethes Geburtshaus vor dem Umbau 1755. Gouache von Ernst Metz, 1949.*

Unten: *Selbstbildnis des jungen Goethe im Frankfurter Arbeitszimmer. Aquarellierte Zeichnung, 1768/70.*

tion mit etwa 36 000 Einwohnern. Der mittelalterliche Charakter der Stadt mit Mauern, Toren und Türmen war erhalten. Die Frankfurter Frühjahrs- und Herbstmessen gehörten zu den bedeutendsten Weltmärkten.

Goethe wurde am 28. August 1749 in Frankfurt im Goetheschen Familienhaus am Großen Hirschgraben (→ *Goethe-Häuser und -Museen*) als Sohn des Kaiserlichen Rates →*Johann Caspar Goethe* und Enkel des Stadtschultheißen Johann Wolfgang Textor (→ *Vorfahren*), des obersten Beamten der Stadt, geboren. In seiner Kindheit erlebte er die Besetzung Frankfurts durch französische Truppen (1759–1763) im Siebenjährigen Krieg und die Einquartierung des französischen Stadtkommandanten François de Théas Comte de Thoranc im Elternhaus (1759–1761).

1764 war Goethe Augenzeuge der Krönung Josephs II. (1741–1790) zum Römischen König.

Im Elternhaus sah er die Frankfurter Maler Friedrich Wilhelm Hirt (1721–1772), Justus Junker (1703–1767), Johann Andreas Benjamin Nothnagel (1729–1804), Christian Georg Schütz d. Ä. (1718–1791), Johann Konrad Seekatz (1719–1768), Johann Georg Trautmann (1713–1769) Aufträge seines Vaters und des Grafen Thoranc ausführen. Ein weiteres wichtiges Bildungserlebnis war das französische Theater während der Besatzungszeit.

Links: *Krönungsmahl im Kaisersaal des Frankfurter Römers im Anschluß an die Ausübung der Erzämter bei der Krönung Josephs II. Wandgemälde im Schloß Schönbrunn zu Wien. Schule des Martin van Meytens, 1764.*

Rechts: *François de Théas Comte de Thoranc, der »Königsleutnant«. Photogravüre eines zeitgenössischen Gemäldes. Thoranc besaß die höchste Polizeigewalt bei Streitigkeiten zwischen Militär und Zivilbevölkerung. Die Stadt Frankfurt verdankt ihm fortschrittliche Entscheidungen, da er auch in die Verwaltung eingreifen konnte.*

1765 verließ Goethe die Vaterstadt, um seine Studien in →*Leipzig* zu beginnen. Von dort kehrte er 1768 in das elterliche Haus zurück. Er mußte von einer →*Krankheit* genesen und beschäftigte sich in dieser Phase unter Anleitung →*Susanna Katharina von Klettenbergs* mit dem →*Pietismus*. 1770 brach er nach →*Straßburg* auf. Von 1771 bis 1775 lebte er – mit Ausnahme der Assessorenzeit in →*Wetzlar* – abermals im Elternhaus. Er begründete eine Anwaltspraxis, in deren Führung (28 Prozesse) ihm sein Vater beistand, und leistete den Bürgereid.

1775 verlobte er sich mit der Bankierstochter →*Anna Elisabeth Schönemann*. Von Frankfurt aus unterhielt Goethe geselligen Verkehr nach Sachsenhausen, Offenbach, Homburg, Darmstadt (→*Empfindsamkeit*).

Ende 1771 begann Goethe →*Götz von Berlichingen* zu schreiben. 1772/73 lieferte er Beiträge zu den *Frankfurter Gelehrten Anzeigen* (→*Journalismus*). Anfang 1774 verfaßte er →*Die Leiden des jungen Werthers*. 1775 ging Goethe auf Einladung →*Carl Augusts* nach Weimar. Die Eindrücke seiner Frankfurter Jahre schilderte Goethe in →*Dichtung und Wahrheit*.

Später besuchte Goethe Frankfurt gelegentlich seiner Reisen in die →*Schweiz*, des Feldzuges gegen Frankreich (1792) der Belagerung von Mainz (1793) und der Reisen an Rhein und Main (1814/15).

Frankreich

Durch die französische Besetzung →*Frankfurts* in seinen Jugendjahren wurde Goethes Interesse für französische Sprache und Literatur gefördert. Er besuchte seit 1759 häufig das französische Theater und lernte die Werke →*Jean-Baptiste de Racines* und →*Pierre Corneilles* sowie Komödien des 18. Jh.s kennen. Im Gegensatz zu seinem Interesse für die modernste englische Literatur las der junge und reife Goethe vornehmlich die Werke der französischen Klassiker. Hinzu trat die Lektüre der enzyklopädischen Werke der französischen Aufklärer (Pierre Bayles *Dictionnaire historique et critique*, 1697, Buffons *Histoire naturelle générale et particulière,* Teil 1: 1749–1767; →*Aufklärung*).

Die Rokoko-Kultur Leipzigs erweiterte Goethes Kenntnisse der französischen Literatur und des Theaters (→*Molière*). In den siebziger Jahren setzte Goethes Beschäftigung mit →*Jean-Jacques Rousseau* ein. Für das Weimarer Hoftheater übertrug er →*Voltaires Mahomet* (1742) und *Tancrède* (1760). Von →*Denis Diderot* übersetzte er 1798/99 Teile der *Essais sur la peinture* (1796) und 1804/05 dessen *Le neveu de Rameau* (entst. 1762).

Im Alter las Goethe Hauptwerke der modernsten französischen Literatur von Victor Hugo (1802–1885), Alexandre Dumas d. Ä. (1802–1870), Stendhal (Henri Beyle, 1783–1842), Pierre Jean de Béranger (1780–1857), Prosper Mérimée (1803–1870) und 1831 noch →*Honoré de Balzacs La peau de chagrin* (1831). Er las längere Zeit regelmäßig die Zeitschriften *Le Temps* und *Le Globe*.

Goethe benutzte die französische Sprache in Korrespondenz und Konversation bis ins Alter.

Goethes Interesse an französischer Kultur und Gesellschaftsformen blieb ihm sein Leben lang erhalten. Einen besonderen Komplex in seiner Lektüre bilden Memoirenwerke herausragender Persönlichkeiten der jüngeren französischen Geschichte. In seinen staatspolitischen, konstitutionell-monarchistischen Überzeugungen (→*Politik*) erschütterte ihn zum erstenmal aufs tiefste ein Bestechungsskandal in der französischen Hofgesellschaft, die sog. Halsbandaffäre, 1785 (→*Der Groß-Cophta*).

In der *Campagne in Frankreich* preist Goethe Benehmen und Haltung der französischen Zivilbevölkerung: »Bei allen solchen schon erlittenen und noch zu fürchtenden Unbilden zeigten sich diese Personen in bürgerlicher Würde, Freundlichkeit und gutem Benehmen zu unserer Verwunderung, wovon uns in den französischen ernsten Dramen alter und neuer Zeit ein Abglanz herübergekommen ist. Von einem solchen Zustande können wir uns in eigener vaterländischer Wirklichkeit und ihrer Nachbildung keinen Begriff machen. Die ›Petit Ville‹ mag lächerlich sein, ›Die deutschen Kleinstädter‹ sind dagegen absurd.«

Die →*Französische Revolution* irritierte ihn nicht nur aufgrund seiner staats- und gesellschaftspolitischen Vorstellungen, sondern auch aufgrund seines aus den Naturwissenschaften herausgebildeten Entwicklungsgedankens. Goethe nahm 1792 am Feldzug der österreichischen und preußischen Monarchien gegen das republikanische Frankreich teil (→*Campagne in Frankreich*). 1808 lud ihn →*Napoleon* in Erfurt zur Audienz. Sie fand am 2. Oktober in Gegenwart Talleyrands statt. Am 6. Oktober, bei der zweiten Begegnung, forderte Napoleon Goethe auf, nach Paris zu kommen. Am 14. Oktober wurde Goethe das Kreuz der Ehrenlegion verliehen.

Im hohen Alter überwog Goethes naturwissenschaftliches Interesse dasjenige an politischen Vorgängen: Wichtiger als die Julirevolution von 1830 war ihm der sog. »Akademiestreit« zwischen →*Georges de Cuvier* und Étienne Geoffroy de Saint-Hilaire (1772–1844).

Zu den französischen Besuchern in Weimar gehörten →*Anne-Louise-Germaine de Staël,* deren Goethe-Schilderung in ihrem Werk *De l'Allemagne* (1810–1813) auf das frühe französische Goethe-Bild Einfluß hatte. →*Carl Friedrich von Reinhard*, Minister und Gesandter Napoleons, trat mit Goethe 1807 in brieflichen und persönlichen Verkehr. Zu Goethes engerem Umgang in Weimar zählte ab 1822 →*Frédéric Soret*. Der französische Bildhauer Pierre-Jean David d'Angers (1788–1856) schuf 1829 in Weimar seine →*Goethe-Büste*.

Pierre Jean David D'Angers: Kolossalbüste Goethes. 1829. Gipsabguß des Original-Tonmodells in Angers.

Unten: *Hinrichtung Ludwigs XVI. (?) auf der Place de la Revolution. Gemälde von Pierre Antoine de Amchy.*

Französische Revolution

Goethe sah in Frankreich gesellschaftliche Veränderungen voraus, als der Hof und die Königin Marie-Antoinette (1755–1793) 1785 in eine weitreichende Bestechungsaffäre, die sog. Halsbandaffäre, verwickelt waren. Durch sie sah Goethe den geschichtlichen Vor-

In dem auf Johann Christian Heinroths *Lehrbuch der Anthropologie* (Lpzg. 1822) bezogenen Aufsatz *Bedeutende Fördernis durch ein einziges geistreiches Wort* (1823) kommt Goethe nochmals auf seine Haltung zur Französischen Revolution zu sprechen:
»An ebendiese Betrachtung schließt sich die vieljährige Richtung meines Geistes gegen die Französische Revolution unmittelbar an und es erklärt sich die grenzenlose Bemühung dieses schrecklichste aller Ereignisse in seinen Ursachen und Folgen dichterisch zu bewältigen. Schau' ich in die vielen Jahre zurück, so seh' ich klar, wie die Anhänglichkeit an diesen unübersehbaren Gegenstand so lange Zeit her mein poetisches Vermögen fast unnützerweise aufgezehrt; und doch hat jener Eindruck so tief bei mir gewurzelt, daß ich nicht leugnen kann, wie ich noch immer an die Fortsetzung der *Natürlichen Tochter* denke.«

gang personalisiert (→*Geschichte*). Als konstitutioneller Monarchist Vertreter einer Ständegesellschaft und – im naturwissenschaftlichen Sinn – Anhänger der →*Evolution* war Goethe zunächst ein erbitterter Gegner der Französischen Revolution von 1789. Erst unter dem Eindruck der Begegnung mit →*Napoleon* war Goethe fähig, die Revolution in ihrer geschichtlichen »*Notwendigkeit*« zu verstehen: »*ich konnte kein Freund der Französischen Revolution sein, denn ihre Greuel standen mir zu nahe und empörten mich täglich und stündlich, während ihre wohltätigen Folgen damals noch nicht zu ersehen waren.*« (Zu Eckermann, 4. 1. 1824)

Goethe hat die Halsbandaffäre als Thema in dem Lustspiel →*Der Groß-Cophta* benutzt; die Französische Revolution ist Thema der →*Venetianischen Epigramme* und der Schauspiele →*Der Bürgergeneral* und *Die Aufgeregten* (→*Dramenfragmente*). In den →*Unterhaltungen deutscher Ausgewanderten* und in →*Hermann und Dorothea* ist die Französische Revolution Hintergrund des Geschehens. Eine zusammenfassende Darstellung der Revolutionsproblematik wollte Goethe in der →*Natürlichen Tochter* geben.
→*Politik*

Frauen

In engeren persönlichen Beziehungen stand Goethe zu →*Friederike Brion*, →*Charlotte Buff*, →*Wilhelmine Herzlieb*, →*Ulrike von Levetzow*, →*Anna Elisabeth Schönemann*, →*Charlotte von Stein*, →*Marianne von Willemer*. Seit 1788 lebte er mit Christiane Vulpius zusammen, die er 1806 heiratete (→*Christiane von Goethe*).
→*Sexualität*

Kurzer Eintrag Goethes in die *Annalen* 1813: »Der französische Gesandte wird in Gotha überrumpelt und entkommt. Ein geringes Korps Preußen besetzt Weimar und will uns glauben machen, wir seien unter seinem Schutze sicher. Die Freiwilligen betragen sich unartig und nehmen nicht für sich ein. Ich reise ab . . .«

Freiheitskriege

Der sog. Befreiungskrieg konnte in Goethe keine patriotische Begeisterung wecken (vgl. Heinrich Ludens Gespräch mit Goethe am 13. 12. 1813 über Volk, Vaterland, Patriotismus). Goethe als Bewunderer →*Napoleons* und Kosmopolit war dieser nationale Krieg – wie jeder →*Krieg* – fremd; er verbot seinem Sohn die Teilnahme an ihm. Erst rückblickend begann der alte Goethe die Freiheitskriege als Stufe der nationalstaatlichen Einigung →*Deutschlands* zu betrachten (vgl. Gespräch mit Eckermann, 14. 3. 1830). Als Auftragsarbeit verfaßte er zur Rückkehr Friedrich Wilhelms III. nach Berlin das Festspiel →*Des Epimenides Erwachen*.

Freimaurerei

1780 bat Goethe um Aufnahme in die Weimarer »Loge Amalia«. Er wurde als »Lehrling« aufgenommen, 1781 zum »Gesellen« und 1782 zum »Meister« erhoben. An den Versammlungen der Loge nahm Goethe kaum teil. 1813 sprach er bei der Logenfeier *Zu brüderlichem Andenken Wielands* (→ *Christoph Martin Wieland*). 1815 schrieb er zur Aufnahme seines Sohnes → *August von Goethe* in die Loge das Gedicht *Symbolum*. Von den zahlreichen Logengedichten ist außerdem erwähnenswert das Gedicht *»Laßt fahren hin ...«* (1825) zum 50. Regierungsjubiläum Herzog → *Carl Augusts*.

Die Freimaurerei diente im 18. Jh. in Westeuropa der Verbreitung aufklärerischen Gedankenguts und der geselligen Vermittlung ihrer Glieder. Sie wird in diesem Sinn in → *Wolfgang Amadeus Mozarts Zauberflöte* (1791) und in der *»Gesellschaft vom Turm«* in → *Wilhelm Meisters Lehrjahre* verherrlicht.

Noch 1775 hatte Goethe »aus einem Unabhängigkeitsgefühl, welches mir später als Verrücktheit erschien« eine nähere Verbindung mit der Frankfurter Loge abgelehnt. Er betrachtete die Loge mehr als gesellige Angelegenheit und war dagegen, daß »sie statu in statum macht«. Im Oktober 1812 bat er den Meister vom Stuhl in Weimar, J. C. R. Ridel, er möge ihn als Abwesenden betrachten und von Verpflichtungen gegen die Gesellschaft suspendieren. In der Folge beschränkte er sich auf gelegentliche Verse für die Loge.

Friedrich II., König von Preußen

* 24. 1. 1712 Berlin; † 17. 8. 1786 Sanssouci b. Potsdam

Schon in seiner Kindheit wirkte *»die Persönlichkeit des großen Königs«* (*Dichtung und Wahrheit*, 2. Buch) durch antagonistische Parteinahmen in der Familie aus Anlaß des Siebenjährigen Krieges auf Goethe ein. Betroffen reagierte Goethe auf Friedrichs ablehnendes Urteil über → *Götz von Berlichingen* (*»imitation détestable de ces mauvaises pièces anglaises«*) in der Schrift *De la littérature allemande* (1780). Friedrich kannte das Drama allerdings nur in der Bearbeitung eines Theaterdirektors. Goethe schrieb eine Erwiderung in Gestalt eines Gesprächs zwischen einem Franzosen und einem Deutschen über die zeitgenössische deutsche Literatur, das nicht erhalten ist.

Bei seinem Aufenthalt in → *Berlin* faßte Goethe seinen Eindruck von der preußischen Residenzstadt und der Bedeutung Friedrichs in das Bild von *»dem großen Uhrwerk, das sich vor einem treibt, von der Bewegung der Puppen kann man auf die verborgnen Räder, besonders auf die große alte Walze FR gezeichnet mit tausend Stiften schließen ...«* (an Charlotte von Stein, 17. 5. 1778). Goethes Bewegtheit beim Tode des Königs ist bezeugt.

Abgesehen von seinen Erwähnungen Friedrichs in → *Dichtung und Wahrheit* nennt Goethe ihn u. a. in den → *Römischen Elegien* zusammen mit Alexander dem Großen, Cäsar und Heinrich IV. von Frankreich und erkennt ihm in den *»Noten und Abhandlungen«* zum → *West-östlichen Divan* zusammen mit Zar Peter I. den Beinamen *»der Große«* zu. Endlich bezeichnet er Friedrich in der Gedenkrede auf dessen Nichte → *Anna Amalia* (1807) als den *»größten Mann seiner Zeit«*. Zu einem Autograph Friedrichs verfaßte Goethe 1823 den Vierzeiler *»Das Blatt, wo seine Hand geruht ...«*.

Goethe sah in Friedrich II. denjenigen deutschen

Friedrich der Große. Kupferstich nach dem Gemälde von Anton Graf von Schmidt.
Goethe fand entschuldigende Worte für des Königs Desinteresse an deutscher Literatur: »wie kann man von einem König, der geistig leben und genießen will, verlangen, daß er seine Jahre verliere, um das, was er für barbarisch hält, nur allzu spät entwikkelt und genießbar zu sehen?« (Dichtung und Wahrheit, *7. Buch*)

Fürsten, der sich in seiner Politik von einem deutschen Staatsgedanken leiten ließ und →*Preußen* Sitz und Stimme im Konzert der europäischen Mächte zu erobern begann.

Der weimarische Minister Freiherr von Fritsch. Ölgemälde von A. Graff.

Jakob Friedrich Freiherr von Fritsch

* 22. 3. 1731 Dresden; † 13. 1. 1814 Weimar

Ab 1762 Weimarischer Geheimer Legationsrat mit Sitz und Stimme im Geheimen Consilium, ab 1766 Geheimer Rat, 1772–1800 Wirklicher Geheimer Rat und Vorsitzender des Geheimen Consiliums.

Fritsch widersetzte sich 1776 der Aufnahme Goethes in das Consilium (→*Staatsdienst*). Obwohl zum Rücktritt entschlossen, wurde er durch Herzog →*Carl August* und dessen Mutter →*Anna Amalia* bewogen, im Amt zu bleiben. Es gelang Fritsch und Goethe, dem Unterschied ihrer Temperamente zum Trotz, in den folgenden Jahrzehnten ihre Zusammenarbeit fruchtbar zu halten. Man vermutet in Fritsch das Urbild des Antonio in →*Torquato Tasso*.

Gartenkunst

Gegen die französische Gartenkunst des →*Barock* und →*Rokoko* setzte sich in den siebziger Jahren des

Unten: *Goethes Gartenhaus in Weimar im Park an der Ilm. Blick durch den Park.*

18. Jh.s in Deutschland die freiere Parkgestaltung im modernsten englischen Geschmack durch. Schon in → *Die Leiden des jungen Werthers* ist dem rationalistischen *»wissenschaftlichen Gärtner«* das *»fühlende Herz«* als Planer eines naturgemäßen Gartens entgegengesetzt.

Durch den Besuch des von Herzog Leopold III. Friedrich Franz von Anhalt-Dessau (1740–1817) angelegten Parks von Wörlitz empfingen Herzog → *Carl August* und Goethe Anregung zur Neugestaltung der Weimarer Parks. Über den Wörlitzer Park urteilte Goethe: *»Es ist, wenn man so durchzieht, wie ein Märchen, das einem vorgetragen wird, und hat ganz den Charakter der Elysischen Felder, in der sachtesten Mannigfaltigkeit fließt eins ins andere.«* (An Charlotte von Stein, 14. 5. 1778) Goethe leitete seit 1778 die Neuanlage der Weimarer Parks.

Eine moderne ökologische Landschaftsgestaltung wurde Goethe in seinem Roman → *Die Wahlverwandtschaften* zum Thema. *»Niemand glaubt sich in einem Garten behaglich, der nicht einem freien Lande ähnlich sieht; an Kunst, an Zwang soll nichts erinnern; wir wollen völlig frei und unbedingt Atem schöpfen.«* (*Die Wahlverwandtschaften*, 2. Tl., 8. Kap.)

Blick auf den Schlangenstein des Bildhauers Martin Gottlieb Klauer, den Herzog Carl August 1787 anläßlich der Rückkehr Goethes aus Italien mit der Inschrift »Genius huius loci« in der Nähe des Gartenhauses aufstellen ließ.

Gedichte

Goethe hat von seinen Knabenjahren an bis ins höchste Alter Lyrik geschrieben. Sein vom Umfang und von der Bedeutung her beträchtliches lyrisches Werk steht gleichrangig neben seinem Schaffen auf dem Gebiet des Dramas und der erzählenden Prosa, ja es durchdringt dieses teilweise sogar durch lyrische Einschübe, wie z. B. in → *Egmont*, → *Faust* und → *Wilhelm Meisters Lehrjahre*, oder durch Übergang von dramatischer bzw. prosaischer in lyrische Gestaltung, wie z. B. am Schluß des → *Faust* und der → *Novelle*.

Bezeichnend für Goethes Lyrik ist die Vielfalt der Themen (Natur, Mensch, Liebe, Gesellschaft, Religion) und der Formen (Lieder, freie Rhythmen, Knittelverse, Elegien, Epigramme, Stanzen, Sonette u. a.). Sie weist vielfache Verbindungen zu Überliefertem auf, erhält jedoch durch Goethes Sprache, Stil und Weltsicht ihren einzigartigen Rang.

Mit den Gedichten seiner Jugend steht Goethe noch ganz in der Tradition des frühen 18. Jh.s, die sowohl in Thematik als auch in Aufbau und Versform, Sprache und Stil die Erfüllung festgelegter Normen verlangte und dichterische Fähigkeiten an der virtuosen Anwendung dieser Normen maß (→ *Johann Christoph Gottsched*). Die wenigen erhaltenen Gedichte Goethes aus seinen Knabenjahren – er vernichtete seine Frankfurter Jugenddichtungen 1767 in Leipzig – zeigen ihn als

Für Goethe war Dichten eine Form der Lebensbewältigung: »Und so begann diejenige Richtung, von der ich mein ganzes Leben über nicht abweichen konnte, nämlich dasjenige, was mich erfreute oder quälte, oder sonst beschäftigte, in ein Bild, ein Gedicht zu verwandeln und darüber mit mir selbst abzuschließen, um sowohl meine Begriffe von den äußeren Dingen zu berichtigen, als mich im Innern deshalb zu beruhigen. Die Gabe hierzu war wohl niemand nötiger als mir, den seine Natur immerfort aus einem Extrem in das andere warf«. (*Dichtung und Wahrheit*, 7. Buch)

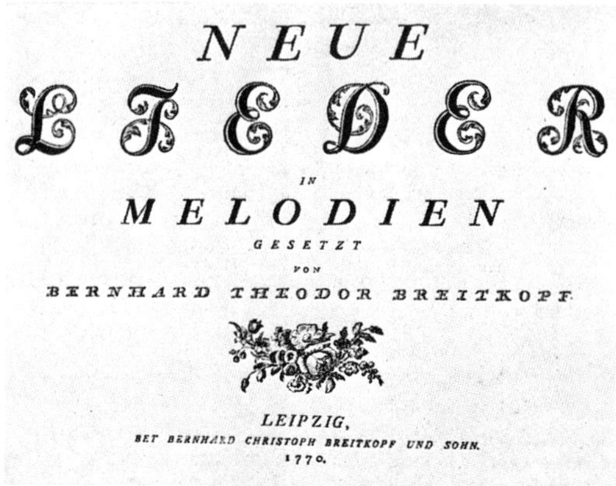
NEUE
LIEDER
IN
MELODIEN
GESETZT
VON
BERNHARD THEODOR BREITKOPF.
LEIPZIG,
BEY BERNHARD CHRISTOPH BREITKOPF UND SOHN.
1770.

Rechts: Neue Lieder in Melodien gesetzt von Bernhard Theodor Breitkopf. *Titelseite der ersten Sammlung von Vertonungen Goethescher Gedichte; dieses erste gedruckte Buch des Dichters erschien im Verlag von Johann Gottlob Immanuel Breitkopf, Leipzig 1769 (mit der Jahresangabe 1770).*

sprachgewandten und literarisch bewanderten Verseschreiber, der in Anlehnung an deutsche Dichter der Jahrhundertmitte im Stil der →*Aufklärung* bzw. des Spätbarocks Reime über vorgegebene Themen verfertigte.

Ähnlich wie er sich in den *Poetischen Gedanken über die Höllenfahrt Jesu Christi* (1765) an Vorbildern der geistlichen Lyrik orientierte, bewegte sich Goethe mit den Gedichten seiner Leipziger Zeit ganz in der Tradition der weltlichen Lyrik. Seine aus diesen Jahren stammenden Gedichtsammlungen *Annette* (1767) und *Lieder mit Melodien* (1768), auch seine erste gedruckte Gedichtsammlung, *Neue Lieder in Melodien gesetzt von Bernhard Theodor Breitkopf* (1769), das sog. »Leipziger Liederbuch« (→*Leipzig*, →*Vertonungen*), zeigen ihn als Nachahmer der anakreontischen Dichtung seiner Zeit, die mit ihrem spielerischen Witz, ihren galanten Motiven, ihrer Leichtigkeit und Formgewandtheit ganz dem Geist des →*Rokoko* verhaftet ist.

Eine erste Überwindung der Anakreontik bedeuten Goethes gleichzeitig entstandene *Oden an meinen Freund* (1767): in den drei an Ernst Wolfgang Behrisch (1738–1809) gerichteten Gedichten dieser Sammlung tritt an die Stelle einer fiktiven Schäferwelt ein eigenes Erlebnis, an die Stelle geistreicher Pointen ein persönliches Anliegen.

Der entscheidende Durchbruch zu einem neuen lyrischen Ausdruck vollzog sich in Goethes Straßburger Zeit (→*Straßburg*). Seelisch angetrieben durch seine Liebe zu →*Friederike Brion*, geistig geformt durch →*Johann Gottfried Herders* neue kunsttheoretischen Ideale, löste sich Goethe in den sog. »Sesenheimer Liedern« (1770/71) weitgehend von gängigen dichterischen Konventionen und leitete damit eine Entwicklung ein, der in der Geschichte der deutschen Lyrik epochemachende Bedeutung zukommt. In Entsprechung zu Herders Forderungen bestimmen Natürlichkeit, Einfachheit, Gefühl den Ton der »Sesenheimer Lieder«. Das Schlicht-Menschliche dieser Lyrik wird durch die Schilderung alltäglicher Lebenssituationen erreicht *(»Erwache, Friederike ...«)*, das schwunghaft Strömende durch das ungebrochene Aussprechen des Gefühls *(»Es schlug mein Herz, geschwind zu Pferde ...«)*. Das subjektive Erlebnis steht im Vordergrund, sowohl im Bekenntnis der Liebe als auch im Erfassen der Natur *(Maifest)*.

Mit seinem zur Zeit der »Sesenheimer Lieder« entstandenen Gedicht *Heidenröslein* (1771) knüpft Goethe an die Tradition deutscher → *Volkslieder* an, mit deren Sammeln er sich – ebenfalls angeregt durch Herder – befaßte. Von der Volksballade ausgehend, begann Goethe in den folgenden Jahren eine Reihe von Balladen – von ihm längere Zeit auch als *»Romanzen«* bezeichnet – zu dichten, die in Sprache und Motiven manche volkstümlichen Züge zeigen, aber in ihrer Knappheit und Beschränkung auf symbolische Augenblicke spezifisch goethisch sind (*Das Veilchen*, 1773/74; *Der König von Thule*, 1774; *Klaggesang von der edlen Frauen des Asan Aga*, 1774/75).

Mehr noch als durch die »Sesenheimer Lieder« hat Goethe durch die großen Hymnen, die während seines zweiten Frankfurter Aufenthalts und in seinen beiden ersten Weimarer Jahren, 1772 bis 1777, entstanden, die → *Sturm-und-Drang*-Bewegung entscheidend mitgeprägt und sich als bedeutendster Lyriker der jungen Generation erwiesen. Den neuen Gedanken des → *Genies*, des mit Gott und Natur geheimnisvoll verbundenen originalen Schöpfers, wie es die Theoretiker des Sturm und Drang verkündeten, gestaltete Goethe – unter Einbeziehung eigener Ich-Erfahrungen – in seinen großen Hymnen.

Sie spiegeln die sich herausbildende Weltanschauung Goethes wider, der die Entfaltung des Ich und die Annäherung an das Göttliche erreichbar sah durch ein mit allen Sinnes- und Geisteskräften vollzogenes Erleben der dinglichen Welt (→ *Pantheismus*). Das Endliche steht symbolhaft für das Unendliche, das als Natur (*Ganymed*, 1774), Liebe (*Harzreise im Winter*, 1777), Schöpferkraft (*Wandrers Sturmlied*, 1772) in der Endlichkeit faßbar wird. Im Zusammenhang mit zwei → *Dramenfragmenten* dieser Zeit entstanden *Mahomets-Gesang* (1773) und *Prometheus* (1774). Eine Besonderheit unter Goethes Jugendhymnen im Hinblick auf Form und Inhalt ist das dialogische Gedicht *Der Wandrer* (1772) (→ *Oliver Goldsmith*), in dem sich bereits Züge seiner klassischen Zeit ankündigen.

Goethe verwandte in seinen Hymnen – angeregt durch Lektüre → *Pindars* und durch Oden → *Friedrich*

Annette, *Goethes erste Gedichtsammlung, enthielt die von seinem Freund Ernst Wolfgang Behrisch abgeschriebenen und 1767 zu einem Bändchen zusammengefügten Texte von 19 Gedichten.*

Wandrers Sturmlied

Wen du nicht verlässest, Genius,
Nicht der Regen, nicht der Sturm
Haucht ihm Schauer über's Herz.
Wen du nicht verlässest, Genius,
Wird dem Regengewölk,
Wird dem Schlossensturm
Entgegen singen,
Wie die Lerche,
Du da droben.

Den du nicht verlässest, Genius,
Wirst ihn heben über'n
Schlammpfad
Mit den Feuerflügeln;
Wandeln wird er
Wie mit Blumenfüßen
Über Deukalions Flutschlamm,
Python tötend, leicht, groß,
Pythius Apollo.

Den du nicht verlässest, Genius,
Wirst die wollnen Flügel unter-
spreiten,
Wenn er auf dem Felsen schläft,
Wirst mit Hüterfittigen ihn
decken
In des Haines Mitternacht.

Wen du nicht verlässest, Genius,
Wirst im Schneegestöber
Wärmumhüllen;
Nach der Wärme ziehn sich
Musen,
Nach der Wärme Charitinnen.

Umschwebet mich, ihr Musen,
Ihr Charitinnen!
Das ist Wasser, das ist Erde
Und der Sohn des Wassers und
der Erde,
Über den ich wandle
Göttergleich.

(Die ersten fünf Strophen)

Gottlieb Klopstocks – freie Rhythmen. Diese unregelmäßige Versform hatte er bereits in seinen Leipziger *Oden* an Behrisch erstmalig benutzt; sie wurde jetzt in wechselreichster Weise angewandt und mit einer freien Strophik verbunden. Bezeichnend ist weiterhin eine äußerste Freiheit in Sprache und Stil, die an Kühnheit in der deutschen Lyrik bislang ohnegleichen war.

Gleichzeitig mit Goethes großen Jugendhymnen entstanden zwei weitere Gedichtkreise. 1773/74 schrieb er eine Reihe von »Künstlergedichten«, in denen die Welt des schöpferischen Künstlers, insbesondere des Malers, aus dem Geist der neuen geniezeitlichen Auffassung der Kunst und des Künstlers dargestellt ist (*Künstlers Morgenlied*). Formal herausragend aus dieser Gruppe sind die beiden dramatisch gestalteten, von Goethe als *»Drama«* bezeichneten Gedichte *Des Künstlers Erdewallen* und *Des Künstlers Vergötterung*.

Die sog. »Lili-Lieder« (1775/76), gerichtet an →*Anna Elisabeth (»Lili«) Schönemann*, zeigen – im Gegensatz zu den »Sesenheimer Liedern« – eine schmerzliche Gebrochenheit der Empfindung (*Neue Liebe, neues Leben; Auf dem See*).

Mit Goethes Eintritt in →*Weimar*, Ende 1775, begann eine neue Gruppe von Liebesgedichten zu entstehen, die als »Gedichte an Lida« zusammengefaßt werden und aus Goethes Begegnung mit →*Charlotte von*

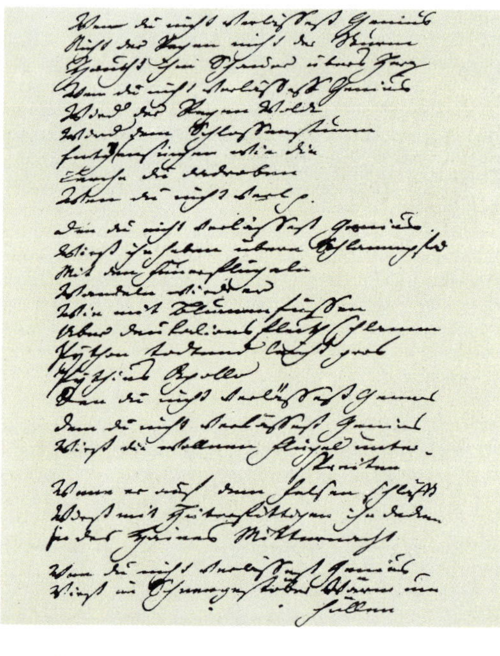

Rechts: Wandrers Sturmlied. *Handschrift von Goethe. Das Gedicht ist im April 1772 entstanden.*

Stein hervorgegangen sind. Diese durch Zartheit der Empfindung, durch das Gefühl enger Seelengemeinschaft und den Gedanken der Entsagung bestimmte Lyrik hebt sich von Goethes früheren Liebesliedern durch eine eigene Sprache und eine deutliche Wendung ins Vergeistigte ab (*»Warum gabst du uns die tiefen Blicke ...«*, 1776; *Rastlose Liebe*, 1776; *An den Mond*, zw. 1776 und 1778).

Die in Goethes erstem Weimarer Jahrzehnt entstandenen Gedichte behandeln vorwiegend weltanschauliche Themen und Naturerlebnisse, jedoch nicht mehr in dem leidenschaftlichen Stil des Sturm und Drang, sondern aus einer Haltung des Gebändigtseins heraus (*»Der du von dem Himmel bist ...«*, 1776; *»Über allen Gipfeln ist Ruh ...«*, 1780). Unter diesen Gedichten befinden sich auch einige Hymnen in freien Rhythmen, die jedoch sprachlich maßvoller als diejenigen der Geniezeit sind und in deren gedanklichem Mittelpunkt sittlich-humane Fragen stehen (*Gesang der Geister über den Wassern*, 1779; *Grenzen der Menschheit*, 1781?; *Das Göttliche*, 1783).

Sein Balladenschaffen setzte Goethe mit einer Reihe von thematisch völlig neuartigen Balladen fort, in denen die Natur in ihren magisch empfundenen Kräften und die Beziehung der menschlichen Seele zu ihnen dargestellt wird (*Der Fischer*, 1778; *Erlkönig*, 1782).

Der Fischer

Das Wasser rauscht', das Wasser schwoll,
Ein Fischer saß daran,
Sah nach dem Angel ruhevoll,
Kühl bis an's Herz hinan.
Und wie er sitzt und wie er lauscht,
Teilt sich die Flut empor;
Aus dem bewegten Wasser rauscht
Ein feuchtes Weib hervor.

Sie sang zu ihm, sie sprach zu ihm:
Was lockst du meine Brut
Mit Menschenwitz und Menschenlist
Hinauf in Todesglut?
Ach wüßtest du, wie's Fischlein ist
So wohlig auf dem Grund,
Du stiegst herunter wie du bist,
Und würdest erst gesund.

Labt sich die liebe Sonne nicht,
Der Mond sich nicht im Meer?
Kehrt wellenatmend ihr Gesicht
Nicht doppelt schöner her?
Lockt dich der tiefe Himmel nicht,
Das feuchtverklärte Blau?
Lockt dich dein eigen Angesicht
Nicht her in ew'gen Tau?

Das Wasser rauscht', das Wasser schwoll,
Netzt' ihm den nackten Fuß;
Sein Herz wuchs ihm so sehnsuchtsvoll,
Wie bei der Liebsten Gruß.
Sie sprach zu ihm, sie sang zu ihm;
Da war's um ihn geschehn:
Halb zog sie ihn, halb sank er hin,
Und ward nicht mehr gesehn.

Links: *Lithographie von Max Liebermann zu dem Gedicht* Der Fischer *(1778), entstanden im Rahmen eines 1924 bei Paul Cassirer in Berlin erschienenen Mappenwerks mit* Gedichten *von Goethe.*

In einer »Geschichte des lyrischen Bildes« repräsentiert Goethe den Augenblick klassischer Ausgewogenheit der Bildelemente: Anlaß, Anschauung und Idee: »Der Dichter ist angewiesen auf Darstellung. Das Höchste derselben ist, wenn sie mit der Wirklichkeit wetteifert, das heißt, wenn ihre Schilderungen durch den Geist dergestalt lebendig sind, daß sie als gegenwärtig für jedermann gelten können. Auf ihrem höchsten Gipfel scheint die Poesie ganz äußerlich; je mehr sie sich ins Innere zurückzieht, ist sie auf dem Wege zu sinken. – Diejenige, die nur das Innere darstellt, ohne es durch ein Äußeres zu verkörpern, oder ohne das Äußere durch das Innere durchfühlen zu lassen, sind beides die letzten Stufen, von welchen aus sie ins gemeine Leben hineintritt.« (*Maximen und Reflexionen*)

In seiner klassischen Schaffensperiode (→*Klassik*), von der Rückkehr aus →*Italien*, 1788, bis etwa 1805, verwandte Goethe in der Lyrik mit Vorliebe antike Versmaße, vor allem das Distichon (Verbindung von Hexameter und Pentameter). Sein intensives Bemühen um eine Aneignung der Werke der →*Antike* ließ ihn an die Tradition der Elegie (Properz, Tibull, Ovid) und des Epigramms (Martial) anknüpfen. Mit den →*Römischen Elegien* (1788–1790) schuf Goethe seinen ersten Gedichtzyklus. Zwischen 1793 und 1799 schrieb er außerdem eine Anzahl einzelner größerer Elegien (*Alexis und Dora,* 1796; *Euphrosyne*, 1797/98). Im Stil einer Elegie gehalten ist Goethes Gedicht *Die Metamorphose der Pflanzen* (1798), in dem er – in Entsprechung zum Lehrgedicht der Antike – naturwissenschaftliche Erkenntnisse in poetische Form kleidet. Formal stark abweichend ist das durch Titel und Inhalt als Gegenstück sich ausweisende Gedicht *Die Metamorphose der Tiere* (1798/99?), das in reinen Hexametern geschrieben ist und epische Züge aufweist. Beide Gedichte stehen in Zusammenhang mit Goethes 1798/99 verfolgtem, nicht ausgeführtem Plan eines großen naturphilosophischen Lehrgedichts.

Die knappe Form des Epigramms – in der deutschen Dichtung der Aufklärung für witzige, pointierte lyrische Äußerungen sehr beliebt und von Klopstock erstmalig mit antikem Versmaß benutzt – verwandte Goethe, angeregt durch Übersetzungen Herders, gelegentlich bereits seit Anfang der achtziger Jahre. 1790 entstanden als erste große Sammlung die → *Venetianischen Epigramme*. Eine zweite, noch umfangreichere Sammlung bilden die 1795/96 gemeinsam mit → *Friedrich von Schiller* verfaßten →*Xenien*. Zwischen 1798 und 1800 verfaßte Goethe nach dem Vorbild antiker Chresmologien die 32 Epigramme umfassende Spruchsammlung *Die Weissagungen des Bakis* (Erstdr. 1800).

Erstaunlich bleibt die Tatsache, daß Goethe, der doch seit seinen Kinderjahren Gedichte schrieb, erst als 40jähriger seine Lyrik zum Druck sammelte und zusammenstellte: die *Vermischten Gedichte* erschienen 1789 als Bd. 8 von Goethes *Schriften* im Verlag von G. J. Göschen zu Leipzig. »Jetzt plagt mich's ein wenig, daß ich meine Schriften herausgeben muß. Es ist mir von jeher eine unangenehme Empfindung gewesen, wenn Dinge, die ein einzelnes Gemüt unter besonderen Umständen beschäftigten, dem Publico hingegeben werden sollen.« (Brief an Jacobi, 12. Juli 1786)

Neben den antikisierenden Formen sind in Goethes klassischer Zeit auch die seit Straßburg benutzten Formen des Liedes und des gereimten strophischen Gedichts weiter vertreten. Einige von ihnen reflektieren sein Liebesverhältnis zu Christiane Vulpius (→ *Christiane von Goethe*). Charakteristisch für die meisten ist die im Gegensatz zu früher größere Objektivierung, die Beschränkung auf idyllische Motive (*Morgenklagen*, 1788; *Nähe des Geliebten*, 1795). Weltanschauliche Inhalte gehören jetzt zu den Ausnahmen (*Dauer im Wechsel*, 1803).

Durch Schiller fand Goethes Balladendichtung eine neue Belebung: 1797 schrieb Goethe eine Reihe von Balladen, in denen er teilweise frühere Thematiken wiederaufnahm (*Die Braut von Korinth, Der Gott und die Bajadere, Der Zauberlehrling*, 1798 in Schillers *Musenalmanach* erschienen). Die Mischung von volkstümlichen Elementen und Kunstgestaltung, von schlichtem Sagenstoff und sprachlicher Virtuosität kennzeichnen auch Goethes Balladen der Jahre 1802 bis 1813, deren auffälligstes Merkmal der stärker werdende innere Abstand des Dichters zum Gegenstand ist (*Johann Sebus*, 1809; *Der getreue Eckart*, 1813; *Die wandelnde Glocke*, 1813; *Ballade*, 1813/1816).

In einer Zwischenstellung zwischen klassischer Zeit und Altersperiode stehen Goethes → *Sonette* (1807/08), mit denen er an Traditionen Petrarcas (1304–1374) anknüpfte. Als eine letzte große schöpferische Auseinandersetzung mit literarischen Vorbildern entstand der → *West-östliche Divan* (1814–1820), zu dem Goethe durch Lektüre des persischen Dichters Hafis (um 1327–1390) angeregt wurde.

Eine signifikante Gruppe unter Goethes Altersgedichten bilden die seit 1806 notierten Sprüche, kurze, oft aus dem Augenblick heraus geschriebene, betrachtende Verse, die inhaltlich und formal – Goethe benutzt in ihnen erneut den schon in der Sturm-und-Drang-Zeit gern verwandten Knittelvers (→ *Hans Sachs*) – manche Bezüge zu alten deutschen Sprichwörtern bzw. zur volkstümlichen Dichtung des 16. Jh.s aufweisen.

Die Knappheit und Prägnanz des Spruches entsprach Goethes Vorliebe im Alter, einzelne Gedanken in kurzer, auf das Wesentliche konzentrierter Form allgemeingültig und in lehrhafter Weise auszusprechen. Die Weitgespanntheit der Thematik, der Stimmungen, des sprachlichen Ausdrucks in Goethes Spruchdichtung spiegelt die Fülle seiner Lebenserfahrung bezeichnend wider. Von den etwa 900 Sprüchen in Versen – ein prosaisches Gegenstück zu ihnen bilden die → *Maximen und Reflexionen* – faßte Goethe eine größere Anzahl polemischer Art unter dem Titel → *Zahme Xenien* zusammen.

In den letzten zwei Jahrzehnten von Goethes Leben entstand weiterhin eine Reihe bedeutender weltanschaulicher Gedichte. Unter Verwendung formelhaft wiederkehrender Motive, wie sie auch sonst in seinem → *Alterswerk* anzutreffen sind – das Irdische als *»Symbol«*, *»Gleichnis«*, *»Abglanz«* einer höheren Welt, vom Menschen in der Haltung des *»Erstaunens«* wahrgenommen –, deutet Goethe in ihnen in beispielhaften Bildern und mit belehrendem Anspruch die Phänomene des menschlichen Lebens, der Natur, des Alls, des Göttlichen. Herausragend unter diesen Gedichten sind die fünf Stanzen *Urworte. Orphisch* (1817), von Goethe selbst zum Erstdruck 1820 mit einem Kommentar versehen, die Trilogie *Paria* (1821–1823), die Terzinen *»Im ernsten Beinhaus war's ...«* (1826) und – gleichsam als eine Summe von Goethes Altersweltsicht – *Vermächtnis* (1829).

Neben den Sprüchen und den weltanschaulichen Ge-

Zur Entstehung von Gedichten äußerte Goethe gegenüber Sulpiz Boisserée interessante Einzelheiten: »Confession, daß ihm die Gedichte auf einmal und ganz in den Sinn kämen, wenn sie recht wären, dann müsse er sie aber gleich aufschreiben, sonst fände er sie nicht wieder; darum hüte er sich, auf den Spaziergängen etwas auszudenken. Es sei ein Unglück, wenn er es nicht ganz im Gedächtnis behalte; sobald er sich besinnen müßte, würde es nicht wieder gut. Auch ändere er selten etwas. Ebenso ein Unglück, wenn er Gedichte träume, das sei meist ein Verlorenes ...« (8. August 1815)

dichten des Alters steht als dritte große Gruppe die späte Lyrik Goethes. Sie ist formal von äußerster Vielfalt. Einzelne, meist kurze rein lyrische Gedichte schrieb Goethe bereits während der Arbeit am *West-östlichen Divan*, 1816–1820 (*Um Mitternacht*, 1818; *St. Nepomuks Vorabend*, 1820). 1821 dichtete er auf Bilder →*Johann Heinrich Wilhelm Tischbeins* den Zyklus *Wilhelm Tischbeins Idyllen* (Erstdr. 1822), der in Sprache und Symbolik schon die bezeichnenden Züge seines Altersstils aufweist.

Unter dem Eindruck seiner leidenschaftlichen Liebe zu →*Ulrike von Levetzow* entstanden 1822/23 mehrere Gedichte, die zunächst noch verhalten (*Äolsharfen*), schließlich unmittelbar gefühlsgetragen und klagend (*Elegie*) sein Erlebnis von Liebe, Schmerz und Entsagung widerspiegeln. Die in Stanzen gefaßte *Elegie*, die im Gegensatz zu Goethes Elegien der klassischen Zeit nicht durch die Form, sondern durch den Inhalt – als Klagegedicht – ihren elegischen Charakter erhält, stellte Goethe später mit dem rückblickenden Gedicht *An Werther* (1824) und dem an die polnische Pianistin Maria Szymanowska (1789–1831) (→*Böhmen*) und ihre Schwester gerichteten Gelegenheitsgedicht *Aussöhnung* (1823) zur *Trilogie der Leidenschaft* zusammen.

Nach den seelischen Spannungen der Marienbader Gedichte und ihrem Nachklang in dem Rollengedicht *Der Bräutigam* (ca. 1824) kehrte Goethe mit dem aus 14 Kurzgedichten bestehenden Zyklus *Chinesisch-deutsche Jahres- und Tageszeiten* (1827) zur Naturlyrik zurück, deren bildhaft-gegenständliche Motive jetzt stets auf das Wesentliche reduziert erscheinen. Von ebenso tiefer Symbolik sind Goethes letzte Gedichte, *Dem aufgehenden Vollmonde* und *»Früh, wenn Tal, Gebirg und Garten ...«*, die er 1828 nach dem Tode →*Carl Augusts* in →*Dornburg* schrieb.

Goethe hat während seines ganzen Lebens, dem Stil der Zeit entsprechend, eine große Menge Gelegenheitsgedichte geschrieben: an Personen gerichtete oder zu bestimmten Anlässen gedichtete Verse, die sein gesellschaftliches Leben von den Frankfurter Anfängen bis in die letzten Weimarer Jahre charakteristisch widerspiegeln. In der Jugend waren solche Gedichte meist an Freunde, Bekannte und Familienangehörige gerichtet; sie sind oft Briefgedichte, bedienen sich des Knittelverses oder der Form des geselligen Liedes. Während der Weimarer Zeit galten sie vielfach höfischen Personen, besonders Herzog Carl August, oder wurden zu festlichen Gelegenheiten verfaßt.

Später schrieb Goethe manchmal auch – unter Benutzung traditionsreicher Formen wie Stanze bzw. Sonett – Gedichte im Namen eines größeren Personenkreises, z. B. den *Epilog zu Schillers »Glocke«* (1805), anläßlich von Schillers Tod, und die Gedichte an Mitglieder des österreichischen Kaiserhauses (1810/1812) (→*Maria Ludovica*).

Im Alter herrschen – der Knappheit seines Altersstils entsprechend – kurze Widmungs- bzw. Stammbuchverse vor. Daneben stehen repräsentativ-feierliche Gedichte (→*Christian Gottlob von Voigt*), poetische Huldigungen (→*George Gordon Lord Byron*, →*Thomas Carlyle*) und Logen-Gedichte (→*Freimaurerei*). Nur engsten Freunden zeigte Goethe seine polemisch witzelnden »Invektiven«, die sich gegen ihm feindlich gesonnene oder unverständige Zeitgenossen richteten (→*Junges Deutschland*, →*Friedrich Nicolai*, →*Verleger*).

Eine besondere Gruppe unter Goethes Gedichten bildeten die sekretierten »Priapeia«, priapische Gedichte, zu denen das umfangreiche Stanzengedicht *Das Tagebuch* (1810) gehört (→*Sexualität*).

Geheimes Consilium →*Staatsdienst*

Gelegenheitsdichtung

Goethe verwandte für eine bestimmte Art von Dichtungen den Terminus *»Gelegenheitsgedicht«: »das heißt die Wirklichkeit muß die Veranlassung und den Stoff dazu hergeben«* (zu Eckermann, 18. 9. 1823).

Hierzu gehören u. a. an Personen gerichtete →*Gedichte*, →*Singspiele*, Maskenzüge und Prologe (→*Theaterleitung*).
→*Dramatische Gelegenheitsdichtungen*

Genie

Für den Goethe des →*Sturm und Drang* war das *»Originalgenie«* das autochthone Wesen, das sich selbst die gesellschaftlichen und ästhetischen Regeln und Gesetze gibt und sich nicht dem kanonischen Regelzwang des Rationalismus beugt. Neben der durch Shaftesbury angeregten Reflexion über die vom Genie entwickelte »innere Form« plante Goethe damals die dichterische Gestaltung genialer Figuren nach den Vorbildern großer Gesetzgeber und Revolutionäre, d. h. das Genie erschien ihm vornehmlich in der Gestalt gesellschaftlich Tätiger, wie Caesar, Mahomet, Prometheus, auch Faust.

Ein wichtiges Dokument Goethes zum Geniekult ist seine 1771 abgefaßte Rede *Zum Schäkespears-Tag*, wo dann auch Shakespeare in die Reihe der »Originalgenies« eingerückt wird: »Er wetteiferte mit dem Prometheus, bildete ihm Zug vor Zug seine Menschen nach, nur in kolossalischer Größe; darin liegt's, daß wir unsre Brüder verkennen; und dann belebte er sie alle mit dem Hauch seines Geistes, er redet aus allen, und man erkennt ihre Verwandtschaft.«

Später, nach seiner klassischen Schaffensperiode (→*Klassik*), betonte Goethe nicht nur Originalität und autochthone Produktivität des Genies, sondern forderte von ihm auch, sich Bildungsprozessen zu unterwerfen, d. h. bewußt sein Talent und seinen Charakter zu entwickeln wie auch sich mit Überliefertem auseinanderzusetzen. *»Welches Genie der Welt wird auf einmal,*

Rechts: Goethe in Weimar. *Zeichnung von Wilhelm Kaulbach, 1864. Der Dichter wird am Weimarer Hof mit Lorbeer bekränzt – ein Zeugnis des Geniekults, dessen Objekt Goethe im 19. Jh. wurde.*

durch das bloße Anschauen der Natur, ohne Überlieferung, sich zu Proportionen entscheiden, die echten Formen ergreifen, den wahren Stil erwählen und sich selbst eine alles umfassende Methode erschaffen? Ein solches Kunstgenie ist ein weit leereres Traumbild ...« (*Diderots Versuch über die Malerei, 1798/99*). Goethe erkannte nun auch die gesellschaftliche Bedingtheit des Genies (vgl. *Literarischer Sansculottismus*, 1795).

Die *»Willkür«* hat er dem Genie nie abgesprochen. Im Alter erschien ihm das Genie als mit dem Dämonischen (→ *Metaphysik*) verwandt.

Genies waren für ihn →*Albrecht Dürer*, →*Johann Gottfried Herder*, Hans Holbein d. J., →*Homer*, →*Gotthold Ephraim Lessing*, →*Martin Luther*, →*Wolfgang Amadeus Mozart*, Phidias, →*Raffaello Santi*, →*William Shakespeare* aber auch bedeutende Wissenschaftler seiner Zeit wie →*Alexander von Humboldt* und Staatsmänner wie →*Friedrich II. von Preußen*, →*Napoleon* und Zar Peter der Große (1672–1725).

Étienne Geoffroy Saint-Hilaire

* 15. 4. 1772 Étampes (Seine-et-Oise); † 19. 6. 1844 Paris

Französischer Naturforscher

→*Georges de Cuvier*

Geologie

Schon als Straßburger Student fuhr Goethe in ein Bergwerk ein. Seine eigentlichen geologischen Forschungen setzten in den frühen Weimarer Jahren ein und waren mit seiner beruflichen Praxis im →*Staatsdienst* eng verknüpft.

In Thüringen und auf seinen →*Reisen* (besonders →*Harz* und →*Böhmen*) war Goethe ständig bestrebt, seine mineralogischen Sammlungen (→*Mineralogie*) systematisch zu vervollständigen. 1784 verfaßte Goethe die aus dem Plan eines *Romans über das Weltall* (1781) hervorgegangene Studie *Über den Granit*, deren wissenschaftliche Einsicht vom erdgeschichtlichen Alter dieses Gesteins die Vor-, Mittel- und Hochgebirgssymbolik in →*Wilhelm Meisters Wanderjahre* und →*Faust* II geprägt hat.

Später lieferte Goethe umfangreichere geologische Abhandlungen über den basaltischen *Kammerberg bei Eger* (1808, 1820), in denen sich insbesondere auch Goethes mehr neptunistische als vulkanistische geologische Anschauungen zeigen (→*Erdgeschichte*).
→*Caspar Maria Graf von Sternberg*; →*Christian Gottlob von Voigt*

»Mein ganzes Heil kommt von der Geologie«, schreibt Goethe einmal, und dann ein andermal: »Wir sind auf die hohen Gipfel gestiegen und in die Tiefen der Erde eingekrochen, in Klüfte, Höhlen, Wälder, in Teiche, unter Wasserfälle, bei den Unterirdischen immer nach einem Stück Stein lüstern.«

Geschichte

Mit seinem Geschichtsdenken befand sich Goethe im Widerspruch zu demjenigen der →*Aufklärung*: Er beurteilte die Möglichkeiten, Wesentliches aus der Geschichte zu erkennen, höchst skeptisch und verneinte den rationalistischen Gedanken des Fortschritts in der Menschheitsgeschichte. (In seinem naturwissenschaftlichen Denken hing er dagegen der Vorstellung der →*Evolution* an.)

Er benutzte eine Analogie aus der →*Botanik*, die *»Spiraltendenz«*, um seine Anschauung von der »Wiederkehr des ewig Gleichen« darzustellen – wie sie später →*Arthur Schopenhauer* und Nietzsche (1844–1900), auf Goethe fußend, entwickelten: *»Der Kreis, den die Menschheit auszulaufen hat, ist bestimmt genug und ungeachtet des großen Stillstandes, den die Barbarei machte, hat sie ihre Laufbahn schon mehr als einmal zurückgelegt. Will man ihr auch eine Spiralbewegung zuschreiben, so kehrt sie doch immer wieder in jene Gegend, wo sie schon einmal durchgegangen. Auf diesem Wege wiederholen sich alle wahren Ansichten und alle Irrtümer.«* (*Materialien zur Geschichte der Farbenlehre,* 1810)

Diesen Gedanken der Wiederholung zu bekräftigen, benutzte Goethe gelegentlich einen alttestamentarischen Spruch (Prediger Salomo): *»Die Geschichte sollte doch lehren, daß nichts Neues unter der Sonne geschieht.«* (Zu F. v. Müller, 8. 11. 1824)

»Es ist mit der Geschichte wie mit der Natur, wie mit allem Profunden, es sei vergangen, gegenwärtig oder zukünftig: je tiefer man ernstlich eindringt, desto schwierigere Probleme tun sich hervor. Wer sie nicht fürchtet, sondern kühn darauf losgeht, fühlt sich, indem er weiter gedeiht, höher gebildet und behaglicher.«
(*Maximen und Reflexionen*)

Unten links: *Heinrich Luden, Historiker. Zeichnung von Ernst Förster. Seit 1806 Professor für Geschichte in Jena, wurde Luden noch in demselben Jahr mit Goethe bekannt. Die Bestrebungen Ludens zur Hebung des Studiums der vaterländischen Geschichte begrüßte Goethe.*

Mitte: *Barthold Georg Niebuhr, Historiker und Diplomat. Stahlstich von Sichling nach Julius Schnorr von Carolsfeld. Niebuhr hat die Methoden der philologischen Quellenkritik erstmals auf die Geschichtsforschung angewandt und wurde mit seiner* Römischen Geschichte *(2 Bde., 1811/12) zu einem der Begründer der neueren Historiographie.*

Rechts: *Friedrich Carl von Savigny, Rechtsgelehrter und Historiker. Radierung von L. E. Grimm. Seine Bekanntschaft mit Goethe vertiefte sich seit einer Begegnung 1810 in Teplitz (Böhmen). Mit der monumentalen* Geschichte des römischen Rechts im Mittelalter *(6 Bde., 1815–1831) wurde Savigny zum Begründer der »Historischen Rechtsschule«, deren Anhänger im Studium vor allem der römischen Rechtsgeschichte die Grundlage einer neuen Rechtsordnung sahen: der schärfste Gegensatz zu den rationalistischen Kodifikationen der Napoleonischen Ära.*

Andererseits war die Geschichte für Goethe ein großes Sammelbecken zitierbarer Beispiele, aus dem er zeitlebens gern schöpfte. *»Wer nicht von dreitausend Jahren / Sich weiß Rechenschaft zu geben, / Bleib' im Dunkeln unerfahren, / Mag von Tag zu Tage leben.«* (*West-östlicher Divan*) In diesem Punkt war Goethes Denken ganz an die aufklärerische Tradition gebunden. Er bedachte jedoch in angemessener Weise den subjektiven Faktor, ja die Parteilichkeit des Historikers. *». . . die Zeiten der Vergangenheit / Sind nur ein Buch mit sieben Siegeln. / Was ihr den Geist der Zeiten heißt, / Das ist im Grund der Herren eigner Geist, / In dem die Zeiten sich bespiegeln.«* (*Faust* I, *»Nacht«*)

Goethes eigenes dichterisches Schaffen haben solche Exempla befruchtet; vgl. die dramatische Ausgestaltung historischer Figuren wie → *Götz von Berlichingen* und → *Egmont*.

Insofern Goethe in der Geschichte Entwicklungen und folgerichtige Prozesse wahrnahm und diese seinem evolutionären Denken entgegenkamen, unterzog er sie gern der Betrachtung: *»Wenn wir uns aus dem bekannten Gewordenen das unbekannte Werden aufzubauen genötigt finden, so erregt es eben die angenehme Empfindung, als wenn wir eine uns bisher unbekannte gebildete Person kennen lernen und die Geschichte ihrer Bildung lieber herausahnden als herausforschen.«* (*Materialien zur Geschichte der Farbenlehre*, 3. Abt.)

Die benutzbaren Exempla der Geschichte wurden von Goethe aus den Taten großer Persönlichkeiten abgeleitet. So haftet Goethes Geschichtsbetrachtung eine Neigung zu Personalisierungen an. Auch von daher ist Goethes zwiespältiges Verhältnis zur Geschichte begründet: einerseits sei das Beste, was sie im Betrachter erregen könne, *»Enthusiasmus«* (*Maximen und Reflexionen*), andererseits sei ihre Masse *»nichts weiter als*

ein Klatsch« (zu Riemer, anläßlich Plutarch, *De malignitate Herodoti*).

Im Alter mehrten sich negative, ja agnostizistische Äußerungen zur Geschichte. *»Und doch kann eigentlich niemand aus der Geschichte etwas lernen, denn sie enthält ja nur eine Masse von Torheiten und Schlechtigkeiten.«* (Zu F. v. Müller, 17. 12. 1824)

Obgleich Goethe mit so bedeutenden Historikern wie Heinrich Luden (1780–1847), Barthold Georg Niebuhr (1776–1831), Friedrich von Raumer (1781–1873) und Friedrich Carl von Savigny (1799–1861) in Verbindung stand, resümierte er sein Verhältnis zur Geschichte besonders abschätzig: *»Geschichte schreiben ist eine Art, sich das Vergangene vom Halse zu schaffen.«* (*Maximen und Reflexionen*)

Durch sein Gesamtwerk übte Goethe auf die jüngere Geschichtsschreibung seiner Zeit und auf den Historismus (→ *Wirkung*) größten Einfluß aus.

→ *Antike*; → *Campagne in Frankreich*; → *Carl August*; → *Deutschland*; → *Dichtung und Wahrheit*; → *Französische Revolution*; → *Freiheitskriege*; → *Friedrich II. von Preußen*; → *Krieg, Kriege*; → *Napoleon*; → *Politik*; → *Preußen*

Geschichte Gottfriedens von Berlichingen

→ *Götz von Berlichingen mit der eisernen Hand*

Die Geschwister

Ein Schauspiel in einem Akt. Entstehung 1776; Urauff. 21. 11. 1776, Herzogl. Liebhabertheater, Weimar, Goethe in der Rolle des Wilhelm; der Erstdruck erschien 1787

Das intime Enthüllungsstück, in dessen Verlauf sich eine vermeintlich geschwisterliche Liebe zu rechtmäßiger Liebe wandelt, reflektiert Goethes inniges Verhältnis sowohl zu seiner Schwester (→ *Cornelia Goethe*) als auch zu → *Charlotte von Stein*.

Vgl. auch das 1776 entstandene Gedicht an Charlotte *»Warum gabst du uns die tiefen Blicke ...«* (→ *Gedichte*).

Gesellschaft

Goethe hat zeit seines Lebens die ihm von Haus aus eigene Perspektive eines reichsstädtischen Patriziers (→ *Adelsstand*) auf die Gesellschaft beibehalten. Während seiner Sturm- und Drangperiode stand er in aufgeklärter Tradition unter dem Einfluß naturrechtlicher Lehren (→ *Rechtswissenschaft*), die allerdings nur seine Vorstellungen von staatlicher Gesetzgebung und → *Religion* beeinflußten. Sie erschütterten jedoch nicht Goe-

Goethe an Niebuhr nach dem Empfang von dessen *Römischer Geschichte* (23. 11. 1812):
»Hätten wir zusammengelebt, hätte ich das Glück gehabt, von Ihren Untersuchungen seit Jahren unterrichtet zu sein, so würde ich Ihnen geraten haben, nach Weise des edlen und lieben Sainte-Croix, Ihre Schrift zu betiteln:
›Kritik der Schriftsteller, welche uns die römische Geschichte überlieferten‹.
Für mich aber ist das Buch das Buch, und, wie Sie wissen, sind die Titel eine moderne Erfindung. Nehmen Sie also meine Freude, daß Sie in allen Hauptpunkten, was Welt und Völker betrifft, meines Sinnes sind, nehmen Sie meinen Dank, daß Sie mir die römische Geschichte wieder genießbar gemacht haben, indem Sie sich zur Pflicht machen, die stationären und retrograden Epochen derselben ins vollste Licht zu setzen. Denn welcher geistreiche Mensch wird leugnen, daß es ihn in seiner Vorstellung geniert habe, wenn eine solche hundertfache *Ilias* und so unendliche herrliche Helden, die viertausend Fabier mit eingeschlossen, nichts weiter in vierhundert Jahren zu Stande gebracht, als daß die Stadt, der Staat, der eben erst, nach unendlichen Bemühungen, mit den Philistern von Veji fertig geworden, auf die allerkleinstädtischeste Weise am Allia zu Grunde geht, so daß sie ganz wieder von vorne anfangen müssen.
Sieht man nun aber die Sache recht klar und deutlich nach Ihrer Darstellung, so gereicht dies jenem Volke keineswegs zur Schmach, sondern zur Ehre ...
Sie geben den Aristokraten die ganze Schuld des Krebsganges, Sie nehmen sich der *plebs* an, und das ist ganz recht und dem unparteiischen Forscher erlaubt zu einer Zeit, wo weder die eine noch die andre mehr existiert ...«

Johannes Daniel Falk, Schriftsteller und Philanthrop. Ölgemälde von Henriette Westermayr, 1805. Falk lebte seit 1797 in Weimar, 1813 eröffnete er dort eine Erziehungsanstalt für verwahrloste Knaben.

thes patrizisch orientiertes Gesellschaftsbild, das an einer unveränderlichen ständischen Gliederung grundsätzlich festhielt. Mit dieser Auffassung fand sich Goethe im Einklang mit →*Justus Möser,* →*Christoph Martin Wieland,* →*Carl August* u. a.

Die Bürgerliche Revolution in Frankreich festigte Goethes Konservativismus. Erst nach dem Erlebnis →*Napoleons* bei Gelegenheit der persönlichen Begegnung mit dem Kaiser war Goethe fähig, die Revolution in ihrer geschichtlichen Notwendigkeit zu verstehen (→*Französische Revolution*). Nach der Modernisierung der Staatsverfassung →*Sachsen-Weimar-Eisenachs* war Goethe als Minister in einem Staat tätig, der ein ständisches Mitspracherecht gewährte.

→*Dichterberuf, -stand*; →*Ethik*; →*Geschichte*; →*Industrie*; →*Menschenbild*; →*Pädagogik*; →*Politik*; →*Technik*; →*Weltbild*

Gespräche

Neben Goethes autobiographischen Werken und seinen →*Briefen* bilden die aufgezeichneten Gespräche Goethes ein eigenes Konvolut von Lebenszeugnissen, dessen Authentizität und Reichtum erst spät erkannt wurde.

Daß Goethe an autobiographischen Darstellungen bis 1822 arbeitete und danach lediglich biographische Einzelheiten niederlegte, da ab 1823 →*Johann Peter Eckermann* im Einvernehmen mit ihm in Tagesaufzeichnungen Goethes weitere Biographie schrieb, läßt die Ökonomie erkennen, mit der der alte Goethe seine *Gespräche* mit Eckermann in den Gesamtplan seiner →*Autobiographie* einordnete. Aus dem geselligen Lebenskreis in →*Weimar* ragen nächst Eckermann als regelmäßige Aufzeichner von Gesprächen Johann Daniel Falk (1768–1826), →*Friedrich von Müller,* →*Friedrich Wilhelm Riemer* und →*Frédéric Soret* hervor.

Gestalt →*Morphologie*

Alma von Goethe

* 29. 10. 1827 Weimar; † 29. 9. 1844 Weimar

Tochter →*August von Goethes* und seiner Frau →*Ottilie von Goethe.*

Goethes Enkelin verbrachte ihre früheste Kindheit im Hause am Frauenplan in Weimar. Nach Goethes Tod lebte sie bei ihrer Großmutter Henriette von Pogwisch (1776–1851) in Weimar. 1839–1842 lebte sie ungern mit ihrer Mutter in Wien. Als Fünfzehnjährige wurde sie in die Weimarer Gesellschaft und bei Hof

Goethes Enkelin Alma von Goethe. Pastell von Luise Seidler, 1832.

eingeführt. Von ihrer Mutter 1844 nach Wien zurückgerufen, starb sie dort noch in demselben Jahr an Typhus.

Goethe ließ das *»echt geborene Frauenzimmerchen«* (an Ulrike von Pogwisch, 19. 6. 1831) von Luise Seidler (1786–1866) porträtieren.

August von Goethe

* 25. 12. 1789 Weimar; † 27. 10. 1830 Rom

Erstgeborener und einziger überlebender Sohn von Goethe und Christiane Vulpius (→ *Christiane von Goethe*).

Schon als Kind begleitete August seinen Vater auf Reisen. 1797 war er zusammen mit seiner Mutter zu Besuch im Hause seiner Großmutter → *Catharina Elisabeth Goethe* in Frankfurt. 1802 legitimierte sein Vater ihn.

1808 begann August von Goethe ein dreisemestriges Jura-Studium in Heidelberg, das in Jena noch eine kurze Fortsetzung fand. 1810 ernannte Herzog → *Carl August* ihn zum Kammerassessor, 1813 zum Hofjunker, 1815 zum Kammerjunker und Kammerrat, 1823 zum Geheimen Kammerrat.

Seit 1815 war August offiziell seinem Vater als Gehilfe in der Oberaufsicht über die Unmittelbaren Anstalten für Wissenschaft und Kunst in Weimar und Jena beigeordnet (→ *Staatsdienst*). Seine Verwaltungspraxis und sein kanzleimäßiger Ordnungssinn kamen auch dem schriftstellerischen Haushalt Goethes zugute.

1817 heiratete August Ottilie von Pogwisch (→ *Ottilie von Goethe*), die in das Haus am Frauenplan einzog und dort als Haushälterin und Veranstalterin von Geselligkeiten Goethes Zuneigung erwarb. Aus der Ehe gingen zwischen 1818 und 1827 drei Kinder hervor: → *Walther Wolfgang*, → *Wolfgang Maximilian* und → *Alma von*

Unten links: *August von Goethes Grab bei der Pyramide des Cestius in Rom. Aquarell. Eigentlich hatte dort der Vater »von Hermes zum Orkus geleitet« werden wollen. Das Grabmal mit dem Relief Augusts stammt von dem dänischen Bildhauer Bertel Thorvaldsen, der in Rom lebte.*

Rechts: *August von Goethe. Ölgemälde von E. Grünler. August war wie Frau von Stein am 25. Dezember geboren. Sie hatte den Knaben an sich gezogen, um ihm eine angemessene Erziehung zu geben, wozu sie seine eigene Mutter nicht für fähig halten wollte.*

Zimmer der Catharina Elisabeth Goethe im Frankfurter Goethehaus mit ihrem Pastellporträt von Georg Oswald May (1776). Der berühmte Spruch, in dem Goethe väterliches und mütterliches Erbe gegenüberstellt, ist in den deutschen Zitatenschatz eingegangen: »Vom Vater hab' ich die Statur, Des Lebens ernstes Führen, Vom Mütterchen die Frohnatur Und Lust zu fabulieren.«

Goethe. Bald trat in der Ehe eine zunehmende Entfremdung ein. August neigte zum Trunk.

Im April 1830 begann er eine Reise nach Italien. Er starb in Rom, wo ihn deutsche Künstler in der Nähe der Aurelianischen Mauer an der Pyramide des Gaius Cestius begruben.

Anläßlich der Aufnahme August von Goethes in die Weimarer Loge (→ *Freimaurerei*) verfaßte Goethe das Gedicht *Symbolum* (1815).

Catharina Elisabeth Goethe, geb. Textor

* 19. 2. 1731 Frankfurt a. M.; † 13. 9. 1808 Frankfurt a. M.

Mutter Goethes. Tochter des Frankfurter Stadtschultheißen Dr. jur. Johann Wolfgang Textor (1693–1771) und seiner Frau Anna Margaretha, geb. Lindheimer (1711–1783).

1748 heiratete sie auf Entscheidung der Eltern → *Johann Caspar Goethe*. In der Ausbildung ihres ältesten Sohnes Johann Wolfgang weckte sie durch Märchenerzählen und Fabulieren das freie Phantasieren des Knaben. Die formale und rationalistische Erziehungsarbeit des Vaters ergänzte sie durch ihre pietistisch gefärbte Glaubenswelt. In den siebziger Jahren wurde sie als »Frau Aja« die großzügige Gastgeberin der älteren und jüngeren Freunde Goethes, die sich häufig zu Besuch im Haus am Hirschgraben aufhielten.
Die erhaltene Korrespondenz stammt vor allem aus dem Zeitraum vom Dezember 1792 bis zum Jahr 1808, als Goethes Mutter starb. Die Briefe aus seiner Jugend hat Goethe im Juni/Juli 1797 verbrannt.

Nach dem Tode ihres Mannes lebte sie noch bis zur Mitte der neunziger Jahre im Familienhaus. Dort unterhielt sie einen regen geselligen Verkehr und genoß das Theaterleben der Stadt.

Goethes Mutter nahm am Lebensgang ihres Sohnes intensiv Anteil. Ihre Korrespondenz mit ihm betrifft oft nur wirtschaftliche und Haushaltsangelegenheiten, zeigt aber auch teilnahmsvolles Interesse an Goethes Beziehung zu Christiane Vulpius (→ *Christiane von Goethe*) und dem Heranwachsen von beider Sohn August. Die Sprache ihrer Briefe ist geprägt von ungemeiner Lebensnähe und sinnlich kluger Offenheit, ihr Stil ist außerordentlich bildhaft und derb umgangssprachlich eingefärbt.

Goethe sah seine Mutter 1792, 1793 und zum letzten Mal 1797 in ihrer neuen Wohnung im Goldenen Brunnen am Roßmarkt. Hier empfing sie als lebende Erinnerung an Goethes Geniezeit zahlreiche Besucher, u. a. Bettina Brentano (→ *Bettina von Arnim*), → *Anne-Louise-Germaine de Staël* und Königin Luise von Preußen.

Christiane von Goethe, geb. Vulpius

* 1. 6. 1765 Weimar; † 6. 6. 1816 Weimar

Tochter des Amtsarchivars Johann Friedrich Vulpius (1725–1786) und Schwester des erfolgreichen Schriftstellers Christian August Vulpius (1762–1827).

Christiane Vulpius trat Goethe am 12. 7. 1788, drei Wochen nach dessen Rückkehr aus →*Italien*, als Bittstellerin mit einem von ihrem Bruder verfaßten Gesuch zur Unterstützung ihrer Familie gegenüber. Sie war seit 1782 als »Fabrikarbeiterin« mit der Herstellung künstlicher Blumen in Friedrich Justin Bertuchs (1747–1822) Weimarer Manufaktur beschäftigt. Am Tage nach der Begegnung mit Goethe zog sie mit ihrer Tante und einer Halbschwester in sein Gartenhaus und führte seine Wirtschaft. Sein Liebesverhältnis und Konkubinat mit Christiane (*»Ich bin verheiratet, nur nicht mit Zeremonie«*; nach H. Düntzer, Charlotte von Stein, 1874) setzte Goethe bis 1806 fort. Caroline Herder (1750–1809) schrieb über das Verhältnis an ihren Mann: *»Die Stein meint, er sei sinnlich geworden.«* (15. 8. 1788)

1789 wurde beiden der Sohn August (→*August von Goethe*) geboren, der als einziger von vier weiteren Kindern überlebte. Am 19. 10. 1806 heiratete Goethe Christiane, nachdem sie beim Einmarsch französischer Truppen in Weimar Marodeuren im Haus am Frauenplan tapfer entgegengetreten war.

Christianes Bruder Christian August Vulpius (1762–1827). Zeichnung von J. J. Schmeller. Er war es, der die Schwester veranlaßte, am 12. Juli 1788 Goethe eine Bittschrift im Park von Weimar zu überreichen. Vulpius machte sich später durch seinen Roman Rinaldo Rinaldini *(1798) und ähnliche Werke einen Namen. 1805 wurde er in Weimar Bibliothekar.*

Links: *Christiane Vulpius, gezeichnet von Goethe. Es fiel Goethe schwer, Christiane in die Weimarer Gesellschaft einzuführen, auch nach der 1806 erfolgten Legalisierung des Verhältnisses. Der Weimarer Klatsch hängte ihr manches an. Man darf auf Christiane den Ausspruch anwenden, den Goethe in den Tagen der Vermählung gelegentlich einmal gebrauchte: »Was echt ist, muß sich eben in einem solchen Läuterfeuer bewähren.«*

Christiane mit ihrem Söhnchen August. Aquarell von Johann Heinrich Meyer aus dem Jahr 1792.

Die Weimarer Gesellschaft bespöttelte Goethes Verhältnis zu seiner »Mamsell«; → *Charlotte von Steins* Beziehung zu Goethe war aus diesem Grund über Jahre aufs tiefste gestört.

Goethes Briefwechsel mit Christiane begann 1792. Er ist gekennzeichnet, besonders anfänglich, durch eine Koteriesprache, die intim Vertrauliches ebenso wie liebevolle Eifersucht umschreibt. Einmal unterzeichnete sie einen Bericht mit »dein glein nes nadur weßen« (dein kleines Naturwesen) (21./22. 2. 1797).

Dichterischen Ausdruck gab Goethe seiner sinnlichen Liebeserfahrung mit Christiane u. a. in der Elegie *Der neue Pausias und sein Blumenmädchen* (1796). Sein Verhältnis zu ihr wird ferner gespiegelt in einigen → *Venetianischen Epigrammen* sowie in den Gedichten *Der Besuch* (1788), *Morgenklagen* (1788) und *Gefunden* (1812). Goethes Lehrgedicht *Die Metamorphose der Pflanzen* (1798) (→ *Gedichte*) ist an Christiane gerichtet. Am Tag ihres Todes widmete Goethe ihrem Andenken den Vierzeiler: *»Du versuchst, o Sonne, vergebens, / Durch die düstren Wolken zu scheinen! / Der ganze Gewinn meines Lebens / Ist, ihren Verlust zu beweinen.« (Den 6. Juni 1816)*

Cornelia Goethe. Rötelzeichnung von J. L. E. Morgenstern, um 1775. Mit der Schwester verband Goethe eine tiefe Zuneigung. Im 6. Buch von Dichtung und Wahrheit *widmete er ihr einige sehr dichte Seiten. Dort spricht er auch von seinem Plan, ihr Bild in Form eines Richardsonschen Romans erstehen zu lassen. »Der Tumult der Welt« hinderte ihn an der Ausführung.*

Cornelia Goethe

* 7. 12. 1750 Frankfurt a. M.; † 8. 6. 1777 Emmendingen

Schwester Goethes; nach 1761 einzige Überlebende seiner fünf Geschwister.

Cornelia erhielt im Elternhause eine ebenso sorgfältige Erziehung wie ihr Bruder. 1773 heiratete sie Dr. jur. Johann Georg Schlosser (1739–1799) und lebte ab 1774 in Emmendingen, wo Goethe sie 1775 anläßlich seiner ersten Reise in die → *Schweiz* besuchte.

Von Kindheit an hatten Goethe und seine Schwester das innigste Verhältnis zueinander, das auch Cornelias Anteilnahme an allen schriftstellerischen Arbeiten des Bruders umschloß. Die erhaltene, z. T. vielsprachige Korrespondenz zwischen ihr und dem Leipziger Studenten (1765–1767) gibt Zeugnis von der Vertraulichkeit des Umgangs der Geschwister. Das scheue, unsinnliche Wesen Cornelias steigerte sich mit der Trennung vom Bruder bis zur Schwermut.

→ *Die Geschwister*

Johann Caspar Goethe

* 29. 7. 1710 Frankfurt a. M.; † 25. 5. 1782 Frankfurt

Vater Goethes, Dr. jur., Kaiserlicher Rat ohne Amt. Sohn des Frankfurter Bürgers und Schneidermeisters Friedrich Georg Goethe (1657–1730) und seiner Frau Cornelia, geb. Walther, verw. Schellhorn (1668–1754),

Besitzerin des Gasthauses »Zum Weidenhof«. Studium in Leipzig 1731, Ausbildung am Reichskammergericht in Wetzlar, Promotion in Gießen 1738. Reise nach Italien 1740. Erwerb des Ratstitels 1742.

1748 heiratete er Catherina Elisabeth Textor (→ *Catharina Elisabeth Goethe*). Er gründete seinen Hausstand im ererbten Familienhaus am Großen Hirschgraben, in dem auch seine alte Mutter weiterhin lebte. 1755/56 baute er das Haus um, auch um die anwachsenden Kunst- und Buchsammlungen unterbringen zu können (→ *Goethe-Häuser und -Museen*).

Während des Siebenjährigen Krieges nahm J. C. Goethe die Partei → *Friedrichs II. von Preußen*, im Gegensatz zu seinem Schwiegervater Johann Wolfgang Textor (1693–1771), der sich auf die Seite Maria Theresias stellte.

Im Sinne einer bürgerlich-aufgeklärten Geisteshaltung leitete J. C. Goethe die Erziehung und Ausbildung seines Sohnes und seiner Tochter Cornelia (→ *Cornelia Goethe*), bis Goethe sein Studium in → *Leipzig* aufnahm und in → *Straßburg* fortsetzte. Nach Gründung von Goethes Anwaltspraxis im Elternhaus (1771) unterstützte er den Sohn in deren Führung. Nach Schlaganfällen waren seine letzten Lebensjahre von Krankheit und schließlich teilweiser geistiger Umnachtung gekennzeichnet.

Johann Caspar Goethe. Aquarell von Schmoll, 1774. Pedantisch, etwas eigensinnig, haushälterisch tritt uns Johann Caspar Goethe in Dichtung und Wahrheit *entgegen. Als Dreißigjähriger hat er bestimmt ein anderes Bild abgegeben, etwa während seiner Kavalierstour nach Italien, wo wir ihn bei einem überaus ergötzlichen amourösen Abenteuer kennenlernen.*

Ottilie von Goethe, geb. von Pogwisch

* 31. 10. 1796 Danzig; † 26. 10. 1872 Weimar

Älteste Tochter des preußischen Majors Wilhelm von Pogwisch und seiner Frau Henriette, geb. Gräfin Henckel von Donnersmarck (1776–1851).

Ottilie kam 1809 mit ihrer Mutter an den Hof der Herzogin → *Luise von Sachsen-Weimar-Eisenach*, wo die Mutter 1811 Hofdame wurde. Ottilie wuchs ohne feste erzieherische Anleitung auf. Ihrer zersplitterten Jugend entsprach im Alter eine unstete Lebensweise.

1817 heiratete sie → *August von Goethe* und zog in Goethes Haus am Frauenplan ein. Aus der Ehe gingen zwischen 1818 und 1827 drei Kinder hervor: → *Walther Wolfgang*, → *Wolfgang Maximilian* und → *Alma von Goethe*.

Ottilie erwarb die Zuneigung Goethes, dem sie seit 1812 bekannt war, als Leiterin seines Haushalts und als lebhafte, geistreiche Veranstalterin von Geselligkeiten. Dank ihrer Teilnahme am literarischen und künstlerischen Geschehen war sie Goethe eine geschätzte Gesprächspartnerin. Sie hegte eine besondere Vorliebe für englische Sprache und Kultur. 1829–1832 gab sie die Gesellschaftszeitschrift *Chaos* heraus. Im Januar 1832 las Goethe Ottilie aus dem zweiten Teil des → *Faust* vor.

Ottilie von Goethe, Schwiegertochter Goethes. Kreidezeichnung von Heinrich Müller. Goethe schrieb ihr mitunter Briefe mit hinreißenden Wendungen. Sie las ihm vor, pflegte ihn und hielt den Sterbenden in ihren Armen.

Oben: *Goethes Enkel Walther. Zeichnung von Johann Heinrich Schmeller.*

Unten: *Wolfgang Maximilian von Goethe. Zeichnung von Johann Heinrich Schmeller. Als Student trat Wolfgang 1842 mit allerdings sehr konventionellen* Studentenbriefen *hervor. Seine Gedichte wurden als elegisch, kraftlos, teilweise sogar trivial empfunden, seine Bessarion-Studien als fleißig abgetan.*

Nach dem Tode Augusts, dem sie sich bald nach der Heirat entfremdet hatte, lebte sie als Gesellschafterin des alten Goethe noch bis zu dessen Tode im Haus am Frauenplan. Goethe vermachte ihr testamentarisch *»freie Wohnung«* und jährlich 500 Taler.

Wechselnde Liebschaften veranlaßten sie nach 1832 in wechselnden Orten Wohnung zu suchen. 1835–1866 lebte sie mit dem Arzt Romeo Seligmann in Wien. 1870 kehrte sie verarmt in die Dachwohnung des Hauses am Frauenplan nach Weimar zurück, wo sie bis zu ihrem Tode lebte.

Walther Wolfgang von Goethe

* 9. 4. 1818 Weimar; † 15. 4. 1885 Leipzig

Sohn →*August von Goethes* und seiner Frau →*Ottilie von Goethe*. Ältester Enkel Goethes.

Goethe widmete Walther und dessen Bruder →*Wolfgang Maximilian* viel Aufmerksamkeit in Gesprächen und Spielen. Er erhielt Privatunterricht. Aufgrund seiner musikalischen Begabung studierte er Musik bei →*Felix Mendelssohn-Bartholdy* in Leipzig und Carl Loewe (1796–1869) in Stettin. Seine Kompositionen blieben meist unveröffentlicht, nur seine Oper *Anselmo Lancia* wurde 1839 in Weimar aufgeführt. Er lebte kränkelnd, zurückgezogen und ohne Beruf im Dachgeschoß des Hauses am Frauenplan in Weimar. Er starb als letzter Nachkomme Goethes.

Als Walther und sein Bruder – von Goethe neben deren Schwester →*Alma* als *»Universalerben«* eingesetzt (Testament vom 6. 1. 1831) – mündig wurden, veranlaßten sie, daß Goethes Haus und Sammlungen der Öffentlichkeit unzugänglich blieben. 1842 verhinderten sie die Erwerbung des Hauses durch den Deutschen Bund (→*Goethe-Häuser und -Museen*).

Wolfgang Maximilian von Goethe

* 18. 9. 1820 Weimar; † 20. 1. 1883 Leipzig

Sohn →*August von Goethes* und seiner Frau →*Ottilie von Goethe*. Lieblingsenkel Goethes.

Goethe nahm sich für Wolfgang mehr Zeit zu Spielen und Gesprächen in den eigenen Arbeitsräumen als für dessen Bruder →*Walther*. Nach dem Privatunterricht studierte Wolfgang 1839–1845 Jura und Philologie in Bonn, Heidelberg, Berlin und Jena. Nach ersten epigonalen dichterischen Versuchen veröffentlichte er 1845 anonym das naturphilosophische Werk *Der Mensch und die elementarische Natur*, das u. a. das lyrische Drama *Erlinde* enthielt. 1852 ließ er *Gedichte von Wolfgang von Goethe* erscheinen.

Nach seiner Ernennung zum weimarischen Kammerherrn (1851) ging er 1852 als preußischer Legationssekretär nach Rom. 1860 nahm er als Legationsrat seinen Abschied aus dem diplomatischen Dienst. Er widmete sich historischen Studien, von denen lediglich diejenigen zum Leben des byzantinischen Kardinals Johannes Bessarion (um 1403–1472) 1871 erschienen.

Seit 1870 lebte er kränkelnd im Dachgeschoß des Hauses am Frauenplan in Weimar, dessen Schließung er mit seinem Bruder Walther veranlaßt und dessen Erwerb durch den Deutschen Bund er 1842 verhindert hatte (→ *Goethe-Häuser und -Museen*).

Goethe-Bildnisse

Wie Goethes Biographie in schriftlichen Zeugnissen von Zeitgenossen zu den bestdokumentierten überhaupt gehört, so ist er auch in der bildenden Kunst häufiger als andere dargestellt worden.

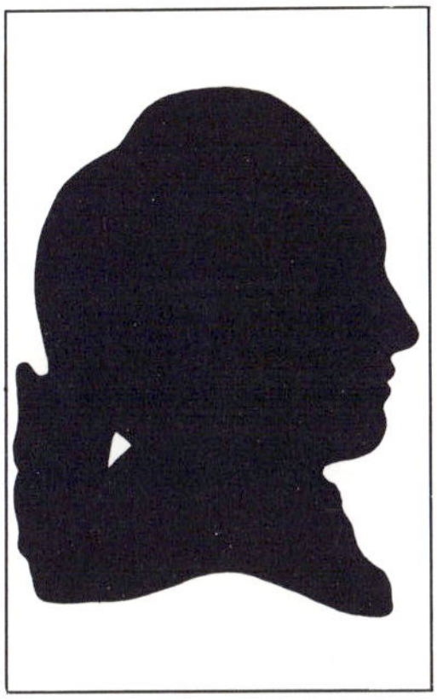

Obere Reihe, v.l.n.r.:
Der getuschte Schattenriß zeigt den etwa 14-jährigen Goethe.
Goethe in den ersten Weimarer Jahren. Gemälde von Georg Oswald May, 1779.
Der Klassiker. Kreidezeichnung von Johann Heinrich Lips, 1791.

Untere Reihe, v.l.n.r.:
Porträt Goethes von Ferdinand Jagemann. Weißgehöhte Kreidezeichnung, 1817.
Joseph Stielers auf Wunsch des bayerischen Königs Ludwig I. geschaffenes Gemälde (1828).
Das letzte nach dem Leben entstandene Porträt des Dichters, Karl August Schwerdgeburths Silberstiftzeichnung (1831).

Schon der Knabe erscheint auf zwei Ölgemälden im Schäfergeschmack des →*Rokoko*. Ein erster charakteristischer anonymer Schattenriß, um 1763, ist erhalten. Der junge Goethe wurde in Ölgemälden von Georg Melchior Kraus (1733–1806), 1775/76, und von Georg Oswald May (1738–1816), 1779, am besten getroffen.

Die Erscheinung des reifen Goethe ist am treffendsten überliefert in dem anonymen Schattenriß mit Fritz von Stein, um 1783, und einem weiteren anonymen Schattenriß, um 1783–1785, in dem Ölgemälde von →*Johann Heinrich Wilhelm Tischbein,* 1786–1788, in der Kreidezeichnung von Johann Heinrich Lips (1758–1817), 1791, und in einer Kreidezeichnung von Friedrich Bury (1763–1835), 1800.

Hervorragende Porträts des alten Goethe sind die Kreidezeichnungen, weißgehöht, von Ferdinand Jagemann (1780–1820), 1817, und von Julius Ludwig Sebbers (1804–1839), 1826, die Ölgemälde von Johann Joseph Schmeller (1796–1841), 1826/27, Joseph Karl Stieler (1781–1858), 1828, und eine Silberstiftzeichnung von Karl August Schwerdgeburth (1785–1878), 1831/32.

Eine Bleistiftzeichnung Goethes auf dem Totenbett verfertigte 1832 Friedrich Preller (1804–1878).
→*Goethe-Büsten*; →*Goethe-Häuser und -Museen*

Goethe-Büsten

Zu Goethes Lebzeiten wurden mehrfach Büsten, Reliefs und andere plastische Arbeiten (wie Denkmünzen, auch Denkmalsentwürfe) angefertigt. Von den bekannteren seien genannt: Relief von Johann Peter Melchior (1742–1825), 1775, Büsten in Kalkstein und Gips von Martin Gottlob Klauer (1742–1801), 1778/79 und 1780, Marmorbüste von Alexander Trippel (1744–1793),

Unten links: *Johann Gottfried Schadow, Goethe-Medaille in Bronze, 1816. Sie wurde auf Wunsch von Goethes Sohn angefertigt.*

Mitte: *Um die Jahreswende 1774/75 entstandenes Relief Goethes in Gips von Johann Peter Melchior.*

Rechts: *Goethe-Büste in Gips von Martin Gottlieb Klauer, 1780. Die als Toga ausgeführte Drapierung um Schulter und Brust wie auch der im Ton patinierter Bronze gehaltene Ölfarbenanstrich machen die Orientierung an der Antike deutlich.*

Links: *Friedrich Tieck. Goethe-Büste in Gips, 1820. »Die Herren Tieck und Rauch modellierten meine Büste, ersterer zugleich ein Profil von Freund Knebel. Eine lebhafte, ja leidenschaftliche Kunstunterhaltung ergab sich dabei, und ich durfte diese Tage unter die schönsten des Jahres rechnen. Nach vollbrachtem Modell in Ton sorgte Hofbildhauer Kaufmann für eine Gipsform. Die Freunde begaben sich nach Weimar, wohin ich ihnen folgte und die angenehmsten Stunden wiederholt genoß. Es hatte sich in den wenigen Tagen so viel Produktives – Anlage und Ausführung, Pläne und Vorbereitung, Belehrendes und Ergötzliches – zusammengedrängt . . .!«* (Annalen, *1820*)

Rechts: *Christian Daniel Rauch: Statuette Goethes in Biskuitporzellan der Manufaktur Meißen, 1828.*

1787, Terrakottabüste von Klauer, um 1790, Medaille in Bronze von Johann Gottfried Schadow (1764–1850), 1816, Büsten in Gips von Christian Daniel Rauch (1777–1857) und Christian Friedrich Tieck (1776–1851), 1820, Denkmalsentwurf von Rauch, 1824, Porzellanstatuette von Rauch, 1828, Kolossalbüste von Pierre-Jean David d'Angers (1788–1856), 1829.

Eine Gesichtsmaske in Gips nahm Carl Gottlieb Weisser (1779–1815) 1807 ab.

→ *Goethe-Bildnisse*; → *Goethe-Häuser und -Museen*

Goethe-Forschung

Der früh einsetzenden Goethe-Forschung wurde das eigentliche Fundament erst 1885 mit der Bereitstellung des Quellenmaterials aus Goethes Archiv gegeben, das der letzte Enkel und Erbe Goethes, → *Walther Wolfgang von Goethe*, der Großherzogin Sophie von Sachsen-Weimar testamentarisch übertragen hatte und das diese zunächst vorwiegend den *»berufenen Forschern«* zugänglich machte, die sich in einer gleichzeitig gegründeten Goethe-Gesellschaft vereinigten. Zugleich erteilte die Großherzogin den Auftrag, eine umfassende historisch-kritische Gesamtausgabe von Goethes Werken, naturwissenschaftlichen Schriften, Tagebüchern und Briefen unter systematischer Ausschöpfung von Goethes Nachlaß zu erarbeiten, die von 1887 bis 1919 in 143 Bänden erschien. Seither ist die Zahl der Goethe-Ausgaben und die Fülle der Sekundärliteratur nicht mehr zu überblicken.

Die Methoden der Goethe-Forschung spiegeln im ganzen die Entwicklung geistes-, gesellschafts- und auch naturwissenschaftlicher Methoden wider, wie sie vom Positivismus über die Ideengeschichte bis zu den stärker partikularisierenden Methoden (z. B. Phäno-

menologie, Strukturalismus) die neuzeitliche Wissenschaftsgeschichte bestimmen. (Vgl. auch die Bibliographie am Schluß dieses Bandes.)
→ *Goethe-Gesellschaften*; → *Goethe-Häuser und -Museen*; → *Werkausgaben*; → *Wirkung*

Unter den 5192 Mitgliedern der Goethe-Gesellschaft im Jahr 1926 waren 28,4% Geschäftsleute, 22,9% Lehrer, viele Juristen und Mediziner; jedoch nur je ein Klempner, Elektriker und Autoschlosser und ganze zwei Gewerkschaftssekretäre. »Die gelegentlichen Versuche, Goethe auch und gerade den Arbeitnehmern mundgerecht zu machen, scheinen im hier überblickten Zeitraum recht erfolglos geblieben zu sein.«
(W. Leppmann, *Goethe und die Deutschen,* Stg. 1962; Neuausg. Bern/Mchn. 1982)

Goethe-Gesellschaften

Die Goethe-Gesellschaft in Weimar konstituierte sich 1885 im Zusammenhang mit der Öffnung und beginnenden Auswertung von Goethes Archiv (→ *Goethe-Forschung*). Als ihr Anliegen bezeichnete sie *»die Pflege der mit Goethes Namen verknüpften Literatur, sowie die Vereinigung der auf diesem Gebiet sich betätigenden Forschung«* (Statut 1885). Die Gesellschaft übernahm das seit 1880 bestehende *Goethe-Jahrbuch*, dessen 100. Band 1983 erschien. Daneben gibt sie seit ihrem Bestehen eine Reihe unregelmäßig erscheinender Schriften (bisher 61 Bände) heraus.

Sie unterstützte außerdem entscheidend Aufbau und Erhaltung der Weimarer Goethe-Institute, betreute die → *Dornburger* Schlösser und förderte die Arbeiten an der Weimarer Goethe-Ausgabe sowie andere bedeutende Editionen zur Goethezeit.

Bis 1939 jährlich, seit 1954 in jedem zweiten Jahr, findet in Weimar eine Mitgliedertagung statt. Die Weimarer Goethe-Gesellschaft ist heute neben der Händel-Gesellschaft die einzige gesamtdeutsche kulturelle Vereinigung. Sie zählt derzeit etwa 4000 Einzelmitglieder; kollektiv gehören ihr zahlreiche regionale und lokale »Ortsvereinigungen« an.

Bald nach der Gründung der deutschen Goethe-Gesellschaft wurden Goethe-Gesellschaften in Wien und London gegründet. Später traten u. a. Goethe-Gesellschaften in Japan, Australien, Buenos Aires und New York hinzu.

Goethe-Häuser und -Museen in Frankfurt und Weimar

1733 erwarb Goethes Großmutter zwei Fachwerkhäuser am Großen Hirschgraben in → *Frankfurt am Main*, die sie mit ihrem Sohn, Goethes Vater (→ *Johann Caspar Goethe*), bezog. 1755/56 baute Goethes Vater die Häuser zu dem heutigen Patrizierhaus um. Hier verlebte Goethe seine Jugend und bis 1775 seine Jahre als Frankfurter Bürger und Rechtsanwalt. 1863 wurde das Haus vom Freien Deutschen Hochstift erworben und als das sog. »Geburtshaus« Goethes der Öffentlichkeit zugänglich gemacht.

Ihm angeschlossen ist das Goethe-Museum, das eine reichhaltige Sammlung goethezeitlicher Bilder und Graphiken enthält, u. a. vornehmlich Gemälde der

»Frankfurter Maler« (→*Frankfurt*). Außerdem beherbergt das Frankfurter Goethe-Museum die Spezialbibliothek des Freien Deutschen Hochstifts zur deutschen Dichtung von ca. 1750 bis 1850.

Das Goethe-Haus am Frauenplan in →*Weimar* war – mit Ausnahme weniger Besuche Prominenter – der Öffentlichkeit seit Goethes Tod zunächst unzugänglich. Seine Einrichtung und seine Sammlungen blieben unangerührt und fast vollständig erhalten. 1885, nach dem Tod des letzten Enkels und Erben Goethes, →*Walther Wolfgang von Goethe*, wurde das Haus zu einem »Nationalmuseum« erklärt. Goethes →*Autographen-*, →*Kunst-*, →*Münz-* und →*naturwissenschaftliche Sammlungen*, seine →*Bibliothek* und die originalen Möbel sind hier ausgestellt. Nach teilweiser Bombenbeschädigung im Zweiten Weltkrieg wurde das renovierte Goethe-Haus 1949 wiedereröffnet. 1953 wurde es den »Nationalen Forschungs- und Gedenkstätten der klassischen deutschen Literatur in Weimar« unterstellt, zu denen auch das »Goethe- und Schiller-Archiv« mit bedeutenden Nachlässen und das 1914 und 1935 dem Goethe-Haus angebaute Museum gehören.

Goethes Gartenhaus am Stern in Weimar wurde 1953 ebenfalls den »Nationalen Forschungs- und Gedenkstätten« angegliedert. Es zeigt die gleiche Anspruchslosigkeit Goethes wie die Arbeits-, Bibliotheks- und Schlafzimmer im Haus am Frauenplan.

Von anderen Goethe-Museen ist das aus den Beständen der Sammlung Kippenberg gebildete Goethe-Museum in Düsseldorf besonders zu erwähnen.

1982 wurde das Goethe-Museum in Weimar (einst Goethe Nationalmuseum) neu gestaltet eröffnet. Einer der Höhepunkte der modernen Darbietung ist Raum 11, in welchem die Farbenlehre durch sinnfällige Anordnungen erläutert wird. Goethe-Haus und Goethe-Museum ziehen jährlich rund 300000 Besucher, darunter ein Viertel Ausländer, nach Weimar.

Oliver Goldsmith

* 10. 11. 1728 Pallas (Longford); † 4. 4. 1774 London

Goethe wurde im November 1770 durch →*Herder* mit Goldsmiths Roman *The Vicar of Wakefield* (1766) bekannt, dessen Idylle Goethes Darstellungen seines Sesenheimer Liebeserlebnisses mit →*Friederike Brion* in →*Dichtung und Wahrheit* bestimmend geprägt hat. Goldsmiths Elegie *The Deserted Village* (1770) wurde von Goethe 1772 übersetzt. (Nicht erhalten.)

Goethes →*Sturm-und-Drang*-Hymne *Der Wandrer* (1772) (→*Gedichte*) basiert auf Goldsmiths Gedicht *The Traveller* (1764).

→*Erwin und Elmire*

Oliver Goldsmith. Gemälde von Sir Joshua Reynolds, um 1770. »Ein protestantischer Landgeistlicher ist vielleicht der schönste Gegenstand einer modernen Idylle«, sagte Goethe nach dem Eindruck des Goldsmithschen Romans, und – was für ihn wichtig ist – »ohne eine Spur von Frömmelei und Pedantismus«, die Goethe besonders verhaßt waren.

Götter, Helden und Wieland

Eine Farce. Entstehung 1773; Erstdruck 1774

Veranlaßt durch →*Christoph Martin Wielands Alceste* und dessen fünf im *Teutschen Merkur* erschienene *Briefe über das Singspiel* attackiert Goethe in dieser dramatischen Satire die empfindsam-schwächliche Ge-

Goethe in Frankfurt.

Oben: *Goethes Eltern- und Geburtshaus am Großen Hirschgraben in Frankfurt/M. Aquarell von Louis Thiénon, 1851. Die abgebildete Gestalt erhielt das Haus erst nach dem Umbau 1755 durch Goethes Vater. Zwei ineinandergebaute Häuser wurden damals zu einem Gebäude vereinigt.*

Mitte: *Das Speisezimmer im Elternhaus, Erdgeschoß links, auch »Blaue Stube« der Tapeten wegen genannt. Fotografie nach dem Neuaufbau des 1951 wiedereröffneten Goethehauses.*

Unten: *Im Gemäldezimmer im zweiten Stockwerk versammelte Goethes Vater Werke zeitgenössischer Frankfurter Maler.*

Goethe in Weimar.

Oben: *Weimar. Goethehaus am Frauenplan. Kolorierter Stich von L. Schütze, 1827, mit eigenhändiger Widmung Goethes:*
»Warum stehen sie davor
Ist nicht Thüre da und Thor?
Kämen sie getrost herein
Würden wohl empfangen seyn.«

Mitte: *Weimar, Haus am Frauenplan. Kleines Eßzimmer. Es wurde ausschließlich im Kreise der Familie benutzt und enthält zahlreiche persönliche Erinnerungsstücke.*

Unten: *Goethes Gartenhaus im Weimarer Park an der Ilm. Im Vordergrund der Weg durch die Ilm-Wiese. Fotografie.*

»In Göttingen bei der ›Krone‹ eingekehrt, bemerkt' ich, als eben die Dämmerung einbrach, einige Bewegung auf der Straße; Studierende kamen und gingen, verloren sich in Seitengäßchen und traten in bewegten Massen wieder vor. Endlich erscholl auf einmal ein freudiges Lebehoch! aber auch im Augenblick war alles verschwunden. Ich vernahm, daß dergleichen Beifallsbezeugungen verpönt seien, und es freute mich um so mehr, daß man es gewagt hatte, mich nur im Vorbeigehen aus dem Stegreife zu begrüßen.«
(*Tag- und Jahreshefte,* 1801)

Links: *Heinrich Christian Boie, führende Gestalt des Göttinger Hainbundes und Herausgeber des »Göttinger Musenalmanachs«. Scherenschnitt 1782.*
Mit leiser Ironie gedenkt Goethe in Dichtung und Wahrheit *eines Zuges, den er bei den Mitgliedern des Hains entdeckte: »Man könnte ihn das Bedürfnis der Unabhängigkeit nennen, welches immer im Frieden entspringt, und gerade da, wo man eigentlich nicht abhängig ist«.*

Mitte: *Ludwig Hölty. Kupferstich von Gottschick nach dem Original von Baumann.*

Rechts: *Johann Anton Leisewitz. Holzstich nach einem zeitgenössischen Bildnis.*

genwart (→*Empfindsamkeit*) vom Standpunkt einer heroisierten Antike. Wieland lobte Goethes Farce im *Teutschen Merkur* als *»ein Meisterstück von Persiflage und sophistischem Witze«* – eine souveräne Reaktion, die Goethe als demütigend empfand.

Göttingen

Als Schüler wollte Goethe in Göttingen, an einer der führenden Universitäten der deutschen →*Aufklärung*, studieren. Nur auf Wunsch des Vaters studierte er in →*Leipzig*. Zum Dichterbund des →*Göttinger Hain* unterhielt Goethe Verbindung. 1783 besuchte er Göttingen zum ersten Mal. 1801 besuchte Goethe Pyrmont und hielt sich auf der Hin- und Rückreise mehrere Wochen zu Studien für seine Farbenlehre in Göttingen auf.

Göttinger Hain

Die kurzlebige literarische Vereinigung Göttinger Studenten, der u. a. Heinrich Christian Boie (1744–1806), Carl Friedrich Cramer (1752–1807), Ludwig Heinrich Christian Hölty (1748–1776), Johann Anton Leisewitz (1752–1806), Johann Martin Miller (1750–1814), Christian Adolf Overbeck (1755–1821), Gottlieb Friedrich Ernst Schönborn (1737–1817), die Brüder Christian und →*Friedrich Leopold Grafen zu Stolberg* und →*Johann Heinrich Voß* angehörten und der Gottfried August Bürger (1747–1794) nahestand, brachte ihre enthusiastische Verehrung →*Friedrich Gottlieb Klopstocks* 1773 in einer Feier zum Ausdruck, bei der auch Goethes gedacht wurde. Goethe verspottete die *»Knaben«* und den *»Dichterhain«* in der Satire *Das Neueste von Plundersweilern* (1781).

Johann Christoph Gottsched

* 2. 2. 1700 Juditten b. Königsberg; † 12. 12. 1766 Leipzig

Goethe hörte die Vorlesungen des Professors der Poesie, Logik und Metaphysik seit Oktober 1765 in → *Leipzig* und machte dem berühmten Autor im Frühjahr 1766 seine Aufwartung. Einem Freund gegenüber charakterisierte er den Vortrag Gottscheds: *»Es ist sein Fürtrag gut, und seine Reden fließen / So wie ein klarer Bach.«* (An J. J. Riese, 30. 10.–6. 11. 1765)

Der Regelkanon, den Gottsched in seinen Schriften für Dichtung aufstellte (→ *Aufklärung*), war noch für Goethes dichterische Anfänge mustergültig. Wenn Goethe auch seine Darstellung Gottscheds in → *Dichtung und Wahrheit* anekdotisch-possenhaft ausschmückt und dessen Poetik als *»Gottschedsches Gewässer«* herabsetzt, so bleibt doch sein abgewogenes Urteil maßgebend: *»Man gab uns Gottscheds kritische Dichtkunst in die Hände; sie war brauchbar und belehrend genug: denn sie überlieferte von allen Dichtungsarten eine historische Kenntnis, so wie vom Rhythmus und den verschiedenen Bewegungen desselben; das poetische Genie ward vorausgesetzt!«* (*Dichtung und Wahrheit*, 7. Buch)

1793 benutzte Goethe während der Arbeit an → *Reineke Fuchs* Gottscheds Prosaübersetzung und Neudruck des niederdeutschen Textes von 1498 (1752).

Götz von Berlichingen mit der eisernen Hand

Ein Schauspiel. Entstehung 1771 (erste Fassung: *Geschichte Gottfriedens von Berlichingen mit der eisernen Hand dramatisiert*), 1773 (zweite Fassung), 1803/04 und 1809 (mehrere Bühnenbearbeitungen); Erstdruck 1773 (zweite Fassung), 1833 (erste Fassung); Urauff. 14. 4. 1774, Kochsche Gesellschaft, Berlin (zweite Fassung, verstümmelt); erste Auff. einer Bühnenfassung Goethes 22. 9. 1804, Herzogl. Hoftheater, Weimar.

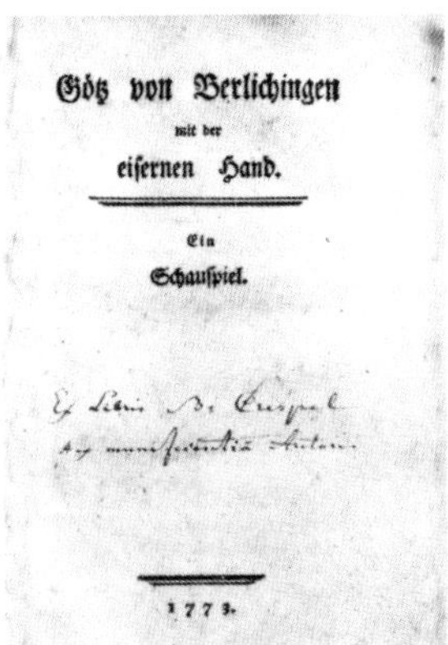

Titelblatt der Erstausgabe des Götz von Berlichingen, *1773, mit Besitzervermerk von Goethes Jugendfreund Johann Bernhard Crespel, dem »Rath Crespel« aus E.T.A. Hoffmanns Erzählung gleichen Titels (1818).*

Unter dem theoretischen Einfluß → *Johann Gottfried Herders* und nach dem Vorbild der Historien → *Shakespeares* eröffnete Goethe mit dem *Götz* die dramatische Produktion seiner → *Sturm-und-Drang*-Zeit. Seiner damaligen Auffassung vom → *Genie* als *»original«* gemäß gestaltete Goethe in der auf historischem Vorbild basierenden Figur des Götz von Berlichingen (1480–1562) einen Faustrechtler ritterlicher Freiheit, der sich noch an mittelalterliche Lehnsverhältnisse gebunden fühlt und gesellschaftlichen Gehorsam nicht den Fürsten, sondern nur unmittelbar dem Kaiser zollt. Die Welt korrupter Höflinge ist um die Figuren von Götz' Gegenspieler Weislingen und die Intrigantin Adelheid von Waldorf zentriert.

Sowohl mit dem Stoff aus der deutschen Geschichte

Rechts: *Johann Christoph Gottsched. Kupferstich. Goethe besuchte Gottsched in dessen Todesjahr 1766. Damals war der einstige Lehrmeister der deutschen Literatur längst zu einem Relikt aus vergangenen Zeiten geworden.*

Unten: *Franz Grillparzer. Zeichnung von Johann Heinrich Schmeller. Grillparzer schildert die Goethe-Begegnung in seiner Selbstbiographie. Beim zweiten Treffen zeigt sich Goethe »so liebenswürdig und warm«, daß Grillparzer in Tränen ausbricht, als Goethe ihn auch noch bei der Hand ergreift und so ins Speisezimmer führt. Der bei diesem Besuch zaghafte Österreicher kommt der Einladung Goethes, am Abend zusammen allein zu sein, nicht nach. Goethe dazu: »Daß er in unserm freien Leben etwas gedrückt erschien, ist natürlich.«*

als auch mit der antiklassischen Form raschen Wechsels von zum Teil kürzesten Szenen revolutionierte das Stück das deutsche Drama. Rationalisten wie →*Gotthold Ephraim Lessing* und →*Friedrich II. von Preußen*, dem lediglich die Fassung der Berliner Aufführung bekannt war, lehnten es ab. Die jungen Stürmer und Dränger imitierten es. Das Drama war eines der erfolgreichsten und wirksamsten Werke Goethes.
→*Johann Friedrich Reichardt;* →*Jean-Jacques Rousseau;* →*Walter Scott*

Franz Grillparzer

* 15. 1. 1791 Wien; † 21. 1. 1872 Wien

Grillparzer besuchte während seines Aufenthalts in Weimar im September/Oktober 1826 mehrfach Goethe, der bei ihm *»ein angeborenes poetisches Talent«* vermutete (an Zelter, 11.10. 1826). (S. a. Grillparzers *Selbstbiographie.*) Eine nähere Verbindung ergab sich nicht. Seit diesen Begegnungen sprach Grillparzer, in dessen Jugendgedichten Einflüsse Goethes spürbar sind und der bereits als Zwanzigjähriger Goethes →*Faust* fortsetzen wollte, voller Hochachtung und Bewunderung von Goethe. In seinem Tagebuch nennt er ihn 1836 einen *»anderen Napoleon«* und konstatiert: *»Wer kein Verehrer Goethes ist, für den sollte kein Raum sein auf der deutschen Erde.«*

Der Groß-Cophta

Ein Lustspiel in fünf Aufzügen. Entstehung 1791; Urauff. 17. 12. 1791, Herzogl. Hoftheater, Weimar; Erstdruck 1792

Nach der sog. Halsbandaffäre und der in sie verwikkelten historischen Figur des Grafen Cagliostro, eig. Giuseppe Balsamo (1743–1795), dessen Familie Goethe auf →*Sizilien* aufsuchte, gestaltete Goethe seine erste dramatische Auseinandersetzung mit Gesellschaftsverhältnissen, die zur →*Französischen Revolution* führten.

Wie in den anderen Dramen zu diesem Themenkreis – →*Der Bürgergeneral,* →*Die natürliche Tochter,* →*Dramenfragmente* – ist die politisch-historische Behandlung Goethes verfehlt.

Philipp Hackert

* 15. 9. 1737 Prenzlau (Uckermark); † 28. 4. 1807 San Piero di Careggio b. Florenz

Goethe lernte den Landschaftsmaler 1787 in Neapel kennen. Während seines Aufenthaltes in →*Italien* ließ sich Goethe von Hackert vorübergehend im Malen und Zeichnen unterrichten. Später erhielt er durch letztwillige Verfügung Hackerts dessen autobiographische Aufzeichnungen zur Herausgabe einer Biographie. Goethe redigierte sie, veranlaßte →*Johann Heinrich*

Unten links: *Philipp Hackert. Selbstbildnis. Ölgemälde. »Dieses Jahr zeichnet sich durch anhaltende äußere Tätigkeit besonders aus. Das ›Leben Philipp Hakkerts‹ ward abgedruckt und die vorliegenden Papiere nach jedesmaligem Bedürfnis sorgfältig redigiert. Durch diese Arbeit wurd' ich nun abermals nach Süden gelockt; die Ereignisse, die ich jener Zeit in Hackerts Gegenwart oder doch in seiner Nähe erfahren hatte, wurden in der Einbildungskraft lebendig . . .«*
(Tag- und Jahreshefte, *1811*)

Rechts: *Philipp Hackert,* Herbst: Weinlese bei Sorrent. *Ölgemälde, entstanden um 1784.*

Meyer, eine Abhandlung über Hackerts Kunstcharakter zu verfassen, und gab beides 1811 unter dem Titel *Philipp Hackert. Biographische Skizze, meist nach dessen eigenen Aufsätzen entworfen von Goethe* heraus.

Johann Georg Hamann. Anonyme zeitgenössische Porträtzeichnung. Goethe besaß eine Sammlung von Schriften und Briefen Hamanns, die heute noch erhalten ist. Er bot sich an, Hamann zu edieren, überließ das aber dann dem Theologen F. Roth. Am 18. 12. 1823 notiert der Kanzler von Müller die Aussage Goethes, »Hamann sei zu seiner Zeit der hellste Kopf gewesen und habe wohl gewußt, was er wolle. Aber er habe immer biblische Sprüche und Stellen aus den Alten wie Masken vorgehalten und sei dadurch vielen dunkel und mystisch erschienen«.

Johann Georg Hamann

* 27. 8. 1730 Königsberg; † 21. 6. 1788 Münster

Hamann wurde Goethe in →*Straßburg* 1770/71 durch seinen Schüler →*Johann Gottfried Herder* nahegebracht. Goethe beschäftigte sich mit Hamanns Werk in allen Lebensphasen. Wenn ihm auch dessen Schriften im einzelnen *»sibyllinisch«* erschienen (*Dichtung und Wahrheit*, 12. Buch), so ist er doch – besonders in der →*Sturm-und-Drang*-Zeit – durch Hamann in Sprache, Stil, Bild- und Wortschatz wesentlich beeinflußt worden.

Hanswursts Hochzeit oder der Lauf der Welt

Ein mikrokosmisches Drama. Entstehung 1775; Erstdruck 1836

Die Farce steht in der Tradition des Fastnachtsspiels. Die wenigen Fragmente, die Goethe ausführte, gehören zu seinen grobianischsten Knittelversen.

Harz

Goethe besuchte das Mittelgebirge 1777, 1783 und 1784, um Bergbau, →*Geologie* und →*Mineralogie* zu studieren. Auf jeder Reise bestieg er den Brocken (1141 m). Außer in dem Gedicht *Harzreise im Winter* (1777) wird der Harz in der Szene *»Walpurgisnacht«* in *Faust* I und in der *»Klassischen Walpurgisnacht«* in *Faust* II erwähnt.

Georg Wilhelm Friedrich Hegel

* 27. 8. 1770 Stuttgart; † 14. 11. 1831 Berlin

Hegel war seit 1801 Privatdozent, 1805/06 Professor der Philosophie an der Universität →*Jena*. Goethe lernte ihn im Oktober 1801 kennen. Während Hegels Jenaer Zeit verkehrten Goethe und er regelmäßig miteinander. Ein gelegentlicher Briefwechsel wurde bis 1827 fortgeführt. Nach seinem Fortgang aus Jena besuchte Hegel Goethe 1818, 1827 und 1829 in Weimar.

Hegel, seit 1818 in Berlin, regte einen dortigen Schüler an, Vorlesungen über Goethes →*Farbenlehre* zu halten. Willkommener noch als Hegels sachliche Zustimmung in seiner Polemik gegen →*Isaac Newton* war Goethe dessen Anerkennung seiner naturwissenschaftlichen Methode: *»Es ist hier nicht die Rede von einer durchzusetzenden Meinung, sondern von einer mitzutei-*

lenden Methode, deren sich ein jeder, als eines Werkzeugs, nach seiner Art, bedienen möge.« (An Hegel, 7. 10. 1820)

Nächst →*Herders* theoretischen Schriften sind es Goethes dichterische Werke und auch historisch-soziologische Ansätze in dessen Schriften zur Literatur (z. B. →*Shakespeare*), die Hegel aus der zeitgenössischen Literatur die meisten Belege für seine Poetik (innerhalb seiner *Vorlesungen über die Ästhetik*) boten.

In dem tragenden Begriff der Totalität (*Ganzheit*) berühren sich Goethes und Hegels Weltanschauung. Ihr Begriff der *Polarität* deckt übereinstimmende Züge in ihrem dialektischen Erkenntnisverfahren.

Philosophie-Kolleg von Georg Wilhelm Friedrich Hegel an der Universität Berlin. Lithographie von Franz Kugler, 1828.

Heinrich Heine

* 13. 12. 1797 Düsseldorf; † 17. 2. 1856 Paris

Ende 1821 übersandte Heine Goethe seine ersten *Gedichte* und 1823 seine *Tragödien nebst einem lyrischen Intermezzo*, ohne daß eine Reaktion erfolgte. Im Oktober 1824 besuchte er Goethe in Weimar, doch dieser begegnete ihm kühl und zeigte keine besondere Anteilnahme. Heines Bruder Maximilian (1807–1879) berichtet in seinen *Erinnerungen* (1868), daß Goethe nach Heines Bemerkung, er arbeite an einem »Faust«, das Gespräch abrupt beendete.

Goethe hatte zu dieser Zeit offensichtlich noch keine Vorstellung von Heines Persönlichkeit und sah in ihm wohl nicht mehr als einen jungen Poeten im Fahrwasser der →*Romantik*. Einige Jahre später war ihm Heine als ernst zu nehmender Schriftsteller bekannt, und obgleich er dessen *Reisebilder* (1826–1830) abfällig beurteilte, bezeichnete er ihn und August Graf von Platen (1796–1835) anläßlich ihres literarischen Streits als *»einen Begabten und ein Talent«*, die sich bedauerlicher-

Heinrich Heine. Porträtzeichnung von Franz Kugler, mit Heines eigenhändigem Kommentar: »So sah ich aus, heute Morgen, den 6ten April 1829. H. Heine.«

»So will ich jetzt endlich gestehen: es war der Neid. Zu meinem Lobe muß ich jedoch nochmals erwähnen, daß ich in Goethe nie den Dichter angegriffen, sondern nur den Menschen. Ich habe nie seine Werke getadelt. Ich habe nie Mängel darin sehen können, wie jene Kritiker, die mit ihren feingeschliffenen Augengläsern, auch die Flecken im Monde bemerkt haben; die scharfsichtigen Leute! was sie für Flecken ansehen, das sind blühende Wälder, silberne Ströme, erhabene Berge, lachende Täler.«
(H. Heine, *Die romantische Schule,* 1836)

weise gegenseitig verfolgten (zu Eckermann, 14. 3. 1830).

Heines Einschätzung Goethes war mehreren Wandlungen unterworfen. Noch vor seiner persönlichen Bekanntschaft mit ihm verfaßte er in →*Berlin*, wo er in den Goethe verehrenden jüdischen Salons verkehrte, einen Aufsatz für Karl August Varnhagen von Enses Sammlung *Goethe in den Zeugnissen der Mitlebenden* (1823), der jedoch ungedruckt blieb und heute verschollen ist. *»Göthe gefällt mir sehr gut«*, bekannte er zur gleichen Zeit im Hinblick auf dessen Werke in einem Brief an den Bruder Rahel Varnhagens (27. 11. 1823). Trotz eines gewissen inneren Abstandes gegenüber dem *»großen Mann in einem seidenen Rock«* (*Briefe aus Berlin*) lag ihm sehr an dessen Anerkennung.

Nach dem für ihn enttäuschenden Besuch bei Goethe beurteilte Heine ihn wesentlich distanzierter. Er sah in Goethe als einem diesseitsbezogenen *»Lebemenschen«* und sich selbst als einem für die Idee begeisterten *»Schwärmer« »zwei Naturen, die sich in ihrer Heterogenität abstoßen müssen«* (an M. Moser, 1. 7. 1825) und fühlte sich in *»wahrhaftem Kriege mit Göthe und seinen Schriften«*, obgleich er sie *»in poetischer Hinsicht verehrte«* (an R. Christiani, 26. 5. 1825). Anerkennung von Goethes ästhetischer Vollkommenheit und andererseits deutliche Vorbehalte gegenüber dessen Person waren auch später noch bestimmende Faktoren in Heines Goethe-Beurteilung.

Ende der zwanziger Jahre ergriff Heine mehrfach gegen Kritiker Goethes dessen Partei, u. a. in einer Rezension zu *Wolfgang Menzels (1798–1873) Die deutsche Literatur* (1828) (→*Junges Deutschland*). Unter dem Einfluß der Julirevolution von 1830 betonte er dagegen seine strikte politische Ablehnung Goethes, dessen Werke er als *»Eiapopeia«* bezeichnete, das Deutschland im Verein mit den Pietisten und Mystikern *»völlig eingeschläfert«* habe (*Englische Fragmente*, 1830).

Ein Jahr nach Goethes Tod lieferte Heine in seiner Schrift *Zur Geschichte der neueren schönen Litteratur in Deutschland* (1833), die später erweitert unter dem Titel *Die romantische Schule* (1836) erschien, eine erste umfassendere, aus den politischen und gesellschaftlichen Verhältnissen der *»Goetheschen Kunstperiode«* abgeleitete Beurteilung von Goethes Leben und Werk. Ohne – im Sinne der Jungdeutschen – den *»nachteiligen Einfluß«* zu verleugnen, den die *»Kunstperiode« »auf die politische Entwicklung des deutschen Volkes«* genommen habe, verteidigt er sie mit Nachdruck gegen die romantischen Gegner. Er betont den *»selbständigen Wert der Goetheschen Meisterwerke«*, wenngleich er sie als *»bloß durch die Kunst entstanden«*, als *»unfruchtbar«* charakterisiert. Mit noch größerer Schärfe als die Goe-

»Um seinen Mund will man einen kalten Zug von Egoismus bemerkt haben; aber auch dieser Zug ist den ewigen Göttern eigen, und gar dem Vater der Götter, dem großen Jupiter, mit welchem ich Goethe schon oben verglichen. Wahrlich, als ich ihn in Weimar besuchte und ihm gegenüberstand, blickte ich unwillkürlich zur Seite, ob ich nicht auch neben ihm den Adler sähe mit den Blitzen im Schnabel. Ich war nahe dran ihn griechisch anzureden.«
(H. Heine, *Die romantische Schule,* 1836)

the-Gegner attackiert Heine in der *Romantischen Schule* den blinden Goethe-Kult der *»Göthejaner«*.

Daß Heine sich zu dieser Zeit nicht mehr an den literarischen Goethe-Anwürfen des → *Jungen Deutschland* beteiligte, war ein wesentlicher Grund für den Bruch zwischen ihm und den Jungdeutschen. Gegen deren Angriffe und in seiner Polemik gegen die als überaltert empfundenen Romantiker benutzte er jetzt Goethe, den *»ewigen Jüngling«* (*Buch der Lieder*, Vorrede zur 2. Aufl., 1837), häufig als eine Art Bundesgenossen und bezeichnete sich selbst – völlig im Gegensatz zu früheren Äußerungen – als einen *»deutschen Dichter, der in der Unparteilichkeit Goethescher Künstlerweise auferzogen«* wurde (*Über die französische Bühne*, 1837). In späteren Jahren sprach er sogar von Goethe, dessen heidnische Gesinnung ihn mehr und mehr beschäftigte, als seinem *»Kollegen«* (*Haude- und Spenersche Zeitung*, 15. 4. 1849).

Herausgebertätigkeit

Die erste der von Goethe herausgegebenen Zeitschriften war die klassizistische Programmzeitschrift *Propyläen* (1798–1800; 3 Bände mit je 2 Stücken). In ihr teilten die → *Weimarer Kunstfreunde* u. a. ihre jährlichen Preisaufgaben mit (→ *Bildende Kunst*). Die Tendenz der Zeitschrift wurde wieder aufgenommen in den von Goethe herausgegebenen Bänden *Winckelmann und sein Jahrhundert* (1805) und *Philipp Hackert. Biographische Skizze* (1811).

Im Alter – angestrengt beschäftigt mit der Niederschrift des → *West-östlichen Divan*, von → *Wilhelm Meisters Wanderjahren*, mit der Vollendung von → *Faust* II und zudem mit der Besorgung der »Ausgabe letzter Hand« (→ *Verleger*) – gab Goethe zwei Zeitschriften heraus: *Über Kunst und Altertum* (1816–1832; 6 Bände mit je 3 Heften) zur Veröffentlichung seiner Anschauungen über bildende Kunst; *Zur Naturwissenschaft überhaupt, besonders zur Morphologie* (1817–1824; 2 Bände mit insgesamt 6 Heften) zur Veröffentlichung eigener naturwissenschaftlicher Arbeiten.

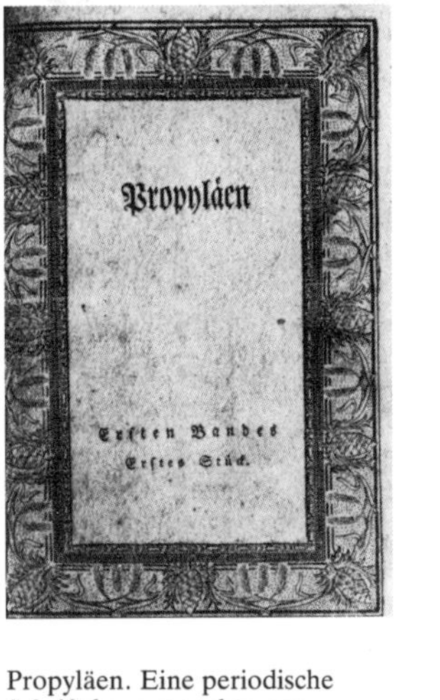

Propyläen. Eine periodische Schrift *herausgegeben von Goethe. Ersten Bandes Erstes Stück. Tübingen 1798.*

Johann Gottfried Herder

* 25. 8. 1744 Mohrungen (Ostpreußen); † 18. 12. 1803 Weimar

Im Januar 1769 beschäftigte sich Goethe mit Herders *Kritischen Wäldern* (1769). Ende September 1770 lernte er Herder in → *Straßburg* persönlich kennen, wo dieser sich – als Hofprediger bereits nach Bückeburg berufen – zur Behandlung eines Augenleidens aufhielt. Goethe leistete Herder krankenpflegerische Hilfe und besuchte ihn zeitweise täglich.

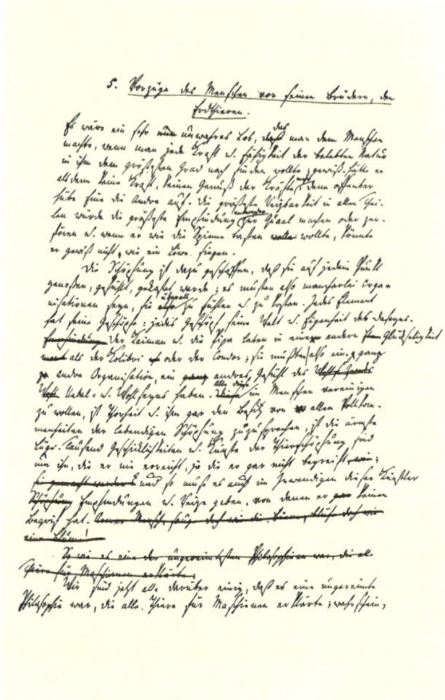

Oben links: *Jugendbildnis von Johann Gottfried Herder. Gemälde von Johann Ludwig Strekker, 1775.*

Rechts: *Eine Seite aus Herders Entwurf zum 5. Abschnitt des 2. Buches der* Ideen zur Philosophie der Geschichte der Menschheit, *entstanden etwa 1782.*

In ihrem Verhältnis umgreifenden ästhetischen und gesellschaftskritischen Gedankenaustausches begann sich von Anfang an ein Wechsel von *»Anziehen und Abstoßen«* herzustellen (*Dichtung und Wahrheit*, 10. Buch). Durch Herder wurde Goethe angeregt, Entwicklungen und Prozesse des Werdens in der Geschichte wahrzunehmen und die großen Komplexe der zeitgenössischen und elisabethanischen englischen Literatur (→*England und Schottland*, →*Oliver Goldsmith*, →*Shakespeare*), der antiken griechischen Literatur (→*Homer*, →*Pindar*), altnordischer und altkeltischer Dichtung (→*Ossian*) und des Volksliedes (→*Volkskunde, Volkslieder*) zu studieren.

1771 las Goethe Herders Manuskript *Abhandlung über den Ursprung der Sprache* (1788) durch das er mit der Theorie →*Johann Georg Hamanns* von der *»Poesie«* als der *»Muttersprache des menschlichen Geschlechts«* bekannt gemacht wurde.

Ende 1771 sandte Goethe das Manuskript der Urfassung seines →*Götz von Berlichingen* zur Beurteilung an Herder. Dessen Urteil, *»daß euch Shakespeare ganz verdorben«* habe (Goethe an Herder, etwa 10. 7. 1772), bestärkte Goethe in seinem Plan, das Drama umzuarbeiten. Später schätzte Herder den *Götz*.

Anfang 1772 lernte Goethe Herders Braut Caroline Flachsland (1750–1809) in Darmstadt kennen. Durch

Goethes Umgang mit ihr und dem Kreis der »Darmstädter Empfindsamen« (→*Empfindsamkeit*) wurde seine Beziehung zu Herder Belastungen ausgesetzt. Herders Briefwechsel mit Caroline Flachsland ist neben dem Briefwechsel Goethes mit Herder das wichtigste Dokument für ihr spannungsvolles Freundschaftsverhältnis in dieser Zeit.

Nach seinem Eintreffen in →*Weimar* veranlaßte Goethe die Berufung Herders als Generalsuperintendent nach Weimar, die dieser im Februar 1776 annahm (Amtsantritt: Oktober 1776). In Herders ersten Weimarer Jahren entwickelte sich nicht der erwartete enge Verkehr mit Goethe. Erst nach Abklingen des geniezeitlichen Treibens →*Carl Augusts* und Goethes entspann sich ein reger vertraulicher Gedankenaustausch Goethes mit dem Geschichtsphilosophen und Naturforscher Herder, über dessen *Ideen zur Philosophie der Geschichte der Menschheit* (1784/85) Goethe während der Entstehung unterrichtet wurde. Insbesondere regte Herder 1784 Goethe zum erneuten Studium →*Baruch de Spinozas* an. Herders Gedanken zu diesem Komplex sind in der Schrift *Gott. Einige Gespräche* (1787) niedergelegt, die Goethe im Erscheinungsjahr las.

Goethes enthusiastische Mitteilung von seiner Entdeckung des Zwischenkieferknochens am Menschen (→*Anatomie*) ist charakteristisch für den intimen intellektuellen Verkehr beider zu dieser Zeit: *»Ich habe gefunden – weder Gold noch Silber, aber was mir eine unsägliche Freude macht – das os intermaxillare am Menschen! Ich verglich mit Lodern Menschen- und Tierschädel, kam auf die Spur und siehe da ist es. . . . Es soll dich auch recht herzlich freuen, denn es ist wie der Schlußstein zum Menschen, fehlt nicht, ist auch da! Aber wie!«* (An Herder, 27. 3. 1784)

Während Goethes Reise nach →*Italien* wurde Herder zu dessen engstem Korrespondenzpartner. Im Januar 1787 sandte Goethe das Manuskript der →*Iphigenie auf Tauris* an Herder mit der Vollmacht, selbständig

»Wie sehr mich Herders *Ideen* freuen, kann ich nicht sagen. Da ich keinen Messias zu erwarten habe, so ist mir dies das liebste Evangelium«, schreibt Goethe im Oktober 1787 aus Italien.

Unten links: *Johann Gottfried und Caroline Herder am Kaffeetisch. Scherenschnitt, Weimar um 1785.*

Rechts: *Caroline Herder mit den vier ältesten Söhnen. Scherenschnitt, Weimar 1782. Die Herders hatten sechs Söhne und eine Tochter.*

Rückblickend würdigte Goethe 1816/17 die enge Zusammenarbeit mit Herder in einem seiner *Hefte Zur Morphologie* und berichtet, wie er trachtete, das Urtier zu finden: »Meine mühselige, qualvolle Nachforschung ward erleichtert, ja versüßt, indem Herder die Ideen zur Geschichte der Menschheit aufzuzeichnen unternahm. Unser tägliches Gespräch beschäftigte sich mit den Uranfängen der Wasser-Erde, und der darauf von altersher sich entwickelnden organischen Geschöpfe. Der Uranfang und dessen unablässiges Fortbilden ward immer besprochen und unser wissenschaftlicher Besitz, durch wechselseitiges Mitteilen und Bekämpfen, täglich geläutert und bereichert.«

letzte Sprachkorrekturen durchzuführen. Ebenso beriet Herder Goethe 1793 bei der Verbesserung der Hexameter in dem damals entstehenden Versepos →*Reineke Fuchs*.

Während Herders Italienreise mit der Herzogin →*Anna Amalia* 1788/89 sorgte Goethe für Herders Frau und Kinder. 1795 kam es aufgrund einer Geldforderung Herders an Herzog Carl August trotz Goethes Vermittlungsversuchen zu einem Zerwürfnis, in dem insbesondere Caroline Herder maßlose Anwürfe gegen Goethe richtete. Damit war ein Bruch besiegelt, der noch verstärkt wurde durch Herders Sympathien für die →*Französische Revolution*, seine Gegnerschaft zu →*Immanuel Kant*, durch Goethes Hinwendung zu →*Friedrich von Schiller* und Herders Ablehnung der von beiden verfaßten →*Xenien*.

Goethe richtete an Herder 1776 das Gedicht *An Herder* und 1782 das Gedicht *An Herder und seine Gattin*. Im *Maskenzug. Den 18. Dezember 1818* (Herders 15. Todestag) verherrlichte Goethe Herders Verdienste poetisch.

Die überragende Bedeutung Herders für Goethe liegt nicht nur in den einzelnen Anregungen, die Goethe ihm verdankte, sondern mehr noch in der Vermittlung der von Herder zur Untersuchung geistig-künstlerischer Phänomene ausgebildeten historisch-genetischen, dialektischen Methode. Durch sie fand sich Goethe – ebenso wie →*Georg Wilhelm Friedrich Hegel* – in der Entwicklung seiner Methoden zur Untersuchung von Problemen der Kunst, Natur und Gesellschaft gefördert.

Hermann und Dorothea

Entstehung 1796/97; Erstdruck 1797

Goethes Quelle war die *Vollkommene Emigrationsgeschichte von denen aus dem Erzbistum Salzburg vertriebenen . . . Lutheranern* (1734) von Gerhard Gottlieb Günther Göcking. Goethe verlegte Flüchtlingsschicksal und Verlobungsgeschichte in die Zeit der →*Französischen Revolution*.

Goethe folgte dem Muster von →*Homers* Epen besonders eng, indem er nicht nur dessen Versmaß, den Hexameter, benutzte, sondern auch jeden der neun Gesänge, die nach den neun Musen benannt sind, mit der Anrufung einer Muse eröffnet. In metrischen Fragen ließ er sich von →*Wilhelm von Humboldt* und →*Friedrich August Wolf* beraten.

Das Werk wurde sogleich, nicht zuletzt aufgrund seiner rühmenden Beurteilung durch →*Schiller* und Wilhelm von Humboldt und seiner raschen Breitenwirkung in Europa, als eine der bedeutendsten Dichtungen der deutschen →*Klassik* angesehen.

Wilhelmine (»Minchen«) Herzlieb
* 22. 5. 1789 Züllichau; † 10. 7. 1865 Görlitz

Goethe kannte die Pflegetochter des Jenaer Buchhändlers Karl Friedrich Ernst Frommann (1765–1837) bereits als Kind. 1807 faßte er eine Neigung zu der Achtzehnjährigen, der er in einigen in diesen Jahren entstandenen →*Sonetten* Ausdruck gab. Die Gestalt der Ottilie in →*Die Wahlverwandtschaften* trägt wohl einige Züge Minchen Herzliebs.

Friedrich Hölderlin
* 20. 3. 1770 Lauffen/Neckar; † 7. 6. 1843 Tübingen

Goethe lernte Hölderlin im November 1794 bei →*Friedrich von Schiller* in Jena kennen. Im Dezember besuchte Hölderlin Goethe in Weimar. Von Schiller 1797 zu einem Urteil über Hölderlins Gedichte aufgefordert, empfahl Goethe Hölderlin die Darstellung kurzer einfacher Idyllen. Dieser folgte dem Rat: bis 1798 besteht sein Schaffen ausschließlich aus lyrischen Kurzformen. Der Rang der späten Lyrik Hölderlins war Goethe nicht bekannt.

Homer

Goethe machte als Knabe die erste Bekanntschaft mit dem Stoff Homerischer Dichtung durch die auf einer französischen Übersetzung basierende Nacherzählung seines Großonkels Johann Michael von Loën (1694–1776), *Beschreibung der Eroberung des Trojanischen Reiches* (1754). Das Buch war bebildert mit *»Kupfern im französischen Theatersinne«. »Diese Bilder verdarben mir dermaßen die Einbildungskraft, daß ich lange Zeit die Homerischen Helden mir nur unter diesen Gestalten vergegenwärtigen konnte. Die Begebenheiten selbst gefielen mir unsäglich ...«* (*Dichtung und Wahrheit*, 1. Buch)

Eine genauere Kenntnis gewann Goethe 1770/71 in →*Straßburg*, wo er auf Anregung →*Johann Gottfried Herders* Homer im griechischen Original las. Er folgte Herders an jüngere englische Interpretationen angelehnter Deutung der Homerischen Epen als unmittelbarer Darstellungen der Natur und zugleich musterhafter Kunstformen.

Diese Betrachtung Homers ist in der Homer-Lektüre Werthers widergespiegelt. Sie ist aber Werthers sehnsuchtsvoller Bewunderung der *»Züge patriarchalischen Lebens«* in der *Odyssee* untergeordnet (→*Die Leiden des jungen Werthers*, 1. Buch), die auch Goethe in Homers Gesellschaftsschilderung schätzte.

Seither blieb Homer Goethes Lieblingslektüre, unbeschadet der wechselnden Vermittlungen, die ihm den Homerischen Text nahebrachten. 1773 benutzte er Sa-

Oben: *Christiane Friederike Wilhelmine Herzlieb. Ölgemälde von Luise Seidler aus dem Jahre 1812.*

Unten: *Friedrich Hölderlin. Pastell von Franz Karl Hiemer, 1792. Als Hölderlin 1794 Schiller besuchte, traf er dort auch einen Fremden, auf dessen Fragen er kaum antwortete. Hölderlin beschreibt die Episode in einem Brief an L. Neuffer vom November 1794. Der Unbekannte blättert »schweigend in dem soeben erschienenen Fragment von Hyperion. Ich fühlt es, daß ich über und über rot wurde«. Abends, im Club der Professoren, erfährt Hölderlin, daß der Fremde Goethe war.*

muel Clarkes (1675–1729) lateinische Übersetzung in Johann August Ernestis (1707–1781) synoptischer Edition (1756–1764). 1774 verfaßte Goethe eine Charakteristik Homers für →*Johann Caspar Lavaters Physiognomische Fragmente*. 1778/79 nahm er die Homer-Übersetzungen Johann Jakob Bodmers (1698–1783) sowie die *Ilias*-Übersetzung →*Friedrich Leopold Graf zu Stolbergs*, beide in Hexametern, zur Kenntnis. Gottfried August Bürger (1747–1794) ermunterte er in dessen Versuch, die *Ilias* in Jamben zu übertragen.

Das Erlebnis der →*Antike* in →*Italien* veranlaßte Goethe 1787 zum Erwerb einer Homer-Ausgabe in Palermo. Wie er seiner Schwester (→*Cornelia Goethe*) aus der Clarkeschen lateinischen Fassung Stegreifübersetzungen geliefert hatte, übersetzte er nun Teile aus der *Odyssee* aus dem Stegreif für den Maler Christoph Heinrich Kniep (1755–1825). 1793 begann Goethe ein mehrjähriges Homer-Studium und übersetzte Bruchstücke beider Epen. 1794 las er →*Johann Heinrich Voß'* hexametrische Homer-Übertragungen, die dieser ihm zugesandt hatte. 1797, im Zusammenhang mit der Diskussion über die Theorie des Epos mit →*Schiller*, las Goethe erneut die *Odyssee* und zugleich →*Friedrich August Wolfs Prolegomena ad Homerum* (1795). Die in dieser Untersuchung aufgeworfene »Homerische Frage« – ob die Epen Homers das Werk eines Autors oder nicht vielmehr das Ergebnis einer Redaktion verschiedener Einzelgesänge seien – interessierte Goethe. Er neigte jedoch der Auffassung zu, daß es sich um einen Autor handele. Hierin fand er sich 1821 durch Karl Ernst Schubarths *Ideen über Homer und sein Zeitalter* bestätigt. 1827 äußerte er sich zur »Homerischen Frage« in *Über Kunst und Altertum* und begriff Homer jetzt *»als eine herrliche Einheit und die unter seinem Namen überlieferten Gedichte als einem einzigen Dichtersinne entquollene Gottesgeschöpfe ...«* (*Homer noch einmal*). Im gleichen Zusammenhang entstand auch das Gedicht *Homer wieder Homer* (1827).

Seit →*Die Leiden des jungen Werthers* drangen Homer sowie Themen und Motive aus dessen Epen in Goethes Werk ein, stets im Sinne kraftvoller Bestätigung allen künstlerischen Schaffens – einschließlich des eigenen, wie es in einer frühen Hymne als *»Andacht liturg'scher Lektion / Im heiligen Homer«* ausgesprochen ist (*Künstlers Morgenlied*, 1774).

Goethe fand in Homers Epen Stoffe für den Plan eines Trauerspiels *Ulysses auf Phäa*, den er 1786/87 hegte, für das Fragment gebliebene *Nausikaa*-Drama (→*Dramenfragmente*) und für das fragmentarische Epos *Achilleis* (→*Epenfragmente*). Auch wirkten Homerische Figuren und Motive auf den Helena-Akt in →*Faust* II ein. Mit →*Hermann und Dorothea* ahmte Goethe die Form des antiken Epos nach.

»Ich hatte mir, überzeugt, daß es für mich keinen bessern Kommentar zur ›Odyssee‹ geben könne als eben gerade diese lebendige Umgebung, ein Exemplar verschafft und las es nach meiner Art mit unglaublichem Anteil. Doch wurde ich gar bald zu eigener Produktion angeregt, die, so seltsam sie auch im ersten Augenblicke schien, mir doch immer lieber ward und mich endlich ganz beschäftigte. Ich ergriff nämlich den Gedanken, den Gegenstand der Nausikaa als Tragödie zu behandeln ... gab mir ein solches Attachement an diesen Plan, an diesen Vorsatz, daß ich darüber meinen Aufenthalt zu Palermo, ja den größten Teil meiner übrigen sizilianischen Reise verträumte.«
(*Italienische Reise*)

1799 stellten Goethe und →*Johann Heinrich Meyer* als Preisaufgabe für bildende Künstler (→*Weimarer Kunstfreunde*) die Gestaltung eines Motivs aus Homer. →*Verskunst*

Alexander von Humboldt

* 14. 9. 1769 Berlin; † 6. 5. 1859 Berlin

Nach einem 1795 begonnenen Briefwechsel zwischen Goethe und dem Naturforscher A. von Humboldt setzte Anfang 1797 ein dreimonatiger enger und vertraulicher Verkehr zwischen beiden in →*Jena* und →*Weimar* ein.

Humboldt nahm an Goethes naturwissenschaftlichen Arbeiten regen Anteil. Während seiner großen amerikanischen Expeditionen (1799–1804) entstand das Werk *Ideen zu einer Geographie der Pflanzen, nebst einem Naturgemälde der Tropenländer* (1807), das Humboldt Goethe, dem Autor des *Versuchs, die Metamorphose der Pflanzen zu erklären* (→*Botanik*), widmete. Goethe entwarf aufgrund dessen eine Profilkarte, *Höhen der alten und neuen Welt bildlich verglichen* (1813). 1827, nach langjährigem Aufenthalt in Paris, und 1831, nach einer Expedition durch Sibirien, besuchte Humboldt Goethe in Weimar.

Goethe, der Humboldt in→*Die Wahlverwandtschaften* ...

»Aus Ottiliens Tagebuche« in den *Wahlverwandtschaften*: »... habe ich den Reisenden beneidet, der solche Wunder mit andern Wundern in lebendiger, alltäglicher Verbindung sieht. Aber auch er wird ein anderer Mensch. Es wandelt niemand ungestraft unter Palmen ... Nur der Naturforscher ist verehrungswert, der uns das Fremdeste, Seltsamste mit seiner Lokalität, mit aller Nachbarschaft jedesmal in dem eigensten Elemente zu schildern und darzustellen weiß. Wie gern möchte ich nur einmal Humboldten erzählen hören!«

Unten links: *Alexander von Humboldt. Kolorierter Stahlstich nach dem Gemälde von Franz Krüger, 1840.*

Rechts: *Wilhelm von Humboldt. Lithographie von Oldermann, nach Franz Krüger, 1827.*

ten erwähnt (2. Tl., 8. Kap.), urteilte über den Forscher und Entdecker: »*Man kann sagen, er hat an Kenntnissen und lebendigem Wissen nicht seinesgleichen. Und eine Vielseitigkeit, wie sie mir gleichfalls noch nicht vorgekommen ist.*« (Zu Eckermann, 11. 12. 1826)

Wilhelm von Humboldt

* 22. 6. 1767 Potsdam; † 8. 4. 1835 Tegel b. Berlin

Goethe lernte den Juristen, Diplomaten, preußischen Geheimen Staatsrat und späteren Mitbegründer der Berliner Universität im Dezember 1789 kennen. Ein näherer Verkehr wurde jedoch erst 1794 durch Goethes Mitarbeit an →*Schillers Horen* eingeleitet, an denen auch Humboldt, der 1794–1797 in →*Jena* lebte, mitwirkte. 1795 begann ein eher sporadischer Briefwechsel, der bis zu Goethes Tod dauerte. Aus Anteilnahme Humboldts an Goethes dichterischem Schaffen, besonders aus der Beratung zu metrischen Fragen bei →*Hermann und Dorothea*, ging die erste wissenschaftliche monographische Behandlung eines Werks von Goethe überhaupt hervor, die als erster Teil einer geplanten Reihe von *Ästhetischen Versuchen* Humboldts 1799 erschien: *Über Göthe's Herrmann und Dorothea*. Nächst Schillers Essay *Über naive und sentimentalische Dichtung* (1795) trug Humboldts Schrift zur Kanonisierung des Dichters Goethe als eines harmonischen Klassikers grundlegend und vereinseitigend bei.

Humboldts Übersetzung von Aischylos' *Agamemnon* und Oden →*Pindars* sowie seine Abhandlung über →*Homers Ilias* las Goethe 1797/98. 1799 veröffentlichte Goethe Humboldts Aufsatz *Über die gegenwärtige tragische Bühne* in den *Propyläen*.

Auch während der Phase einer gewissen weltanschaulichen Entfremdung aufgrund von Humboldts diplomatischer Tätigkeit für Preußen wurde der vertrauliche Verkehr durch wiederholte Besuche Humboldts bei Goethe in →*Weimar* fortgeführt. Die Briefe Humboldts an seine Frau Caroline (1766–1829) gehören zu den intimsten und kenntnisreichsten Zeugnissen über Goethe.

Humboldts große *Rezension von Goethes Zweitem römischen Aufenthalt* (1830) ergänzte das Bild des klassisch-harmonischen Dichters um die Ausdeutung seiner Totalität: der Zusammengehörigkeit von Goethes Dichtertum, seiner Begabung zur bildenden Kunst und seiner naturwissenschaftlichen Forschertätigkeit.

In den Briefen des letzten Jahrzehnts an Humboldt hat sich Goethe wie zu keinem anderen Korrespondenzpartner erläuternd über seinen →*Faust* geäußert, in dessen erstem Teil die Humboldtsche Besitzung in Tegel bei Berlin scherzhafte Erwähnung findet (»*Walpurgisnacht*«).

1830 war das Jahr, in dem sich beide, Goethe und Humboldt, aus verschiedenem Anlaß an Italien erinnerten. Humboldt hatte den Bericht Goethes über dessen zweiten römischen Aufenthalt gelesen. Am 4. 9. 1830 schreibt er an Goethe: »Was Sie über das Leben in dieser wundervollen Stadt sagen, war mir wie aus der Seele geschrieben, und auch einzelne kleine Züge brachten mir die Ähnlichkeit unseres beiderseitigen dortigen Lebens in Erinnerung. So erwähnen Sie eines durch Sie gepflanzten und noch fortgedeihenden Baumes, und auch von mir und meiner verstorbenen Frau stehen nun schon große und hochragende Bäume bei der Pyramide . . .«

August Wilhelm Iffland
* 19. 4. 1759 Hannover; † 22. 9. 1814 Berlin

Den berühmten Schauspieler Iffland sah Goethe erstmals 1779 in einer Aufführung des → *Clavigo* in Mannheim. Während Goethes Tätigkeit als Theaterleiter gastierte Iffland, dessen schauspielerisches Können Goethe außerordentlich schätzte, 1796, 1798, 1810 und 1812 in Weimar (→ *Theaterleitung*). Die zahlreichen Bühnenstücke des als Theaterschriftsteller gleichfalls erfolgreichen Iffland waren auch in Weimar sehr beliebt: unter Goethes Direktion wurden über 350 Mal Stücke von Iffland aufgeführt. Mit dessen Schauspiel *Die Jäger* (1785) und einem Prolog Goethes wurde 1791 das Weimarer Hoftheater unter Goethes Leitung eröffnet.

Auf Anregung Ifflands, der ab 1796 Direktor des Nationaltheaters in Berlin war, nahm Goethe 1798 die Arbeit an *Der Zauberflöte zweiter Teil* (→ *Oper*) wieder auf und beendete Ende 1800 seine Übersetzung von → *Voltaires Tancrède* (1760). 1814 trug Iffland Goethe an, ein Festspiel zur Feier der Rückkehr Friedrich Wilhelms III. von Preußen aus dem Feldzug gegen → *Napoleon* nach Berlin zu verfassen. Goethes zu diesem Anlaß geschriebenes Festspiel → *Des Epimenides Erwachen* kam jedoch erst 1815 unter Ifflands Nachfolger zur Aufführung.

Iffland als Wallenstein. Zeichnung von Wilhelm Hensel. Iffland war der erste Franz Moor in Schillers Räubern, *später am wirkungsvollsten in komischen und rührenden Charakterrollen. Als Theaterleiter und Verfasser von 65 Stücken ist Iffland eine bedeutende Figur der Theatergeschichte zu Goethes Zeiten. Schröder, Iffland und Kotzebue beherrschten die deutschen Bühnen. Daneben blieben Aufführungen von Lessings* Minna von Barnhelm *und* Emilia Galotti, *von Goethes* Götz, Clavigo *und* Stella, *auch von Schillers Jugenddramen fast unbemerkt. Doch Iffland beobachtete und förderte dann die in Weimar von Goethe und Schiller durchgesetzte Theaterkultur.*

Ilmenau

Stadt im Thüringer Wald, seit 1776 Zentrum von Goethes und → *Carl Augusts* Fahrten und Ritten über Land. 1784 eröffnete Goethe dort das Erzbergwerk (→ *Staatsdienst*). Auf dem nahen Kickelhahn (861 m) schrieb er 1780 das Gedicht *Über allen Gipfeln ist Ruh* an die Wand der Jagdhütte. Ein letzter Besuch Goethes mit seinen Enkeln in Ilmenau erfolgte am 26. 8. 1831.

Industrie

In Goethes Lebenszeit vollzog sich infolge einer großen Anzahl von Neuerungen und Erfindungen in der → *Technik* der Übergang von Handwerk und Manufaktur zur Fabrik. Goethe zeigte für diese Entwicklung von Anfang an reges Interesse, das durch seinen weimarischen → *Staatsdienst* später praktisch motiviert war. Auf seinen → *Reisen* besichtigte er die verschiedensten neuesten Fabrikanlagen, insbesondere Porzellan-, Textil-, Gewehr- und Messerfabriken sowie Salz- und Hüttenwerke. In Weimar war ihm – in ständiger Beratung mit dem Chemiker → *Johann Wolfgang Döbereiner* – an der Entwicklung der Bierbrauerei, Branntweinbrennerei, der Stärke-, Sirup- und Zuckerfabrikation u. a. gelegen.

Rechts: *Goethe als Orest und Corona Schröter als Iphigenie bei einer Aufführung der* Iphigenie *durch das Weimarer Theater in Ettersburg. Kolorierter Kupferstich von G. M. Kraus. Goethe trat in etwa zwanzig Stücken als Schauspieler auf. Höhepunkt war zweifellos sein Zusammenspiel mit Corona Schröter.*

In einem Brief an Körner schrieb Schiller am 21. 1. 1802: »Hier wollen wir im nächsten Monat Goethes ›Iphigenia‹ auf's Theater bringen; bei diesem Anlaß habe ich sie auf's neue mit Aufmerksamkeit gelesen, weil Goethe die Nothwendigkeit fühlt, einiges darin zu verändern. Ich habe mich sehr gewundert, daß sie auf mich den günstigen Eindruck nicht mehr gemacht hat, wie sonst; ob es gleich immer ein seelenvolles Product bleibt. Sie ist aber so erstaunlich modern und ungriechisch, daß man nicht begreift, wie es möglich war, sie jemals einem griechischen Stück zu vergleichen. Sie ist ganz nur sittlich; aber die sinnliche Kraft, das Leben, die Bewegung und alles, was ein Werk zu einem echten dramatischen specificiert, geht ihr sehr ab. Goethe hat selbst mir schon längst zweideutig davon gesprochen ... aber ich hielt es nur für eine Grille, wo nicht gar für Ziererei; bei näherem Ansehen aber hat es sich mir auch so bewährt ...«

Iphigenie auf Tauris

Ein Schauspiel. Entstehung 1779 (erste Prosafassung), 1780 (erste Versfassung in freien Rhythmen), 1781 (zweite Prosafassung), 1786 (zweite Versfassung in Blankversen unter Heranziehung von → *Karl Philipp Moritz*' Prosodie); Urauff. 6. 4. 1779, Herzogl. weimarisches Liebhabertheater, Ettersburg (erste Prosafassung), Goethe in der Rolle des Orest; 15. 5. 1802, Herzogl. Hoftheater, Weimar (zweite Versfassung in → *Schillers* Bearbeitung); Erstdruck 1787 (zweite Versfassung).

Die erste Fassung entstand im Auftrag des Weimarer Hofes zur Feier der Geburt einer Tochter → *Carl Augusts* und → *Luises*. Sein Stoff war Euripides' Drama *Iphigenie bei den Tauriern* entnommen, das einen Teil des Mythos der Atriden gestaltet.

Die auf der Insel Tauris als Priesterin der Göttin Diana lebende Iphigenie wird von König Thoas, der sie einst vor dem Opfertod bewahrte, zur Ehe gedrängt. Auf ihre Weigerung hin verlangt dieser von ihr, zwei Fremde – Iphigenies Bruder Orest und dessen Freund Pylades –, die gerade auf Tauris gelandet sind, dem Landesbrauch entsprechend der Göttin zu opfern. Zunächst zur Mithilfe an dem von Pylades ersonnenen Befreiungsplan bereit, offenbart Iphigenie nach schweren inneren Konflikten dem König den Plan, woraufhin dieser den drei Griechen die Freiheit schenkt und ihre Rückkehr in die Heimat erlaubt.

Im äußeren Handlungsablauf geringfügig, in der Akzentuierung jedoch entscheidend von Euripides abweichend, legte Goethe das Geschehen weitgehend in das Innere der Personen. Deren Reinheit, Geradheit und mitmenschliche Humanität darzustellen – zuzeiten erschien Goethe das Stück *»ganz verteufelt human«* (an Schiller, 19. 1. 1802) –, war Goethes höchstes Ziel.

Noch im Alter hat er das Ethos der *Iphigenie* in die Verse gefaßt: *»Alle menschliche Gebrechen / Sühnet reine Menschlichkeit«* (*»Was der Dichter diesem Bande ...«*, 1827).

Italien

Nach dem zweimaligen *Scheideblick nach Italien* (Zeichnung des St. Gotthard-Passes, 1775) während seiner ersten beiden Reisen in die →*Schweiz* brach Goethe Anfang September 1786 von Karlsbad aus zu seiner ersten Reise nach Italien auf. Seine Reiseroute führte ihn über den Brenner, Verona, Vicenza, Padua, → *Venedig*, Ferrara (→ *Ludovico Ariosto*, → *Torquato Tasso*), Bologna, Florenz nach →*Rom*, wo er Ende Oktober anlangte und bis Februar 1787 Wohnung nahm.

Ende Februar trat Goethe seine Reise nach →*Sizilien* an. Sie führte ihn über Neapel, den Vesuv, Pompeji, Herculanum, Paestum und von Neapel per Schiff nach Palermo, wo er Anfang April eintraf. Als Reisehandbuch diente ihm Johann Jakob Volkmanns *Historisch-kritische Nachrichten von Italien* (1770/71).

Mitte Mai schiffte er sich zur Rückreise nach Neapel ein. Es erfolgte ein zweiter Besuch Paestums. Von Neapel aus beobachtete Goethe einen Lavaausbruch des Vesuvs. Anfang Juni traf er wieder in Rom ein. Es begann sein zweiter römischer Aufenthalt, den er Ende April 1788 beendete. Die Rückreise nach Deutschland führte ihn über Florenz, Mailand und den Splügenpaß. Mitte Juni traf Goethe wieder in Weimar ein.

Von März bis Juni 1790 unternahm Goethe eine zweite Italienreise, während derer er sich von Ende März bis Mai in →*Venedig* aufhielt.

Die erste große Reise durch Italien war für Goethe die Erfüllung eines lebenslangen Wunsches. Im Elternhaus hatte er von früh an römische Veduten vor Augen gehabt. Goethes Vater hatte über seine Bildungsreise in Italien, 1740, Aufzeichnungen auf Italienisch gemacht und seine Vorliebe für die italienische Sprache auf den Sohn übertragen.

Sein Aufenthalt in Italien, dem seit prähistorischer Zeit traditionsgesättigten mittelländischen Kulturraum, machte Goethe seine bisherigen Erfahrungen des

Historisch-kritische
Nachrichten
von Italien,
welche
eine Beschreibung dieses Landes
der Sitten, Regierungsform, Handlung, des
Zustandes der Wissenschaften
und insonderheit
der Werke der Kunst
enthalten.
von
D. J. J. Volkmann.
Erster Band.
Zweyte viel vermehrte und durchgehends verbesserte Auflage.
Leipzig,
bey Caspar Fritsch, 1777.

Unten: *Goethes Reiseführer durch Italien:* Historisch-kritische Nachrichten von Italien *von J. J. Volkmann, 2. Aufl. Leipzig 1777.*

Oben: *Goethes Reisewagen. Während seiner Italienreisen benutzte Goethe allerdings Postkutschen.*

Unten: *Am 8. September 1786 entstand auf der Fahrt nach Italien Goethes Zeichnung* Gegen den Brenner.

Gegenüberliegende Seite:

Oben: *Goethe,* Die Phlegäischen Felder. *Aquarellierte Federzeichnung.*

Unten: *Goethe,* Landschaft. *Rom 1787.*

Volkslebens und der Kunstwelt besonders deutlich. Italien war für Goethe das einzige fernere Ausland, an dessen Gesellschaftsleben er seine deutschen Erfahrungen messen konnte. Er erkannte in diesem Gesellschaftsleben noch fortwirkende Elemente der →*Antike*. Ebenso bot Italien ihm das reichste Anschauungsmaterial im Bereich der →*Baukunst* und der →*Bildenden Kunst* (→*Renaissance*, →*Andrea Palladio*). Den Kultus der römisch-katholischen Kirche beobachtete Goethe mit besonderem Interesse. Auch die Natur erlebte er in Italien in ihren zum Teil subtropischen Formen in gesteigertem Maße (→*Botanik*). Während seines zweiten Aufenthalts in Venedig förderte Goethe seine osteologischen Studien (→*Anatomie*).

Reflexe des Italienerlebnisses durchziehen Goethes schriftstellerisches Werk auf vielfältige Weise. Das beginnt mit der Abfassung von *Das Römische Karneval*

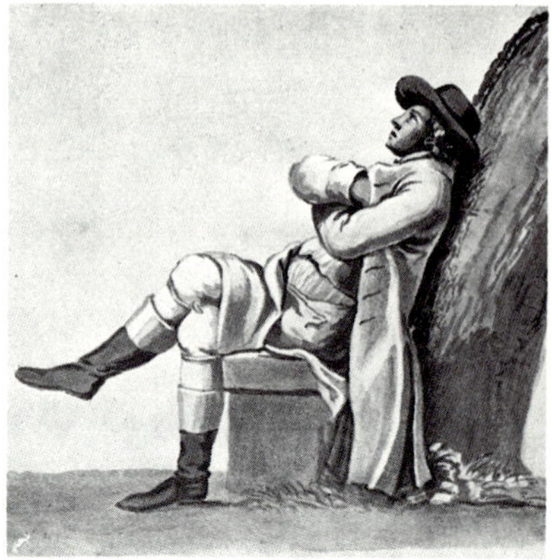

Links: *Goethe,* Vesuvausbruch. *Aquarellierte Federzeichnung. Goethe erlebte das Schauspiel des aktiven Vulkans Anfang Juni 1787 bei seinem Aufenthalt in Neapel.*

Rechts: *Goethe in Italien. Zeichnung von Philipp Hackert.*

und der →*Römischen Elegien* 1788 in Weimar und reicht bis zur Schlußredaktion des zweiten Teiles der →*Italienischen Reise,* 1829.

Die lyrische Gestaltung von Goethes Italiensehnsucht fand bereits 1783 einen ersten Höhepunkt in dem sog. Mignon-Lied *Kennst du das Land*. Gestalten italienischer Herkunft, Mignon und der Harfner, figurieren in Goethes Romanen *Wilhelm Meisters theatralische Sendung* (1777–1786) und → *Wilhelm Meisters Lehrjahre* (1794–1796). In Goethes Schriften zur Kunst nehmen die Betrachtungen italienischer Gemälde einen besonderen Platz ein (→ *Kunstkritik*).

Italienische Reise

Entstehung 1788 (*Das Römische Karneval*; später im 2. Teil), 1813–1817 (1. Teil), 1828/29 (2. Teil); Erstdruck 1789 (*Das Römische Karneval*), 1816/17 (1. Teil), 1829 (2. Teil).

In der *Italienischen Reise* schildert Goethe seinen Aufenthalt in → *Italien* 1786–1788. Während der ausgedehnten Entstehungszeiten des Werkes wechselte Goethe die Form der Darstellung: im 1. Teil überwiegt eine Dokumentation seines ersten Aufenthalts in →*Rom* und seiner Reise nach →*Sizilien* durch Originalmitteilungen aus der Reisezeit, die Goethe 1818 größtenteils vernichtete; im 2. Teil wechseln redigierte Korrespondenz, Bericht im Altersstil, in sich abgeschlossene Aufsätze sowie auch Zeugnisse der Gefährten und Freunde in Italien.

Die *Italienische Reise* ist im ganzen das ausführlichste Zeugnis von Goethes Auseinandersetzung sowohl mit der →*Antike*, der →*Renaissance*, d. h. geschichtlichen Phänomenen, als auch mit der Natur und dem Gesellschaftsleben der Völker, dem Goethe im entfernten

Oben: Das römische Carneval. *Kolorierte Tafel mit maskierten Figurinen von G. M. Kraus zu Goethes Beschreibung des Karnevals in Rom, Buchausgabe 1789. Die Abbildung zeigt den Pulcinellen-König.*

Unten: *Friedrich Heinrich Jacobi. Kupferstich von Thelott.*

Ausland im Vergleich mit deutschen heimischen Gewohnheiten eine geschärfte Aufmerksamkeit zuwandte.

→ *Autobiographie*

Friedrich Heinrich Jacobi

* 25. 1. 1743 Düsseldorf; † 10. 3. 1819 München

Goethe lernte den Düsseldorfer Kaufmann 1774 während seiner Lahn-Rhein-Reise in Elberfeld kennen. Es folgte zwischen beiden im Stile des zeitgenössischen Freundschaftskults sogleich ein inniger Gedankenaustausch, der u. a. in einem intensiven Briefwechsel 1774/75 seinen Ausdruck fand. Eine Spiegelung des Freundschaftsverhältnisses findet sich in Jacobis Roman *Aus Eduard Allwills Papieren* (1775/76).

Ab 1775 befremdete Goethe Jacobis religiös-mystische Anschauungsweise. 1779 parodierte Goethe in der Weimarer Hofgesellschaft Jacobis Roman *Woldemar* und löste damit einen Bruch des Freundschaftsverhältnisses aus; darauf folgende Versöhnungsversuche Goethes lehnte Jacobi ab. 1782 erlangte Goethe schließlich die Aussöhnung, und beide setzten den Briefwechsel und Werkaustausch fort.

In diesem Austausch verschärfte sich der Gegensatz ihrer Positionen jedoch bald wieder. Schon 1780 hatte

Jacobi Goethes unveröffentlichte Hymne *Prometheus* → *Gotthold Ephraim Lessing* gezeigt und dessen unverhohlene Bewunderung der Verherrlichung des Pantheismus in diesem Gedicht abgewehrt. Jacobis Deutung → *Baruch de Spinozas* als Atheisten (*Über die Lehre des Spinoza*, 1785) lehnte Goethe ab.

Anläßlich seiner Rückkehr vom Feldzug in Frankreich war Goethe 1792 für einen Monat zu Gast bei Jacobi in Pempelfort. 1794 ließ Jacobi die Neufassung seines *Woldemar* mit einer sechsseitigen Widmung an Goethe erscheinen. Ein letzter Besuch Jacobis bei Goethe in Weimar fand 1805 statt.

Nach dem Erscheinen von Jacobis Schrift *Von den göttlichen Dingen und ihrer Offenbarung* (1811) wurde Goethes Ablehnung des *»Supranaturalisten«* in Brief- und Gesprächsäußerungen immer schärfer.

Jahrmarktsfest zu Plundersweilern

Ein Schönbartsspiel. Entstehung 1773 (erste Fassung), 1778 (zweite Fassung); Erstdruck 1774 (erste Fassung), 1789 (zweite Fassung); Urauff. 20. 10. 1778, Herzogl. weimarisches Liebhabertheater, Ettersburg (zweite Fassung), Goethe in den Rollen des Marktschreiers, des Haman und des Mardochai.

Diese nach dem Vorbild des → *Hans Sachs* geschriebene Farce mit zeitsatirischem Einschlag ist Goethes frühester Knittelversschwank. Die ursprüngliche Derbheit wurde in der zweiten Fassung aus dem Jahr 1778 gemildert.

1781 knüpfte Goethe mit *Das Neueste von Plundersweilern* an die von ihm geschätzte Farce noch einmal an. → *Göttinger Hain*; → *Anna Amalia von Sachsen-Weimar-Eisenach*

Jean Paul (Johann Paul Friedrich Richter)

* 21. 3. 1763 Wunsiedel; † 14. 11. 1825 Bayreuth

Jean Paul, der mit Begeisterung → *Wilhelm Meisters Lehrjahre* las, sandte Goethe 1795 seinen Roman *Hesperus*, den Goethe kritisch beurteilte. Im Juni 1796 machte Jean Paul einen Besuch bei Goethe. Dieser bezeichnete ihn zunächst als *»sehr guten und vorzüglichen Menschen«* (an J. H. Meyer, 20. 6. 1796); wenig später jedoch fand er eine Äußerung Jean Pauls zu → *Karl Ludwig von Knebels* Properz-Übersetzung so arrogant, daß er gegen ihn das satirische Gedicht *Der Chinese in Rom* richtete.

Als Jean Paul 1798–1800 in Weimar lebte, begegnete ihm Goethe anfangs freundlich, doch kühlte sich das Verhältnis aufgrund gegenseitiger Vorbehalte schnell ab. Später steigerte sich Goethes Kritik an Jean Pauls romantischer Sentimentalität und Formlosigkeit. Auch

Links: *Jean Paul schreibend in seinem Garten. Kolorierte Zeichnung von seinem Schwiegersohn Ernst Foerster. In Weimar schloß sich Jean Paul stärker Herder an, der seit der Freundschaft Goethes mit Schiller einsam geworden war. Jean Paul suchte seinen eigenen Weg zwischen den geistigen Parteien seiner Zeit. Ein Bild von Weimar gab er in seinem Roman* Titan *(1800/02). Sein* Hesperus *(1795) hatte übrigens einen stärkeren Publikumserfolg als Goethes gleichzeitig erschienener* Wilhelm Meister.

lehnte er dessen eigenwilligen Sprachgebrauch ab. Jean Pauls Beurteilung Goethes blieb zwiespältig.

1825 setzte Goethe unter einen larmoyanten Stammbucheintrag Jean Pauls (*»Der Mensch hat hier dritthalb Minuten: eine zu lächeln, eine zu seufzen und eine halbe zu lieben; denn mitten in dieser Minute stirbt er.«*) für →*Walther Wolfgang von Goethe* den Spruch *»Ihrer sechzig hat die Stunde, / Über tausend hat der Tag. / Söhnchen, werde dir die Kunde, / Was man alles leisten mag!«*

Jena

Zur Zeit Goethes Universitätsstadt im Herzogtum →*Sachsen-Weimar-Eisenach*, von →*Weimar* 20 km entfernt.

Goethe war Jena seit seinem Eintritt in Weimar eng verbunden. Für ihn waren beide Städte eine Einheit; er sprach von *»Weimar-Jena der großen Stadt, / Die an beiden Enden / Viel Gutes hat.«* (*Zahme Xenien*) Mit der Mitarbeit von →*Friedrich von Schiller*, →*Johann Gottlieb Fichte*, →*Friedrich Wilhelm Schelling*, →*Georg Wilhelm Friedrich Hegel*, den Brüdern →*August Wilhelm* und →*Friedrich Schlegel*, der Teilnahme der Brüder →*Wilhelm* und →*Alexander von Humboldt* wurde die Universität zu Goethes Zeit zum Zentrum der idea-

Oben: *Goethes Zeichnung vom Löbertor zu Jena, 1810.*
In Jena erweiterten sich Goethes botanische »Kenntnisse und Einsichten in lebenslustiger Gesellschaft«. Die Vorteile, die die Stadt in dieser Hinsicht bot, verlockten ihn zu vielen Fahrten dorthin: »große Gärten sowohl an der Stadt als an Lustschlössern, hie und da in der Gegend Baum- und Gebüsch-Anlagen nicht ohne botanische Rücksicht, dazu die Beihülfe einer in der Nachbarschaft längst durchgearbeiteten wissenschaftlichen Lokalflora, nebst der Einwirkung einer stets fortschreitenden Akademie . . .« (Geschichte meiner botanischen Studien)

listischen Philosophie und gewann einen über die Grenzen Deutschlands reichenden Ruhm.

Für Goethe selbst war sie ein Ort für seine naturwissenschaftlichen Studien. Als Staatsbeamter war ihm von Anfang an der Zutritt zu sämtlichen Universitätsinstituten gewährt, und seit 1809 leitete er die »Unmittelbaren Anstalten für Wissenschaft und Kunst« (→ *Staatsdienst*).

Mit Justus Christian Loder (1753–1832) betrieb er seit 1781 → *Anatomie*, mit → *Johann Wolfgang Döbereiner* → *Chemie*. Im Botanischen Garten verfolgte er Pflanzen- und Samenzüchtungen. Er nahm an der Gründung der Universitäts-Sternwarte, am Ausbau der Veterinärschule Anteil und förderte die Erneuerung der Jenaischen Bibliotheken. 1803 veranlaßte Goethe die Gründung der *Jenaischen Allgemeinen Literatur-Zeitung*.

Bei seinen häufigen Aufenthalten standen ihm meist Zimmer im Alten Schloß zur Verfügung. Zentren seines geselligen Verkehrs waren die Häuser des Buchhändlers Karl Friedrich Ernst Frommann (1765–1837) und → *Karl Ludwig von Knebels.*

Jery und Bätely

Ein Singspiel. Entstehung 1779; Urauff. 12. 7. 1780, Herzogl. Liebhabertheater, Weimar; Erstdruck 1790 (überarb. Fassung)

Die *»kleine Operette, worin die Akteurs Schweizerkleider anhaben und von Käs und Milch sprechen«* (an Dalberg, 2. 3. 1780) setzt in ihrer Liebesthematik die Tradition der Schäferspiele fort.

→ *Philipp Christoph Kayser*; → *Johann Friedrich Reichardt*; → *Karl Siegmund Freiherr von Seckendorff*; → *Singspiele*

Journalismus

Seit seinen Frankfurter Jahren als Rechtsanwalt beteiligte sich Goethe an den neueren und neuesten Publikationsformen der gelehrten Anzeigen, Monatsblätter, Journale und Zeitungen. Bereits für die *Frankfurter Gelehrten Anzeigen* (1772/73) verfaßte Goethe mannigfaltige Beiträge, meist Rezensionen über schöne Literatur, Theateraufführungen, Reisebeschreibungen, Kupferstichveröffentlichungen, Juristisches und Naturwissenschaftliches. Diese journalistische Produktion setzte er zeit seines Lebens fort.

Während der Weimarer Jahre traten die Formen der Ankündigungen und Empfehlungen, eigene Reisebeschreibungen, Sendschreiben aus der persönlichen Korrespondenz, Mitteilungen von Preisaufgaben der → *Weimarer Kunstfreunde* hinzu.

Die hauptsächlichen Organe seiner journalistischen Veröffentlichungen waren *Der Teutsche Merkur, Das deutsche Museum, Die Horen,* die *Allgemeine Zeitung,* die *Allgemeine Literatur-Zeitung,* die *Jenaische Allgemeine Literatur-Zeitung,* das *Journal des Luxus und der Moden*, die *Zeitung für die elegante Welt* und das *Morgenblatt für gebildete Stände*.

Zu Goethes journalistischen Arbeiten trat seine Tätigkeit als Publizist (→ *Herausgebertätigkeit*).

→ *Kritische Schriften*; → *Essay*

Juden, Judentum

Der junge Goethe hat noch die »Judengasse« in → *Frankfurt* als *»unangenehmsten Eindruck«* erlebt (*Dichtung und Wahrheit*, 4. Buch). Seinen *»Abscheu gegen die Juden«* (an A. Frankl, Juni 1811) hat Goethe erst im Laufe von deren Emanzipation und durch kritisch-historische Betrachtung ihrer geistig-künstlerischen Leistungen, vornehmlich der → *Bibel*, gemildert. Einen jüdischen Fürsprecher für die Bürgerrechte von Frankfurts Juden lehnte Goethe als *»Humanitätssalbader«* ab (an B. v. Arnim, 20. 4. 1808). Das Emanzipationsgesetz von 1812, das Juden und Christen die Heirat erlaubte, verdammte Goethe (zu F. v. Müller, 23. 9. 1823). In seinen Beziehungen zu einzelnen Juden blieben jüdische Rassen- und Religionsprobleme unberücksichtigt.

Als Knabe lernte Goethe Hebräisch, um die Poesie des *Alten Testaments* im Original zu lesen. Er plante nach dessen Stoffen erste Dramen und ein Joseph-Epos. Eine in Judendeutsch abgefaßte scherzhafte *Judenpredigt* schrieb Goethe während seiner Leipziger Studentenzeit (→ *Leipzig*). Den Topos des zu ewiger Wanderschaft verdammten Ahasver, Goethe aus → *Volksbüchern* vertraut, gestaltete er 1774 in seinem epischen Fragment *Der ewige Jude* (→ *Epenfragmente*).

Rechts: *Frankfurter Judengasse mit Börnes Geburtshaus. Zu Goethes Zeiten mußten die nahezu 3000 Juden sehr eng aufeinander in einer Gasse wohnen. Das Bild von C. F. Mylius ist aus dem Jahre 1880.*

Junges Deutschland

Die politisch-literarische Bewegung, der Ludolf Wienbarg (1802–1873) in seinen *Ästhetischen Feldzügen* (1834) ihren Namen gab und der Ludwig Börne (1786–1837), Karl Gutzkow (1811–1878), Heinrich Laube (1806–1884), Theodor Mundt (1808–1861), Gustav Kühne (1806–1888) und der einflußreiche Literaturkritiker Wolfgang Menzel (1798–1873) angehörten, deren Äußerungen zeitweise auch auf → *Heinrich Heine* Einfluß gewannen, hatte ein zwiespältiges Verhältnis zu Goethe. Ihre Anwürfe gegen den *»Fürstenknecht«* (so Goethe zu Eckermann, 27. 4. 1825; vgl. auch die Xenie *Grabschrift*) blieben sich seit Johann Friedrich Wilhelm Pustkuchens (1793–1834) anonym erschienener Parodie *Wilhelm Meisters Wanderjahre* (1821 ff.) im wesentlichen gleich.

Menzel nahm sie als erster 1823/24 publizistisch auf und wiederholte seine Kritik, daß Goethe *»immer nur die herrschende Partei ergriff«*, 1828 in seiner weitverbreiteten Schrift *Die deutsche Literatur*. Eine Fortsetzung gewisser Kritik der → *Romantik* stellen Menzels grobe Attacken entgegen seiner eigenen Meinung nicht dar, wie schon Zeitgenossen erkannten (Laube). Goethe richtete gegen Menzel den Vierzeiler *»Verwandte sind sie von Natur, / Der Frischling und das Ferkel; / So ist Herr Menzel endlich nur / ein potenzierter Merkel.«*

Ein um Gerechtigkeit bemühtes Urteil über Goethe fällte Karl Gutzkow in seinem Aufsatz *Über Göthe im Wendepunkte zweier Jahrhunderte,* 1836: »Göthe aber ist ein Name, auf den man zu allen Zeiten zurückkommen kann. Durch nichts bestimmt, kann er jedes bestimmen. Seine Dichtungen sind ein kritisches Regulativ für jede zukünftige Schöpfung. Wer wollte seine Philosophie adoptieren! Wer kann sein Leben den Triumph der Aufopferung nennen! Wer möchte, wenn er auch so gerecht wäre, daß er das nicht tadelte, was Göthe zu tun hinterließ, doch so tolerant sein, daß er alles billigte, was Göthe tat! Aber diese Stimmungen und Gefühle mildern sich mit der Zeit, und gehören noch weniger in die Literatur. In der Geschichte der Kunst wird sein Name sich wie eine goldhaltige Ader fortziehen ...«

Obwohl die jüngeren Schriftsteller Goethes überragende geistig-künstlerische Bedeutung nicht leugnen konnten, griffen sie ihn doch als *»gereimten Knecht«* (Börne, 1830), *»Knecht der Verhältnisse«* (Börne, 1835) und *»Fürstendiener«* (Kühne, 1835) an. Diese Vorwürfe wirkten bis in die Schriften des politischen »Vormärz« fort.

Eine Versöhnung der Standpunkte, wie sie Karl Grün (1817–1887) in seiner Schrift *Über Goethe vom menschlichen Standpunkte* (1846) aus sog. linkshegelianischer Perspektive versuchte, lehnte Friedrich Engels ab: *»Wir werfen Goethe nicht à la Börne und Menzel vor, daß er nicht liberal war, sondern daß er zuzeiten auch Philister sein konnte ...«* (*Deutscher Sozialismus in Versen und Prosa*, 1847)

Sämtliche antagonistischen Positionen kehren seither in der Diskussion von Goethes →*Wirkung* oft historisch unvermittelt und unreflektiert wieder.

Oben links: *Ludwig Börne, herausragender Kritiker und wie Goethe Frankfurter. Von ihm stammt eine ganze Reihe von ablehnenden Formulierungen zu Goethe, die vom Jungen Deutschland aufgegriffen wurden.*

Mitte: *Heinrich Laube. Stahlstich von Wolf nach einer Fotografie von Vogel, um 1850.*

Rechts: *Wolfgang Menzel. Stich von Ch. L. Schuler d. Ä. nach Holder.*

Johann Heinrich Jung-Stilling

* 12. 9. 1740 Grund b. Hilchenbach (Westfalen); † 2. 4. 1817 Karlsruhe

Goethe lernte den Studenten der Medizin 1770 als Tischgenossen in →*Straßburg* kennen. Er besuchte den Arzt 1774 in Elberfeld. 1775 besuchte Jung-Stilling Goethe in →*Frankfurt.* In seiner *Lebensgeschichte*, deren ersten Band (*Heinrich Stillings Jugend,* 1772) Goethe 1777 in Druck gab, schildert Jung-Stilling die Straßburger Zeit mit Goethe. Während Goethe anfänglich die Frömmigkeit des Kommilitonen schätzte, lehnte er dessen späteren rührseligen →*Pietismus* ab (vgl. Goethes Xenie *H. S.*). Eine rückblickende Beurteilung Jung-Stillings gibt Goethe in *Dichtung und Wahrheit* (9. Buch).

Unten: *Johann Heinrich Jung-Stilling. Zeitgenössischer Kupferstich von Heinrich Lips.*

Kant und seine Ausleger

Wie doch ein einziger Reicher so viele Bettler in Nahrung
Setzt! Wenn die Könige baun, haben die Kärrner zu tun.
(Xenien)

Immanuel Kant

* 22. 4. 1724 Königsberg; † 12. 2. 1804 Königsberg

Kants philosophische Hauptwerke erschienen in folgender Reihenfolge: *Kritik der reinen Vernunft* (1781), *Kritik der praktischen Vernunft* (1788), *Kritik der Urteilskraft* (1790).

Durch Kants Schüler → *Johann Gottfried Herder* war Goethe in seiner Straßburger Studienzeit nicht auf die Kantische Philosophie hingewiesen worden. Nach seiner Rückkehr aus Italien konnte er ihre Ausbreitung nicht mehr übersehen. Der 1787 nach Jena berufene Philosophieprofessor Carl Leonhard Reinhold (1758–1823) begann Kants Gedanken in *Briefen über die Kantische Philosophie* (1786/87 im *Teutschen Merkur* erschienen; in Buchform 1790–1792) für ein breiteres Publikum zu popularisieren.

Intensive Anstöße, sich mit der Kantischen Philosophie zu befassen, erhielt Goethe im September/Oktober 1790 durch Gespräche mit Christian Gottfried Körner (1756–1831) in Dresden und mit → *Schiller* in Weimar. Sogleich beschäftigte er sich mit Kants *Kritik der Urteilskraft.*

Bei grundsätzlicher Anerkennung der philosophischen Ableitungen Kants wandte sich Goethe u. a. gegen dessen Prinzip des *»radikalen Bösen«* in der Schrift *Die Religion innerhalb der Grenzen der bloßen*

Unten links: *Der Königsberger Philosoph Immanuel Kant um 1790. Gemälde von unbekannter Hand.*

Rechts: *Immanuel Kant,* Kritik der Urteilskraft. *Seite aus der Abschrift der 1789 entstandenen Ersten Einleitung von Kants Sekretär Kiesewetter, mit einer eigenhändigen Anmerkung von Kant ab Mitte der Seite.*

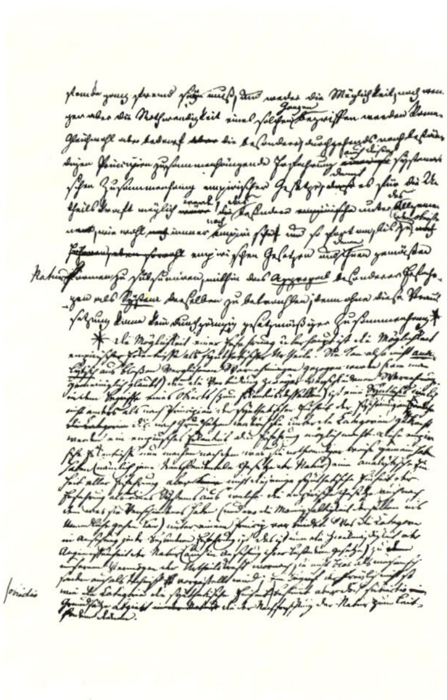

Vernunft (1793): »*Dagegen hat aber auch Kant seinen philosophischen Mantel, nachdem er ein langes Menschenleben gebraucht hat, ihn von mancherlei sudelhaften Vorurteilen zu reinigen, freventlich mit dem Schandfleck des radikalen Bösen beschlabbert, damit doch auch Christen herbeigelockt werden, den Saum zu küssen.*« (An C. und J. G. Herder, 7. 6. 1793) Den »*kategorischen Imperativ*« aus Kants *Kritik der praktischen Vernunft* machte sich Goethe ganz zu eigen.

Rückblickend hat er den Einfluß der Kantischen Philosophie auf sein eigenes Denken resümiert in dem nach erneutem Kant-Studium 1817 geschriebenen Aufsatz *Einwirkung der neueren Philosophie* und den daran anschließenden Bemerkungen *Anschauende Urteilskraft* und *Bedenken und Ergebung* (*Zur Naturwissenschaft überhaupt, besonders zur Morphologie*, 1820).

Während Goethe Kants kategoriale Trennung von Subjekt und Objekt in der *Kritik der reinen Vernunft* als »*völlig außerhalb seines Kreises*« liegend betrachtete (*Einwirkung der neueren Philosophie*), hat er über die *Kritik der Urteilskraft* später noch ein positives Urteil gefällt: »*Es ist ein grenzenloses Verdienst unseres alten Kant um die Welt, und ich darf auch sagen um mich, daß er, in seiner Kritik der Urteilskraft, Kunst und Natur kräftig nebeneinander stellt und beiden das Recht zugesteht: aus großen Prinzipien zwecklos zu handeln.*« (An Zelter, 29. 1. 1830)

Goethe über Kants *Kritik der reinen Vernunft*: »Für alles dieses jedoch hatte ich keine Worte, noch weniger Phrasen, nun aber schien zum erstenmal eine Theorie mich anzulächeln. Der Eingang war es, der mir gefiel, ins Labyrinth selbst konnt' ich mich nicht wagen: bald hinderte mich die Dichtungsgabe, bald der Menschenverstand und ich fühlte mich nirgends gebessert.« (*Einwirkung der neueren Philosophie,* 1817)

Angelica Kauffmann

* 30. 10. 1741 Chur (Schweiz); † 5. 11. 1807 Rom

Goethe lernte die Malerin 1786 in →*Rom* kennen. Bei wechselseitiger Teilnahme an dem Schaffen des anderen schlossen sie sich besonders freundschaftlich aneinander an. Goethe bemängelte an ihrem Ölporträt von sich die fehlende Ähnlichkeit: »*Es ist immer ein hübscher Bursche, aber keine Spur von mir.*« *(Italienische Reise)*

Angelica Kauffmann: Im Atelier der Künstlerin. *Tuschezeichnung, weiß gehöht. »Den Sonntag bringen wir zusammen zu, und in der Woche sehe ich sie abends einmal. Sie arbeitet so viel und so gut . . .«* (Italienische Reise, *7. 12. 1787*).

Philipp Christoph Kayser

* 10. 3. 1755 Frankfurt a. M.; † 24. 12. 1823 Zürich

Goethe war mit dem Frankfurter Komponisten und Klavierlehrer seit seiner Jugend befreundet. Er traf ihn 1775 und 1779 während seiner Reisen in die →*Schweiz* in Zürich wieder, wo Kayser seit 1775 lebte.

Bis 1777 hatte Kayser fünf Gedichte Goethes vertont. 1779 wurde er von Goethe mit der Komposition des Singspiels →*Jery und Bätely* beauftragt, doch da Kayser die Partitur nicht rechtzeitig lieferte, fand die Uraufführung in der Vertonung →*Karl Siegmund Freiherr von Seckendorffs* statt. Von Januar bis Mai 1781 besuchte Kayser Goethe in Weimar; es erfolgte eine um-

Philipp Christoph Kayser. Zeichnung von H. Lips.
»Kayser ist nun da, und es ist ein dreifach Leben, da die Musik sich anschließt. Es ist ein trefflich guter Mann und paßt zu uns, die wir wirklich ein Naturleben führen, wie es nur irgend auf dem Erdboden möglich ist. Tischbein kommt von Neapel zurück, und da muß beider Quartier und alles verändert werden, doch bei unsern guten Naturen wird alles in acht Tagen wieder im Gleis sein.« (Italienische Reise. *Rom, 10. 11. 1787*)

fangreiche Zusammenarbeit auf dem Gebiet des → *Singspiels*. Seit 1785 äußerte sich Goethe in ausführlichen Briefen an Kayser im Hinblick auf dessen Vertonung des Singspiels *Scherz, List und Rache* (1784/85) über musiktheoretische Fragen und Formen der → *Oper*.

1787 übersandte Goethe Kayser → *Egmont* zur Komposition einer Bühnenmusik. Im selben Jahr lud er ihn nach → *Rom* ein, und es begann eine erneute intensive Zusammenarbeit. Lebhaft interessierte sich Goethe für Kaysers Studium der italienischen Kirchenmusik.

Nach 1789 lebte Kayser wieder zurückgezogen in Zürich. Goethes Beziehung zu ihm lockerte sich. Mit Beginn der neunziger Jahre wandte Goethe sich dem Komponisten → *Johann Gottfried Reichardt* zu.
→ *Vertonungen*

Johann Christian Kestner

* 28. 8. 1741; † 24. 5. 1800 Hannover
→ *Charlotte Buff*

Kind

Lange bevor die Anthropologie den Eigenwert der Kindheit in der Lebensentwicklung erkannte, war in Goethe ein tiefer Sinn für die Eigenheit des Kindlichen ausgebildet. Von → *Die Leiden des jungen Werthers* bis zu → *Wilhelm Meisters Wanderjahre* durchziehen Kindergestalten Goethes Gesellschaftsromane, an denen Goethes eindringliche Kenntnis der Kinderpsyche abzulesen ist. Er findet Kinder *»so unverdorben, so ganz«* (*Die Leiden des jungen Werthers*) wie andere Naturwesen auch. Vgl. auch Goethes Verhältnis zu seinem Sohn → *August von Goethe* und seinen Enkeln → *Walther Wolfgang von Goethe* und → *Wolfgang Maximilian von Goethe*.
→ *Pädagogik*

Klassik

Der Begriff »Klassik«, nicht in allgemeiner typologischer Bedeutung genommen, sondern auf Goethes Entwicklungsgeschichte bezogen, deckt etwa die Epoche von Goethes erstem Aufenthalt in Rom, 1786, bis zu Schillers Tod, 1805.

Goethes Aufenthalte in → *Italien* und das durch sie vermittelte Erlebnis der → *Antike* festigten seine klassizistischen Anschauungen der → *Bildenden Kunst*, die ihm durch → *Adam Friedrich Oeser* und → *Johann Joachim Winckelmann* frühzeitig nahegebracht worden waren. Das Erlebnis der Antike wurde nach dem Abklingen der → *Sturm-und-Drang*-Phase für den reifen

Goethe Grundlage seines Schaffens, seines Verständnisses von Geschichte, Gesellschaft, Natur und seiner →*Ästhetik*, wie sie während der Zeit der Klassik und in bezug auf bildende Kunst und →*Musik* auch über diese hinaus für ihn kanonisch blieb. Der an der Antike gewonnene Maßstab brachte Goethe in den schärfsten Gegensatz zur →*Romantik*. (Der Gegensatz Klassik/Romantik in der deutschen Geistesgeschichte wiederholt und modifiziert ästhetisch-ideologische Gegenüberstellungen anderer nationaler Kulturen, z. B. die »Querelle des Anciens et des Modernes«.) Goethe brachte den Gegensatz auf die Formel: *»Klassisch ist das Gesunde, romantisch das Kranke.«* (*Maximen und Reflexionen*; vgl. auch zu Eckermann, 2. 4. 1829)

In Zusammenarbeit mit →*Friedrich von Schiller* bildete Goethe eine Literaturprogrammatik der Klassik aus, die sowohl im Briefwechsel mit diesem als auch in theoretischen Abhandlungen in Schillers Zeitschrift *Die Horen* und in der von Goethe selbst herausgegebenen Zeitschrift *Propyläen* zum Ausdruck kam (→*Herausgebertätigkeit*). Von den eigenen Werken dieser Epoche seien als beispielhaft »klassisch« genannt: →*Römische Elegien*, →*Venetianische Epigramme*, →*Xenien*; →*Hermann und Dorothea*; →*Wilhelm Meisters Lehrjahre*; →*Iphigenie auf Tauris*, →*Torquato Tasso*. Insbesondere in diesen beiden Dramen – wie auch in seiner erneuten Befassung mit Werken der französischen Klassik und Aufklärung (→*Pierre Corneille*; →*Jean-Baptiste de Racine*; →*Voltaire*) – wandte sich Goethe vom dramaturgischen Vorbild →*Shakespeare* ab und arbeitete wieder nach den drei Einheiten des →*Aristoteles*.

Für die bildende Kunst erarbeitete Goethe im Kreise der →*Weimarer Kunstfreunde* eine Programmatik, die von 1799 bis 1805 durch Preisausschreiben an die Öffentlichkeit gebracht wurde. Klassizistische Bestrebungen kennzeichneten auch Goethes →*Theaterleitung*.
→*Aufklärung*; →*Sturm und Drang*

»Bei der Erörterung des Problems einer deutschen Klassik erklärt Goethe deren Schranken fast ausschließlich mit Hilfe soziologischer Gedankengänge. Den Deutschen fehlt ein kultureller Mittelpunkt; politisch sind sie zerstückelt, sie sind keine glückliche, geeinte Nation, es fehlt ihnen an Nationalgeist und an einer eingewurzelten literarischen Tradition. Aber nur von einer wahren Nation kann man einen Nationalautor höchsten Ranges erwarten. Nun ist es charakteristisch für Goethe, den Konservativen und Weimarer Patrioten von 1795, daß er hinzufügt: Wir wollen die Umwälzungen nicht wünschen, die in Deutschland klassische Werke vorbereiten könnten. Offensichtlich denkt er dabei an den französischen Klassizismus und dessen Zentralisation in Paris und Versailles, und lieber will er sich dann noch mit dem unvollkommenen Individualismus, der gesellschaftlichen Isolation des deutschen Schriftstellers, selbst auf Kosten der Vollkommenheit abfinden. Er ist froh, eine unsichtbare Schule deutscher Schriftsteller wie Wieland sich bilden zu sehen, die durch ihr Beispiel den Weg für ihre jüngeren Zeitgenossen ebnen.« (R. Wellek, *Geschichte der Literaturkritik, 1750–1830*, Darmstadt 1959)

Heinrich von Kleist

* 18. 10. 1777 Frankfurt a. d. O.; † 21. 11. 1811 Wannsee b. Berlin

Kleist war von November 1802 bis Ostern 1803 Gast →*Christoph Martin Wielands* auf dessen Gut Oßmannstedt bei Weimar. Ein Besuch bei Goethe ist anzunehmen, aber nicht bezeugt. 1807 erhielt Goethe durch Adam Müller (1779–1829) Kleists Lustspiele *Amphitryon* (entst. 1803; Erstdr. 1807) und *Der zerbrochne Krug* (entst. 1805; Erstdr. 1811) zugeschickt. Goethe inszenierte den *Zerbrochnen Krug* im März 1808 in Weimar, wobei er willkürlich eine dreiaktige Einteilung des Stückes vornahm und den realistischen Stil durch

Links: *Heinrich von Kleist. Miniaturporträt von Peter Friedel. Pastell auf Porzellan. Die ursprünglich für Kleists damalige Braut Wilhelmine von Zenge bestimmte Miniatur ist das einzige nachweislich authentische Bildnis des Dichters.*

klassizistische pathetische Sprechweise und typisierende Gestik brach. Die Aufführung wurde ein eklatanter Mißerfolg.

Noch vor diesem Ereignis hatte Kleist im Januar 1808 Goethe *»auf den Knieen seines Herzens«* das erste Heft seiner Zeitschrift *Phöbus* zugesandt, das Prosa und das Trauerspiel *Penthesilea* (entst. 1807) enthält. Goethe lehnte das Stück in seinem Antwortschreiben vom 1. 2. 1808, seinem einzigen Brief an Kleist, brüsk ab. Kleists *Käthchen von Heilbronn* (entst. 1807/08; Erstdr. 1810) soll Goethe mit den Worten *»Die verfluchte Unnatur«* ins Feuer geworfen haben (nach einem undatierten Zeugnis von E. W. Weber).

Noch im Alter faßte Goethe sein abweisendes Urteil über Kleist zusammen: *»Mir erregte dieser Dichter, bei dem reinsten Vorsatz einer aufrichtigen Teilnahme, immer Schauder und Abscheu, wie ein von der Natur schön intentionierter Körper, der von einer unheilbaren Krankheit ergriffen wäre.«* (*Tiecks Dramaturgische Blätter*, 1821)

Unten: *Susanna von Klettenberg, Verwandte von Goethes Mutter, Mitglied der Frankfurter Herrnhutergemeinde. Gemälde von Leibold.*

Susanna Katharina von Klettenberg

* 19. 12. 1723 Frankfurt a. M.; † 13. 12. 1774 Frankfurt a. M.

Verwandte von Goethes Mutter.

Sie war mit Goethe besonders eng befreundet nach dessen Leipziger Erkrankung 1768 (→*Krankheiten*) und vermittelte ihm die religiöse Vorstellungswelt des →*Pietismus*. Sie blieb für ihn wie für einen Kreis angesehener Frankfurter Freunde bis zu ihrem Tod eine Gestalt hoher Verehrung.

Goethe hat ihre religiöse Entwicklung in den *»Bekenntnissen einer schönen Seele«* im 6. Buch von →*Wilhelm Meisters Lehrjahre* dargestellt.

Friedrich Maximilian Klinger

* 17. 2. 1752 Frankfurt a. M.; † 25. 2. 1831 Dorpat

Goethe trat im Frühjahr 1774 mit Klinger in freundschaftliche Beziehung und schenkte ihm die Manuskripte einiger Dichtungen zur finanziellen Unterstützung des Jura-Studiums. Klinger veröffentlichte sie unautorisiert. 1776 gab Klinger sein Drama *Sturm und Drang* (ursprünglicher Titel: *Wirrwarr*) heraus, nach dem die geniezeitliche Literaturbewegung benannt wurde. Von Juni bis September 1776 hielt sich Klinger in →*Weimar* auf. Goethe bemühte sich um Dienstverhältnisse für ihn, war aber Klingers Dichtung und seinem genialischen Treiben bereits entfremdet.

Von Klingers seit den achtziger Jahren entstandenen gesellschaftskritischen und aufklärerisch-philosophischen Romanen (u. a. *Fausts Leben, Taten und Höllenfahrt*, 1791) scheint Goethe kaum Kenntnis genommen zu haben. Klinger erreichte später eine Lebensstellung als Offizier und Hofmeister am Zarenhof. 1827 sandte Goethe Klinger mit Widmungsversen *(»An diesem Brunnen ...«)* ein Bild des elterlichen Hauses zu Frankfurt. Aus Anlaß von Klingers Tod bemerkte Goethe: *»Das war ein treuer, fester, derber Kerl wie keiner.«* (Zu F. v. Müller 31. 3. 1831)

Porträtzeichnung Friedrich Maximilian Klingers von Goethe.

Friedrich Gottlieb Klopstock

* 2. 7. 1724 Quedlinburg; † 14. 3. 1803 Hamburg

Klopstocks christliches Versepos *Der Messias* las Goethe bereits als Knabe, 1762. Die ersten Gesänge des Epos und Klopstocks Oden übten eine starke Wirkung auf die Sprachgestaltung des jungen Goethe aus (→*Sprache*, →*Verskunst*). Als eine die Sentimentalität Werthers charakterisierende Thematik taucht *»Klopstock«* geradezu begrifflich in →*Die Leiden des jungen Werthers* auf. Klopstocks Gedankengut ist seit dem Gedicht *Sprache* (1773) mehrfach Gegenstand von Goethes Lyrik.

Im Mai 1774 nahm Goethe mit Klopstock brieflichen Kontakt auf. Klopstocks *Deutsche Gelehrtenrepublik* (1774) fand zunächst Goethes Beifall; später beurteilte er sie kühler (*Dichtung und Wahrheit*, 12. Buch).

Links: *Friedrich Gottlieb Klopstock. Stahlstich von Froer nach dem Gemälde des dänischen Malers Jens Juel, 1780.*

Rechts: *Titel der Erstausgabe der ersten drei Gesänge von Klopstocks Hauptwerk* Der Messias, *Halle 1749.*

Im Herbst 1774 erfolgte ein Besuch Klopstocks bei Goethe in →*Frankfurt*; auf dessen Weiterreise nach Karlsruhe begleitete ihn Goethe eine Strecke. Auf seiner Rückreise im März 1775 besuchte Klopstock Goethe abermals. Die spätere Schilderung Goethes von einem Zusammentreffen mit Klopstock in Karlsruhe in *Dichtung und Wahrheit* (18. Buch) ist unrichtig.

In ganz Deutschland kursierende Gerüchte über Libertinage und genialisches Treiben Goethes und→ *Carl Augusts* in Weimar veranlaßten Klopstock, Goethe im Mai 1776 einen pathetischen Mahnbrief zu schreiben, den Goethe sofort abwies: *»Verschonen Sie uns künftig mit solchen Briefen ... Sie helfen nichts und machen uns immer ein paar böse Stunden.«* (An Klopstock, 21. 5. 1776) Die Beziehung war damit beendet.

In Klopstocks Brief an Goethe vom 8. 5. 1776 aus Hamburg standen folgende Sätze: »Aber Grundsätze – Ihre und meine, beiseite, was wird denn der unfehlbare Erfolg sein, wenn er fortfährt? Der Herzog wird, wenn er sich ferner bis zum Krankwerden betrinkt, anstatt, wie er sagt, seinen Körper dadurch zu stärken, erliegen und nicht lange leben ... Die Herzogin wird vielleicht itzt ihren Schmerz noch niederhalten können ... Aber dieser Schmerz wird Gram werden. Und läßt sich der etwa auch niederhalten? Louisens Gram, Goethe! ...«

Goethe hat auch späterhin Klopstocks Verdienste um die Entwicklung der deutschen Sprache anerkannt, während Klopstock sich Goethes Werken gegenüber ablehnend verhielt und ihn 1796 in dem Prosastück *Der zweite Wettstreit aus den grammatischen Gesprächen* im Hinblick auf die → *Venetianischen Epigramme* angriff.

Im Alter beurteilte Goethe Klopstock kritisch: *»Wir waren einig, daß Klopstock zur Anschauung und Auffassung der sinnlichen Welt und Zeichnung von Charakteren keine Richtung und Anlage gehabt und daß ihm also das Wesentlichste zu einem epischen und dramatischen Dichter, ja man könnte sagen, zu einem Dichter überhaupt, gefehlt habe.«* (Zu Eckermann, 9. 11. 1824)

Karl Ludwig von Knebel

* 30. 11. 1744 Schloß Wallerstein b. Nördlingen; † 23. 2. 1834 Jena

Nach juristischen Studien und einer militärischen Laufbahn in preußischen Diensten wurde Knebel 1774 von → *Anna Amalia von Sachsen-Weimar-Eisenach* als Erzieher ihres Sohnes Constantin (1758–1793), des jüngeren Bruders → *Carl Augusts*, nach → *Weimar* berufen. Auf einer Reise, die Knebel bald darauf mit den beiden Prinzen unternahm, besuchte er im Dezember 1774 Goethe in Frankfurt und vermittelte das erste Zusammentreffen zwischen Carl August und Goethe. Goethe unterhielt seither mit dem *»Urfreund«* eine lebenslange Korrespondenz.

Seit 1784 lebte Knebel – mit Unterbrechung von sechs Jahren in → *Ilmenau* – in → *Jena*, wo Goethe ihn häufig besuchte und botanische und mineralogische Studien mit ihm betrieb.

Knebel beschäftigte sich u. a. mit → *Pindar* und Properz. Seine Übersetzung der Elegien des Properz vermittelte Goethe zum Abdruck in *Die Horen*. Sein Hauptwerk ist die Übersetzung von Lukrez' Lehrgedicht *De rerum natura* (1821), die Goethe in einem Aufsatz in *Über Kunst und Altertum* sehr lobte.

Goethe widmete Knebel das Gedicht *Meinem Freunde von Knebel zum 30. November 1817.*

Karl Ludwig von Knebel. Zeichnung von Johann Joseph Schmeller aus dem Jahr 1824.

Köln

Auf Einladung des preußischen Kultusministeriums besuchte Goethe 1815 die gotische Domruine. Sein Gutachten trug zur Vollendung des Dombaus bei.
→ *Sulpiz Boisserée*

Konstitution

Goethe war in mittleren Jahren 1,78 m groß und, wie mehrere Silhouetten der achtziger Jahre und spätere Berichte von Zeitgenossen bezeugen, kurzbeinig, d. h. ein Sitzriese. Er war in seiner Jugend mager, wurde

Links: *Goethe, die Büste einer verstorbenen Freundin betrachtend. Schattenriß um 1780.*

Rechts: *Goethe auf der Straße. Bleistiftzeichnung von Friedrich Wilhelm Riemer, um 1810.*
Der Leibarzt des letzten Jahrzehnts sah Goethe in seinem Bericht so: »Goethe war groß und von starkem, regelmäßigem Knochenbau; nur die unteren Gliedmaßen hätten, um eines schöneren Verhältnisses zum Rumpfe willen, ein Geringes länger sein dürfen. Den ganzen Körper, mit Ausnahme des Kopfes bekleidete reichliches Fleisch.« (Carl Vogel, Die letzte Krankheit Goethes, *1833)*

nach der Rückkehr aus →*Italien* bei guter häuslicher Pflege durch Christiane Vulpius (→*Christiane von Goethe*) deutlich dicker und war in seinen Altersjahren dann wieder schlanker.

Goethe war ein Augenmensch, ein Eidetiker. Seine Stimme war tief und voll und verfügte über eine erhebliche Lautstärke (vgl. Beobachtungen →*Felix Mendelssohn-Bartholdys*).

Aus verschiedenen Lebensphasen gibt es Zeugnisse, die Goethe als einen schönen Mann charakterisieren; auch er selbst hat sich gelegentlich – angesichts seines Porträts von Stieler (→*Goethe-Bildnisse*) – als *»schön«* bezeichnet.

→*Krankheiten*; →*Lebensweise*; →*Sport*

Christoph Wilhelm Hufeland. Stich von F. Müller nach dem Gemälde von Fr. A. Tischbein. Der bedeutende Mediziner schrieb 1833 zu Goethes Krankheiten: »Nachher hatte ich das Glück 10 Jahre lang (von 1783 bis 1793) als Arzt und Freund seines nähern Umganges zu genießen. Zwar gab er dem Arzte wenig zu thun, seine Gesundheit war in der Regel, wenige vom Einfluß der Atmosphäre herrührende rheumatische und catarrhalische Beschwerden, und besonders die schon damals vorhandene Disposition zu catarrhalischer Angina abgerechnet, vortrefflich; aber desto lieber unterhielt er sich mit dem Arzte als Naturforscher, und so genoß ich bei ihm manche Stunden der interessantesten Mittheilung, Belehrung und geistiger Erweckung.« (In *C. Vogel,* Die letzte Krankheit Goethes, *1833*)

Krankheiten

Goethe ist in seinem Leben mehrfach schwer erkrankt. Er hatte die typischen Kinderkrankheiten (Masern, Windpocken) und erfuhr als Leipziger Student (→*Leipzig*) 1768 einen »Blutsturz« und eine Lungenaffektation, denen eine seelische Krise folgte, die in →*Frankfurt* in längerer Rekonvaleszenz überwunden wurde. Seit seiner Straßburger Zeit (→*Straßburg*) kräftigte sich Goethe durch sportliche Betätigung (→*Sport*).

Im Jahrzehnt 1783–1793 war der bedeutende Mediziner Christoph Wilhelm Hufeland (1762–1836), Verfasser des vielbeachteten Werks *Makrobiotik* (1796), Goethes Arzt.

Die Krankheiten in Goethes Alter – eine Gehirnhautentzündung (1801), eine Herzbeutelentzündung und schwerer Krampfhusten (1823), eine Netzhautentzündung (1829), nach dem Tod des Sohnes ein Lungenblutsturz (1830) – sind in Zeugnissen ihm Nahestehender dokumentiert. Einen Anfall von Angina pectoris erlitt Goethe in der Nacht vom 19. zum 20. 3. 1832, zwei Nächte vor dem körperlichen Kollaps, dem ein 24stündiges Sterben folgte (→*Tod*). Sein Arzt Carl Vogel (1798–1864) veröffentlichte einen Bericht über *Die letzte Krankheit Goethes* (1833).

→*Ottilie von Goethe* teilte das Ableben ihres Schwiegervaters durch *»Stickfluß in Folge eines nervös gewordenen Katarrhalfiebers«* in der Todesanzeige am 23. 3. 1832 mit.

→*Konstitution*

Krieg, Kriege

Goethe erkannte Krieg als Mittel der →*Politik* nicht an. *»Unsre modernen Kriege machen viele unglücklich, indessen sie dauern, und niemand glücklich, wenn sie vorbei sind.* (*Italienische Reise*, 3. Teil)

In der Jugend berührten ihn im Elternhaus die Parteinahmen im Siebenjährigen Krieg →*Friedrichs II. von Preußen*. 1792 nahm Goethe selbst widerwillig im Gefolge Herzog →*Carl Augusts* am Feldzug gegen das republikanische Frankreich teil (→*Campagne in Frankreich*). 1793 erlebte Goethe den bürgerkriegsähnlichen Zustand der Belagerung des jakobinischen Mainz (→*Belagerung von Mainz*). Für die deutschen →*Freiheitskriege* gegen →*Napoleon* konnte selbst eine große, patriotische Kriegspropaganda Goethe nicht begeistern.

Im 19. Jh., im Zeichen beginnender nationalstaatlicher Interessenkämpfe, erkannte Goethe die enge Verflochtenheit von Krieg und Wirtschaft: »*Krieg, Handel und Piraterie, / Dreieinig sind sie, nicht zu trennen.*« (*Faust* II, 5. Akt)

→*Geschichte*

Kritische Schriften

Neben seiner Dichtung hat Goethe von Anfang an kritische Schriften verfaßt, aus denen die Komplexe »Literatur« (→*Literaturkritik*) und »Kunst« (→*Kunstkritik*) herausragen. Nicht weniger bedeutend, wenngleich von geringerem Umfang, sind Goethes seit den achtziger Jahren entstandene Schriften zur Wissenschaftslehre (→*Naturwissenschaften*). Der vielseitigen Tätigkeit Goethes gemäß erfüllen diese Schriften die verschiedensten Funktionen: es sind Anzeigen, Ankündigungen, Empfehlungen, Untersuchungen und Abhandlungen. Rezensionen bilden einen größeren Anteil.

→*Essay*; →*Herausgebertätigkeit*; →*Journalismus*

Kunstkritik

Unter Goethes →*Kritischen Schriften* nimmt der Komplex »Kunst« einen breiten Raum ein. In unterschiedlichen Formen – von der Rezension bis zur Abhandlung – behandelt Goethe zumeist unter klassizistischen Gesichtspunkten antike und neuzeitliche westeuropäische Kunst und Architektur. (Vgl. auch Goethes Tätigkeit mit den →*Weimarer Kunstfreunden*.)

Mehrfach hat sich Goethe mit der Bearbeitung der Lebensbeschreibungen von Künstlern und Kunsthistorikern befaßt (→*Benvenuto Cellini*, →*Philipp Hackert*, →*Johann Joachim Winckelmann*).

Trotz der klassizistischen Einengung von Goethes Kunstverständnis (→*Klassik*) sind manche seiner kunstkritischen Arbeiten als Bausteine zu einer philosophischen →*Ästhetik* zu betrachten.

→*Bildende Kunst*; →*Denis Diderot*; →*Essay*; →*Nazarener*

Goethes Kunstschriften der frühen Zeit zielen auf das Schöpferische der Kunst ab, der unmittelbare Ausdruck der Erfahrung wird dabei gesucht, es sind Gelegenheitsäußerungen. Die *Italienische Reise* setzte in Goethes Kunstkritik eine Zäsur. Sein durch vielfältige Anschauung geschulter Blick bezieht nun »sämtliche Betrachtung des Ortes, des Zeitalters, des individuellen Verdienstes« in die Anschauung der Kunstwerke mit ein. Im Alter tritt dann die Theorie zurück, der geschichtliche Blick wird noch umfassender.

Oben: *Weimar, Wohnhaus am Frauenplan:* Großes Sammlungszimmer.

Unten: *Weimar, Haus am Frauenplan:* Büstenzimmer. *Goethe ließ es als eine direkte Verbindung von den Räumen des Vorder- zu denen des Hinterhauses 1793/94 errichten.*

Kunstsammlungen

Goethes Kunstsammlungen gehören zu den umfangreichsten und bedeutendsten, die je in privater Hand vereinigt wurden. Sie umfassen etwa 20 000 Einzelstükke. Goethe war sich ihres Wertes bewußt und bestimmte testamentarisch, daß seine Sammlungen in seinem Weimarer Haus am Frauenplan zusammenbleiben sollten: *»Seit 60 Jahren habe ich jährlich wenigstens 100 Ducaten auf Ankauf von Merkwürdigkeiten gewendet ... Ich habe nicht nach Laune und Willkür, sondern jedesmal mit Plan und Absicht zu meiner eigenen folgerechten Bildung gesammelt und an jedem Stück meines Besitzes etwas gelernt.«* (Zu F. v. Müller, 18. 11. 1830)

Die Kunstsammlungen enthielten Stücke aus den mannigfaltigsten Gattungen der bildenden Kunst: Ölgemälde, ca. 2000 Handzeichnungen von Meistern aller Schulen und Zeiten, Holzschnitte, ca. 5000 Kupferstiche, Stahlstiche, Radierungen und Lithographien; antike Vasen und Terrakotten, ca. 5000 antike Gemmen, ca. 130 Gipsabgüsse antiker Köpfe und Büsten; Arbeiten in Bronze, Elfenbein, Holz und Marmor; ca. 100 Majoliken; ca. 4000 Medaillen und Münzen (→ *Münzsammlung*).

Erste Inventare von Goethes Kunstsammlungen stellte Johann Christian Schuchardt her (→ *Sekretäre*).
→ *Goethe-Häuser und -Museen*

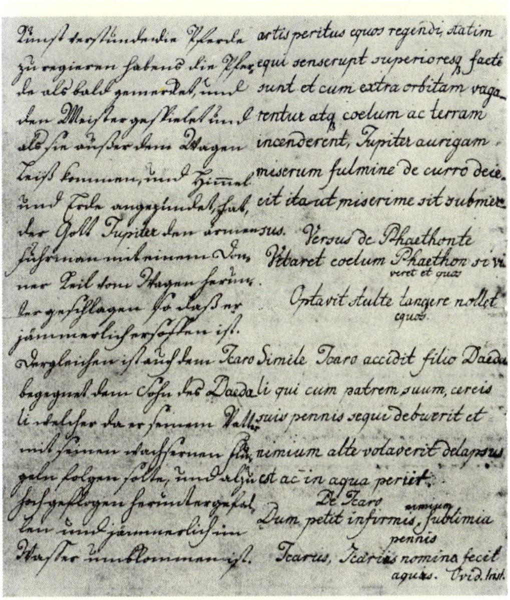

Links: *Schularbeiten des Knaben Johann Wolfgang Goethe (um 1759), der von Hauslehrern vielseitig unterrichtet wurde.*

Labores juveniles

Datiert 1757–1759

Das Heft mit Schularbeiten des Knaben in deutscher, lateinischer, griechischer, französischer, judendeutscher Sprache enthält Schreibübungen in humanistischer Tradition, grammatische Übungen, Dialoge, Glückwünsche, Sprüche, Nachahmungen des römischen Historikers Justin, Diktate und Übersetzungen. Das Dokument gibt Aufschluß über die ungemeine Weite der Ausbildung, die der Knabe Goethe genoß (→ *Bildungsgang*).

Sophie von La Roche

* 6. 12. 1731 Kaufbeuren; † 18. 2. 1807 Offenbach

Großmutter von → *Bettina von Arnim* und → *Clemens Brentano*.

Goethe lernte die angesehene Verfasserin des Briefromans *Geschichte des Fräuleins von Sternheim* (1771) im April 1772 – vermittelt durch → *Johann Heinrich Merck* – in → *Frankfurt* kennen. Er besuchte sie im September 1772 und im August 1774 in Ehrenbreitstein, verkehrte mit ihr und ihrer Tochter Maximiliane (1756–1793) zwischenzeitlich in Frankfurt und stand mit ihr in lockerem Briefwechsel. Anfang 1774 beriet er sie brieflich bei der Abfassung des Romans *Rosaliens Brie-*

Links: *Sophie La Roche. Gemälde von Georg Melchior Kraus, 1799. »Wer die Gesinnungen und die Denkweise der Frau von La Roche kennt – und sie ist durch ein langes Leben und viele Schriften einem jeden Deutschen ehrwürdig bekannt geworden –, der möchte vielleicht vermuten, daß hieraus ein häusliches Mißverhältnis hätte entstehen müssen. Aber keineswegs! . . . Ihr Betragen war gegen jedermann vollkommen gleich. Sie schien an allem teilzunehmen, aber im Grunde wirkte nichts auf sie. Sie war mild gegen alles und konnte alles dulden, ohne zu leiden!«* (Dichtung und Wahrheit, *13. Buch*)

Rechts: *Maximiliane La Roche, Tochter von Sophie La Roche, Mutter von Bettina und Clemens Brentano. Kreidezeichnung, nach Maximilianes Heirat 1773; Daniel Chodowiecki zugeschrieben.*

fe (1781). 1797 und 1799 fanden nochmals gegenseitige Besuche in Offenbach bzw. Weimar statt.

Sophie von La Roches von →*Jean-Jacques Rousseau* und Samuel Richardson beeinflußter empfindsamer Briefroman *Geschichte des Fräuleins von Sternheim* war in mancher Hinsicht ein Muster für Goethes →*Die Leiden des jungen Werthers*.

Die Laune des Verliebten

Ein Schäferspiel in Versen und einem Akte. Entstehung 1767/68; Urauff. 20. 5. 1779, Herzogl. weimarisches Liebhabertheater, Ettersburg, Goethe in der Rolle des Eridon; Erstdruck 1806

Goethes dramatischer Erstling erfüllt die traditionelle Form des Schäferspiels mit bukolischer Szenerie, Liebesintrigen zwischen zwei Paaren – topoihafte Inhalte seit der Antike – und dem barocken Versmaß des Alexandriners.

Der Figur des launenhaft-eifersüchtigen Eridon hat Goethe eigene Liebeserlebnisse mit →*Anna Katharina Schönkopf* als *»quälende und belehrende Buße«* unterlegt (an Behrisch, 10.–14. 11. 1767).
→*Rokoko*

Johann Caspar Lavater

* 15. 11. 1741 Zürich; † 2. 1. 1801 Zürich

Zwischen Goethe und dem Züricher Theologen entspann sich 1773, ein Jahr vor ihrer persönlichen Bekanntschaft, ein Briefwechsel über religiöse Fragen, der bis 1792 fortgesetzt wurde. Im Sommer 1774 unternahm Goethe mit ihm und dem Pädagogen Johann Bernhard Basedow (1723–1790) eine Lahn- und Rheinreise. Wenig später urteilte Lavater über Goethe:

Physiognomische Fragmente,
zur Beförderung
der Menschenkenntniß und Menschenliebe,
von
Johann Caspar Lavater.

Gott schuf den Menschen sich zum Bilde!

Erster Versuch.
Mit vielen Kupfern.

Leipzig und Winterthur, 1775.
Bey Weidmanns Erben und Reich, und Heinrich Steiner und Compagnie.

Oben links: *Johann Caspar Lavater in der Zeichnung eines unbekannten zeitgenössischen Malers.*

Rechts: *Erstausgabe des ersten Bandes der* Physiognomischen Fragmente *von Johann Caspar Lavater, 1775.*
»Geh' ich das Lavaterische Werk nochmals durch, so macht es mir eine komisch heitere Empfindung; es ist mir, als sähe ich die Schatten mir ehemals sehr bekannter Menschen vor mir, über die ich mich schon einmal geärgert und über die ich mich jetzt nicht erfreuen sollte.«
(Dichtung und Wahrheit, *18. Buch*)

»Goethe wäre ein herrliches handelndes Wesen bei einem Fürsten.« (An Zimmermann, 20. 10. 1774)

Lavaters *Physiognomische Fragmente zur Beförderung der Menschenkenntnis und Menschenliebe* (1775–1778) wurden von Goethe z. T. im Manuskript durchgesehen und mit eigenen Beiträgen versehen. So sandte Goethe physiognomische Charakteristiken →*Homers* und – nach Silhouetten – →*Charlotte von Steins*, Maria Antonia von Branconis (1751–1793) und →*Friedrich Gottlieb Klopstocks* ein. Doch schon in den frühen Weimarer Jahren erkannte Goethe den wissenschaftlichen Irrtum der Physiognomik, ferner mißfiel ihm Lavaters schwärmerisches Christentum, bizarrer Dilettantismus und angemaßtes Prophetentum. In einem Brief vom 9. 8. 1782 warf Goethe Lavater *»ausschließliche Intoleranz«* vor. In den →*Xenien* wird Lavater verspottet.

Lebensweise, -gewohnheiten

In Goethes Leben beherrschte produktive Arbeit den Tageslauf. Insbesondere unter den Weimarer Lebensbedingungen folgte Goethe, sowohl um sein leidenschaftliches Temperament zu zügeln, als auch um den in seiner →*Ethik* so hoch gestellten Arbeitsbegriff zu erfüllen, einer strengen Tageseinteilung. Oft diktierte

»Wie sein Freund Schiller die Ausdünstungen faulender Äpfel, so liebte Goethe eingeschlossene Zimmerluft. Nur mit großer Mühe konnte man ihn bewegen, ein Fenster öffnen zu lassen, damit sich die Luft in seinem Schlaf- und Arbeitszimmer erneuere. Gegen üble Gerüche war er nicht besonders empfindlich, wohl aber gegen die geringste Unordnung in dem Arrangement seiner Stube. So war ihm z. B. aufs Äußerste zuwider, wenn ein Buch, eine Lage Papier und dergl. mit seinen Rändern den benachbarten Rändern des Tisches nicht parallel lag.«
(C. Vogel, *Die letzte Krankheit Goethes,* 1833)

er Briefe oder auch schriftstellerische Arbeiten schon stundenlang frühmorgens vor dem Aufstehen. Beim täglichen Arbeitspensum waren ihm seine →*Diener*, Schreiber und →*Sekretäre*, sein Sohn →*August von Goethe* und in den letzten Lebensjahren →*Johann Peter Eckermann* zur Hand. Bei all seinen Arbeiten, von den naturwissenschaftlichen Experimenten, seinen amtlichen Tätigkeiten (→*Staatsdienst*) bis zu den dichterischen Schöpfungen, ließ Goethe in der Ausführung die peinlichste Sorgfalt walten. Sie erstreckte sich auch auf scheinbar nebensächliche Kleinigkeiten, wie die Versiegelung eines Briefes oder das Verpacken einer Zeichnung.

Als Junggeselle arbeitete Goethe mit Hausangestellten den wöchentlichen Haushaltsplan aus. Während seines Zusammenlebens mit Christiane Vulpius (→*Christiane von Goethe*) leitete diese Goethes Haushalt; im Alter, nach dem Tod des Sohnes, der ihm in der Haushaltsführung geholfen hatte, übernahm Goethe selbst wieder die Eintragungen in das Haushaltsbuch. Den Küchenzettel hat Goethe zeit seines Lebens selbst bestimmt. Zur Zeit der eigenen Weimarer Haushaltsführung läßt sich nachweisen, daß Goethe stets gut und reichlich gegessen und zeitweilig etwas über das Maß Wein getrunken hat.

Eine große Rolle in Goethes Leben spielte der gesellige Verkehr, dem Goethe seit jungen Jahren eine große Bedeutung zumaß. In →*Weimar* suchten ihn über Jahrzehnte wöchentlich zu festen Terminen die Mitglieder der fürstlichen Familie auf; Goethe seinerseits war gehalten, zu Hof zu gehen, entband sich dieser Verpflichtung aber im Alter immer mehr. Weimarische und jenaische Beamte, Wissenschaftler und Künstler waren häufig bei Goethe zu Gast. Außerdem empfing Goethe eine ständig wachsende Zahl auswärtiger Besucher, die er in seinen →*Tagebüchern* regelmäßig notierte.

Der Lebenshaltung Goethes waren verschiedene Bereiche des Weimarer Hauses am Frauenplan deutlich zugeordnet: der großbürgerlich-patrizische Teil der Empfangsräume für Besucher und Geselligkeiten, der kleinere, im Hinterhaus zur Gartenseite gelegene Arbeitsbereich (Schreibstube, Bibliothek), zu dem nur Mitarbeiter und die engsten Familienangehörigen Zutritt hatten.

Es gehörte zu Goethes Lebensgewohnheiten, jeden geselligen Verkehr zuzeiten ganz aufzugeben, ja sogar Weimar zu verlassen und sich nach →*Jena,* →*Dornburg,* →*Ilmenau* oder anderen thüringischen Orten zurückzuziehen.

→*Arbeitsweise*; →*Briefe, Briefwechsel*; →*Gespräche*; →*Konstitution*; →*Krankheiten*; →*Reisen*; →*Sexualität*; →*Sport*; →*Vermögen*

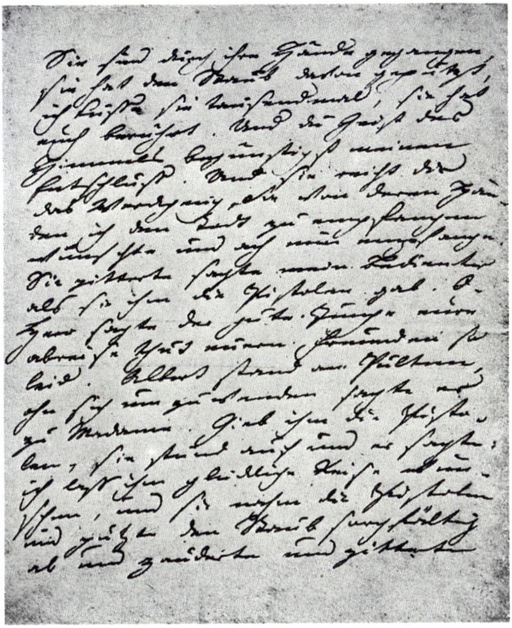

Links: *Eines von zwei erhaltenen Manuskriptblättern Goethes aus der Handschrift seines* Werther, *entstanden in den Monaten Februar bis Mai 1774 (erste Fassung). »Sie sind durch ihre Hände gegangen, sie hat den Staub davon geputzt, ich küsse sie tausendmal, sie hat euch berührt. Und du Geist des Himmels begünstigst meinen Entschluß. Und sie reicht dir das Werkzeug, Sie, von deren Händen ich den Tod zu empfangen wünschte und ach nun empfange. Sie zitterte, sagte mein Bedienter, als sie ihm die Pistolen gab. O Herr, sagte der gute Junge, eure Abreise thut euern Freunden so leid. Albert stand am Pultem, ohn sich umzuwenden sagte er zu Madame: Gieb ihm die Pistolen, sie stund auf und er sagte: ich laß ihm glückliche Reise wünschen, und sie nahm die Pistolen und putzte den Staub sorgfältig ab und zauderte und zitterte wie sie sie meinem Buben gab und das Lebewohl blieb ihr am Gaumen kleben. Leb wohl, leb wohl! . . .«*

Die Leiden des jungen Werthers

Entstehung 1774 (erste Fassung), 1782/83 und 1786 (zweite Fassung); Erstdruck 1774 (erste Fassung), 1787 (zweite Fassung)

Wie in Goethes erstem erhaltenen Drama →*Die Laune des Verliebten* sind auch in seinem ersten Roman sowohl vorgegebene Formen, Themen und Motive als auch eigene Erlebnisse gestaltet.

Die Form des Briefromans übernahm Goethe aus zeitgenössischen Vorbildern, Samuel Richardsons *Clarissa*; *or The History of a Young Lady* (1748) und den Romanen der →*Sophie von La Roche.* Das ländliche Idyll in einem Pfarrhaus sowie einzelne äußerliche Motive und auch moralisch-sentimentalische Wesenszüge der Figuren entnahm Goethe →*Oliver Goldsmiths* Roman *The Vicar of Wakefield* (1766). Goethes Liebe zu →*Charlotte Buff* und der nach seinem Fortgang aus →*Wetzlar* erfolgte Selbstmord des ihm bereits aus Leipzig bekannten Kollegen am Reichskammergericht Karl Wilhelm Jerusalem (1747–1772) gehören zu den Erlebnismaterialien, die Goethe verwandte.

In Goethes Roman endet die Liebe Werthers zu der mit Albert verlobten Lotte mit Werthers Selbstmord. In die Darstellung von Lottes häuslicher Tüchtigkeit, ihrer Sorge für die jüngeren Geschwister – auch Charlotte Buff sorgte an Mutter Statt für zehn jüngere Geschwi-

Unten: *Titelblatt der 1774 erschienenen Erstausgabe des Romans.*

Die Leiden
des
jungen Werthers.

Erster Theil.

Leipzig,
in der Weygandschen Buchhandlung.
1774.

Lottes Zimmer – Lotte Brot schneidend. *Kupferstichillustration von Daniel Chodowiecki zu Goethes* Werther. *Titelvignette zur französischen Übersetzung des Romans, erschienen in Maastricht 1776.*

ster –, ihrem fröhlichen und praktischen Sinn sind ebenfalls sowohl Elemente des Wetzlarer Erlebnisses wie der Romane Goldsmiths eingegangen.

Die durch die Thematik, die Briefform und die neue gefühlsbewegte Sprache – Inversionen und Ellipsen brechen den Sprachstil der →*Aufklärung* – hervorgebrachte Intensität war so in der deutschen Prosa bisher nicht erreicht worden. Sie, aber auch die gesellschaftliche Problematik des Bürgers Werther im Umgang mit dem Adel verhalfen dem Werk zu einem unvergleichlichen literarischen Erfolg in Europa und der ganzen Welt.

→*Briefe aus der Schweiz*; →*Homer*; →*Friedrich Gottlieb Klopstock*; →*Friedrich Nicolai*; →*Ossian*; →*Pantheismus*; →*Jean-Jacques Rousseau*; →*Laurence Sterne*; →*Sturm und Drang*

Leipzig

Zur Zeit des jungen Goethe Universitäts- und Handelsstadt mit etwa 28 000 Einwohnern und etwa 600 Studenten.

Goethe traf im Oktober 1765 in der Stadt ein. Er immatrikulierte sich an der Universität auf Wunsch seines Vaters, der hier studiert hatte. Goethe belegte Vorlesungen in Philologie und den Schönen Wissen-

schaften, Morallehre (bei Christian Fürchtegott Gellert), Philosophie, Physik (erste Kenntnis von →*Isaac Newton*), Geschichte und Staatsrecht. Bei seinem ersten Mittagstisch beim Rektor der Universität, einem Mediziner, wurde Goethes Interesse für→*Medizin* und die →*Naturwissenschaften* (Linné, Buffon, Haller) geweckt.

Ab 1766 besuchte Goethe den Mittagstisch bei dem Gastwirt Christian Gottlob Schönkopf, in dessen Tochter Käthchen er sich verliebte (→*Anna Katharina Schönkopf*). Goethe nahm privaten Zeichen- und Radierunterricht 1768 bei →*Adam Friedrich Oeser*, dessen Tochter Friederike (1748–1829) er *Lieder mit Melodien* (1768) widmete. Goethes erste gedruckte Gedichtsammlung mit dem Titel *Neue Lieder in Melodien gesetzt von Bernhard Theodor Breitkopf*, das sog. »Leipziger Liederbuch«, ging etwa zur Hälfte aus diesen Gedichten hervor (→*Gedichte*).

Goethe machte bald nach seiner Ankunft einen persönlichen Besuch bei →*Johann Christoph Gottsched*. Er verkehrte in den Häusern des Buchhändlers Philipp Erasmus Reich und des →*Verlegers* Johann Gottlob Immanuel Breitkopf. Er besuchte häufig das Theater (→*Corona Schröter*). Er lernte Werke von →*Shakespeare* kennen. Im Gegensatz zur traditionsgebundenen Atmosphäre Frankfurts beeindruckte Goethe der welt-

Leipzig 1735. *Kupferstich von Johann Georg Schreiber. Thomaskirche und Thomasschule. Als Goethe etwa drei Jahrzehnte später in Leipzig eintraf, hatte sich die Stadt gerade vom Siebenjährigen Krieg erholt und demonstrierte ein bürgerliches Selbstbewußtsein, das den jungen Goethe besonders in punkto Mode und Umgangsformen anfänglich verwirrte.*

läufige Lebensstil der Leipziger Gesellschaft (»Klein-Paris«, »Pleiße-Athen«).

Obwohl Goethe in Leipzig die Hochblüte rationalistischer Geisteskultur, das literarische → *Rokoko*, in der Poesie die Anakreontik erlebte, entwickelte er in den als Abschiedsgeschenk für den nach Dessau gehenden Ernst Wolfgang Behrisch (1738–1809) gerichteten *Oden an meinen Freund* (→ *Gedichte*) seinen ersten eigenen poetischen Ton.

Goethe verließ Leipzig im August 1768 und kehrte in sein Elternhaus nach → *Frankfurt* zurück, um von einer → *Krankheit* zu genesen. Die Eindrücke seiner Studienjahre schildert er in → *Dichtung und Wahrheit*. Später kam er noch mehrmals zu Besuchen nach Leipzig: 1776, 1778, 1782, 1796, 1797, 1800, 1813.

Jakob Michael Reinhold Lenz. Anonyme Zeichnung. Lenz folgte Goethe von Straßburg nach Weimar, konnte aber dessen klassische Wendung nicht nachvollziehen. »Lenz eröffnete die Reihe der unglücklichen Dichter: Hölderlin, Lenau, Meyer, Nietzsche. Vierzehn Jahre lebte er noch dahin, erst in seiner livländischen Heimat, dann in Rußland. In der Nacht vom 23. auf den 24. Mai 1792 fand man ihn tot in einer Straße Moskaus«. (Manfred Windfuhr, Lenz. Die Soldaten, *Stg. 1971)*

Jakob Michael Reinhold Lenz

* 12. 1. (23. 1.) 1751 Seßwegen (Livland); † 24. 5. (4. 6.) 1792 Moskau

Goethe lernte den Königsberger Theologen im Juni 1771 in → *Straßburg* kennen. Nach Goethes Fortgang verliebte dieser sich in → *Friedrike Brion*. Diese Beziehung fand ihren poetischen Niederschlag in Lenz' Gedicht *Liebe auf dem Lande*, das Goethe 1798 veröffentlichte. Im März 1773 verfaßte Goethe ein Gutachten über die *Lustspiele nach dem Plautus fürs deutsche Theater* von Lenz und beförderte sie sowie dessen *Anmerkungen übers Theater* zum Druck. Lenz wiederum ließ Goethes Satire → *Götter, Helden und Wieland* 1774 drucken. 1775 traf Goethe erneut mit Lenz in Straßburg zusammen. Lenz' Schriften über sein Verhältnis zu Goethe und über → *Die Leiden des jungen Werthers* sind verloren gegangen. Erhalten ist dagegen die literarische Satire *Pandaemonium germanicum* von 1775, in der Goethe und Lenz als Hauptpersonen auftreten. Von April bis zu seiner Ausweisung wegen einer *»Eselei«* im Dezember 1776 hielt sich Lenz in Weimar auf. Nach seinem Fortgang verfiel er zunehmend in Wahnsinn.

1797 gab Goethe Lenz' Romanfragment aus dem Nachlaß *Der Waldbruder, ein Pendant zu Werthers Leiden* zum Druck, 1798 zwei Gedichte. Später hat Goethe in *Dichtung und Wahrheit* (11., 14.–15. Buch) und in der Skizze *Lenz* eine negative Charakteristik von Lenz gegeben, die auf dessen Wirkungsgeschichte im 19. Jh. verheerende Folgen ausgeübt hat.

Leonardo da Vinci

* 15. 4. 1452 Vinci; † 2. 5. 1519 Cloux

Goethe las Leonardos berühmte, erst posthum veröffentlichte Schrift *Trattato della pittura* (1651) im Febru-

Leonardo da Vinci, Abendmahl, *1498. Mailand, S. Maria delle Grazie.*

ar 1788 in →*Rom*. Auf seiner Rückreise nach Weimar sah er im Mai 1788 Leonardos Fresko-Gemälde *Das Abendmahl* in Mailand, das ihm als ein *»rechter Schlußstein«* in dem *»Gewölbe der Kunstbegriffe«* erschien (an Carl August, 23. 5. 1788).

Indem Goethe aus dem Gesamtschaffen des →*Renaissance*-Genies lediglich die Malerei heranzog und dessen konstruktivistische Intentionen übersah, definierte er Leonardos Kunstanschauung: *»Er hatte als ein die Natur unmittelbar anschauend Auffassender, an die Erscheinung selbst denkender, sie durchdringender Künstler ohne weiteres das Rechte getroffen.«* (*Annalen*, 1817)

1817 schrieb Goethe die Abhandlung *Joseph Bossi über Leonard da Vincis Abendmahl zu Mailand*. In seinen *Materialien zur Geschichte der Farbenlehre* (1810) verwertete Goethe Gedanken Leonardos zur physiologischen Optik (→*Farbenlehre*).

Gotthold Ephraim Lessing

* 22. 1. 1729 Kamenz (Oberlausitz); † 15. 2. 1781 Braunschweig

Goethe war durch die Bibliothek seines Vaters schon früh mit den Werken Lessings vertraut; *Miß Sara Sampson* (1755) kannte er bereits 1759. In Leipzig sah er dieses Drama 1765 auf der Bühne. 1767 besuchte er dort die erste Aufführung von *Minna von Barnhelm oder Das Soldatenglück* (1767). Sogleich nach ihrer Veröffentlichung las er 1772 *Emilia Galotti*, 1780 *Nathan den Weisen* (1779).

Die poetischen Prinzipien der Schrift *Laokoon oder Über die Grenzen der Malerei und Poesie,* die Goethe 1766 gleich nach Erscheinen las, machte er sich für seine Poetik und sein Schaffen grundsätzlich zu eigen. Nicht

Links: *Gotthold Ephraim Lessing. Zeitgenössischer kolorierter Kupferstich von Gause nach dem Gemälde von A. Graff.*

Rechts: *Die* Hamburgische Dramaturgie, *eine Sammlung von Lessings dramaturgischen und theaterkritischen Arbeiten, erschien, nach vorab publizierten Lieferungen, 1768/69 in zwei Bänden.*

weniger bedeutend war für ihn die *Hamburgische Dramaturgie* (1767–1769).

Die ausgedehnte Exposition in *Minna von Barnhelm* wurde von Goethe in seinem Lustspiel → *Die Mitschuldigen* nachgeahmt. *Miß Sara Sampson* wird in der Urfassung von → *Wilhelm Meisters Lehrjahre, Emilia Galotti* am Schluß von → *Die Leiden des jungen Werthers* und in den *Lehrjahren* erwähnt. In *Dichtung und Wahrheit* sowie in Briefen und Gesprächen äußert sich Goethe über die Person Lessings und dessen Werk mit allerhöchster Wertschätzung.

Lessing seinerseits erkannte die Bedeutung von Goethes → *Götz von Berlichingen* nicht und beurteilte den *Werther* nach Art der Rationalisten (→ *Friedrich Nicolai*); er wünschte für das Werk einen moralisierenden Schluß. Indessen fand Lessing großes Gefallen an Goethes Hymne *Prometheus* (→ *Gedichte*), die er durch den Schriftsteller und Philosophen → *Friedrich Heinrich Jacobi* kennenlernte.

»Keine Viertelstunde vorher, eh die Nachricht von Lessings Tod kam, macht ich einen Plan, ihn zu besuchen. Wir verlieren viel, viel an ihm. Mehr als wir glauben.« (An Ch. v. Stein, 27. 2. 1781)

Unten: *Ulrike von Levetzow im Alter von 17 Jahren. Pastellporträt.*

Ulrike von Levetzow

* 4. 2. 1804 Leipzig; † 13. 11. 1899 Triblitz (Böhmen)

Goethe traf das böhmische Adelsfräulein während der Sommer 1821 bis 1823 in Marienbad (→ *Böhmen*), wo sie sich mit ihrer Mutter und zwei Schwestern zur Badekur aufhielt. 1823 faßte der Vierundsiebzigjährige eine leidenschaftliche Neigung zu der Neunzehnjährigen und ließ durch Herzog → *Carl August* bei ihrer Mutter förmlich um ihre Hand anhalten. Er erfuhr eine dilatorische Absage.

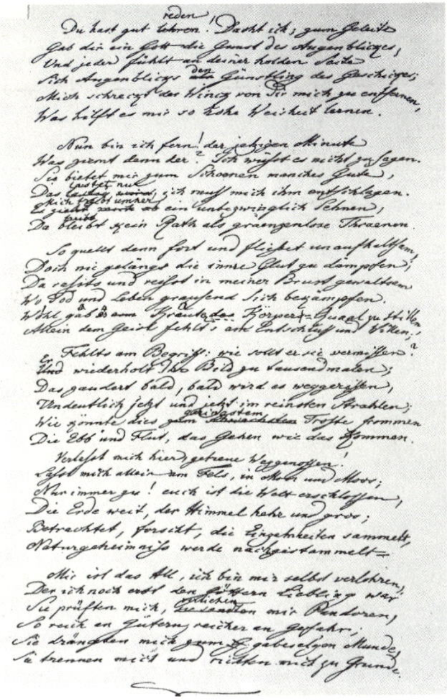
Du hast gut reden! dacht ich; zum Geleite
Gab dir ein Gott die Gunst der Augenblicke,
Und jeder fühlt an deiner holden Seite
Sich augenblicks den Günstling des Geschickes;
Mich schreckt der Wink von dir mich zu entfernen,
Was hilft es mir so hohe Weisheit lernen.

Nun bin ich fern! der jetzigen Minute
Was ziemt denn der? Ich wüßt es nicht zu sagen.
Sie bietet mir zum Schoenen manches Gute,
Das lastet nur; ich muß mich ihm entschlagen.
Mich treibt umher ein unbezwinglich Sehnen,
Da bleibt kein Rath als gränzenlose Thraenen.

So quellt denn fort und fließet unaufhaltsam,
Doch nie gelängs die innre Glut zu dämpfen;
Da rasts und reißt in meiner Brust gewaltsam,
Wo Tod und Leben grausend sich bekämpfen.
Wohl gäb es Kräuter, des Körpers Qual zu stillen,
Allein dem Geist fehlts am Entschluß und Willen;

Fehlts am Begriff: wie sollt er sie vermissen?
Und wiederholt ihr Bild zu tausendmalen;
Das zaudert bald, bald wird es weggerissen,
Undeutlich jetzt und jetzt im reinsten Strahlen;
Wie könnte dies geringstem Troste frommen,
Die Ebb und Flut, das Gehen wie das Kommen.

Verlaßt mich hier, getreue Weggenossen!
Laßt mich allein am Fels, in Moor und Moos;
Nur immer zu! euch ist die Welt erschlossen,
Die Erde weit, der Himmel hehr und groß;
Betrachtet, forscht, die Einzelheiten sammelt,
Naturgeheimniß werde nachgestammelt.

Mir ist das All, ich bin mir selbst verlohren,
Der ich noch erst den Göttern Liebling war;
Sie prüften mich, verliehen mir Pandoren,
So reich an Gütern, reicher an Gefahr;
Sie drängten mich zum gabeseligen Munde,
Sie trennen mich und richten mich zu Grunde.

Links: *Schlußverse der* Marienbader Elegie. *Goethes Handschrift. Goethe zelebrierte seinen Liebesabschied. Er schrieb die Elegie persönlich auf besonders gutes Papier in großen lateinischen Schriftzügen, legte die Handschrift in eine Mappe von rotem Maroquinpapier. Später bekam sie einen Buchbinder-Einband mit blauem Papierbezug und den Aufdruck* Elegie. September 1823. *Diese Handschrift behandelte er als eine Kostbarkeit und zeigte sie nur wenigen Freunden; einer der ersten war Wilhelm von Humboldt, der sich erstaunt und berührt zeigte.*

Goethe richtete im August 1823 mehrere spielerisch-freundschaftliche Gedichte an Ulrike. Sein tiefes, entsagungsvolles Liebeserlebnis fand Niederschlag in der *Elegie*, dem Mittelstück der *Trilogie der Leidenschaft* (→ *Gedichte*).

Ulrike blieb bis in ihr hohes Alter unverheiratet. Sie legte kurzgefaßte Erinnerungen an ihre Begegnung mit Goethe schriftlich nieder.

Georg Christoph Lichtenberg

* 1. 7. 1742 Oberramstadt b. Darmstadt; † 24. 2. 1799 Göttingen

Mit der Übersendung seiner ersten beiden *Beiträge zur Optik* (1791/92) an den Göttinger Professor der Physik und Astronomie leitete Goethe 1792 eine auf naturwissenschaftliche Fragen bezogene Korrespondenz ein.

Schon 1783 hatte Goethe in Göttingen ein physikalisches Kolleg von Lichtenberg besucht. Daß dieser seine → *Farbenlehre* in einer Bearbeitung von Johann Christian Polycarp Erxlebens *Anfangsgründe der Naturlehre* (1795) nicht erwähnte, kränkte Goethe.

In späteren Jahren äußerte sich Goethe in *Über Kunst und Altertum* (1821) und in → *Wilhelm Meisters Wan-*

Unten: *Georg Christoph Lichtenberg. Pastellporträt von Christian Ernst Specht, entstanden vor 1795. »Lichtenbergs Schriften können wir uns als der wunderbarsten Wünschelrute bedienen: wo er einen Spaß macht, liegt ein Problem verborgen«.* (Maximen und Reflexionen)

derjahre mit höchstem Lob über den Schriftsteller Lichtenberg.

Lila

Entstehung 1776/77 (erste Fassung, nur bruchstückhaft erhalten), 1777/78 (zweite Fassung), 1788 (dritte Fassung); Urauff. 30. 1. 1777, Herzogl. Liebhabertheater, Weimar (erste Fassung), Goethe in der Rolle des Verazio; 9. 12. 1818, Königl. Schauspiele, Berlin (dritte Fassung); Erstdruck 1790 (dritte Fassung).

Goethe lieferte mit diesem → *Singspiel* seinen ersten dichterischen Beitrag für Weimarer Hoffestlichkeiten. Vermutlich angeregt durch das Drama *L'Hypochondriaque* (1629) von Jean de Rotrou (1609–1650) stellt Goethe in dem Stück die erfolgreiche Heilung von einer krankhaften Verstörung dar. Mehr oder weniger deutlich sind verschiedene biographische Bezüge erkennbar: Anspielungen auf die ehelichen Verstimmungen des herzoglichen Paares (→ *Luise von Sachsen-Weimar-Eisenach*), auf Goethes eigene Beziehung zu → *Charlotte von Stein* sowie auf Verhältnisse im Kreis der Darmstädter Empfindsamen (→ *Empfindsamkeit*).
→ *Karl Siegmund Freiherr von Seckendorff*; → *Johann Friedrich Reichardt*

Literaturkritik

Nicht nur in Goethes → *Kritischen Schriften* nimmt der Komplex »Literatur« einen breiten Raum ein, sondern auch in seinen dichterischen Werken (→ *Wilhelm Meisters Lehr- und Wanderjahre*, → *West-östlicher Divan*, → *Dichtung und Wahrheit*, → *Maximen und Reflexionen*) und in seinen → *Gesprächen* (insbesondere mit → *Johann Peter Eckermann*). Goethe behandelt dabei einzelne Autoren sowie Themen und Motive, Stil und Sprache antiker und neuzeitlicher → *Weltliteratur* und der europäischen Volksdichtungen (→ *Volksbücher*, → *Volkskunde, Volkslieder*).In seiner Literaturkritik bedient sich Goethe der unterschiedlichsten Formen: vom spontanen Lob oder Tadel über die apodiktische Maxime, die Anzeige bzw. Rezension, den Essay bis zur ausführlichen Darstellung, zur monographischen Abhandlung.

Der französische Kritiker Saint-Beuve nannte Goethe in seinen *Causeries du lundi* den »größten Kritiker aller Zeiten« und ein anderer bedeutender Literat des 19. Jh.'s, der Engländer Matthew Arnold meinte, Goethe sei der »vollendetste« Kritiker gewesen. Diese Urteile von Ausländern überraschen umso mehr, als man im deutschsprachigen Raum Goethe nie als Kritiker sah – wohl weil seinen literaturkritischen Äußerungen der systematische Zusammenhang fehlte.

Auch methodisch verfährt Goethe unterschiedlich, wobei induktive und deduktive Methode nebeneinander stehen: in der enthusiastischen Literaturbetrachtung des jungen Goethe, wie z. B. in seiner Rede *Zum Schäkespears Tag* (1771), überwiegt die Ableitung dichterischer Einzelheiten aus allgemeinen Begriffen; mit zunehmend historisierendem Blick fügt der reife und der alte Goethe seine von Details ausgehenden Beobachtungen einem ganzheitlichen Verständnis von

Franz Catel, Kronprinz Ludwig von Bayern im Kreise der deutsch-römischen Künstler in einer spanischen Weinkneipe an der Ripagrande in Rom. *Gemälde, 1824. »Er, der äußerlich so Hochgestellte . . . und zugleich der schon durch sein umfassendes Wissen zu Ansprüchen berechtigte Mann, war gleichwohl der anspruchloseste . . . Man vergaß bei ihm ganz seinen Rang, aber wahrlich nicht um ihn deshalb weniger zu achten.«, schrieb Henriette Herz über König Ludwig.*
(Leben und Erinnerungen, *Bln. 1850*)

Werken und Autoren ein, wie z. B. in seinem Aufsatz *Serbische Lieder* (1825), indem er auf den geschichtlich gesellschaftlichen Gehalt der Literatur das Hauptaugenmerk richtet.

Manche von Goethes literaturkritischen Arbeiten sind als Bausteine zu einer philosophischen → *Ästhetik* zu betrachten. Eine systematische Dichtungstheorie hat Goethe indessen nicht gegeben. Im Gegensatz zu seiner Literaturkritik bietet seine → *Kunstkritik* eine festere theoretische Grundlegung.

→ *Essay*

Ludwig I., König von Bayern

* 25. 8. 1786 Straßburg; † 29. 2. 1868 Nizza

Zu Goethes 78. Geburtstag machte Ludwig I. Goethe einen Huldigungsbesuch in dessen Haus in Weimar. Im Mai/Juli 1828 ließ der König Goethe durch den Hofmaler Joseph Stieler (1781–1858) porträtieren (→ *Goethe-Bildnisse*).

1828 gab Goethe seinen Briefwechsel mit → *Schiller* mit einer Widmung an Ludwig I. heraus.

Luise, Herzogin (ab 1815 Großherzogin) von Sachsen-Weimar-Eisenach

* 30. 1. 1757 Berlin; † 14. 2. 1830 Weimar

Tochter des Landgrafen Ludwig IX. von Hessen-Darmstadt (1719–1790) und der »großen Landgräfin« Caroline (1721–1774).

Goethe sah die junge Prinzessin Luise zum erstenmal im Mai 1773 in Frankfurt, als sie mit ihrer Mutter und ihren zwei unverheirateten Schwestern zur »Brautschau« an den russischen Kaiserhof reiste. Als die Braut Herzog → *Carl Augusts* lernte Goethe sie im Mai 1775 während seiner ersten Reise in die → *Schweiz* am Hof

Luise Herzogin von Weimar. Schattenriß. Die für das letzte Viertel des 18. Jh.s charakteristische Form des Porträts ist der Schattenriß, der in den achtziger Jahren seine Blüte erreichte. In dieser Zeit dürfte auch die ganzfigürliche Silhouette von der noch jungen Herzogin entstanden sein.

des Markgrafen Karl Friedrich von Baden in Karlsruhe kennen. Im Oktober 1775 traf er in Frankfurt erneut mit dem jungverheirateten Paar, das sich auf der Durchreise nach Weimar befand, zusammen.

Goethe war der Herzogin von Anfang an in einer verhalten-schwärmerischen Verehrung zugetan, die er ihr bis zu ihrem Tod bewahrte. Nach seinem Eintritt in → *Weimar* huldigte er ihr in vielen Jahren mit Erstaufführungen eigener und fremder Werke zur Feier ihres Geburtstags: 1777 mit → *Lila*, 1778 mit → *Der Triumph der Empfindsamkeit*, in späteren Jahren mit Maskenzügen (→ *Dramatische Gelegenheitsdichtungen*), durch eigene Übertragungen von → *Voltaires Mahomet* und *Tancrède* (→ *Übersetzungen und Bearbeitungen*) sowie mit Dramen von → *Schiller,* → *Racine,* → *Corneille,* → *Calderón,* → *Grillparzer* u. a. Häufig verfaßte Goethe zu diesen Anlässen auch Huldigungs- und Glückwunschverse. 1813 schrieb er als Festgabe zum Geburtstag der Herzogin die Kantate *Idylle*.

Goethes Gründung der »Freitagsgesellschaft«, 1791, geschah nicht zuletzt, um der in ihrer unglücklichen Ehe vereinsamten Luise geistige Anregung zu bieten. Nach Auflösung der Gesellschaft, 1797, bewahrte Goethe den persönlichen Kontakt zur Herzogin, indem er ihr aus fremden und eigenen Werken, u. a. aus seiner entstehenden Autobiographie *Dichtung und Wahrheit*, vorlas und ihr über seine Arbeiten berichtete. 1810 widmete er ihr seine *Materialien zur Geschichte der Farbenlehre*. Kurz vor ihrem Tod bemerkte Goethe in einem Gespräch mit Kanzler Friedrich von Müller, daß er der Herzogin stets *»treu ergeben«* gewesen sei und

Rechts: *Johann Heinrich Meyer,* Das menschliche Leben. *Entwurf zum Fries im Luisenzimmer des Weimarer Schlosses. Zeichnung, 1798.*

daß zwischen ihnen *»nie ... der geringste Mißklang statt gefunden«* habe (10. 2. 1830).

Martin Luther

* 10. 11. 1483 Eisleben; † 18. 2. 1546 Eisleben

Goethe hat Luther als Reformator und Bibelübersetzer zeitlebens hoch geschätzt. In *Dichtung und Wahrheit* bekennt er, daß ihn *»Luthers Leben und Taten ... immer wieder zu den heiligen Schriften und zu Betrachtung religiöser Gefühle und Meinungen hinleiten mußten«* (12. Buch).

Als sich Goethe 1773 in seiner Flugschrift *Brief des Pastors zu *** an den neuen Pastor zu **** über den Reformator äußerte, hatte er sich dem →*Pietismus* seiner Frankfurter Jahre entfremdet und begonnen, naturrechtliche und pantheistische Vorstellungen zu entwickeln (→*Pantheismus*). Die verinnerlichte protestantische Theologie Luthers hat Goethe deshalb nicht interessiert. Luthers wissenschaftsfeindliche Haltung und mittelalterlichen Teufelsglauben hat Goethe scharf kritisiert (s. *Materialien zur Geschichte der Farbenlehre*, 1810).

Die außerordentliche Bedeutung von Luthers Bibelübersetzung für die Entwicklung der deutschen Sprache sowie die Fülle und Schönheit von Luthers Deutsch in Prosa, Spruch, Psalmen und Lied hat Goethe häufig betont und bekannt: *»Nur das Zarte unterstehe ich mich, hin und wieder besser zu machen.«* (Zu S. Schütze, Mai/Juni 1813)

Zum 300. Jahrestag von Luthers Thesenanschlag, 1817, plante Goethe eine Kantate.

→*Bibel*; →*Christentum*; →*Reformation*

»Luther arbeitete uns von der geistlichen Knechtschaft zu befreien; möchten doch alle seine Nachfolger so viel Abscheu vor der Hierarchie behalten haben, als der große Mann empfand.«
(*Brief des Pastors zu ****)

Lyrik →*Gedichte*

James Macpherson

* 27. 10. 1736 Ruthven b. Kingussie; † 17. 2. 1796 Belville b. Kingussie

→*Ossian*

Das Märchen →*Unterhaltungen deutscher Ausgewanderten*

Maria Ludovica, Kaiserin von Österreich

* 14. 12. 1787 Mailand; † 7. 4. 1816 Mailand

Frau Kaiser Franz' I. von Österreich (1768–1835).

Goethe lernte sie 1810 in Karlsbad kennen (→*Böhmen*) und hatte mit ihr und Angehörigen ihres Hofes

Unten: *Porträt der Kaiserin Maria Ludovica von Österreich. Miniatur auf Elfenbein von Jean-Baptiste Isaby, um 1812.*

gesellschaftlichen Umgang. 1812 folgte er einer Einladung der Kaiserin nach Teplitz, wo er mehrere Wochen lang eng mit ihr verkehrte. Er richtete fünf Gedichte an sie, die er später (1816) mit zwei anderen unter dem Titel *Im Namen der Bürgerschaft von Karlsbad* zusammenfaßte.

Christopher Marlowe

* 6. 2. 1564 Canterbury; † 30. 5. 1593 Deptford
→*Faust*

Maskenzüge →*Dramatische Gelegenheitsdichtungen*

Maximen und Reflexionen

»Man weiß nicht eher als nach einem längeren Lebenslauf, was echte *Maximen,* die uns über das Gemeine heben, für einen hohen Wert haben, der so selten anerkannt wird. Und so bleibt denn im höchsten Alter uns die Pflicht noch übrig, das Menschliche, das uns nie verläßt, wenigstens in seinen Eigenheiten anzuerkennen, und uns durch *Reflexionen* über die Mängel zu beruhigen, deren Zurechnung nicht ganz abzuwarten ist.«
(Brief an Seebeck, 3. Januar 1831)

Ein Gegenstück zu Goethes poetischen Sprüchen (→*Gedichte*) bilden die von →*Friedrich Wilhelm Riemer* und →*Johann Peter Eckermann* in einer ersten Nachlaßsammlung (1840) so genannten *»Sprüche in Prosa«*.

Die moderne Goethe-Philologie ist mit der umfassenden Neuedition dieser Aphorismen (1907) in Anlehnung an Goethes eigenen Sprachgebrauch zu der Bezeichnung *Maximen und Reflexionen* übergegangen. Es handelt sich hierbei um ca. 1400 *»Sentenzen«, »Eigenes und Angeeignetes«*, die von Goethe in der zweiten Lebenshälfte auf Papierfetzen, Briefumschlägen, Konzeptzetteln und dergleichen notiert wurden.

Zu seinen Lebzeiten gab Goethe mehrfach Folgen von ihnen heraus, zuerst als Teil von *»Ottiliens Tagebuch«* in →*Die Wahlverwandtschaften*, ab 1818 in seinen Zeitschriften (→*Herausgebertätigkeit*), später als *»Betrachtungen im Sinne der Wanderer«* und *»Aus Makariens Archiv«* in →*Wilhelm Meisters Wanderjahre oder Die Entsagenden*.

Die neuere Forschung geht über Goethes nur lose geübte Systematik in der Aufstellung der Spruchreihen hinaus und ordnet das Gesamtmaterial dieser Aphorismen nach den Komplexen von Goethes Weltverständnis. Als solches Gesamtkonvolut sind die *Maximen und Reflexionen* ein nicht zu überschätzender Schlüssel zu Goethes Denken.

Medizin

Goethe ist mit vielen berühmten Medizinern seiner Tage in Berührung gekommen. In Leipzig schon lernte er den Medizinalprofessor C. G. Ludwig kennen, in Straßburg hörte er Anatomie bei Lobstein, klinische Vorlesungen und Geburtshilfe bei den Ehrmanns. Bald darauf begegnete er dem Leibarzt Friedrichs II., J. G. v. Zimmermann. In Weimar lernte er Hufeland kennen, den Mitbegründer der modernen Geriatrie, der bald zur Goetheschen Freitagsgesellschaft stieß. Auch der Anatom Loder zählte zu Goethes Freunden. Goethe hat sogar selbst zeitweilig Unterricht in Anatomie für Künstler erteilt. Sein Freund Schiller war von seiner Ausbildung her Arzt.

Bei seinem ganzheitlichen Interesse am Menschen widmete sich Goethe selbstverständlich auch theoretischen und praktischen Fragen der Medizin.

In der Entwicklung seines →*Menschenbildes* zur Anerkennung praktisch spezialistischer Ausbildung (Wilhelm Meister wendet sich der Herstellung anatomischer

Präparate zu und wird *»Wundarzt«*; →*Wilhelm Meisters Wanderjahre*) beschäftigte sich Goethe innerhalb der Humanmedizin mit Problemen der →*Anatomie*, Aphasie, Hirnanatomie, Homöopathie, Pharmazie, Phrenologie, Psychiatrie, Stomatologie und verfolgte erste Überlegungen zum Impfzwang.

Felix Mendelssohn-Bartholdy

* 3. 2. 1809 Hamburg; † 4. 11. 1847 Leipzig

Der zwölfjährige Felix wurde im November 1821 durch seinen Lehrer →*Karl Friedrich Zelter* bei Goethe eingeführt und war in den folgenden Jahren, zuletzt 1830, mehrfach dessen Hausgast. Goethe liebte sein meisterliches Klavierspiel. *»Von der Bachschen Epoche heran hat er mir immer wieder Haydn, Mozart und Gluck zum Leben gebracht, von den großen neueren Technikern hinreichende Begriffe gegeben.«* (An Zelter, 3. 6. 1830)

Porträt des Komponisten Felix Mendelssohn-Bartholdy. Kreidezeichnung von Johann Joseph Schmeller.

Bei seinem letzten Besuch spielte Mendelssohn Goethe auch Werke von →*Ludwig van Beethoven* sowie Carl Maria von Weber (1786–1826) vor, den Goethe 1812 und 1825 ohne besonderen Eindruck in Weimar gesehen hatte. Ein Briefwechsel zwischen Goethe und Mendelssohn bestand von 1822 bis 1831. 1825 widmete Mendelssohn Goethe sein Klavierquartett h-Moll op. 3. Er vertonte mehrere Gedichte Goethes. 1831 komponierte er Goethes 1799 geschriebene Kantate *Die erste Walpurgisnacht* (endgültige Fassung 1843).

Über die große Herzlichkeit, mit der Goethe dem Jungen begegnete, geben dessen Briefe an die Eltern Aufschluß: *»Jeden Morgen erhalte ich vom Autor des ›Faust‹ und des ›Werther‹ einen Kuß und jeden Nachmittag vom Vater und Freund Goethe zwei Küsse. Bedenkt!«* (6. 11. 1821) Zu Goethes Persönlichkeitsbild trägt die Beobachtung des jungen Komponisten bei: *»Von seiner Güte und Freundlichkeit macht Ihr Euch gar keinen Begriff ... Einen ungeheuren Klang der Stimme hat er, und schreien kann er wie 10 000 Streiter.«* (An seine Eltern, 14. 11. 1821)

→*Vertonungen*

Menschenbild

Bei Goethe nehmen die Vorstellung von Entwicklung und Bildung in der Genese der Persönlichkeit einen tragenden Platz ein. Dabei erweiterte er aufgrund seiner tiefen psychologischen Kenntnisse die rationalistische Anthropologie um die Momente des Unter-, Vor- und Unbewußten. Goethes Persönlichkeitsidee ist nicht individualistisch, sondern nimmt sowohl eine gesellschaftliche als auch eine schicksalhafte Bedingtheit des Menschen an. Seiner Verehrung für die →*Antike* gemäß blieb Goethe der Begriff der »Kalokagathia« (des Schön- und Gutseins) zeitlebens maßgebend.

Goethe war einer der ersten, der den Eigenwert aller Altersstufen des Menschen erkannte.
→*Bildung*; →*Ethik*; →*Kind*; →*Metaphysik*; →*Pädagogik*; →*Physiognomik*; →*Sport*

Johann Heinrich Merck. Tuschzeichnung von Schmoll aus dem Jahr 1774. – ». . . wenn er einmal seine Fähigkeiten zu verwünschen anfing, und außer sich war, die Ansprüche an ein ausübendes Talent nicht genialisch genug befriedigen zu können, so ließ er bald die bildende, bald die Dichtkunst fahren und sann auf fabrikmäßige kaufmännische Unternehmungen, welche Geld einbringen sollten, indem sie ihm Spaß machten.« (Dichtung und Wahrheit, *12. Buch*)

Johann Heinrich Merck

* 11. 4. 1741 Darmstadt; † 27. 6. 1791 Darmstadt

Goethe lernte den Darmstädter Kriegszahlmeister, Schriftsteller und Naturforscher im Dezember 1771 in Frankfurt kennen. Nach Goethes Gegenbesuch in Darmstadt im Februar/März 1772 entwickelte sich ein reger geistig-geselliger Verkehr Goethes mit Merck und den »Darmstädter Empfindsamen« (→*Empfindsamkeit*). Im selben Jahr regte Merck Goethe zur Mitarbeit an den kritischen *Frankfurter Gelehrten Anzeigen* (→*Journalismus*) an. 1773 gab Goethe gemeinsam mit Merck die Werke →*Ossians* heraus. Im Selbstverlag mit Merck veröffentlichte Goethe 1773 seinen →*Götz von Berlichingen*. Auf das Verbot von→*Die Leiden des jungen Werthers* in Leipzig hin schrieb Merck Anfang 1775 die Satire *Pätus und Arria*. Während Goethes Weimarer Jahren wurden Briefe ausgetauscht, es fanden gegenseitige Besuche statt.

Mercks analytische Intelligenz, seine Spöttereien und seine verneinende Weltsicht, die ihn als *»Schalk, ja Schelm«* erscheinen ließen, wurden von Goethe in *Dichtung und Wahrheit* (12. Buch) charakteristisch geschildert und machen es wahrscheinlich, daß er der Figur des Mephistopheles in →*Faust* gewisse Züge geliehen hat.

Der umfassende Gedankenaustausch zwischen den Freunden ist durch Goethes an Merck gerichtetes Gedicht *Sendschreiben* (1774) bezeugt.

Metamorphose →*Morphologie*

Metaphysik

Metaphysische Vorstellungen haben den Schicksalsbegriff des jungen Goethe bestimmt, wie er ihn im 2. Aufzug des Dramas →*Egmont* für die Titelfigur formuliert: *»Wie von unsichtbaren Geistern gepeitscht, gehen die Sonnenpferde der Zeit mit unsers Schicksals leichtem Wagen durch; und uns bleibt nichts, als mutig gefaßt die Zügel festzuhalten, und bald rechts, bald links, vom Steine hier, vom Sturze da, die Räder wegzulenken.«* Am Ende von →*Dichtung und Wahrheit* zitiert Goethe diese Worte als schicksalhaft bezeichnend für den eigenen Aufbruch nach →*Weimar*.

Im Alter trat der Begriff des *»Dämonischen«* zu Goethes Schicksalsauffassung in spezifisch metaphysischem Sinn hinzu. In seiner Vorstellung konnte das *»Dämonische«* Persönlichkeiten prägen und leiten sowie auch Konstellationen hervorrufen.

In einigen Altersgesprächen und späten weltanschaulichen →*Gedichten* hat Goethe dem Glauben an eine über das irdische Leben hinaus fortdauernde Beschäftigung des Geistes Ausdruck gegeben: *»Kein Wesen kann zu Nichts zerfallen! / Das Ew'ge regt sich fort in allen . . .«* (*Vermächtnis,* 1829) Häufiger jedoch hat er sich metaphysische Erwägungen als *»Gegenstand täglicher Betrachtung und gedankenzerstörender Spekulation«* verbeten (zu Eckermann, 25. 2. 1824).

Mephistopheles macht in *Faust* I (*»Studierzimmer«*) Ableitungen der Metaphysik lächerlich.

→*Alterswerk*; →*Pantheismus*

»Man kann in den Naturwissenschaften über manche Probleme nicht gehörig sprechen, wenn man die Metaphysik nicht zu Hülfe ruft, aber nicht jene Schul- und Wortweisheit; es ist dasjenige, was vor, mit und nach der Physik war, ist und sein wird.« (*Wilhelm Meisters Wanderjahre*)

Schul- und Wortweisheit ist das, was Mephisto in der Szene *Studierzimmer in Faust* dem Schüler ironisch preist:
»Nachher vor allen andern
Sachen,
Müßt Ihr Euch an die Metaphysik machen!
Da seht, daß Ihr tiefsinnig faßt,
Was in des Menschen Hirn nicht
paßt.«

Meteorologie

Goethes Schriften zur Meteorologie – *Wolkengestalt nach Howard* (1817), *Über die Ursache der Barometerschwankungen* (1822), *Versuch einer Witterungslehre* (1825) u. a. – spiegeln den zeitgenössischen Wissensstand wider. Im besonderen folgte er im Alter – unter Anteilnahme Herzog →*Carl Augusts* – den Forschungen und der Nomenklatur des englischen Meteorologen Luke Howard (1772–1864), dem er 1820 den Gedichtzyklus *Howards Ehrengedächtnis* widmete (erweiterte Fassung: *Trilogie zu Howards Wolkenlehre*, 1822). Goethe erkannte selbständig, daß der Luftdruck, nicht aber Planeten und Mond die Witterung bedingen.

Goethe selbst war außerordentlich wetterfühlig, was seine Aufmerksamkeit für meteorologische Erscheinungen schärfte.

→*Naturwissenschaften*

Johann Heinrich Meyer

* 16. 3. 1760 Zürich; † 11. 10. 1832 Jena

Maler und Kunstschriftsteller. Ausgebildet von Johann Kaspar Füßli (1707–1781).

Goethe lernte Meyer 1786 in →*Rom* kennen und traf erneut 1790 in →*Venedig* mit ihm zusammen. 1791 wurde Meyer auf Goethes Veranlassung Lehrer an der Freien Zeichenschule in Weimar, deren Direktor er 1807 wurde. Er wohnte bis 1802 in Goethes Haus am Frauenplan, dessen Umbau er 1792 leitete und an dessen künstlerischer Ausgestaltung er mitwirkte. Goethe zog ihn bei Versuchen zur →*Farbenlehre* heran; insbesondere ließ er sich fortwährend von Meyer bei den Akquisitionen von Kunstgegenständen für den Weimarer Hof beraten.

Unten: *Porträt von Johann Heinrich Meyer in seinen mittleren Jahren. Zeichnung von Johann Joseph Schmeller.*

Rechts: *Johann Heinrich Meyer,* Ödipus löst das Rätsel der Sphinx. *Zeichnung, 1789. Meyer war der klassizistische Schulmeister, figurierte als »Kunschtmeyer« zwischen Goethe, Schiller und den anderen Weimarer Kunstfreunden. 1817 schickte ihn Goethe vor, um mit dem Aufsatz* Neudeutsch-religiös-patriotische Kunst *das Verdammungsurteil über die romantische Malerei zu fällen. Doch Meyers kunsthistorische Konzeptionen, deutlich in seiner erstmals 1974 veröffentlichten* Geschichte der Kunst, *waren schon zu seiner Zeit veraltet.*

Seit den neunziger Jahren lieferte Meyer kunsttheoretische Beiträge zu den *Horen* und *Propyläen* und der *Jenaischen Allgemeinen Literatur-Zeitung*. 1795–1797 hielt er sich in Italien auf, um für eine von Goethe geplante kulturhistorische Studie über Italien Material zu sammeln. Meyer schrieb den Beitrag *Entwurf einer Geschichte der Kunst des 18. Jahrhunderts* und die zweite der drei *Skizzen zu einer Schilderung Winckelmanns* für Goethes Sammelwerk *Winckelmann und sein Jahrhundert* (1805). Er arbeitete ab 1816 an Goethes Zeitschrift *Über Kunst und Altertum* mit (→ *Herausgebertätigkeit*).

Von seinen schriftstellerischen Arbeiten seien außerdem genannt die Schrift *Über die Altargemälde des Lucas Cranach in der Stadtkirche zu Weimar* (1813) und die *Geschichte der bildenden Künste bei den Griechen* (1824–1836). Von seiner künstlerischen Produktion seien seine monumentalen Arbeiten im Weimarer Schloß erwähnt: epigonale Rundbilder, Friese und Skulpturen.
→ *Weimarer Kunstfreunde*

Michelangelo Buonarroti

* 6. 3. 1475 Caprese; † 18. 2. 1564 Rom

Michelangelos Gemälde in der Sixtinischen Kapelle im Vatikan gehörten zu den ersten Kunstwerken in → *Rom*, denen Goethe während seiner beiden römischen Aufenthalte 1786–1788 fortgesetzte Aufmerksamkeit widmete.

Nach dem *»Anblick des größten Meisterstücks«*, des *Jüngsten Gerichts* (1535–1541), bekannte Goethe: *»ich bin in dem Augenblicke so für Michelangelo eingenommen, daß mir nicht einmal die Natur auf ihn schmeckt, da ich sie doch nicht mit so großen Augen wie er sehen kann.«* (*Italienische Reise*)

Links: Die Delphische Sibylle. *Teilkopie aus Michelangelos Fresken in der Sixtinischen Kapelle des Vatikans in Rom. Undatierte Kreidezeichnung von einem unbekannten Künstler aus Goethes Kunstsammlungen.*

Mineralogie

Goethes Interesse für Mineralogie setzte in den frühen Weimarer Jahren ein. 1780 begann er mineralogische Studien zu treiben und eine mineralogische Sammlung anzulegen. Seine umfangreichen Sammlungen, die er nach dem System des Mineralogen Abraham Gottlob Werner (1750–1817) ordnete, suchte Goethe auf seinen Fahrten durch Thüringen und auf seinen → *Reisen* (besonders → *Harz* und → *Böhmen*) lebenslänglich zu vervollständigen. Seit der Gründung der Mineralogischen Gesellschaft in → *Jena*, 1798, war Goethe ihr aktives Mitglied und bereicherte ihre Sammlungen ständig. 1832 wurde Goethes Karlsbader *Vollständige Sprudelstein-Sammlung* mit wissenschaftlicher Beschreibung verkauft. Goethe zu Ehren wurde ein Eisenmineral, Eisenoxydmonhydrat, um 1806 »Goethit« benannt.

Goethe verfaßte verschiedene Aufsätze zur Mineralogie. Vgl. auch sein Gedicht *Wiegenlied dem jungen Mineralogen Walther v. Goethe* (1818).
→ *Erdgeschichte*; → *Geologie*; → *Caspar Maria Graf von Sternberg*; → *Christian Gottlob von Voigt*

Unten: *Goethes Sprudelstein-Sammlung, aus seinem Todesjahr. Goethe war nicht durch Bücher, sondern durch praktische Aufgaben, die sich ihm stellten – wie etwa die Wiedereröffnung des Ilmenauer Bergwerks – zur Mineralogie gekommen. Er bezeichnete sich als »Granitfreund« und schrieb einmal, »mein ganzes Heil kommt von der Geologie«.*

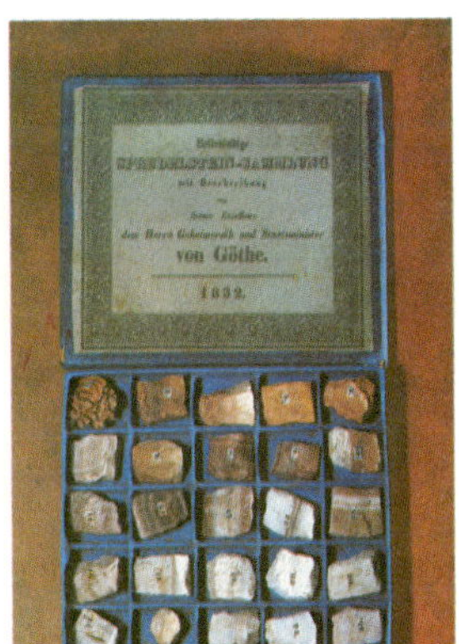

Die Mitschuldigen

Lustspiel in drei Aufzügen. Entstehung 1768/69 (erste, einaktige, und zweite Fassung); Urauff. 28. 11. 1776,

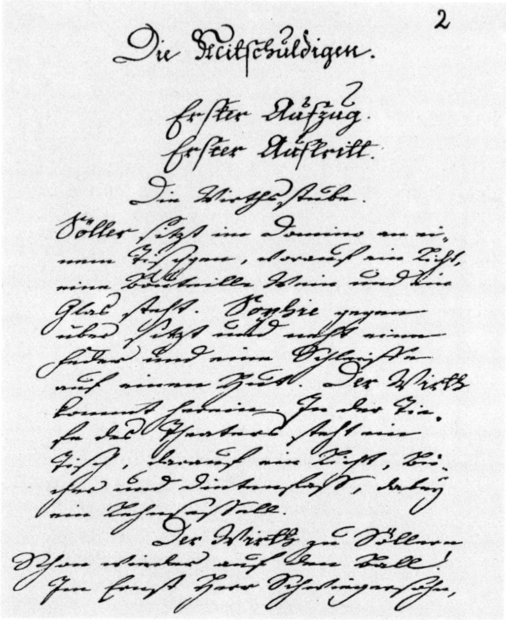

Rechts: *Anfang der eigenhändigen Niederschrift von* Die Mitschuldigen. *Goethe schenkte sie Friederike Brion in Sesenheim. – Herzog Carl August liebte die Farce ganz besonders und verhinderte einmal, daß Goethe bei einer Überarbeitung des Werkchens Verse herauskorrigierte: Der Dichter mußte sie restituieren.*

Herzogl. Liebhabertheater, Weimar (zweite Fassung), Goethe in der Rolle des Alcest; Erstdruck 1787 (dritte Fassung).

Wie Goethes dramatischer Erstling → *Die Laune des Verliebten* ist diese Ehebruchskomödie nach Mustern gearbeitet. Vorbilder waren die Commedia dell'arte, → *Molière*, die sächsische Komödie und die Expositionskunst → *Gotthold Ephraim Lessings*.
→ *Rokoko*

Mittelalter

In seiner Auffassung des Mittelalters blieb Goethe humanistischen und aufklärerischen Vorstellungen verhaftet, denen die Epoche zwischen → *Antike* und → *Renaissance* als »dunkel« galt. Das Vorherrschen christlich-religiöser Thematik in der altdeutschen Kunst und Literatur stieß Goethe ab. In der bildenden Kunst wie auch in der Literatur ist dabei der Goethesche Wortgebrauch *»altdeutsch«* unpräzise. Er deckt Epochen vom 11. Jh. bis weit in die Renaissance, ja in das → *Barock* hinein, so daß Lucas Cranach d. Ä. (1472–1553) und → *Albrecht Dürer* bzw. → *Hans Sachs*, Paul Fleming (1609–1640) u. a. mit gemeint sind.

Seit seiner Kenntnis des Straßburger Münsters und der Studien von dessen Aufrissen schätzte der junge

Goethe die gotische Baukunst, der er auch im Alter wieder, insbesondere um der Bauruine des Kölner Doms willen, sein Interesse zuwandte (→ *Straßburg,* → *Köln*) Ebenfalls im Alter – angeregt durch → *Sulpiz Boisserée* – beschäftigte er sich Verständnis suchend mit altdeutscher Malerei.

Von der Dichtung des Mittelalters kannte Goethe wenig. Für die Lyrik hatte er kein Verständnis. In der Epik zogen ihn → *Volksbücher* als *»schätzbare Überreste der Mittelzeit«* an. Mehrfach und intensiv beschäftigte er sich seit 1806 mit dem *Nibelungenlied* (um 1200); zu Karl Simrocks Übersetzung ins Neuhochdeutsche schrieb er 1827 eine Rezension.

Selbst der Verkehr mit den bedeutendsten Germanisten seiner Zeit, Johann Gustav Büsching (1783–1829), Friedrich Heinrich von der Hagen (1780–1856), Jacob Grimm (1785–1863) und Wilhelm Grimm (1786–1859), konnte ein tieferes Interesse Goethes an mittelalterlicher Dichtung nicht wecken. *»Es ist in der altdeutschen düsteren Zeit ebensowenig für uns zu holen, als wir aus den serbischen Liedern und ähnlichen barbarischen Volkspoesien gewonnen haben. Man liest es und interessiert sich wohl eine Zeitlang dafür, aber bloß um es abzutun und sodann hinter sich liegen zu lassen.«* (Zu Eckermann, 3. 10. 1828)

Im Elsaß war zu Goethes Straßburger Zeit die Beschäftigung mit mittelalterlichen Denkmälern schon recht rege, »als mich Oberlin zu den Denkmalen der Mittelzeit hinwies und mit den daher noch übrigen Ruinen und Resten, Siegeln und Dokumenten bekannt machte, ja eine Neigung zu den sogenannten Minnesingern und Heldendichtern einzuflößen suchte« (*Dichtung und Wahrheit,* 11. Buch). Doch Goethe ließ sich auch damals nicht in diese Richtung drängen.

Molière (Jean-Baptiste Poquelin)

* 15. 1. 1622 Paris; † 17. 2. 1673 Paris

Bereits als Knabe las Goethe die Werke Molières in der Bibliothek seines Vaters. Als Student sah er 1765 eine Aufführung des *Tartuffe* (1664) in Leipzig. Er schätzte Molière so sehr, daß er ihm – wie er 1805 in den *Annalen* bekennt – *»jährlich einige Zeit widmete, um eine wohl empfundene Verehrung immer wieder zu prüfen und zu erneuern«.* Gegenüber Eckermann nannte er Molière *»so groß, daß man immer von neuem erstaunt, wenn man ihn wiederliest«* (12. 5. 1825).

1828 rezensierte Goethe eine Molière-Biographie von Jules-Antoine Taschereau in *Über Kunst und Altertum.* In einem gleichzeitig entstandenen Aufsatz über *Französisches Schauspiel in Berlin* äußert Goethe seine Meinung, *»daß, wenn einmal Komödie sein soll, unter denen, welche sich darin übten und hervortaten, Molière in die erste Klasse und an einen vorzüglichen Ort zu setzen sei«.* Von Goethes Werken sind die Komödie → *Die Mitschuldigen* und das → *Singspiel Scherz, List und Rache* (1784/85) stark von Molière beeinflußt.

Molière. Mignard zugeschriebenes Bildnis. Goethe schätzte ganz besonders die erste Szene des Tartuffe. *Sie war für ihn ein Musterbeispiel der dramatischen Exposition, »symbolisch«, wie es Goethe verstand: »Alles ist sogleich von Anfang herein höchst bedeutend und läßt auf etwas noch Wichtigeres schließen.« (Eckermann,* Gespräche mit Goethe, *26. Juli 1826)*

Karl Philipp Moritz

* 15. 9. 1756 Hameln; † 26. 6. 1793 Berlin

Goethe lernte den Verfasser des autobiographischen Romans *Anton Reiser* (1785–1790) im Herbst 1786 in →

Rechts: *Porträt (Frontispiz) von Karl Philipp Moritz und Titelseite des ersten der insgesamt vier Teile von* Anton Reiser, *1785. Goethe schrieb am 14. Dezember 1786 über Moritz an Charlotte von Stein: »Moritz erzählte mir Stücke aus Seinem Leben und ich erstaunte über die Ähnlichkeit mit dem Meinigen. Er ist wie ein jüngerer Bruder von mir, von derselben Art, nur da vom Schicksal verwahrlost und beschädigt, wo ich begünstigt und vorgezogen bin. Das machte mir einen sonderbaren Rückblick in mich selbst.«*

Rom kennen. Es entwickelte sich zwischen beiden ein enger Verkehr. Insbesondere waren Moritz' prosodische Ratschläge Goethe wichtig bei den Neufassungen der → *Iphigenie auf Tauris* und des → *Torquato Tasso* in Blankversen. (Vgl. Moritz' *Versuch einer deutschen Prosodie,* 1786.)

Aus Gesprächen mit Goethe über Kunsttheorie ging Moritz' Schrift *Über die bildende Nachahmung des Schönen* (1788) hervor. Goethe nahm einen Teil der Schrift in seine → *Italienische Reise* auf *(»Zweiter Römischer Aufenthalt«)* und besprach sie im *Teutschen Merkur,* 1789. Von Dezember 1788 bis Anfang Februar 1789 war Moritz bei Goethe in Weimar zu Besuch und führte mit ihm ausgedehnte Gespräche über Kunst und Naturwissenschaft. In Moritz' *Götterlehre* (1791) und *Reisen eines Deutschen in Italien* (1792/93) fanden schon Zeitgenossen Goethesches Gedankengut widergespiegelt.

Nur wenigen waren Gedanken zugänglich, wie sie Goethes Morphologie zugrundelagen. Schließlich erwartete man von einem Dichter anderes, so auch die »Freunde zu Pempelfort«: »Wenn ich meine morphologischen Gedanken, so geläufig sie mir auch waren, in bester Ordnung, und, wie es mir schien, bis zur kräftigsten Überzeugung vortrug, so mußte ich doch leider bemerken, daß die starre Vorstellungsart: nichts könne werden, als was schon sei, sich aller Geister bemächtigt habe«. (*Campagne in Frankreich*)

Morphologie

»Die Morphologie soll die Lehre von der Gestalt, der Bildung und Umbildung der organischen Körper enthalten; sie gehört daher zu den Naturwissenschaften . . .« (*Vorarbeiten zu einer Physiologie der Pflanzen*; Mitte der neunziger Jahre, posthum 1891 gedruckt)

Nach dieser Definition Goethes ist die Morphologie nicht interessiert, kausale Zusammenhänge herzustellen; sie beschreibt vielmehr die Organismen in ihrer Entwicklung unter Bedingungen und also in ihren Funktionen, wobei Goethes Hauptaufmerksamkeit darauf gerichtet war, das Hervorgehen der höheren aus den niederen Arten darzustellen.

In Goethes Anschauungen durchdringen sich materialistisch-experimentelle und idealistisch-spekulative

Ansätze. Die letzteren treten deutlich zutage in gewissen abstrahierenden Grundbegriffen wie *»Urphänomen«* oder *»Urpflanze«* (→ *Botanik*), unter denen Goethe letztgültige Erscheinungen verstanden wissen wollte. Eine Reihe anderer, entwicklungsgeschichtlich gedachter Grundbegriffe wie *»Metamorphose«*, *»Gestalt«*, *»Typus«* erweisen sich auch heute noch als tragfähig.

Zu den von Goethe morphologisch ermittelten Naturgesetzen gehören das Prinzip von einem *»bestimmten Etat«* eines Organismus, die Gesetze der Koordination, Subordination und Superordination, das Prinzip der variablen Proportionen, die Wirbeltheorie des Schädels (→ *Anatomie*), die Spiraltendenz in der Vegetation (→ *Botanik*).

1817–1824 gab Goethe die Zeitschrift *Zur Naturwissenschaft überhaupt, besonders zur Morphologie* heraus, in der er frühere und laufende Forschungen veröffentlichte.

→ *Evolution;* → *Naturwissenschaften*

Der heute wieder aktuelle schottische Zoologe D'Arcy Thompson (1860–1948), der erste, der im großen Stil organische Formen mathematisch definierte, knüpfte in seinem Hauptwerk *On Growth and Form,* 1917 (dt. *Über Wachstum und Form,* Ffm. 1983) bewußt an Goethes Idee der Morphologie an.

Justus Möser

* 14. 12. 1720 Osnabrück; † 8. 1. 1794 Osnabrück

Goethe schätzte die *Patriotischen Phantasien* (1774–1786) des Juristen und Staatsmannes als Dokumente naturrechtlicher Lehren. Bei seinem ersten Zusammentreffen mit Herzog → *Carl August*, 1774, unterhielt er sich mit diesem über sie. 1813 las er das Werk abermals. 1823 widmete er Möser einen Aufsatz in *Über Kunst und Altertum*. Möser gewann besonders auf Goethes Gesellschaftsbild Einfluß (→ *Gesellschaft*).

→ *Rechtswissenschaft*

Porträt des Rechtsgelehrten und Schriftstellers Justus Möser. Schabkunstblatt von J. C. Huck.

Wolfgang Amadeus Mozart

* 27. 1. 1756 Salzburg; † 5. 12. 1791 Wien

Goethe hörte im August 1763 in Frankfurt ein Konzert des siebenjährigen Mozart und erinnerte sich im Alter mit Bewunderung *»des kleinen Mannes in seiner Frisur und Degen noch ganz deutlich«* (zu Eckermann, 3. 2. 1830).

Unter Goethes → *Theaterleitung* in Weimar hielt Mozart mit seinen sechs bedeutendsten Opern bei weitem die Spitze sämtlicher aufgeführten Opern und Singspiele. Goethe plante auch eine *Zauberflöte zweiter Teil,* die Fragment blieb (→ *Oper*).

1789 vertonte Mozart Goethes Gedicht *Das Veilchen* (1773/74). Als Goethe sich in seinen letzten Jahren der Vollendung des → *Faust II* näherte, meinte er: *»Die Musik müßte im Charakter des Don Juan sein; Mozart hätte den Faust komponieren müssen.«* (Zu Eckermann, 12. 2. 1829)

Oben links: *Bildnis des jungen Mozart am Spinett (zugeschrieben). Gemälde von Thaddeus Helbing 1766/67.*

Rechts: *Goethes Bühnenbildentwurf für eine Weimarer Aufführung der* Zauberflöte.

Die herausragende Bedeutung Mozarts erkannte Goethe von Anfang an: »*. . . eine Erscheinung wie Mozart bleibt immer ein Wunder, das nicht weiter zu erklären ist.*« (Zu Eckermann, 14. 2. 1831)
→ *Vertonungen*

Porträtzeichnung des Kanzlers von Müller von J. J. Schmeller, um 1830. Goethe öffnete sich gegenüber Müller wiederholt, etwa im Falle seiner Zerrissenheit nach dem Verlust von Ulrike; wir erleben seinen Schmerz beim Abschied der Pianistin Marie Szymanowska und seine Resignation gegenüber Carl August.

Friedrich von Müller

* 13. 4. 1779 Kunreuth (Franken); † 21. 10. 1849 Weimar

Seit 1801 als Assessor in weimarischen Diensten, seit 1804 Regierungsrat, seit 1815 Kanzler.

Müller war Goethe seit dessen Dienstantritt in Weimar bekannt und trat 1808 in seinen engeren Freundeskreis (→ *Staatsdienst*). Ein steter persönlicher Verkehr und wechselseitiger Austausch in literarisch-künstlerischen, naturwissenschaftlichen und staatspolitischen Angelegenheiten erhielt sich bis zu Goethes Tod.

1830 und 1832 hielt Müller Jubiläums- und Gedächtnisreden auf Goethe. 1848 gab er den Briefwechsel zwischen Goethe und → *Carl Friedrich Graf von Reinhard* heraus. Seine seit 1801 jeweils unmittelbar aufgezeichneten *Unterhaltungen mit Goethe* (1870 erstveröffentlicht) geben Gespräche und Stimmungen des alten Goethe spontaner wieder als → *Johann Peter Eckermanns* → *Gespräche.*

Münzsammlung

Goethe besaß eine Sammlung von ca. 2000 Münzen, darunter ca. 750 aus der → *Antike*. Aus Mittelalter, Renaissance und Neuzeit umfaßte die Sammlung Exemplare fast aller europäischen Länder.

Auf seinen → *Reisen* wandte Goethe der Besichtigung von Münzsammlungen große Aufmerksamkeit zu.

Musik

Goethe hatte als Knabe Cembalo-Unterricht. In der Straßburger Zeit erlernte er das Cellospiel. Sein eigener Beitrag zur deutschen Musikkultur war in jüngeren Jahren das Verfassen von →*Singspielen*, während seiner Tätigkeit als Theaterleiter in Weimar (→*Theaterleitung*) die Textbearbeitung italienischer →*Opern* sowie die Aufführung der großen Opern von →*Mozart*. In mittleren und späten Jahren befaßte er sich mit Musiktheorie. Ein Anlaß dafür war seine Übersetzung von →*Diderots* Dialog *Le neveu de Rameau* (entst. 1762, Übers. 1805), den Goethe mit die Musikgeschichte und Fragen des musikalischen Geschmacks betreffenden Anmerkungen versah. Johann Matthesons *Vollkommenen Kapellmeister* (1739) las Goethe 1818.

Seit 1807 bestand eine Goethesche Hauskapelle unter Leitung des Komponisten Karl Eberwein (1786–1868), eines Schülers von →*Karl Friedrich Zelter*. Eberwein, Johann Heinrich Schütz (1779–1829) und →*Felix Mendelssohn-Bartholdy* gehörten zu denjenigen, von denen Goethe sich Musik vortragen ließ, und zwar gewöhnlich *»nach historischer Reihe: von Sebastian Bach bis zu Beethoven, durch Philipp Emanuel* [Bach], *Händel, Mozart, Haydn durch, auch Dusseck und dergleichen mehr«* (an Zelter, 4. 1. 1819).

Seine Vorliebe gehörte der *»Bachischen Epoche«* (→*Johann Sebastian Bach*), nicht aber den Zeitgenossen →*Beethoven* und →*Schubert*. Von früh an hatte Goethe einen intensiven Austausch mit Komponisten seiner Texte, u. a. mit →*Johann André*, →*Philipp Christoph Kayser*, →*Johann Friedrich Reichardt*, →*Karl Friedrich Zelter*.

Im ganzen glaubte Goethe ein zu geringes Musikverständnis zu haben, bemühte sich jedoch fortdauernd darum und gelangte in Reflexionen und Korrespondenzen mit Musikern zu idealistischen Einschätzungen der Musik, wobei der Kanon der Musik des →*Barock* weitgehend maßgebend blieb. *»Die Würde der Kunst erscheint bei der Musik vielleicht am eminentesten, weil sie keinen Stoff hat, der abgerechnet werden müßte. Sie ist ganz Form und Gehalt und erhöht und veredelt alles, was sie ausdrückt.«* (*Maximen und Reflexionen*)
→*Ästhetik*

Karl Eberwein, Kapellmeister und Komponist in Weimar. Eberwein leitete ab 1807 Goethes Hauskapelle. Später wurde er Musikdirektor in Weimar. Er komponierte Goethes Proserpina *und schrieb eine Musik zu* Faust. *Die Nachwelt hat dem harten Urteil über ihn recht gegeben, das Goethe in einem Brief an Zelter äußerte.*

Mythologie

Die Figurenwelt der Mythologie der griechischen und römischen →*Antike* war Goethe von jeher vertraut. In allen Lebensphasen hat er Themen und Motive aus ihr in seinem Werk verwandt und in der *»Klassischen Walpurgisnacht«* (→*Faust* II) umfassende Scherze mit ihr getrieben. Er verstand sie sinnbildlich und erblickte in ihr *»einen unerschöpflichen Reichtum göttlicher und* *menschlicher Symbole«* (*Dichtung und Wahrheit*, 15. Buch).

Während Goethe in der griechischen Mythologie einen *»Wirrwarr«* sah (zu Riemer, August 1809), nahm er in der nordischen Mythologie bloße *»Nebelbilder«* und *»formlose Helden«* wahr (*Dichtung und Wahrheit*, 12. Buch), die ihn zur Darstellung nicht reizten.

Die vielgestaltige indische Mythologie war Goethe widerlich.

Nachkommen

Goethes Sohn August starb 1830, dessen Frau Ottilie überlebte Goethe bis 1872. Die Kinder beider, Walther Wolfgang, Wolfgang Maximilian und Alma, starben kinderlos 1885, 1883 bzw. 1844. Einzelheiten zu den Genannten: → *Goethe*.

Ein Nachkomme von Goethes Schwester *Cornelia* (→ *Goethe*) war Goethes Großneffe Alfred Nicolovius (1806–1890), der Verfasser der ersten Goethe-Bibliographie *Verzeichnis einer Sammlung der Goetheschen Werke* (1826) und einer Studie *Über Goethe. Literarische und artistische Nachrichten* (1828).

Napoleon

* 15. 8. 1769 Ajaccio (Korsika); † 5. 5. 1821 Longwood (St. Helena)

Goethe sah in Kaiser Napoleon (1804–1814/15) vor allem den Überwinder der → *Französischen Revolution*, den Schöpfer des *Code Napoléon* (1804) und den Stifter einer neuen staatlichen Ordnung, deren Übergriff auf das übrige Westeuropa er billigte. Napoleon erschien ihm als Verkörperung des *»Dämonischen«*, einer schöpferischen Individualität, deren Taten und Wirkung den Charakter der Notwendigkeit tragen (→ *Metaphysik*). Diese bewundernde Einschätzung behielt Goethe nach allen historischen Wechselfällen bis zuletzt bei: *»Er gefällt sich zu bekennen, daß er dem Weltgange eine frische Anregung, eine neue Richtung gegeben habe.«* (*Maximen und Reflexionen*)

Napoleon empfing Goethe am 2. 10. 1808 in Erfurt, worüber Goethe auf Drängen des Kanzlers von Müller 1824 den Bericht *Unterredung mit Napoleon, 1808* verfaßte. Einige Tage später begegnete Goethe Napoleon erneut in Weimar. Der Kaiser, der mit → *Die Leiden des jungen Werthers* so vertraut war, daß er sachkundig mit dem Autor über das Werk sprechen konnte, forderte Goethe auf, nach Paris zu kommen und ein ihn verherrlichendes Caesar-Drama zu schreiben. Napoleons Ausspruch beim Anblick Goethes, *»Vous êtes un homme«*, dürfte zu verstehen sein als »Dies ist nicht nur der Autor eines empfindsamen Romans, sondern ein wirklicher Mensch«.

Goethe stellte 1824 – auf sein Tagebuch gestützt – die *Unterredung mit Napoleon* zusammen:
»Trete ein.
Der Kaiser sitzt an einem großen runden Tische frühstückend; zu seiner Rechten steht etwas entfernt vom Tische Talleyrand, zu seiner Linken ziemlich nah Daru, mit dem er sich über die Kontributionsangelegenheiten unterhält.
Der Kaiser winkt mir heranzukommen.
Ich bleibe in schicklicher Entfernung vor ihm stehen.
Nachdem er mich aufmerksam angeblickt, sagte er: *Vous êtes un homme.* Ich verbeuge mich.«
(2. 10. 1808)

Am 14. 10. 1808 erhielt Goethe das Kreuz der französischen Ehrenlegion.

Goethes Interesse an Napoleon und dessen geschichtlichen Folgen blieb bestehen. Er beschäftigte sich immer wieder mit Memoirenwerken und Darstellungen zur Napoleonischen Epoche.
→ *Geschichte*

Naturgefühl

Seit Goethes Loslösung von dem Geschmackskanon des → *Rokoko* beherrschte ein starkes Naturgefühl, das aus dem unmittelbaren Erleben der Natur hervorging, seine sämtlichen Dichtungen. Dieses Naturgefühl umfaßte den religiösen Charakter von Goethes Naturerlebnis (→ *Pantheismus*) sowie das ganzheitliche Erkennen in den → *Naturwissenschaften*; es berührte auch das denkerische Ergebnis von Goethes Naturanschauung, seine → *Naturphilosophie*. Das Problem »Natur und Kunst« ist spezieller Gegenstand von Goethes philosophischer → *Ästhetik*.
→ *Johann Gottfried Herder*; → *Jean-Jacques Rousseau*; → *Sturm und Drang*; → *Weltbild*

Die natürliche Tochter

Trauerspiel. Entstehung 1801–1803; Urauff. 2. 4. 1803, Herzogl. Hoftheater, Weimar; Erstdruck 1804

Der Stoff ist den *Mémoires historiques* (1798) der Stéphanie-Louise de Bourbon-Conti (1762–1825) entnommen. Unter ihrem Eindruck faßte Goethe ursprünglich den Plan zu einer Trilogie, in die er *»alles, was ich so manches Jahr über die französische Revolution und deren Folgen geschrieben und gedacht, mit geziemendem Ernste niederzulegen hoffte«* (*Annalen*, 1799). Diesem Vorsatz zum Trotz handelt es sich in dem ausgeführten Trauerspiel im Umriß um ein höfisches Intrigenstück, das innerhalb des Hochadels nach dessen eigenen Gesetzen abläuft, nicht bedingt durch die Revolution. Goethes gesellschaftlicher Standpunkt erweist sich als konservativ: die Regierenden seien korrupt und am Umsturz schuldig. Sämtliche politischen Motivationen im Stück bleiben unklar. Die Legitimierung eines Bastards ist das eingeengte Problem.
→ *Französische Revolution*

Vor der Macht des Schicksals weicht die Hauptgestalt entsagend. Entsagung, ein Leitbegriff des späten Goethe, fand in der *Natürlichen Tochter* erstmals seine Ausprägung. Walter Benjamin deutet ihn als Ausdruck des »Privatmanns, der sein Dasein ängstlich gegen die politischen Erschütterungen rings um sich abzudichten suchte«. Zum Revolutionsdrama meinte Benjamin: Weit entfernt von der weltgeschichtlichen Gewalt des revolutionären Vorgangs, welchen sie umspielt, bewegt zu werden, teile die *Natürliche Tochter* mit dem barocken Trauerspiel dessen ungeschichtliche Anschauung hochpolitischer Ereignisse.
(W. Benjamin, *Ursprung des deutschen Trauerspiels*, 1924/25)

Naturphilosophie

Der historischen Stellung Goethes als Dichter und Naturforscher gemäß mischen sich in seinem Verhältnis zur Natur spekulative Elemente und empirisches Verfahren, so auch in seinem Verhältnis zur Naturphilosophie (→ *Friedrich Wilhelm Schelling*) und in seiner eige-

Philosophischer Naturbetrachtung stimmt Goethe zu. In einem Brief an Wilhelm von Humboldt äußerte er sich am 22. August 1806: »Erfreulich ist es, auf jenes wünschenswerthe Ziel hingewiesen zu werden, daß aller Zwiespalt aufgehoben, das Getrennte nicht mehr getrennt betrachtet, sondern alles aus Einem entsprungen und in Einem begriffen, gefaßt werden solle ...« Doch angesichts der damals gerade erschienenen *Grundzüge der philosophischen Naturwissenschaft* des Schelling-Freundes Henrik Steffens wird Goethe im selben Brief feindselig. Abstraktion, die Natur in ein Denksystem einzwängt, ist ihm »igelborstige Metaphysik«.

nen Naturphilosophie. Über diesen Sachverhalt, der auch ein zwischen Induktion und Deduktion wechselndes Erkenntnisverfahren umschließt, war Goethe sich im klaren: *»Ich stehe gegenwärtig in eben dem Fall mit den Naturphilosophen, die von oben herunter, und mit den Naturforschern, die von unten hinauf leiten wollen. Ich wenigstens finde mein Heil nur in der Anschauung, die in der Mitte steht.«* (An Schiller, 30. 6. 1798)

Daß Goethe sich bei aller Anerkennung und Förderung empirisch-experimenteller Erkenntnisverfahren in den →*Naturwissenschaften* (vgl. *Der Versuch als Vermittler von Objekt und Subjekt*, 1792) von ideellen Abstraktionen, ja Ideen letztlich leiten ließ, tritt in seiner Deutung von Naturphänomenen häufig deutlich hervor, nirgends aber so klar wie in seiner Polemik gegen →*Isaac Newton* (→*Farbenlehre*).

(Das Prosafragment *Die Natur*, 1781, das während des 19. Jh.s häufig als Beleg für Goethes Monismus herangezogen wurde, ist von der neueren Forschung dem Schweizer Theologen Georg Christoph Tobler, 1757–1812, zugeschrieben worden, der sich 1781 in Weimar aufhielt, und entspricht in seinem Gehalt traditionellen Ansichten der zeitgenössischen Theologie.)

→*Ästhetik*; →*Naturgefühl*; →*Philosophie*; →*Baruch de Spinoza*; →*Weltbild*

Gottfried Benn feierte im Goethe-Jahr 1932 den Naturwissenschaftler Goethe. »Einmal in Weimar angesiedelt, beginnt er und läßt nicht mehr davon ab, das Buch der Natur, ›das einzige, welches auf allen Seiten großen Gehalt bietet‹, zu studieren, und er studiert es systematisch, vielfältig, fachmännisch, kasuistisch und allgemein. Er seziert Kokosnüsse, analysiert Muscheln, konstruiert ein geologisches Modell, erweitert die Charpentiersche mineralogische Karte. Seine ganze Umgebung reißt er mit, Frau von Stein muß ihm Moose suchen lassen, feuchte mit Wurzeln; der Apotheker Buchholtz in seinem Garten Pflanzen für ihn ziehen; der Berginspektor Mahr in Ilmenau ihn fortlaufend mit Petrefakten und Mineralien versorgen; Knebel muß Eisenkörper nach gewissen Modellen zur Herstellung magnetischer Versuche für ihn gießen lassen.

Forts. nächste Seite

Naturwissenschaften

In Goethes Verhältnis zu den einzelnen naturwissenschaftlichen Fachbereichen mischen sich – seiner historischen Stellung als Naturforscher gemäß – spekulativ-idealistische Elemente und experimentell-analytische Methoden. Dem naturwissenschaftlichen Positivismus seit der zweiten Hälfte des 19. Jh.s war diese eklektische Verfahrensweise unannehmbar, und ein Teil der negativen Urteile über Goethes Naturwissenschaft stammt aus jener Gegnerschaft. Ein anderer Teil ist durch Goethes wissenschaftlichen Irrtum gegenüber →*Isaac Newton* begründet (→*Farbenlehre*).

Erst die neuere und neueste, um ganzheitliche Erkenntnis bemühte Naturwissenschaft vermag Goethes Ansätze – nach ihren Gebieten und Methoden – zu würdigen und z. T. fortzuführen. Vorrangig werden Goethes Verdienste in der →*Morphologie*/Biologie beachtet, insbesondere seine Entdeckungen und Forschungen in der vergleichenden →*Anatomie*, die Goethe von den achtziger Jahren (→*Johann Gottfried Herder*) bis an sein Lebensende betrieb (→*Georges de Cuvier*).

Goethe war – zum Teil angehalten durch seine Oberaufsicht über die Universität Jena (→*Staatsdienst*) – mit fast allen naturwissenschaftlichen Fachbereichen und Fragestellungen vertraut. Im besonderen hat er gear-

beitet auf den Gebieten der → *Astronomie*, → *Botanik*, → *Chemie*, → *Erdgeschichte*, → *Geologie*, → *Meteorologie*, → *Mineralogie*, → *Zoologie*.
→ *Evolution*; → *Herausgebertätigkeit*; → *Naturphilosophie*; → *Naturwissenschaftliche Sammlungen*

Naturwissenschaftliche Sammlungen

Goethes Sammlungen zur Naturwissenschaft – sein Herbarium, seine mineralogisch-geologischen, physikalischen, anatomisch-zoologischen Sammlungen sowie seine Sammlung optischer Apparate – sind im Goethe-Haus am Frauenplan in Weimar aufbewahrt. Seit einer ersten Katalogisierung durch einen der → *Sekretäre* Goethes wurde der Bestand der Sammlungen mehrfach abgebildet und beschrieben.
→ *Goethe-Häuser und -Museen*

Nazarener

Gegen die Bestrebungen der unter dem Namen »Nazarener« vereinigten deutschen Künstler in Rom, Peter Cornelius (1783–1867), Friedrich Overbeck (1789–1869), Johann Gottfried Schadow (1764–1850), die romantischen Anschauungen aus Wilhelm Heinrich Wakkenroders *Herzensergießungen eines kunstliebenden Klosterbruders* (1797) und → *Ludwig Tiecks Franz Sternbalds Wanderungen* (1798) folgten, wandten sich die → *Weimarer Kunstfreunde* auf das schroffste in dem Aufsatz *Neudeutsche religios-patriotische Kunst*, der, auf Goethes Veranlassung von → *Johann Heinrich Meyer* verfaßt, 1817 in *Über Kunst und Altertum* erschien.

Goethe verhöhnte die altertümelnden und katholisierenden Tendenzen dieser Gruppe als *»geistige Onanie«* (an Meyer, 28. 5. 1817) und *»Kinderpäpstelei«* (an Meyer, 7. 6. 1817) und kritisierte, daß deren *»wahnsinniger Sektengeist keine Scheu trug, das Verwerfliche als Grundmaxime alles künstlerischen Handelns auszusprechen«* (*Annalen*, 1820).

Neoplatonismus → *Renaissance*

Neptunismus → *Erdgeschichte*

Isaac Newton

* 4. 1. 1643 Woolthorpe b. Grantham; † 31. 3. 1727 Kensington

Die Farbenlehre des Begründers der neueren mathematischen Physik, Entdeckers des Gravitationsgesetzes und Professors der Physik in Cambridge lernte Goethe

Er selbst hält sich wochenlang in Jena auf, wandert des Morgens im tiefsten Schnee in das fast leere anatomische Auditorium, um bei Loder die Bänderlehre zu hören, dann weiter zu Döbereiner, um die neue Wissenschaft der Stöchiometrie zu lernen. Wieder in Weimar hält er anatomische Kurse in der Kunsthochschule, veranlaßt die Herzogin Amalie, mit elektrischen Versuchen zu beginnen, sie hat einen Elektrophor gekauft, schreibt sie, welcher sehr gut und stark ist, und diese Beschäftigung mache ihr viel Freude. ›Sie müssen noch eine Erdfreundin werden‹, ruft er Frau von Stein zu, und bald schreibt sie: ›Durch seine Vorstellung wird jedes äußerst interessant, so sind mir's durch ihn die gehässigen Knochen geworden und das öde Steinreich.‹«
(G. Benn, *Goethe und die Naturwissenschaften*, 1932)

»Wie so oft verriet sich das Mißlingen durch Polemik. In seiner Kritik der herrschenden Farbenlehre hat Goethe den klaren Sinn der Worte und Versuche Newtons vierzig Jahre lang mißverstanden und hat sich durch so kluge und sachkundige Gesprächspartner wie Lichtenberg nicht belehren lassen. Wie konnte ein so großer, so umfassender Geist so irren? Ich weiß nur eine Antwort: er irrte, weil er irren wollte. Er wollte irren, weil er eine entscheidende Wahrheit nur durch den Zorn zu verteidigen vermochte, dessen Ausdruck dieser Irrtum war.«
(Carl Friedrich von Weizsäcker, *Nachwort zur Farbenlehre* in *Goethes Werke*, Bd. 13, Hbg. 1955)

Friedrich Nicolai. Kupferstich von Geiger nach Chodowiecki. Aus den Xenien: *»Schreiben wollt' er, und leer war der Kopf, da besah er sich Deutschland; Leer kam der Kopf zurück, aber das Buch war gefüllt.«*

bereits durch Vorlesungen Johann Heinrich Wincklers (1703–1770) 1765/66 in →*Leipzig* kennen. Bei seinen späteren, in Italien beginnenden, 1790 in ihr experimentelles Stadium tretenden Versuchen und Studien zur →*Farbenlehre* verwarf Goethe Newtons Spektralanalyse des Lichts. Dieses wissenschaftliche Fehlurteil hielt Goethe zeit seines Lebens aufrecht und bekämpfte Newton mündlich und schriftlich mit Verbissenheit. *»Der Newtonische Irrtum steht so nett im Konversationslexikon, daß man die Oktavseite nur auswendig lernen darf, um die Farbe fürs ganze Leben los zu sein.« (Maximen und Reflexionen)*

Friedrich Nicolai

* 18. 3. 1733 Berlin; † 8. 1. 1811 Berlin

Berliner Buchhändler und Schriftsteller der Aufklärung, Begründer der *Allgemeinen deutschen Bibliothek* (1765–1806).

Er schrieb 1775 auf Goethes →*Die Leiden des jungen Werthers* die Satire *Die Freuden des jungen Werthers*, die Goethe mit dem Spottgedicht *Nicolai auf Werthers Grabe* und der Parodie *Anekdote zu den Freuden des jungen Werthers* beantwortete. Goethe und →*Schiller* verspotteten Nicolai in den →*Xenien* mit größter Schärfe. In →*Faust* I ist er als *»Proktophantasmist«* (Aftervisionär) und *»Neugieriger Reisender«* (*»Walpurgisnacht«)* karikiert.

Alfred Nicolovius

* 13. 11. 1806 Königsberg; † 22. 3. 1890 Bonn

→*Nachkommen*

Unten: *Friedrich von Hardenberg, der sich Novalis nannte. Stich von Eichens.*

Novalis (Friedrich von Hardenberg)

* 2. 5. 1772 Oberwiederstedt (Sachsen); † 25. 3. 1801 Weißenfels (Sachsen)

Der romantische Dichter Novalis besuchte Goethe in Begleitung von →*August Wilhelm Schlegel* im März 1798. Mit Schlegel und →*Tieck* war er im Juli 1799 nochmals Goethes Gast.

Anfänglich für →*Wilhelm Meisters Lehrjahre* begeistert, kritisierte er den Roman 1799/1800 aufs heftigste und nannte ihn *»ein fatales und albernes Buch – so prätentiös und preziös – undichterisch im höchsten Grade, was den Geist betrifft – so poetisch auch die Darstellung ist . . . Das Ganze ist ein nobilitierter Roman. Wilhelm Meisters Lehrjahre, oder die Wallfahrt nach dem Adelsdiplom.«* (*Fragmente*, posthum 1802 veröffentlicht)

Noch in einem Brief an →*Zelter* vom 20. 10. 1831 erinnerte sich Goethe, daß *»Hardenberg«* ihn am liebsten *»wollte deliert haben«*.

Novelle

Entstehung 1826–1828; Erstdruck 1828

Die *Novelle*, in der Goethe den Stoff des 1797 geplanten Epos *Die Jagd* wieder aufnahm, gehört zu Goethes hochsymbolischen Altersdichtungen und wurde – wie →*Faust* II und →*Wilhelm Meisters Wanderjahre oder Die Entsagenden* – erst in diesem Jahrhundert aufgeschlüsselt und nach ihren Intentionen verstanden.

Im Kreis einer konstitutionalistisch gesonnenen Fürstenfamilie wird während einer Jagd die Fürstin durch einen ausgebrochenen Tiger bedroht. Später sind andere Mitglieder des Kreises durch einen ausgebrochenen Löwen gefährdet. Der Tiger wird erlegt, und Junker Honorio entsagt seiner leidenschaftlichen Liebe zur Fürstin. Alles Gewaltsam-Elementare, ob in der Natur oder im Menschen, soll in Entsagung (→*Ethik*) gebändigt werden. Auch die Kunst dient dieser Bändigung: der Löwe muß nicht getötet werden, sondern *»das Kind«* besänftigt das Raubtier durch schönes Flötenspiel; die Prosa der *Novelle* geht in Poesie über, alle Spannungen sind harmonisch ausgeglichen.

→*Alterswerk*

Gottfried Benn las die ihm bis dahin unbekannte *Novelle* auf Empfehlung seines Bremer Freundes F. W. Oelze. Am 27. 1. 1936 antwortete er Oelze: »Kann denn aus diesen Deutschen etwas werden, wenn ihre Heroen das Leben so harmonisch ... darstellen? ... Eigentlich ein Hund, dieser Goethe. Er wußte doch, daß er Schwindel treibt u. daß er rein aus eigenem Ruhebedürfnis u. Fernhaltungsdrang von allem Dämonischen so schrieb. Ich sagte Ihnen ja schon einmal: abgefeimt! Er konnte keine Leichenwagen sehn, das war mir bekannt, aber daß er die Löwen mit Flöten in den Käfig zurückbringt, das habe ich nun erst erfahren ...
Ich sende das eindrucksvolle Büchlein zurück u. danke!«

Novellen

Zum Wesen einer Novelle gehörte für Goethe, daß in ihrem Mittelpunkt eine *»unerhörte Begebenheit«* stehe (zu Eckermann, 29. 1. 1827). Als in diesem *»ursprünglichen Sinne«* exemplarisch empfand er seine im Alter entstandene →*Novelle*, die er deshalb auch ohne besonderen Titel beließ.

Ein Novellenzyklus mit Rahmenerzählung aus Goethes klassischer Zeit sind die →*Unterhaltungen deutscher Ausgewanderten,*, die u. a. *Das Märchen* enthalten. Eine Reihe von Novellen, darunter *Die pilgernde Törin, Das nußbraune Mädchen* und *Der Mann von funfzig Jahren*, fügte Goethe in seinen Altersroman →*Wilhelm Meisters Wanderjahre oder Die Entsagenden* ein.

Adam Friedrich Oeser

* 17. 2. 1717 Preßburg; † 18. 3. 1799 Leipzig

Der Maler, Radierer und Bildhauer wurde 1764 als Direktor der neugegründeten Zeichen-, Malerei- und Architektur-Akademie nach →*Leipzig* berufen, wo er Ende 1765 Goethes Zeichen- und Radierlehrer wurde. Es entwickelten sich freundschaftliche Beziehungen Goethes zu Oesers Familie, besonders zu dessen Tochter Friederike (1748–1829).

1778 sah Goethe Oeser erneut in Leipzig; 1780 besuchte Oeser Goethe in Weimar. Ein letztes Zusammentreffen fand 1797 in Leipzig statt.

Unten: *Goethes Lehrer in Leipzig, Adam Friedrich Oeser. Gemälde von A. Graff, um 1775.*

Oeser vermittelte Goethe aufs eindringlichste und folgenreich die klassizistischen, gegen den noch vorherrschenden Geschmack des →*Barock* und →*Rokoko* gerichteten Kunstanschauungen →*Johann Joachim Winckelmanns*, mit dem er in Dresden befreundet gewesen war.

Oesers Einfluß auf Goethe ist bis ca. 1785 nicht zu überschätzen, wie Goethes Briefe an ihn und seine Tochter bezeugen. Nächst →*Shakespeare* und →*Christoph Martin Wieland* zählte Goethe Oeser zu seinen *»echten«* Lehrern (an P. E. Reich, 20. 2. 1770).

Oper

Wenngleich Goethe mit zahlreichen →*Singspielen* einen Beitrag zum deutschen Musiktheater leistete, schränkte er diese Bemühungen nach dem großen Erfolg von →*Mozarts Entführung aus dem Serail* (1783) vorübergehend ein. Die weiteren großen Opern Mozarts entmutigten Goethe, den Text zu einer eigenen großen Oper zu vollenden. Dagegen zeigen z. B. seine Umarbeitungen von →*Erwin und Elmire* und →*Claudine von Villa Bella* sein Bestreben, das deutsche Singspiel der Form der Opera buffa anzunähern. Nach der Aufführung von Mozarts *Zauberflöte* (1791) in Weimar, 1794, konzipierte Goethe eine Fortsetzung, *Der Zauberflöte zweiter Teil*, an der er 1795 und auf →*August Wilhelm Ifflands* Betreiben 1798–1800 arbeitete. (Das Fragment wurde 1802 veröffentlicht.) Goethes dabei entwickelte musikdramatische Architektonik gewann Einfluß auf →*Faust* II.

Als Theaterleiter brachte Goethe neben der *Zauberflöte* Mozarts große Opern auf die Weimarer und Lauchstädter Bühne (→*Theaterleitung*). Er leistete ferner Übersetzungen und Textbearbeitungen von Opern von Pasquale Anfossi (1729–1797) und Domenico Cimarosa (1749–1801).

Bei größter Hochschätzung von Mozarts Opern nahm die Oper in Goethes →*Ästhetik* nicht den hohen Rang der nicht theatralischen →*Musik* ein. Er schätzte sie eher als Theaterpraktiker, *»da die Oper immer ein Publikum anzuziehen und zu ergötzen das sicherste und bequemste Mittel bleibt«* (*Annalen*, 1791).

1792 konnte Goethe schon auf eine kleine Weimarer Tradition der Oper zurückblicken: »Die aus Italien wiedergekehrten Freunde bemühten sich, die leichteren italienischen Opern jener Zeit, von Païsiello, Cimarosa, Guglielmi und anderen, herüberzuführen, wo denn zuletzt auch Mozarts Geist einzuwirken anfing. Denke man sich, daß von diesem allen wenig bekannt, gar nichts abgebraucht war, so wird man gestehen, daß die Anfänge des weimarischen Theaters mit den jugendlichen Zeiten des deutschen Theaters überhaupt oder zugleich eintraten und Vorteile genossen, die offenbar zu einer natürlichen Entwickelung aus sich selbst den reinsten Anlaß geben mußten.« (*Campagne in Frankreich*)

Opitk →*Farbenlehre;* →*Isaac Newton*

Orient

Goethes Begegnung mit der Kultur des Nahen und Fernen Ostens ist im wesentlichen eine literarische. Sie ist faßbar in Goethes Studium orientalistischer Schriften, dichterischer und kulturgeschichtlicher Quellen, vor allem aber in ihren produktiven Folgen im lyrischen Werk, *Mahomet, Chinesisch-deutsche Jahres- und Tageszeiten* (→ *Gedichte;* → *West-östlicher Divan*).

Die Orientalisten Heinrich Friedrich von Diez (1751–1817), Joseph von Hammer-Purgstall (1774–1856) und Johann Gottfried Ludwig Kosegarten (1792–1860) vermittelten Goethe die Kenntnisse arabischer, persischer und indischer Literatur.

Goethe wandte sich den orientalischen Studien im Alter zu, nicht zuletzt, um widrige europäische zeitgeschichtliche Eindrücke zu kompensieren: *»Ich habe mich nämlich, mit aller Gewalt und allem Vermögen, nach dem Orient geworfen, dem Lande des Glaubens, der Offenbarungen, Weissagungen und Verheißungen. Bei unsrer Lebens- und Studienweise vernimmt man so viel von allen Seiten her, begnügt sich mit enzyklopädischem Wissen und den allgemeinsten Begriffen; dringt man aber selbst in ein solches Land, um die Eigentümlichkeiten seines Zustandes zu fassen, so gewinnt alles ein lebendiges Ansehen.«* (An C. H. Schlosser, 23. 1. 1815)
→ *Bibel*

Ossian

Die unter diesem Verfassernamen im 18. Jh. weitverbreiteten Fälschungen gälischer Bardenpoesie stammten von dem schottischen Dichter und Übersetzer James Macpherson (1736–1796).

Goethe las 1768 die im selben Jahr erschienene deutsche Übersetzung *Ossians* durch Michael Denis (1729–1800). 1770/71 regte ihn → *Johann Gottfried Herder* zu weiterer Beschäftigung mit *Ossian* an, den Goethe in dieser Zeit in sein Interesse an → *Volkskunde, Volksliedern* einbezog. Er übersetzte 1771 u. a. *Die Gesänge von Selma*, die er in → *Die Leiden des jungen Werthers*

Links: *Bildnis Macphersons. Stich von Freeman nach einem Gemälde von Joshua Reynolds aus einer englischen Ossian-Ausgabe 1805.*

Rechts: *Titelblatt der deutschen Ossian-Übersetzung von Michael Denis, Wien 1768. Goethes Werther bekennt: »Ossian hat in meinem Herzen den Homer verdrängt. Welch eine Welt, in die der Herrliche mich führt! Zu wandern über die Heide, umsaust vom Sturmwinde, der in dampfenden Nebeln die Geister der Väter im dämmernden Lichte des Mondes hinführt.«* (Die Leiden des jungen Werthers, *1774*)

einfügte. Überhaupt nimmt das *Ossian*-Motiv in *Werther* einen gleichen Rang wie das →*Homer*-Motiv ein, ja verdrängt dieses. Diese Plazierung ist – bei Goethes sonstiger Abneigung gegen die gestaltlose Bardenpoesie – als indirekte Charakteristik des verzärtelten, verbildeten, sentimentalen Werther zu erklären.

1773 veranstaltete Goethe gemeinsam mit →*Johann Heinrich Merck* eine Ausgabe der Werke *Ossians*, für die er das Titelblatt radierte. Damit endete Goethes Interesse an *Ossian*.

Osteologie →*Anatomie*

Österreich

Durch seine Badereisen nach →*Böhmen* geriet Goethe in direkte Beziehungen zu Österreich. Die Wiener Goethe-Verehrung wurde durch Goethes geselligen Verkehr mit höchsten österreichischen Standespersonen in Böhmen (→*Maria Ludovica*), aber auch durch erste poetologische Untersuchungen von Joseph Stanislaus Zauper (*Grundzüge einer deutschen theoretisch-praktischen Poetik, aus Göthes Werken entwickelt,* 1821; *Studien über Goethe,* 1822) eingeleitet.

Goethe mit seinem Schützling Fritz von Stein. Schattenriß, um 1780.
»Was hier [in der Pädagogischen Provinz*] geschildert wird, ist ... nicht unmittelbar nutzbar für die praktische Pädagogik, aber unschätzbar wertvoll als geistige Wegweisung. Die oberste Ehrfurcht, die Welt als Gleichnis, Leben im heilig-öffentlichen Geheimnis – das alles ist eine Haltung, keine Lehre; ein Weg, kein Ergebnis.«*
(Erich Trunz, Anmerkungen zu Wilhelm Meisters Wanderjahren, *in* Goethes Werke, *Bd. 8, Hbg. 1950).*

Pädagogik

Goethes starkes pädagogisches Interesse trat in seinen Briefen an seine Schwester (→*Cornelia Goethe*) erstmals hervor.

In seiner mittleren Zeit widmete er sich persönlich der Erziehung seines Mündels Peter im Baumgarten (1765–1793) und Fritz von Steins (1772–1844), des Sohnes →*Charlotte von Steins*, später der heranwachsenden Enkel →*Walther Wolfgang von Goethe* und →*Wolfgang Maximilian von Goethe*.

Goethes Korrespondenz und Gespräche enthalten eine Fülle praktisch-pädagogischer Ideen, die in den Kapiteln der *»Pädagogischen Provinz«* in →*Wilhelm Meisters Wanderjahre* systematisch ausgebaut wurden.

Nach antikem Vorbild war für Goethe das persönliche Verhältnis des Schülers zum Lehrer von maßgeblicher Bedeutung.
→*Bildung*; →*Kind*; →*Menschenbild*

Paläophron und Neoterpe

Entstehung und Erstdruck 1800; Urauff. 31. 10. 1800, Wittumspalais, Weimar; erste öffentliche Auff. 1. 1. 1803, Herzogl. Hoftheater, Weimar (mit verändertem Schluß)

Das von Goethe in zwei Tagen aus dem Stegreif diktierte kleine Festspiel hat den Gegensatz zwischen Altem und Neuem, zwischen Vergangenheit und Zukunft zum Inhalt und spiegelt Goethes Verhältnis zu Zeit und Geschichte wider. Wie in →*Die natürliche Tochter* und →*Pandora* läßt Goethe in diesem symbolisch-allegorischen, formal antikisierenden Stück das Besondere vor dem Allgemeinen zurücktreten und betont das Typische vor dem Individuellen.

Andrea Palladio

* 30. 11. 1508 Vicenza; † 19. 8. 1580 Vicenza

Von allen Künstlern der →*Renaissance* hat der Baumeister Palladio den nachhaltigsten Eindruck auf Goethe gemacht. Auf seiner ersten Reise durch →*Italien* suchte Goethe dessen Sakral- und Profanbauten mit Konsequenz auf. Er kaufte sich 1786 in Padua und →*Venedig* Ausgaben der Werke Palladios und des römischen Architekten Vitruv (→*Antike*) sowie eine Schrift über die Baukunst in Vicenza von dem Architekten Ottavio Bertotti Scamozzi.

In Vicenza begeisterte Goethe das Teatro Olimpico. Er besuchte die Villa Rotonda, den ihn am stärksten beeindruckenden Palladio-Bau, sowie auch Palladios kleines Wohnhaus in Vicenza. In Venedig studierte er die Kirchenbauten S. Giorgio Maggiore, S. Redentore und das Kloster der Carità.

Durch Palladio fühlte sich der Klassizist Goethe dem römischen Bauwesen – insbesondere der Epoche Hadrians (76–138) – näher vermittelt als durch die Schriften Vitruvs.

In Weimar ließ Goethe im Ilmpark das Römische Haus nach Palladinischen Entwürfen bauen. In seinem eigenen Haus am Frauenplan ließ er 1792 den großen Treppenaufgang nach dem Muster von Palladios Villen umbauen.

→*Baukunst*

Unten links: *Blick auf die* Villa Rotonda *in Vicenza, die von Andrea Palladio um 1567 erbaut wurde. – Am 30. September 1786 schrieb Goethe an Charlotte von Stein, nachdem er Palladios* I quattro libri dell'Architettura *gekauft hatte: »In Padua fand ich erst das Buch, jetzt studier ich's und es fallen mir wie Schuppen von den Augen, der Nebel geht auseinander und ich erkenn die Gegenstände. Auch als Buch ist es ein großes Werk.«*

Rechts: *Haus am Frauenplan in Weimar, Treppenaufgang mit Ildefonsogruppe. Das Treppenhaus wurde 1792 nach Entwürfen Goethes errichtet. Anregungen dazu hatte er vor allem durch das Studium Palladios empfangen. Der Einbau der breiten Treppe erforderte den Verzicht auf mehrere Räume des Hauses.*

Der DDR-Dramatiker Peter Hacks bearbeitete Goethes *Pandora* zu einem Bühnentext im Sinne eines ironisch vorgehaltenen anachronistischen Klassizismus. Die Erstaufführung fand 1982 in Göttingen statt.

Pandora

Ein Festspiel. Entstehung 1807/08; Erstdruck 1810

Von dem Festspiel ist nur der erste Akt vollendet, in dem die Titelfigur nicht auftritt. Er wird beherrscht von dem Gegensatz ihrer Brüder Prometheus und Epimetheus, dem unermüdlich Tätigen, Aktiven und dem rückwärtsgewandt Träumenden, Kontemplativen. Eos bringt einen ersten Ausgleich zwischen beiden. Eine erneute Entzweiung sollte von Pandora aufgehoben werden und die Versöhnung Goethes Synthese von Kunst und Wissenschaft mit der neuzeitlichen Welt der Arbeit symbolisieren.

Schon in seiner ersten Naturforscher-Zeit sah sich Goethe als Pantheisten: »Man sieht die Neigung zu einer Art von Pantheismus, indem den Welterscheinungen ein unerforschliches, unbedingtes, humoristisches, sich selbst widersprechendes Wesen zum Grunde gedacht ist, und mag als Spiel, dem es bitterer Ernst ist, gar wohl gelten.«
(*Erläuterung zu dem aphoristischen Aufsatz »Die Natur«,* 1828)

Pantheismus

Bei wechselnder Kritik an den positiven Formen geoffenbarter Religionen (→*Christentum*) und einer nur vorübergehenden Annäherung an den →*Pietismus* entwickelte Goethe zum Verhältnis von Gott und Welt eine Vorstellung, die ihn das *»Dasein«* und *»Göttlichkeit«* (*»leitendes Wesen«, »Vollkommenheit«*) als Einheit begreifen ließ. Im Zusammenhang mit →*Friedrich Heinrich Jacobis* Schrift *Von den göttlichen Dingen und ihrer Offenbarung* (1811) spricht er von seiner *»reinen, tiefen, angebornen und geübten Anschauungsweise, die mich Gott in der Natur, die Natur in Gott zu sehen unverbrüchlich gelehrt hatte, so daß diese Vorstellungsart den Grund meiner ganzen Existenz machte«*. (*Annalen*, 1811)
→*Naturgefühl*; →*Religion*; →*Baruch de Spinoza*

Philosophie

Dem Sinn Goethes für *»gegenständliches Denken«* (J. C. F. A. Heinroth, 1773–1843, *Lehrbuch der Anthropologie*, 1822), für eine *»zarte Empirie«* (*Wilhelm Meisters Wanderjahre*) des Welterfassens war eine systematische Philosophie nicht nötig. Die Popularphilosophie der →*Aufklärung* befriedigte ihn nicht, wenngleich er deren Lehrbücher seit der Knabenzeit benutzte und seine Ansichten von der Philosophie der →*Antike* nach deren Anleitung bildete (→*Aristoteles*, →*Platon*).

Erst das eingehendere Studium →*Baruch de Spinozas*, 1784/85, festigte Goethes monistische und pantheistische Anschauungen. Die nächste Phase intensiverer Befassung mit Philosophie war seit 1790 die Auseinandersetzung mit →*Immanuel Kants* drei »Kritiken«. 1817 nahm Goethe von der abendländischen Philosophie Gottfried Wilhelm Leibniz' Monadenlehre auf und arbeitete sie, wie alle philosophischen Einsichten, in seine eigene Lebensanschauung, seine Weltdeutung, seine Naturbetrachtung ein.

In einem sehr späten Resümee über sein Verhältnis zum philosophischen Idealismus relativiert Goethe den Wert philosophischer Erkenntnisse am umfassendsten: *»Ich danke der kritischen und idealistischen Philosophie, daß sie mich auf mich selbst aufmerksam gemacht hat, das ist ein ungeheurer Gewinn; sie kommt aber nie zum Objekt ...«* (An C. L. F. Schultz, 18. 9. 1831)

Vgl. Goethes Beziehung zu den Zeitgenossen →*Johann Gottlieb Fichte,* →*Georg Wilhelm Friedrich Hegel,* →*Johann Gottfried Herder,* →*Jean-Jacques Rousseau,* →*Friedrich Wilhelm Schelling,* →*Friedrich von Schiller,* →*Arthur Schopenhauer.*

→*Ästhetik*; →*Ethik*; →*Geschichte*; →*Menschenbild*; →*Metaphysik*; →*Naturphilosophie*; →*Naturwissenschaften*; →*Pantheismus*; →*Weltbild*

Physik →*Farbenlehre*; →*Georg Christoph Lichtenberg*; →*Naturwissenschaften*; →*Isaac Newton*

Physiognomik

Durch →*Johann Caspar Lavater* zur Mitarbeit an dessen *Physiognomischen Fragmenten* (1775–1778) aufgefordert, hat Goethe sich während weniger Jahre mit der Physiognomik, der Ableitung charakteristischer Eigenschaften des Menschen aus seinen Gesichtszügen, beschäftigt und Lavater eigene Beiträge dazu geliefert. Schon in den frühen Weimarer Jahren erkannte er allerdings den wissenschaftlichen Irrtum dieser Lehre und wandte sich von ihr ab.

→*Menschenbild*

»Jedem Alter des Menschen antwortet eine gewisse Philosophie. Das Kind erscheint als Realist; denn es findet sich so überzeugt von dem Dasein der Birnen und Äpfel als von dem seinigen. Der Jüngling, von innern Leidenschaften bestürmt, muß auf sich selbst merken, sich vorfühlen: er wird zum Idealisten umgewandelt. Dagegen ein Skeptiker zu werden hat der Mann alle Ursache ... Der Greis jedoch wird sich immer zum Mystizismus bekennen. Er sieht, daß so vieles vom Zufall abzuhängen scheint ...«
(*Maximen und Reflexionen*)

Unten: *Ein Blatt physiognomischer Handzeichnungen Goethes aus seiner Korrespondenz mit Lavater. Randbemerkungen umlagern die Skizzen.*

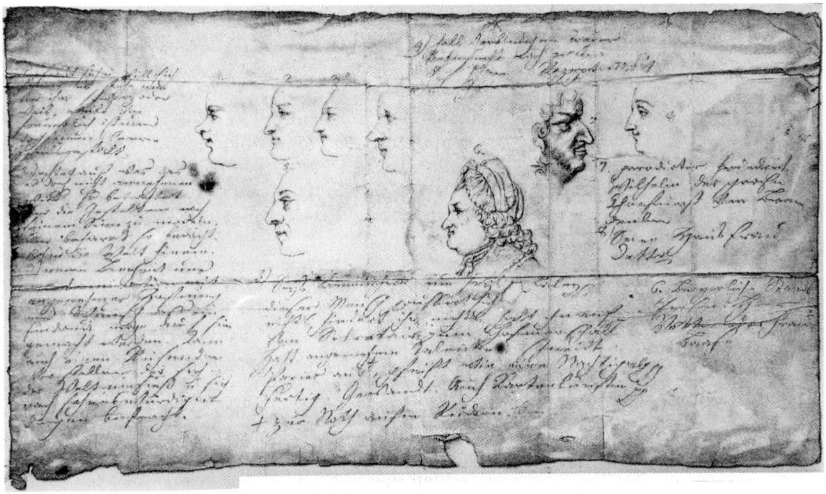

Die erst 1922 gefundenen Briefe an F. Th. Langer (1743–1820) zeigen, wie tief sich der junge Goethe, emotional wie sprachlich, in die Welt des Pietismus hineingefunden hatte: »Vorzüglich gelehrt und unterrichtet, freute er sich an meinem Heißhunger nach Kenntnissen, der sich nun bei der krankhaften Reizbarkeit völlig fieberhaft äußerte.«
(*Dichtung und Wahrheit,* 8. Buch)

Pietismus

Durch seine Mutter und deren Verwandte und Freundin →*Susanna Katharina von Klettenberg* war Goethe seit seiner Knabenzeit mit Pietisten bekannt. Als Student wandte er sich während seiner Erkrankung 1769 (→*Krankheiten*) vorübergehend deren verinnerlichter religiöser Vorstellungswelt zu. Er besuchte die Synode der Herrnhuter Brüdergemeinde Marienborn in der Wetterau, konnte sich aber mit deren Auffassung von göttlicher Gnade, Erbsünde und unmittelbarem Verhältnis zu Jesus nicht befreunden.

Aus der Rückschau urteilte Goethe in seiner Autobiographie: *»Es entstanden die Separatisten, Pietisten, Herrnhuter, die ›Stillen im Lande‹ . . ., die aber alle bloß die Absicht hatten, sich der Gottheit, besonders durch Christus, mehr zu nähern, als es ihnen unter der Form der öffentlichen Religion möglich zu sein schien.«* (*Dichtung und Wahrheit*, 1. Buch)
→*Bibel*; →*Christentum*

Pindar

* 522/518 v. Chr. Kynoskephalä b. Theben; † nach 446 v. Chr. Argos

Pindars Oden übten starken Einfluß auf die Hymnen des jungen Goethe aus (→*Gedichte*). *»Ich wohne jetzt in Pindar, und wenn die Herrlichkeit des Palastes glücklich macht, müßt ich's sein.«* (An Herder, ca. 10. 7. 1772) Goethe übersetzte Pindars *5. Olympische Ode*, 1773.

Goethes Pindar-Erlebnis war mißverständlich geprägt durch den Titanismus der Geniezeit. Goethes durch Pindar angeregte dithyrambische Dichtungsweise in freien Rhythmen mit außergewöhnlichen Wortbildungen und -komposita blieb im wesentlichen auf die →*Sturm-und-Drang*-Periode beschränkt. Später las er Pindar in Übersetzungen von →*Johann Gottfried Herder*, →*Karl Ludwig von Knebel* und →*Wilhelm von Humboldt.*

Platon

* 427 v. Chr. Athen; † 347 v. Chr. Athen

Goethe las die Schriften des Athener Philosophen anläßlich seines Planes eines Sokrates-Dramas bereits als Stürmer und Dränger, im Jahre 1771 (→*Sturm und Drang*).

Erneute Lektüre Platons ist für 1793 bezeugt. In den *Materialien zur Geschichte der Farbenlehre* (1810) stellt er Platon neben der →*Bibel* und →*Aristoteles* als eine der *»drei Hauptmassen«* dar, *»welche die größte, entschiedenste, ja oft eine ausschließliche Wirkung hervorgebracht haben«*.

»Was er [Platon] sich im einzelnen von irdischem Wissen zueignet, schmilzt, ja man kann sagen, verdampft in seiner Methode, in seinem Vortrag«.
(*Geschichte der Farbenlehre*)

Polen

Goethe besuchte im Anschluß an seine Reise durch →*Schlesien* im September 1790 Krakau und Czenstochau.

Politik

Goethe hat sich durchweg als *»Royalist«* bezeichnet (zu Eckermann, 25. 2. 1824). Vorwürfe des →*Jungen Deutschland*, er sei ein *»Fürstendiener«*, aufnehmend bekannte er sich zu seinem Dienst bei einem guten Fürsten (zu Eckermann, 27. 4.1825). Nach heutigem Sprachgebrauch würde man ihn als konstitutionellen Monarchisten bezeichnen. Nach der Umformung →*Sachsen-Weimar-Eisenachs* in ein Großherzogtum, 1815, und nach der Modernisierung der Staatsverfassung durch →*Carl August* war Goethe als Minister in einem Staat tätig, der ein ständisches Mitspracherecht und Pressefreiheit gewährte und damit einer ersten konstitutionellen Verfassung in Deutschland vorarbeitete.

Seiner Herkunft nach verstand Goethe sich stets als *»Patrizier«* (→*Adelsstand*), dem nichts an einer Veränderung der ständisch gegliederten Gesellschaft lag.

Unten: *Territorialkarte des Herzogtums Sachsen-Weimar-Eisenach.*

»Warum ich Royaliste bin,
Das ist sehr simpel:
Als Poet fand ich Ruhms
Gewinn,
Freie Segel, freie Wimpel;
Mußt' aber alles selber tun,
Konnt' niemand fragen:
Der alte Fritz wußt' auch zu tun,
Durft' ihm niemand was sagen.«
(*Zahme Xenien*)

Goethe verfolgte eine legitimistische Politik (→*Staatsdienst*). *»Die Hansnarren des Tages wollen den Adel aufgehoben sehen ... Sie sollten täglich und stündlich auf den Knieen Gott bitten, daß man das Altgeprüfte legitim nennen möge und daß von Zeit zu Zeit eine Kreatur geboren würde, mit deren Namen Jahrhunderte könnten durchgestempelt werden.«* (An Zelter, 17. 9. 1831)

Im ganzen war er *»kein Freund des revolutionären Pöbels«*, und obgleich er bekannte, daß ihn *»jede Verbesserung freue, welche die Zukunft uns etwa in Aussicht stellt«*, war ihm als Anhänger der →*Evolution* alles Revolutionäre, *»Gewaltsame, Sprunghafte ... in der Seele zuwider, denn es ist nicht naturgemäß«* (zu Eckermann, 27. 4. 1825).

Vgl. auch Goethes Beziehungen zu den Politikern, Diplomaten und Juristen →*Jakob Friedrich von Fritsch,* →*Wilhelm von Humboldt,* →*Justus Möser, Friedrich von Müller,* →*Carl Friedrich Graf von Reinhard,* →*Christian Gottlob von Voigt.*

→*Deutschland*; →*Französische Revolution*; →*Freiheitskriege*; →*Geschichte*; →*Krieg, Kriege*; →*Die natürliche Tochter*; →*Preußen*; →*Rechtswissenschaft*

Potsdam

Zur Zeit Goethes Sommerresidenz des Königs von Preußen.

Goethe reiste 1778 über Potsdam nach →*Berlin*. Von Berlin aus unternahm er einen einmaligen, viertägigen Besuch Potsdams mit Besichtigung des Schlosses Sanssouci, des Exerzierhauses, des Waisenhauses und der Garnisonkirche. Er nahm an einer Parade teil.

Unten: *Potsdam, Sanssouci. Ansicht des Schlosses kurz nach der Errichtung des Baues. Blick vom Park auf die Terrassen der Rückfront. Kolorierter Kupferstich von J. D. Schleuen, um 1750.*

Preußen

Die »preußische« oder eher »fritzische« Gesinnung des Knaben Goethe wurde in der Weimarer Zeit durch Goethes vertraute Beziehung zur Herzogin →*Anna Amalia,* einer Nichte →*Friedrichs II. von Preußen,* verstärkt. Durch →*Carl Augusts* Beitritt zu dem vom preußischen König gegründeten Deutschen Fürstenbund, auch durch dessen Dienst im preußischen Militär, geriet Goethe in diplomatischen und persönlichen Verkehr mit hochgestellten preußischen Staatsbeamten. Zwischen 1806 und 1813 traf er mehrfach mit Prinz August von Preußen (1779–1843), einem Neffen Friedrichs II., zusammen.

Nach Reisen nach →*Berlin* und →*Potsdam*, 1778, sowie durch →*Schlesien*, 1790, besonders durch seine ministeriellen Obliegenheiten seit 1815, festigte sich die geistige Verbindung Goethes zu herausragenden preußischen Persönlichkeiten. Mit seiner Achtung der wirtschaftlichen, militärischen und diplomatischen Erfolge Preußens zu seinen Lebzeiten verband sich bei Goethe der Vorbehalt gegen einen preußisch-berlinerischen Realismus und eine damit einhergehende betriebsame Tüchtigkeit. *»Geben Sie acht, Freund, es sind Preußen, die wollen immer alles besser wissen als andere Leute.«* (An J. S. Grüner, 11. 8. 1822)
→*Politik*

Proserpina

Ein Monodrama. Entstehung 1776 (Prosafassung), 1786 (Versfassung); Erstdruck 1778 (Prosafassung), 1787 (Versfassung); Urauff. als Einlage in →*Der Triumph der Empfindsamkeit* 30. 1. 1778, Herzogl. Liebhabertheater, Weimar (Prosafassung); 4. 2. 1815, Herzogl. Hoftheater, Weimar (Versfassung).

Ob *Proserpina* als Totenklage auf Goethes Schwester (→*Cornelia Goethe*) oder die Nichte Christoph Willibald Glucks (1714–1787), Nanette, verfaßt wurde, ist nicht geklärt. Goethe hat in der Klage der Proserpina den Moment des griechischen Mythos der Persephone gestaltet, in dem sie in die Unterwelt verbannt und von den Parzen als deren Königin begrüßt wird.

1815 wurde *Proserpina* nochmals für die Bühne in Weimar eingerichtet. Anregungen und Einsichten, die Goethe jetzt erst bei dieser neuerlichen Beschäftigung mit *Proserpina* gekommen waren, verarbeitete er im Helena-Akt von *Faust* II.

Psychologie →*Menschenbild*; →*Physiognomik*

Jean-Baptiste de Racine

* 21. 12. 1639 La Ferté-Milon; † 21. 4. 1699 Paris

Goethe kannte schon als Knabe zahlreiche Dramen Racines aus der Bibliothek seines Vaters und sah von 1759 bis 1761 Aufführungen im französischen Theater in Frankfurt. Sein besonderes Interesse galt dem in der französischen klassischen Tragödie gewahrten Formprinzip der »drei Einheiten« des → *Aristoteles*, das er anhand von Racines und → *Corneilles* Vorreden studierte. In einer mit Kindern besetzten Privataufführung von Racines Drama *Britannicus* (1669) spielte Goethe die Rolle des Nero. Seine Vorliebe für den Verfasser ging in diesen Jahren so weit, daß er für ihn zu einem *»Abgott«* wurde (*Dichtung und Wahrheit*, 3. Buch). Trotz seiner durch die Entdeckung → *Shakespeares* 1771 vollzogenen zeitweiligen Abwendung von der Formstrenge der französischen Klassiker bewahrte sich Goethe zeit seines Lebens eine hohe Wertschätzung Racines. 1805 brachte er dessen *Phèdre et Hippolyte* (1677) in der Übersetzung → *Schillers*, 1808 *Britannicus* in Weimar auf die Bühne (→ *Theaterleitung*).

In → *Wilhelm Meisters Lehrjahre*, wo sich – wie auch in *Wilhelm Meisters theatralischer Sendung* – Reflexe von Goethes früher Beschäftigung mit Racine finden, stellt er den *»großen Menschen«* Corneilles die *»vornehmen Personen«* Racines gegenüber.
→ *Klassik*

Die bekannte Schauspielerin Friedrike Bethmann-Unzelmann als Phädra in Racines gleichnamigem Trauerspiel. Kupferstich von E. S. Henne nach F. Catel. Der Rezensent der Neuen Leipziger Litteraturzeitung *fragte sich damals (1805) erstaunt: »Wie mag es denn kommen, dass zwey unserer anti-französischen Tragiker, Göthe und Schiller, diese so lange bey uns schon zu Grabe geläuteten Entschlafenen, wieder in die Gesellschaft der Lebendigen bringen?«*

Raffael (eig. Raffaello Santi)

* 6. 4. 1483 Urbino; † 6. 4. 1520 Rom

Ein erstes Originalgemälde von Raffael sah Goethe 1768 bei einem Besuch Dresdens: es war die *Sixtinische Madonna* (um 1513), die sich seit 1753 dort befindet. Auf seiner ersten Reise durch → *Italien* sah Goethe in Bologna Raffaels *Heilige Cäcilie* (um 1514), in → *Rom* dessen Stanzen (1511–1517) und Loggien (1518/19) im Vatikan, die Fresken in der Villa Farnesina (um 1514), die nach Entwürfen Raffaels (1515) gearbeiteten Wandteppiche, die zum Fronleichnamsfest 1787 gezeigt wurden (einen Raffaelischen Gobelin hatte Goethe bereits 1770 in Straßburg gesehen), die *Sybillen* in S. Maria della Pace (1514) und die *Verklärung Christi* (posthum vollendet 1523) in S. Pietro, Montorio.

Goethes zusammenfassende Urteile über diese Gemälde sind enthalten in dem Aufsatz *Antik und Modern* (1818) und in den → *Maximen und Reflexionen*.

In Goethes → *Kunstsammlungen* befinden sich zahlreiche Kupferstiche und Handzeichnungen nach Raffael.

»Zwei Menschen, denen ich das Beiwort groß unbedingt gebe, hab ich näher kennen lernen, Palladio und Raphael. Es war an ihnen nicht ein Haarbreit willkürliches, nur daß sie die Grenzen und Gesetze ihrer Kunst im höchsten Grade kannten und mit Wichtigkeit sich darin bewegten, sie ausübten, macht sie groß.« (An Charlotte von Stein, 19. 10. 1786)

Raubdrucke

Goethe war dem im 18. Jh. üblichen unrechtmäßigen Nachdruck seiner Werke fast rechtlos ausgeliefert. Er bemühte sich um dessen Unterbindung, indem er einzelne Länder um Privilegien ersuchte und erreichte schließlich einen rechtswirksamen Schutz für seine »Ausgabe letzter Hand« beim Deutschen Bund. (→ *Verleger*)

Rechtswissenschaft

Goethe verfaßte zu Ende seines → *Studiums* die Dissertation *De legislatoribus* (1771), in der er im Sinne von → *Jean-Jacques Rousseaus Du contrat social* (1762) die Verpflichtung des Staates erläuterte, den kirchlichen Kultus bei Freiheit des persönlichen Religionsbekenntnisses zu bestimmen. Die Dissertation wurde von der Fakultät als zu freigeistig abgelehnt; ihre naturrechtlichen Ableitungen waren der traditionellen Rechtswissenschaft zu gefährlich. Goethe erwarb daraufhin lediglich die juristische Lizentiatenwürde durch eine Disputation über 56 lateinische Thesen, *Positiones juris.*

In → *Frankfurt* eröffnete er 1771 eine Anwaltspraxis, in deren Führung (28 Prozesse) ihm sein Vater beistand. Von Mai bis September 1772 arbeitete er als Assessor am Reichskammergericht in → *Wetzlar.* Durch Herzog → *Carl August* 1775 nach → *Weimar* eingeladen, trat er dort 1776 in den → *Staatsdienst* ein.

Als junger Jurist stand Goethe in der Tradition der → *Aufklärung* unter dem Einfluß naturrechtlicher Lehren, wie sie ihm früh durch Charles de Montesquieus *De l'esprit des loix* (1748), Hugo Grotius, Samuel Freiherr von Pufendorf, Christian Thomasius, Christian Wolff, → *Jean-Jacques Rousseau* und → *Justus Möser* nahegebracht worden waren. Sie brachten ihn in Opposition gegen das positive Recht, die in der Phase des → *Sturm und Drang* seine gesellschaftliche Haltung bestimmte. Die oppositionelle Auffassung ging in die Worte ein: *»Es erben sich Gesetz und Rechte / Wie eine ewge Krankheit fort; / . . . / Vom Rechte, das mit uns geboren ist, / Von dem ist, leider! nie die Frage.«* (*Faust* I, *»Studierzimmer«*)
→ *Gesellschaft*

POSITIONES
JURIS
QUAS
AUSPICE DEO
INCLYTI JURECONSULTORUM ORDINIS
CONSENSU
PRO LICENTIA
SUMMOS IN UTROQUE JURE HONORES
RITE CONSEQUENDI
IN ALMA ARGENTINENSI
DIE VI. AUGUSTI MDCCLXXI.
H. L. Q. C.
PUBLICE DEFENDET
IOANNES WOLFGANG GŒTHE
MOENO - FRANCOFURTENSIS.
ARGENTORATI
ex Officina JOHANNIS HENRICI HEITZII, Univers. Typographi.

Titelblatt von Goethes Abschlußarbeit (Lizentiat) an der Straßburger Universität vom 6. August 1771. Sein Verhältnis zu den juristischen Studien bilanzierte Goethe im 11. Buch von Dichtung und Wahrheit *zurückhaltend: »Was mich selbst betraf, so fühlte ich wohl, daß mir zur Ausfüllung jener Rechtsoptik, die ich mir gemacht hatte, unendlich vieles fehle, das eigentliche Wissen ging mir ab, und keine innere Richtung drängte mich zu diesen Gegenständen . . . mich hatte eine ganz andere Fakultät fortgerissen.«*

Redekunst, Rhetorik

Gegen den Mißbrauch der Redekunst hat Goethe sich mehrfach geäußert. Der humanistischen Bildungstradition entsprechend hat er sich jedoch der Schulung durch die antike Rhetorik unterworfen und ein Handbuch ihrer Regeln stets auf seinem Schreibtisch gehabt (→ *Antike,* → *Bibliothek*).

Reformation

Insofern Goethe die Reformation mit den Bestrebungen des Humanismus zusammenhängen sah, erschien sie ihm als eine aufklärende Befreiung von geistlicher Knechtschaft. Bei Goethes Argwohn gegenüber dem → *Christentum* war ihm an der Reformation die den Glauben verinnerlichende und individualistische Tendenz besonders befremdlich. Aus Anlaß des 300. Jahrestages von → *Martin Luthers* Thesenanschlag schrieb

Goethe das Gedicht *Dem 31. Oktober 1817*. Eine 1816 begonnene Kantate zum Reformations-Jubiläum blieb unvollendet. Gegenüber Riemer äußerte Goethe: *»Unter uns gesagt, ist an der ganzen Sache nichts interessant als Luthers Charakter, und auch das einzige, was der Menge eigentlich imponiert. Alles übrige ist ein verworrener Handel, wie er uns noch täglich zur Last fällt.«* (22. 8. 1817)

Der Komponist und Musikschriftsteller Johann Friedrich Reichardt in einer Lithographie von H. E. Wintter, um 1810. Aus Goethes Annalen, *1795: »Reichardt hatte auch die Lieder zum* Wilhelm Meister *mit Glück zu komponieren angefangen, wie denn immer noch seine Melodie zu* Kennst du das Land *als vorzüglich bewundert wird. Unger teilte ihm die Lieder der folgenden Bände mit, und so war er von der musikalischen Seite unser Freund, von der politischen unser Widersacher, daher sich im Stillen ein Bruch vorbereitete, der zuletzt unaufhaltsam an den Tag kam.«*

Johann Friedrich Reichardt

* 25. 11. 1752 Königsberg; † 27. 6. 1814 Giebichenstein b. Halle

Goethe stand seit 1780 in regem Briefverkehr mit Reichardt, der sich intensiv mit Kompositionen zu Werken Goethes befaßte. 1789 besuchte er Goethe in Weimar und übergab ihm seine Vertonung der zweiten Fassung von →*Claudine von Villa Bella*. Vertonungen der Singspiele →*Erwin und Elmire* (zweite Fassung), →*Jery und Bätely* und →*Lila* folgten 1790/91. Gleichzeitig komponierte er Musiken zu →*Egmont*, →*Iphigenie auf Tauris*, →*Der Triumph der Empfindsamkeit*, →*Torquato Tasso*, →*Clavigo*, →*Götz von Berlichingen* und →*Faust* sowie zu Gedichten und den Liedern in →*Wilhelm Meisters Lehrjahre*. 1790 erschien der erste Band seiner auf sechs Bände geplanten *Musik zu Goethes Werken*. Reichardts Kompositionen im Stile Johann Gottlieb Grauns und Christoph Willibald Glucks, die allerweiteste Verbreitung erreichten, bewirkten in diesen Jahren eine neubelebte Popularität Goethes.

Nach seiner Übernahme der →*Theaterleitung* in Weimar, 1791, beriet Goethe sich mit Reichardt brieflich über Fragen der Theaterpraxis.

1795 setzte aufgrund von Reichardts politisch-revolutionärer Gesinnung eine tiefe Entfremdung ein, die 1796 durch die Verspottung Reichardts in Goethes und Schillers →*Xenien* zu einem offenen Bruch führte.

1802 begann ein erneuter persönlicher Verkehr, der u. a. mehrere Besuche Goethes bei Reichardt in Giebichenstein (1802, 1803, 1805) umfaßte. 1804 schrieb Goethe eine Rezension über Reichardts *Vertraute Briefe aus Paris* (1804). In den folgenden Jahrzehnten wurde →*Karl Friedrich Zelter* Goethes Berater in musikalischen Fragen.

→*Vertonungen*

Reineke Fuchs

In zwölf Gesängen. Entstehung 1793/94; Erstdruck 1794

Goethe war der Stoff des niederdeutschen Epos vom Reineke Fuchs, einer politisch-satirischen Tierfabel, seit seiner Jugend bekannt. Hauptquelle für Goethes

Links: *Titelblatt einer* Reineke-Fuchs-*Ausgabe mit Illustrationen von Lovis Corinth, 1921: Goethe-Bildnis, von Füchsen gerahmt. Zwei kontroverse zeitgenössische Stimmen zu* Reineke Fuchs: *Herder schreibt am 12. April 1793 an Gleim: »Goethe hat eine Epopöe, die erste und größte Epopöe deutscher Nation, ja aller Nationen versifiziert.« Dagegen J. H. Voß am 13. Juni 1794 an seine Frau: ». . . habe ich angefangen zu lesen; aber ich kann nicht durchkommen. Goethe bat mich, ihm die schlechten Hexameter anzumerken; ich muß sie ihm alle nennen, wenn ich aufrichtig sein will. Ein sonderbarer Einfall, den* Reineke *in Hexameter zu setzen.«*

eigenes Epos war die Prosaübersetzung →*Johann Christoph Gottscheds* aus dem Jahre 1752, der er inhaltlich getreulich folgte. Formal kleidete Goethe die Fabel neu ein: nach dem Muster der Epen →*Homers* benutzte er den Hexameter, bei dessen Anwendung er sich von →*Johann Gottfried Herder* und →*Johann Heinrich Voß* beraten ließ.

Carl Friedrich Graf von Reinhard

* 2. 10. 1761 Schorndorf; † 25. 12. 1837 Paris

Goethe lernte den schwäbischen Pfarrerssohn und ehemaligen Theologen im Mai 1807 in Karlsbad kennen. Zu diesem Zeitpunkt hatte Reinhard seinen Dienst als Diplomat des republikanischen Frankreich hinter sich. 1808 wurde er französischer Gesandter am Hof des Königs Jérôme Bonaparte (Napoleons Bruder, 1784–1860) in Kassel, 1815 – in den Grafenstand erhoben – beim Deutschen Bund in Frankfurt, 1830 am sächsischen Hof in Dresden.

Goethe unterhielt mit dem weltkundigen, unterrichteten und höchst gebildeten Mann eine welthistorische Begebenheiten ebenso wie persönliche Erfahrungen umfassende Korrespondenz. Mehrere Besuche Reinhards in Weimar bereicherten die freundschaftliche Beziehung. Als Reinhard 1823 in Weimar weilte, be-

Unten: *Porträtzeichnung des Grafen Carl Friedrich von Reinhard, von Johann Joseph Schmeller.*

merkte Goethe gegenüber Kanzler von Müller: *»Ich lasse ihn so bald nicht fort, ich klammere mich an ihn.«* (2. 10. 1823)

Reinhard nahm großes Interesse an allen Arbeiten Goethes, insbesondere an der →*Farbenlehre*, von der er Abschnitte ins Französische übersetzte. 1810 vermittelte Reinhard Goethe die Bekanntschaft der Brüder Melchior und →*Sulpiz Boisserée.*

Reise in die Schweiz im Jahre 1797

Entstehung 1823/24; Erstdruck 1833

Das von →*Johann Peter Eckermann* aus dem Nachlaß bearbeitete und herausgegebene autobiographische Werk beschreibt Goethes dritte Reise in die →*Schweiz*. Es folgt in seiner Anlage der →*Italienischen Reise*; wie diese ist es aus Originalbriefen Goethes, Tagebuchaufzeichnungen, Notizen und Aktenmaterial aufgebaut.
→*Autobiographie*

Reisen

Goethes Reisen waren von Anfang an aufklärerisch zweckgerichtet. Sie dienten seit der frühen Frankfurter Zeit persönlichem Austausch, außerdem seit der Leipziger Zeit kunsthistorischen Erkundigungen und seit der Straßburger Zeit naturkundlichen Interessen. Mit Herzog →*Carl August* unternahm Goethe Reisen, die ihn an benachbarte Höfe, nach Darmstadt, Karlsruhe, Stuttgart, →*Berlin* und →*Potsdam* führten. Diese Reisen dienten wie auch diejenige durch →*Schlesien* diplomatischen Zwecken und militärischen, kommerziellen, technischen und naturwissenschaftlichen Erkundigungen. Weitere Reisen führten Goethe 1774 an Lahn und Rhein, zwischen 1775 und 1797 dreimal in die →*Schweiz* und in den →*Harz*. Von besonderer Bedeutung für seine Weltkenntnis wurden zwei Reisen durch →*Italien*. In den Jahren 1814 und 1815 reiste Goethe an Rhein, Main und Neckar.

Seit seiner ersten Reise in die Schweiz machte Goethe oft systematisch Aufzeichnungen zu Natur, Kunst und Gesellschaft.
→*Briefe aus der Schweiz*; →*Italienische Reise*; →*Reise in die Schweiz im Jahre 1797*; →*Tagebücher*

Religion

Goethe betrachtete Religion als eine den Verkehr der Menschen untereinander ordnende Macht. Bei wechselnder Kritik an den positiven Formen geoffenbarter Religionen hat Goethe für sich selbst durchweg an den Vorstellungen einer natürlichen Religion festgehalten, wie sie schon dem Erleben des Knaben zugänglich

Karte mit den Goetheschen Reiserouten. Man weiß, welche Bedeutung die Reisen für Goethes Biographie und Werk hatten. Goethe war oft unterwegs, doch kam er im wesentlichen nicht über Mitteleuropa hinaus, weder London noch Paris – die beiden Weltstädte seiner Tage – konnte er besuchen, Griechenland blieb ihm ebenso unbekannt wie die anderen mittelmeerischen Länder außer Italien, die Hansestädte des Nordens hat er nie gesehen.

»Es gibt nur zwei wahre Religionen, die eine, die das Heilige, das in und um uns wohnt, ganz formlos, die andere, die es in der schönsten Form anerkennt und anbetet. Alles, was dazwischen liegt, ist Götzendienst.«
(*Aus Makariens Archiv* in *Wilhelm Meisters Wanderjahre*)

waren. *»Die allgemeine, die natürliche Religion bedarf eigentlich keines Glaubens: denn die Überzeugung, daß ein großes, hervorbringendes, ordnendes und leitendes Wesen sich gleichsam hinter der Natur verberge, um sich uns faßlich zu machen, eine solche Überzeugung dringt sich einem jeden auf.«* (*Dichtung und Wahrheit*, 4. Buch)

Nur einmal in seinem Leben näherte sich Goethe vorübergehend dem der Amtskirche fern stehenden → *Pietismus*, mit dessen Theologie er sich jedoch nicht befreunden konnte. Er bildete seine natürliche Religion mehr und mehr in Richtung auf einen → *Pantheismus* hin aus, wobei ihn sein → *Naturgefühl*, seine naturkundlichen Interessen und insbesondere auch das Studium → *Baruch de Spinozas* anleiteten. Dessen monistischer Grundsatz *»Deus sive natura«* blieb für Goethe lebenslänglich verbindlich.

Das dualistische Weltverständnis des → *Christentums* hat Goethe stets beargwöhnt.
→ *Bibel*; → *Reformation*

Renaissance

Die wissenschaftliche Wiederbelebung der → *Antike* in Renaissance und Humanismus übte auf Goethes Kunstsinn und Denken die größte Anziehungskraft aus. Die Werke der großen italienischen Maler, Bildhauer und Baumeister der Renaissance studierte Goethe in → *Italien* (→ *Bildende Kunst*, → *Baukunst*, → *Andrea Palladio*). Dabei war ihm Giorgio Vasaris *Le Vite de' più eccellenti Architetti, Pittori et Scultori Italiani* (1550; erw. 1568) als Quellenwerk zur Hand. Die Lebensgeschichte → *Benvenuto Cellinis* übersetzte er. Die italienische Renaissance war Goethe der Maßstab, an dem er auch deutsche Künstler wie → *Albrecht Dürer*, Lucas Cranach d. Ä. und Hans Holbein d. J. maß. Goethes Kupferstich- und Handzeichnungs-, Majolika- und Medaillensammlungen (→ *Kunstsammlungen*) bezeugen seine Vorliebe für die italienische Renaissance.

Von den Dichtern der Renaissance brachte Goethe → *Ludovico Ariosto*, Giovanni Boccaccio, → *Torquato Tasso* und Geoffrey Chaucer Interesse entgegen.

Von nicht zu unterschätzendem, wenngleich schwer bestimmbaren Einfluß auf Goethes Denken war die Wiedererweckung platonischer Gedanken im Neoplatonismus, der an der unter dem Patronat der Familie Medici gegründeten platonischen Akademie in Florenz (1459) gepflegt wurde.

Das wissenschaftlich-empirische Denken der Renaissance trat Goethe u. a. in den Werken von Francis Bacon (1561–1626) entgegen.
→ *Dante Alighieri*; → *Leonardo da Vinci*; → *Michelangelo Buonarroti*; → *Raffael*

Restauration

In der Epoche vom Wiener Kongreß, 1815, bis zur Französischen Julirevolution, 1830, bzw. Februar-, in Deutschland Märzrevolution, 1848, waren die zunächst in der Heiligen Allianz zusammengeschlossenen Monarchien Rußland, Österreich, Preußen u. a. bestrebt, Gesellschaftszustände, wie sie vor der → *Französischen Revolution* geherrscht hatten, wiederherzustellen. Die Epoche deckt sich mit dem → *Biedermeier* und zugleich mit dem Lebensabschnitt Goethes, in dem sein → *Alterswerk* entstand.

Die gesellschaftlichen Grundtendenzen der Restauration entsprachen Goethes politischen Ansichten (→ *Politik*), wie sie sich in den Jahrzehnten seines → *Staatsdienstes* im Gegensatz zu seinen Studentenjahren (→ *Rechtswissenschaft*) herausgebildet hatten.

Friedrich Wilhelm Riemer

* 19. 4. 1774 Glatz; † 19. 12. 1845 Weimar

Nach einem Studium der Theologie und Philologie in Halle war Riemer dort Privatdozent. Danach war er Hauslehrer bei → *Wilhelm von Humboldt*. 1803 wurde er Hauslehrer → *August von Goethes* und wohnte bis 1812 in Goethes Haus am Frauenplan in → *Weimar*.

Unter Goethes → *Sekretären* war er der erste Akademiker, der Goethe bald wissenschaftlicher Helfer und Mitarbeiter wurde. Seine Tätigkeit erstreckte sich auf die Gebiete der Philologie und Altertumskunde, aber auch der Geologie, Osteologie und besonders der Optik.

Nachdem er Goethes Haus verlassen hatte, wurde er Professor am Gymnasium und zweiter Bibliothekar an der Großherzoglichen Bibliothek in Weimar. Seine Tätigkeit für Goethe setzte er fort.

Nach Goethes Tod gab er mit → *Johann Peter Eckermann* den Goetheschen Nachlaß heraus. 1841 veröffentlichte er *Mitteilungen über Goethe. Aus mündlichen und schriftlichen, gedruckten und ungedruckten Quellen* (2 Bände).

→ *Altertumswissenschaft*

Goethes »Hausgenosse«, der spätere Bibliothekar und Schriftsteller Friedrich Wilhelm Riemer, in der Schmellerschen Zeichnung von 1824. »... ich erwähne, wie viel ich bei dieser und bei meinen übrigen wissenschaftlichen und literarischen Arbeiten einem mehrjährigen Hausgenossen, Reisegefährten, so gelehrten als gewandten und freundlichen Mitarbeiter, Dr. Friedrich Wilhelm Riemer, schuldig geworden.« (Annalen *1810, nach Abschluß der* Farbenlehre)

Rokoko

Als Knabe wurde Goethe im Kreis seiner Familie bzw. mit seiner Schwester (→ *Cornelia Goethe*) im Schäferkostüm des Rokokogeschmacks auf zwei Ölgemälden von Johann Konrad Seekatz, 1762, dargestellt.

Seine anakreontischen → *Gedichte* (*Annette, Lieder mit Melodien*), sein Schäferspiel → *Die Laune des Verliebten*, sein Lustspiel → *Die Mitschuldigen* wie auch manche seiner → *Singspiele* spiegeln mit ihrer Verherrlichung sinnlicher Freuden und ihren scherzhaften

Wendungen die leichten Formen deutscher Rokokodichtung wider, deren musterhafte Ausformungen Goethe in Werken von →*Christoph Martin Wieland,* Johann Georg Jacobi (1740–1814) u. a. kennengelernt hatte.

In diesen Dichtungen drückt sich nicht mehr die feste Weltsicht des Barock und noch nicht die des idealistischen Subjektivismus aus, sondern in aufgeklärt-rationalistischer, auf Witz und Pointe zielender Sprache und gebundener Versform das galante Gesellschaftsbild der Zeit, wie Goethe es als Student in →*Leipzig* erlebte. Doch bereits in Oden an den Leipziger Freund Ernst Wolfgang Behrisch, 1767, entwickelte Goethe einen ersten persönlichen Sprachstil und ersetzte die traditionelle Versform durch freie Rhythmen. Das anakreontische Formenmaterial blieb Goethe allerdings auch weiterhin verfügbar. In Dichtungen der nachklassischen Phase hat er mehrfach darauf zurückgegriffen.
→*Barock;* →*Leipzig*

Rom

Der erste römische Aufenthalt Goethes erfolgte von Ende Oktober 1786 bis Ende Februar 1787, der zweite von Anfang Juni 1787 bis Ende April 1788.

Um sich gesellschaftlicher Verpflichtungen, zu denen

Rechts: *Goethe, aus dem Fenster seiner römischen Wohnung am Corso blickend. Aquarell und Kreide über Bleistift von J. H. W. Tischbein, 1786/87. Am 29. 10. 1973 – dem Jahrestag von Goethes Ankunft in Rom – wurde im Hause Corso 18, wo der Dichter nach eigener Aussage die glücklichsten Tage seines Lebens verbrachte, unter Mitwirkung des Freien Deutschen Hochstifts ein Goethe-Museum eingerichtet. Am 1. 11. 1786 schon hatte Goethe an den Freundeskreis in Weimar geschrieben: »Wie moralisch heilsam ist es mir dann auch, unter einem ganz sinnlichen Volke zu leben, über das so viel Redens und Schreibens ist, das jeder Fremde nach dem Maßstabe beurteilt, den er mitbringt. Ich verzeihe jedem, der sie tadelt und schilt, sie stehen zu weit von uns ab, und als Fremder mit ihnen zu verkehren, ist beschwerlich und kostspielig.«*

Oben links: *Goethe in seiner Wohnung am Corso in Rom. Zeichnung von J. H. W. Tischbein. Blick in die genialische Unordnung des römischen Künstlerheims.*

Rechts: *Goethe in Rom. Zeichnung von J. H. W. Tischbein. Gerade aus der ungezwungenen Atmosphäre des ersten römischen Aufenthaltes sind uns einige der insgesamt doch wenigen »Schnappschuß«-Darstellungen aus Goethes Leben überliefert.*

ihn sein Weimarer staatsmännischer Rang (→*Staatsdienst*) mehr als sein Ruf als Autor anhielt, zu entziehen, lebte er unter dem Pseudonym Philippe Möller in →*Johann Heinrich Wilhelm Tischbeins* Wohnung am Corso. An Bau- und Kunstwerken der →*Antike* und der →*Renaissance*, die für Goethes Rom-Erlebnis in den ersten Wochen von besonderer Bedeutung waren, und die er in der Folgezeit immer wieder aufsuchte, nennt er mit Nachdruck: Colosseum, Pantheon, Ruinen der Kaiserpaläste auf dem Palatin, Thermen des Diocletian, Cestius-Pyramide, Via Appia, →*Michelangelos* Gemälde in der Sixtinischen Kapelle, →*Raffaels* Fresken im Vatikan und in der Villa Farnesina, Apoll von Belvedere, Kolossalbüsten des Zeus von Otricoli und der Juno Ludovisi, Minerva Giustiniani, Medusa Rondanini.

Die Denkmäler des Mittelalters übersah er (→*Mittelalter*). Von barocken Bauwerken fand nur die Basilika St. Peter, deren Kuppel Goethe bestieg, sein Interesse (→*Barock*).

Zu Goethes näherem Umgang gehörten nächst Tischbein die Maler Friedrich Bury (1763–1823), Johann Georg Schütz (1755–1813), Johann Heinrich Lips (1758–1817), der Bildhauer Alexander Trippel (1744–1793), die Archäologen Aloys Hirt (1759–1836) und Johann Friedrich Reiffenstein (1719–1793), der Maler und Kunstgelehrte →*Johann Heinrich Meyer*.

Tischbein fertigte neben einigen zeichnerischen Skizzen von Goethe das repräsentative Ölgemälde *Goethe in der Campagna* an. →*Angelica Kauffmann* malte ein Porträt von ihm.

Gespräche mit →*Karl Philipp Moritz* über dessen Versuch einer deutschen Prosodie (1786) halfen Goethe, die Versgestalt seiner →*Iphigenie auf Tauris* zu gewinnen. Die Umarbeitung der früheren Prosafassung

Rom, 1. November 1786: »Alle Träume meiner Jugend seh' ich nun lebendig; die ersten Kupferbilder, deren ich mich erinnere (mein Vater hatte die Prospekte von Rom auf einem Vorsaale aufgehängt), seh' ich nun in Wahrheit, und alles, was ich in Gemälden und Zeichnungen, Kupfern und Holzschnitten, in Gips und Kork schon lange gekannt, steht nun beisammen vor mir; wohin ich gehe, finde ich eine Bekanntschaft in einer neuen Welt; es ist alles, wie ich mir's dachte, und alles neu.« (*Italienische Reise*)

Goethes römische Ansichten. Eigenhändige Zeichnungen des Dichters.

Oben: *Am Tiber bei Rom, 1787.*

Mitte: *Die Villa Medici in Rom.*

Unten: *Im Garten der Villa Borghese.*

war neben der Überarbeitung von → *Stella*, → *Egmont*, → *Torquato Tasso* unter anderem Teil von Goethes intensiver Bearbeitung und Zusammenstellung seiner *Schriften* (→ *Verleger*), von denen ihn im September 1787 die Bände 1–4 erreichten.

Mit den deutschen Künstlern unternahm Goethe häufig Ausflüge in Roms Umgebung, nach Albano, Castell Gandolfo, Frascati, Ostia, Tivoli.

Erste Reflexe des römischen Aufenthalts in Goethes schriftstellerischem Schaffen waren – in Weimar nach der Rückkehr aus Rom niedergeschrieben – die Abhandlung *Das Römische Karneval* (→ *Italienische Reise*) und die → *Römischen Elegien*.
→ *Italien*

Romane

Im Roman als der jüngsten der großen literarischen Gattungen hat Goethe zur Zeit des → *Sturm und Drang*, der → *Klassik* und im Alter (→ *Alterswerk*) Hervorragendes und völlig neue Maßstäbe Setzendes geleistet.

In seinem ersten Roman, → *Die Leiden des jungen Werthers*, benutzte Goethe die in der zeitgenössischen Literaturtheorie (Gellert, Blankenburg) für diese Gattung am meisten diskutierte Form, die Form des Briefromans. Während der Arbeit an seinem zweiten Roman, → *Wilhelm Meisters Lehrjahre*, verfestigten sich Goethe in der Diskussion mit → *Schiller* die theoretischen Einsichten in Form und Wesen des Romans als der Epopöe der bürgerlichen Epoche, die als solche die alten Versepen ablöste. Nach den besonderen Vorbildern von Henry Fieldings *Tom Jones* (1749) und Christoph Martin Wielands *Die Geschichte des Agathon* (1766) wandte sich Goethe in den *Lehrjahren* wie auch in deren Fortsetzung, → *Wilhelm Meisters Wanderjahre*, dem Bildungs- und Entwicklungsroman zu. Gleichzeitig erweiterte er die einsträngige Struktur des Bildungsromans zur mehrsträngigen des Gesellschaftsromans, die insbesondere die *Wanderjahre* bestimmt.

Mit dem Roman → *Die Wahlverwandtschaften* eröffnete Goethe für das 19. Jh. den Typ des psychologisierenden Romans.

Romantik

Goethes Verhältnis zur Romantik ist überaus kompliziert. Mit den in Jena lehrenden romantischen Literaturtheoretikern → *August Wilhelm Schlegel* und → *Friedrich Schlegel* unterhielt er um die Jahrhundertwende geistigen Austausch. Der sich seit 1800 herausbildende Gegensatz der Romantiker zu Goethe spricht sich in deren antiklassischer Kunsttheorie aus, in der die

Die Polemik gegen das Romantische findet sich immer wieder im Goetheschen Alterswerk. »Klassisch ist das Gesunde, romantisch das Kranke«, heißt der später zum Stereotyp gewordene Spruch in den *Maximen und Reflexionen*.

Nachahmung der Natur durch den autonomen Zentralbegriff des »Unendlichen« ersetzt wurde. Nach der Niederlage Preußens gegen Napoleon, 1806, steigerten die Romantiker ihre Abwehr der Goetheschen »Kunstperiode« unter religiös-nationalen Kategorien. Goethe seinerseits wandte sich in dieser Zeit von mystischen, katholisierenden, altertümelnd-patriotischen Bestrebungen der Romantiker ab. Die →*Nazarener* in Rom schienen ihm von einem *»wahnsinnigen Sektengeist«* beherrscht (*Annalen,* 1820).

Daß Goethe sein dichterisches Schaffen weitgehend jenseits der Fronten Klassik/Romantik sah, zeigt der Untertitel des Helena-Aktes in *Faust* II: *»klassisch-romantische Phantasmagorie«* (1827).

Vgl. auch Goethes Verhältnis zu den romantischen Schriftstellern und Theoretikern →*Achim von Arnim*; →*Sulpiz Boisserée*; →*Clemens Brentano*; →*George Gordon Lord Byron*; →*Heinrich Heine*; →*Novalis*; →*Ludwig Tieck*. →*Klassik*; →*Sturm und Drang*

Römische Elegien

Entstehung 1788–1790; Erstdruck 1795

Mit den *Römischen Elegien,* die er kurz nach der Rückkehr aus →*Italien* zu dichten begann, stellte sich Goethe in die Tradition der antiken Gattung der Elegie, deren metrische Form, das Distichon, er übernahm. Anregungen boten ihm Elegien von Properz, Tibull und

Rechts: *Lavierte Tuschzeichnung von Yngve Berg zu einer schwedischen Übersetzung der* Römischen Elegien, *1929; Illustration zur V. Elegie.*
Die Römischen Elegien, *Goethes erster Gedichtzyklus, stilisieren Goethes Liebe zu Christiane, auch die Liebe des Dichters zum Kunstwerk. Intim und leidenschaftlich die fünfte, die berühmteste der Elegien:*
»... Überfällt sie der Schlaf, lieg' ich und denke mir viel.
Oftmals hab' ich auch schon in ihren Armen gedichtet
Und des Hexameters Maß leise mit fingernder Hand
Ihr auf den Rücken gezählt ...«

Ovid, an die er auch mit Motiv-Anklängen anknüpfte.

Die von Goethe ursprünglich *Erotica Romana* genannten *Römischen Elegien* sind Goethes erster Gedichtzyklus. Er besteht aus 20 verschieden langen Elegien, bildhaften lyrischen Einzelszenen, die durch drei Themenkomplexe - Liebe, Rom, antike Götter- und Heldenwelt - in kunstvoller Weise miteinander verbunden und aufeinander bezogen sind. Obwohl die Elegien nach antikem Vorbild im Ich-Ton geschrieben sind, spiegeln sie Liebeserfahrungen Goethes und sein Rom-Erlebnis doch nur in fiktiver dichterischer Gestaltung wider. Das verdeutlicht die parallelisierende Einbeziehung der Welt der Mythologie, durch die die beiden Motivkreise des »Persönlichen« ins Allgemeine, Typische gehoben sind.

Jean-Jacques Rousseau

*28. 6. 1712 Genf; † 2. 7. 1778 Ermenonville b. Paris

Goethe stand in seinem Schaffen, vor allem in der Jugend, stark unter dem Einfluß des französisch-schweizerischen Philosophen und Schriftstellers, dessen Verherrlichung der Natur und des Gefühls gegenüber gesellschaftlicher Kultur und Vernunft zu den Leitideen des → *Sturm und Drang* wurden (→ *Naturgefühl*) und dessen Darstellung der Menschheitsgeschichte als eines evolutionären Prozesses besonders dem Denken Goethes entsprach.

Während seiner Straßburger Studentenjahre, 1770/71, beschäftigte sich Goethe intensiv mit Rousseau (→ *Rechtswissenschaft*). *»Er hält sehr viel von Rousseau, ist jedoch nicht ein blinder Anbeter von demselben«*, notierte Johann Christian Kestner über Goethe 1772 in seinem Tagebuch. 1773 las Goethe Rousseaus Monodrama *Pygmalion* (1771).

Deutliche Spuren Rousseauscher Gedanken finden sich u. a. in Goethes → *Gedichten Der Wandrer, Prometheus*, in der ersten Fassung des → *Götz von Berlichingen* und → *Satyros oder Der vergötterte Waldteufel*. Neben Rousseaus Erziehungsroman *Émile ou De l'éducation* (1762) wirkte sein Roman *Julie, ou la Nouvelle Héloïse* (1759) am nachhaltigsten auf Goethe und beeinflußte formal und durch die Figur des St. Preux → *Die Leiden des jungen Werthers*. Ein Vorbild für → *Dichtung und Wahrheit* war Rousseaus Autobiographie *Les confessions* (1782–1789). 1830 studierte Goethe Rousseaus botanische Schriften (→ *Botanik*).

Philipp Otto Runge

* 23. 7. 1777 Wolgast; † 2. 12. 1810 Hamburg

Der Maler und Schriftsteller Runge trat 1801 durch seine Teilnahme am Preisausschreiben der → *Weimarer Kunstfreunde* in Goethes Gesichtskreis. Im November

Unten: *Jean-Jacques Rousseau. Kolorierte Radierung, um 1820. In der* Geschichte meiner botanischen Studien *gedenkt Goethe Rousseaus an unerwarteter Stelle: »Indessen sich dergestalt meine botanischen Kenntnisse und Einsichten in lebenslustiger Geselligkeit erweiterten, ward ich eines einsiedlerischen Pflanzenfreundes gewahr, der mit Ernst und Fleiß sich diesem Fache gewidmet hatte. Wer wollte nicht dem im höchsten Sinne verehrten Johann Jacob Rousseau auf seinen einsamen Wanderungen folgen, wo er, mit dem Menschengeschlecht verfeindet, seine Aufmerksamkeit der Pflanzen- und Blumenwelt zuwendet, und in echter gradsinniger Geisteskraft sich mit den stillreizenden Naturkindern vertraut macht.«*

Rechts: Der Abend *aus den Darstellungen der* Vier Tageszeiten. *Umrißstich von Philipp Otto Runge zu seinem entsprechenden Gemälde, 1802/03. Runge kommt in seinen Farbzusammenstellungen zu ähnlichen Ergebnissen wie Goethe. Die Fügung von Komplementärfarben nennt er wie Goethe »harmonisch«, die der im Kreis nebeneinanderliegenden Farben »monoton«. Goethes »charakteristische« Zusammenstellungen benennt er abweichend »disharmonisch«.*

1803 besuchte er mit →*Ludwig Tieck* Weimar und wurde mit Goethe persönlich bekannt. Runges Übersendung von Entwürfen zu seinem Hauptwerk *Die vier Tageszeiten* an Goethe, 1806, – dieser besprach das Werk wenig später lobend in der *Jenaischen Allgemeinen Literatur-Zeitung* – war der Anlaß von einem bis zu Runges Tod anhaltenden Briefwechsel über das Wesen der Farben. Goethe erhielt von Runge mehrfach Zeichnungen und Schriften übersandt, die er mit Interesse zur Kenntnis nahm. Runges Betrachtungen zur Farbentheorie in seinem Brief vom 3. 7. 1806 setzte Goethe an das Ende seines *Entwurfs einer Farbenlehre* (→ *Farbenlehre*).

Rußland

Goethes Interesse an Rußland lag vor allem auf dem Gebiet der Kunst und Kunstgeschichte. Er war einer der ersten, die sich wissenschaftlich mit der russischen Ikonenmalerei befaßten. Äußerungen über Nationalcharakter und Volkstum der Russen finden sich bei Goethe nicht, bedingt wahrscheinlich durch den französisch geprägten Lebensstil der Russen, mit denen er Umgang hatte.

Durch die Eheschließung (1804) des Erbprinzen Carl Friedrich von Sachsen-Weimar-Eisenach (1783–1853) mit der Großfürstin Maria Pawlowna (1786–1859), einer Enkelin der Zarin Katharina II. (1729–1796) und Schwester des Zaren Alexander I. (1777–1825), entstanden rege gesellschaftliche Beziehungen zwischen Weimar und Petersburg. Goethe, der bereits bei seinen Aufenthalten in den Bädern → *Böhmens* mit einer Reihe hochgestellter russischer Aristokraten bekannt geworden war, kam auf diese Weise in ständige Berührung mit zahlreichen Mitgliedern des Petersburger Hofes und des russischen Adels, die Weimar besuchten, unter ihnen Zar Alexander I., von dem Goethe 1808 mit dem Annenorden ausgezeichnet wurde, Kaiserinmutter Maria Feodorowna und der spätere Zar Nikolaus I. (1796–1855). Neben den offiziellen Besuchern aus den Kreisen der Diplomaten, Offiziere und Beamten waren es in späteren Jahren auch junge, literarisch interessierte Russen, die eigens zu einem Besuch Goethes nach Weimar kamen.

Porträt des Zaren Alexander I. von Rußland. Miniatur von Jakob von Reichel in vergoldetem Bronzerahmen.

Durch die geistig außerordentlich interessierte Maria Pawlowna erfuhr Goethe für den Ausbau wissenschaftlicher und künstlerischer Einrichtungen in Weimar großzügige Förderung. Etliche von Goethes russischen Bekannten sorgten für Zuwachs in seinen → *Kunst-* und → *Münzsammlungen* und auch besonders in seinen mineralogischen Sammlungen (→ *Mineralogie*).

Nachdem von Goethes dichterischen Werken zunächst nur diejenigen seiner → *Sturm- und-Drang-*Zeit Eingang in das literarische Bewußtsein Rußlands fanden, gehörte er zu Ende der zwanziger Jahre auch mit seinen späteren Dichtungen zu den meistgelesenen Schriftstellern in Rußland.

Hans Sachs

* 1494 Nürnberg; † 1576 Nürnberg

Goethe beschäftigte sich im Frühjahr 1773 mit Hans Sachs. Von diesem Zeitpunkt an ist die häufige Verwendung des Knittelverses (→ *Jahrmarktsfest zu Plundersweilern*) und der Form des Fastnachtsspiels (→ *Schwänke*) in Goethes Dichtung feststellbar. In der Spruchdichtung seines Alters (→ *Gedichte*) benutzte Goethe den Knittelvers erneut (→ *Verskunst*).

In dem Gedicht *Hans Sachsens poetische Sendung* (1776) feiert Goethe den im 17. und frühen 18. Jh. abschätzig beurteilten Nürnberger Meistersinger als einen kraftvollen, nicht durch Gelehrsamkeit verbildeten, aus der Fülle seiner Phantasie schaffenden Volksdichter, dem er sich selbst verwandt fühlt und der als vorbildlich für wahre Volkspoesie gelten darf (vgl. auch *Dichtung und Wahrheit*, 18. Buch).

Einflüsse von Hans Sachs sind außer in Goethes Fastnachtsspielen in der Sprache des → *Götz von Berlichingen*, in Versformen und Motiven des → *Faust* sowie in der Figur des Ahasver in *Der ewige Jude* (→*Epenfragmente,* →*Juden, Judentum*) feststellbar.

Sachsen-Weimar-Eisenach

Als Herzog →*Carl August* 1775 die Regierung übernahm, gehörte das Herzogtum zu den kleineren Staaten im Heiligen Römischen Reich Deutscher Nation. Es bedeckte in Mitteldeutschland eine Fläche von ca. 2600 km^2, und seine Einwohnerzahl betrug etwa 140 000. Handel und Wirtschaft waren wenig entwikkelt. 1815 wurde der Staat zum Großherzogtum erhoben und um ca. 1700 km^2 mit 77 000 Einwohnern erweitert.

Goethe trat 1776 in den weimarischen →*Staatsdienst.*
→*Weimar*; →*Jena*; →*Politik*

Jugendbildnis des Philosophen Friedrich Wilhelm Schelling. Zeichnung.
Goethe berichtet am 19. 2. 1802 an Schiller: »Mit Schelling habe ich einen sehr guten Abend zugebracht. Die große Klarheit, bei der großen Tiefe, ist immer sehr erfreulich. Ich würde ihn öfters sehen, wenn ich nicht noch auf poetische Momente hoffte, und die Philosophie zerstört bei mir die Poesie und das wohl deshalb, weil sie mich ins Objekt treibt. Indem ich mich nie rein spekulativ verhalten kann, sondern gleich zu jedem Satze eine Anschauung suchen muß und deshalb gleich in die Natur hinaus fliehe.«

Satyros oder Der vergötterte Waldteufel

Drama. Entstehung 1773; Erstdruck 1817

Goethe karikiert in dieser Farce gewisse Zeiterscheinungen wie Rousseauismus, Kult des →*Genies,* →*Empfindsamkeit* und →*Pietismus.*

Friedrich Wilhelm Joseph Schelling

* 27. 1. 1775 Leonberg; † 20. 8. 1854 Ragaz

Anfang 1798 las Goethe Schellings Schrift *Ideen zu einer Philosophie der Natur* (1797). Nachdem er ihn im Mai desselben Jahres persönlich kennengelernt hatte, setzte er sich für seine Berufung als Professor der Philosophie an die Universität →*Jena* ein. Schelling bekleidete diese Position bis 1803.

Goethe schätzte Schellings Naturphilosophie sowie dessen Schriften *Über das Verhältnis der bildenden Künste zur Natur* (1807) und *Denkmal der Schrift Jacobis von den Göttlichen Dingen* (1812) (→*Friedrich Heinrich Jacobi*). Schellings späterer Mystizismus (u. a. *Die Gottheiten von Samothrake,* 1815) blieb Goethe fremd. Schelling verehrte Goethes dichterisches Genie und erkannte früh die herausragende Bedeutung von →*Faust.* Ein lockerer Briefwechsel erhielt sich von 1798 bis 1831.
→*Naturphilosophie*

Schicksal →*Metaphysik*

Friedrich von Schiller

* 10. 11. 1759 Marbach a. Neckar; † 9. 5. 1805 Weimar

Im Dezember 1779 sah Schiller Goethe zum erstenmal, als dieser auf der Rückkehr von seiner zweiten

Schweizer Reise die Karlsschule in Stuttgart besuchte. Goethes →*Götz von Berlichingen* und →*Die Leiden des jungen Werthers* waren von Schiller und seinem Freundeskreis hoch geschätzt. Im September 1788 begegneten beide einander in dem nahe Weimar gelegenen Rudolstadt. Im Dezember vermittelte Goethe die Berufung Schillers als Professor der Geschichte an die Universität →*Jena*. Dennoch vermied Goethe trotz gelegentlicher Zusammentreffen mit Schiller zunächst eine nähere Beziehung.

Erst im Juni 1794, als Goethe seine Mitarbeit an Schillers Zeitschrift *Die Horen* zugesagt hatte, wurde eine engere Verbindung eingeleitet. Sie begann im Juli 1794 mit einem Gespräch nach einer Sitzung der Naturforschenden Gesellschaft in Jena über das Verhältnis von Idee und Erfahrung in der Naturerkenntnis (→*Naturphilosophie,* →*Naturwissenschaften*). Die Beziehung wurde weiterhin gefördert durch Schillers Brief zu Goethes 45. Geburtstag, 23. 8. 1794. Goethe antwortete dankend: Es *»hätte mir kein angenehmer Geschenk werden können als Ihr Brief, in welchem Sie, mit freundschaftlicher Hand, die Summe meiner Existenz ziehen und mich, durch Ihre Teilnahme, zu einem emsigern und lebhafteren Gebrauch meiner Kräfte aufmuntern«* (27. 8. 1794). Damit begann ein Jahrzehnt bedeutender, intensiver geistig-künstlerischer Zusammenarbeit. Durch Schillers im Dezember 1799 erfolgte Übersiedlung von Jena nach →*Weimar* trat ein häufigerer persönlicher Umgang an die Stelle des kontinuierlichen brieflichen Austauschs.

Schillers Teilnahme umfaßte alle Arbeitsgebiete Goethes. Insbesondere regte er Goethe zum Studium von →*Immanuel Kants* kritischer Philosophie an. Zahlreiche Werke entstanden aufgrund eines gemeinsamen Kulturprogramms und in Verbindung mit einem weit-

Goethe und Schiller im Gespräch. Federzeichnung von Johann Christian Reinhart, um 1804.

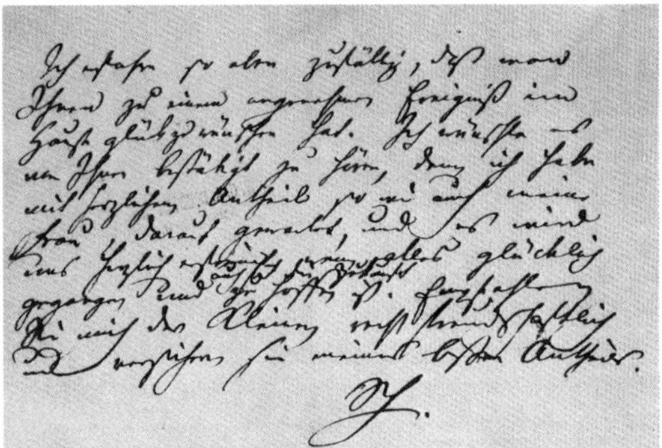

Links: *Eigenhändige Mitteilung Schillers an Goethe vom 16. 12. 1802: »Ich erfahre so eben zufällig, daß man Ihnen zu einem angenehmen Ereignis im Hause glückzuwünschen hat. Ich wünschte es von Ihnen bestätigt zu hören, denn ich habe mit herzlichem Anteil so wie auch meine Frau darauf gewartet, und es wird uns herzlich erfreuen, wenn alles glücklich gegangen und auch für die Zukunft zu hoffen ist. Empfehlen Sie mich der Kleinen recht freundschaftlich und versichern sie meines besten Anteils.« An diesem Tage wurde Goethes Tochter Kathinka geboren, das fünfte Kind. Sie starb schon drei Tage später.*

Rechts: *Schillers* Musen-Almanach für das Jahr 1798, *der sogen. »Balladenalmanach«. Der Band enthält alle 1797 von Goethe und Schiller gedichteten Balladen.*

gespannten ästhetischen und politisch-gesellschaftlichen Gedankenaustausch. 1796 verfaßten sie zusammen die →*Xenien*, die aufgrund ihrer scharfen Kulturkritik in Deutschland großes Aufsehen erregten. 1797 ermunterten sie sich gegenseitig zur Abfassung von Balladen (→*Gedichte*). Seit Goethe Schiller das erste Buch von →*Wilhelm Meisters Lehrjahre* im Dezember 1794 mit der Bitte um Beurteilung zugesandt hatte, übte dieser an dem entstehenden Roman produktive Kritik. Auf Schillers wiederholtes Drängen hin nahm Goethe im Juni 1797 seine Arbeit an →*Faust* wieder auf. Im November 1804 veranlaßte Schiller Goethe zur Übersetzung von →*Diderots Le neveu de Rameau.*

Goethe seinerseits nahm besonderen Anteil an der Entstehung und Aufführung von Schillers *Wallenstein* (1798/99) und *Wilhelm Tell* (1804), dessen Stoff Schiller von Goethe überlassen worden war.

Ihre Zusammenarbeit umfaßte den Aufbau des Repertoires des Weimarer Hoftheaters (→*Theaterleitung*). 1796 wurde dort Goethes →*Egmont* in einer Bearbeitung Schillers neu aufgeführt, die die Bühnentradition dieses Dramas bis weit ins 19. Jh. hinein prägte. Zusammen mit →*Johann Heinrich Meyer* stellten Goethe und Schiller die Preisaufgaben der →*Weimarer Kunstfreunde*; im Jahr 1800 veranstalteten sie ein Preisausschreiben für die beste Intrigenkomödie. Goethe war außer für Schillers *Horen* Beiträger für dessen *Musenalmanach*; Schiller war Mitarbeiter an Goethes *Propyläen* (→*Herausgebertätigkeit*).

Daß sich in Goethe und Schiller große weltanschauliche Gegensätze gegenübertraten und zu einer Arbeitsgemeinschaft verbanden, machte die Besonderheit dieses Verhältnisses aus: Der Goethe eigene Realismus und tendenzielle Monismus des Denkens stand Schillers objektivem Idealismus und Dualismus entgegen.

»Nun ist aber zu bedenken, daß ich so wenig als Schiller einer vollendeten Reife genoß, wie sie der Mann wohl wünschen sollte; deshalb denn zu der Differenz unserer Individualitäten die Gärung sich gesellte, die ein jeder mit sich selbst zu verarbeiten hatte, weswegen große Liebe und Zutrauen, Bedürfnis und Treue im hohen Grad gefordert wurden, um ein freundschaftliches Verhältnis ohne Störung immerfort zusammen wirken zu lassen.«
(*Ferneres in bezug auf mein Verhältnis zu Schiller,* 1825)

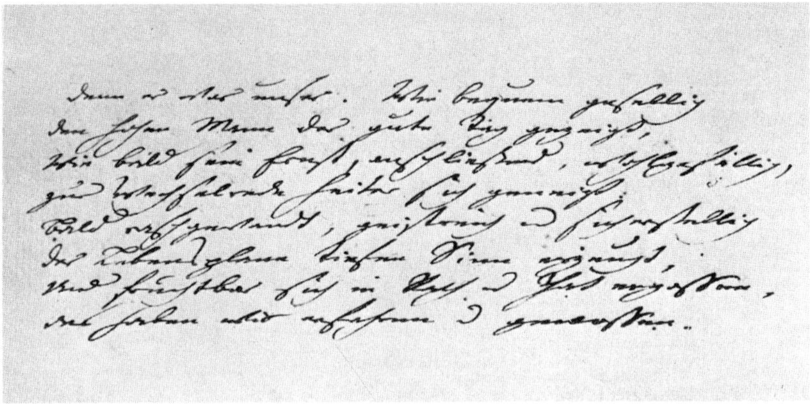

Aus dem Epilog zu Schillers »Glocke«. *Handschrift Goethes. Der Epilog wurde im Anschluß an die szenische Darbietung von Schillers* Glocke *im Lauchstädter Theater am 10. August 1805 in der ersten kürzeren Fassung gesprochen.*

»Denn er war unser! Wie bequem, gesellig
Den hohen Mann der gute Tag gezeigt,
Wie bald sein Ernst, anschließend, wohlgefällig,
Zur Wechselrede heiter sich geneigt,
Bald raschgewandt, geistreich und sicherstellig
Der Lebensplane tiefen Sinn erzeugt,
Und fruchtbar sich in Rat und Tat ergossen;
Das haben wir erfahren und genossen.«

Ebenso bewegte sich Schillers Denken in antithetischen Vorstellungen, während Goethe in seinem Denken dazu neigte, Gegensätze in eine dialektische Synthese zu bringen. Abgesehen von der verschiedenen ästhetischen Beurteilung ihrer Werke liegt in dieser Gegensätzlichkeit ihrer Denkweisen die schwankende, oft widersprüchliche Deutung des Verhältnisses Goethes zu Schiller begründet.

Die überaus spannungsreiche Vorgeschichte ihrer Arbeitsgemeinschaft ist dokumentiert u. a. in Briefen Schillers an seinen Freund Christian Gottfried Körner (1756–1831), vornehmlich in den Jahren 1787–1789. Ein Zeugnis dafür, wie rigoristisch Schiller Goethes Menschengestaltung und Grundgesinnung in →*Egmont* beurteilte, ist die Rezension dieses Dramas in der *Allgemeinen Literatur-Zeitung*, 1788. Ihre gegensätzliche Geisteshaltung hat Schiller 1795 als klassische Polarität zweier Dichtertypen in der Abhandlung *Über naive und sentimentalische Dichtung* festgehalten.

Goethes Vorbehalte gegen Schiller, die ihn den Beginn des Verkehrs so lange hinauszögern ließen, treten in einzelnen Urteilen Goethes nach Schillers Tod und auch in dem ausführlichen Abschnitt *»Glückliches Ereignis«* (*Erste Bekanntschaft mit Schiller, 1794*) hervor, mit dem Goethe 1817 den Neudruck seiner Abhandlung *Versuch, die Metamorphose der Pflanzen zu erklären* beschloß.

Nach Schillers Tod plante Goethe die Vollendung von dessen Dramenfragment *Demetrius* (posthum erschienen 1815). Im August 1805 wurde Schillers Totenfeier mit einer Bühnendarstellung des *Liedes von der Glocke* (1800), zu der Goethe einen *Epilog* verfaßt hatte, in Lauchstädt begangen. (Wiederholungen in Weimar 1806 und 1815.) Im *Maskenzug. Den 18. Dezember 1818* verherrlicht Goethe Schiller und seine

Rechts: *Das Goethe- und Schiller-Denkmal vor dem Nationaltheater in Weimar.*

dramatischen Hauptwerke poetisch. Den Briefwechsel zwischen ihnen, 1794–1805, bereitete Goethe selbst zur Publikation vor (ersch. 1828/29).

August Wilhelm Schlegel. Gemälde von Adolf Hohneck.

August Wilhelm Schlegel

* 8. 9. 1767 Hannover; † 12. 5. 1845 Bonn

Nach einem Studium der Theologie und Philologie lebte August Wilhelm Schlegel von 1796 bis 1802 in →*Jena,* wo er seit 1798 Professor der Ästhetik und Literatur war. Goethe lernte ihn dort im Mai 1796 kennen. Ein lebhafter Verkehr entwickelte sich während Schlegels Jenaer Jahre.

Schon als Student und während seiner Dante-Studien befaßte sich A. W. Schlegel mit →*Shakespeares* Werk. Nach der Lektüre von Goethes →*Wilhelm Meisters Lehrjahre* bearbeitete er seine Shakespeare-Übersetzungen neu und benutzte nun, um der Formstrenge willen, durchweg den Blankvers. Der größte Teil von Schlegels Eindeutschung der Werke Shakespeares erschien 1797 bis 1801. Goethe studierte erstmals 1799 Schlegels Übersetzung. 1799/1800 beriet sich Goethe anläßlich des Drucks seiner Gedichte in den *Neuen Schriften* (1800) in metrischen Fragen mit A. W. Schlegel und ließ ihn in seinen →*Venetianischen Epigrammen, Weissagungen des Bakis* und den großen Elegien (z. B. *Alexis und Dora*; →*Gedichte*) das Versmaß überprüfen. 1802 brachte Goethe Schlegels Tragödie *Ion* (Erstdr. 1803) in Weimar zur Aufführung (→ *Theaterleitung*). Im selben Jahr erregte Schlegel Goethes Interesse für →*Pedro Calderón*. Goethe zog mehrfach Schlegels Vorlesungen zu Rate. 1811 bearbeitete Goethe Shakespeares *Romeo und Julia* (1594) auf der Grundlage von Schlegels Übersetzung. 1824 dankte Goethe ihm für die Zusendung des indischen *Bhaga-*

vad-Gita (um 300 v. Chr.) und wünschte sich das Erscheinen des *Ramajana* (4./3. Jh. v. Chr., Walmiki zugeschrieben).

Ein letzter Besuch A. W. Schlegels in Weimar erfolgte 1827. Einige 1831 gegen Goethe gerichtete Epigramme verübelte dieser A. W. Schlegel und fand sich durch sie in seinem wachsenden Befremden über die Gesinnung des Romantikers bestätigt (→*Romantik*).

Friedrich Schlegel

* 10. 3. 1772 Hannover; † 12. 1. 1829 Dresden

Nach einem Studium der Rechtswissenschaft, Literatur und Kunst lebte F. Schlegel 1796/97 in →*Jena*. Goethe lernte ihn dort im März 1797 kennen und traf anschließend mehrmals mit ihm zusammen.

Goethe las Schlegels Aufsätze *Die Griechen und Römer* (1797), seine *Geschichte der Poesie der Griechen und Römer* (1798) und seinen Roman *Lucinde* (1799).

In seinen *Fragmenten*, vornehmlich in der Zeitschrift *Athenäum* (1798–1800) veröffentlicht, stellte Schlegel die Goethesche Dichtung als musterhaft hin; insbesondere erschien ihm Goethes Roman →*Wilhelm Meisters Lehrjahre* und nicht mehr die Tragödie als der Höhepunkt der Dichtung überhaupt. Er nannte ihn neben der →*Französischen Revolution* und →*Fichtes* Wissenschaftslehre eine der drei *»größten Tendenzen des Zeitalters«*.

1802 brachte Goethe Schlegels Tragödie *Alarcos* (1802) in Weimar zur Aufführung (→*Theaterleitung*). Ohne Zustimmung las Goethe 1808 Schlegels Schrift *Über die Sprache und Weisheit der Inder* (1808). Das Verhältnis zwischen ihnen wurde merklich kühler, wie Goethes Beurteilungen Schlegels und Schlegels Rezension der *Werke* Goethes, 1808, belegen. Schlegels zunehmend spekulativer Eklektizismus, seine tendenziösen Bearbeitungen mittelalterlicher Sagen- und Rittergeschichten, endlich Schlegels Übertritt zum Katholizismus wurden von Goethe mißbilligt (→*Romantik*). 1812 lehnte Goethe eine Mitarbeit an Schlegels Zeitschrift *Deutsches Museum* ab. Ihr brieflicher Austausch endete 1813.

Friedrich Schlegel. Kohlezeichnung von Philipp Veit, 1810. »Die Französische Revolution, Fichtes Wissenschaftslehre *und Goethes* Meister *sind die größten Tendenzen des Zeitalters. Wer an dieser Zusammenstellung Anstoß nimmt, wem keine Revolution wichtig scheinen kann, die nicht laut und materiell ist, der hat sich noch nicht auf den hohen und weiten Standpunkt der Geschichte der Menschheit erhoben. Selbst in unsern dürftigen Kulturgeschichten, die meistens einer mit fortlaufendem Kommentar begleiteten Variantensammlung, wozu der klassische Text verlorenging, gleichen, spielt manches kleine Buch, von dem die lärmende Menge zu seiner Zeit nicht viel Notiz nahm, eine größere Rolle, als alles, was diese trieb.« (aus F. Schlegel,* Fragmente, *1798)*

Schlesien

Goethe reiste 1790 mit Herzog →*Carl August* nach Schlesien, um preußische Truppenmanöver zu besichtigen. Während seines Aufenthaltes in Breslau betrieb er anatomische Studien. In der Grafschaft Glatz machte er geologische Aufzeichnungen. Im Bergwerk von Tarnowitz sah Goethe erstmals eine Dampfmaschine (→*Technik*). Am Ende der Reise wurde das Riesengebirge mit der Schneekoppe (1605 m) besucht.

→*Polen*

Oben: *Lili Schönemann. Aquarellkopie nach einem Pastellgemälde von 1782. Später malte Goethe in* Dichtung und Wahrheit *ihr »Bild auf Goldgrund« (E. Beutler,* Essays um Goethe, *Bremen 1959), bittet ihr jedes Unrecht ab. Und dann folgte noch eine letzte dichterische Verklärung Lilis in dem Gedicht* Der Bräutigam.

Unten: *Käthchen Schönkopf. Miniatur. »Durch ungegründete und abgeschmackte Eifersüchteleien verdarb ich mir und ihr die schönsten Tage. Sie ertrug es eine Zeitlang mit unglaublicher Geduld, die ich grausam genug war aufs Äußerste zu treiben.«* (Dichtung und Wahrheit, *7. Buch*)

Anna Elisabeth (»Lili«) Schönemann

* 23. 6. 1758 Frankfurt a. M.; † 6. 5. 1817 Krautergersheim (Elsaß)

Goethe lernte die Tochter eines reichen Frankfurter Bankiers im Januar 1775 im Hause ihrer verwitweten Mutter kennen, wo er *»von ein Paar schönen Augen am Spieltische gehalten wird ... und mit allem Interesse des Leichtsinns einer niedlichen Blondine den Hof macht«* (an A. Stolberg, 13. 2. 1775).

In den folgenden Monaten nahm Goethe um ihretwillen am gesellschaftlichen Leben teil. Gegen Ostern verlobte er sich mit Lili, ohne daß die Familien die Verlobung öffentlich bekanntmachten. Goethes Scheu vor einer festen Bindung und andere gesellschaftliche Skrupel ließen ihn im Mai 1775 – ohne Abschied von Lili – seine erste Reise in die →*Schweiz* unternehmen. Im Oktober 1775 löste er die Verlobung.

Lili heiratete 1778 den Straßburger Bankier Bernhard Friedrich von Türckheim (1752–1821). Goethe besuchte sie noch einmal 1779 während seiner zweiten Reise in die Schweiz in Straßburg. 1801 und 1807 fand zwischen beiden ein Briefwechsel statt.

Die von Goethe an Lili gerichteten Liebes- und Gelegenheitsgedichte sind als die sog. »Lili-Lieder« bekannt geworden (→*Gedichte*). Goethes →*Dichtung und Wahrheit* schließt eine Darstellung der Liebesbeziehung ein (16.–20. Buch).

Anna Katharina (»Käthchen«) Schönkopf

* 22. 8. 1746 Leipzig; † 20. 5. 1810 Leipzig

Tochter eines Leipziger Wirtes und Weinhändlers, bei dem Goethe 1766–1768 den Mittagstisch besuchte (→ *Leipzig*). Goethe verliebte sich im Frühjahr 1766 in Käthchen und berichtete brieflich über seine Empfindungen sogleich in »witziger«, aus Anschauungen der zeitgenössischen Anthropologie genährter Darstellungsweise dem Freund Ernst Wolfgang Behrisch.

Seine Gedichte im Liederbuch *Annette* sind meist an das *»böse Mädchen«* gerichtet (→*Gedichte*). Das dermaßen zweimal literarisierte studentische Liebeserlebnis gestaltete Goethe zum drittenmal in dem Schäferspiel →*Die Laune des Verliebten*.

Nach Goethes Fortgang heiratete Käthchen 1770 den späteren Vizebürgermeister von Leipzig, Christian Karl Kanne (1744–1806).

Arthur Schopenhauer

* 22. 2. 1788 Danzig; † 21. 9. 1860 Frankfurt a. M.

1811 empfahl Goethe Schopenhauer, den Sohn →*Johanna Schopenhauers*, brieflich an den Philologen →*Friedrich August Wolf*.

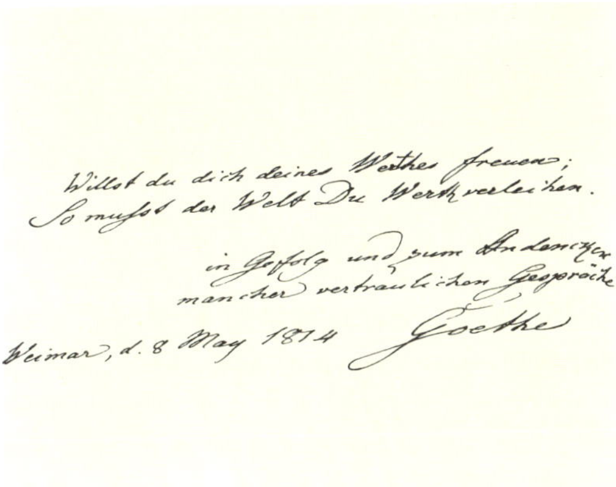
Willst du dich deines Werthes freuen;
So musst der Welt Du Werth verleihen.

in Gefolg und zum Andenken
mancher vertraulichen Gespräche

Weimar, d. 8 May 1814 Goethe

Oben links: *Handschriftliche Widmung Goethes in Schopenhauers Exemplar von Goethes Gedichten.*

Oben rechts: *Arthur Schopenhauer (um 1818). Ölgemälde von L. S. Ruhl. »Dr. Schopenhauer trat als wohlwollender Freund an meine Seite. Wir verhandelten manches übereinstimmend miteinander, doch ließ sich zuletzt eine gewisse Scheidung nicht vermeiden.«* (Annalen, 1816).

1813 las Goethe Schopenhauers Dissertation *Über die vierfache Wurzel des Satzes vom zureichenden Grunde*, in der er einen *»gewissen scharfsinnigen Eigensinn«* erkannte (an Knebel, 24. 11. 1813), ohne sich im übrigen auf philosophische Inhalte einzulassen.

Dagegen verständigte er sich mit Schopenhauer über seine → *Farbenlehre*. Schopenhauer beurteilte Goethes Verwerfung der physikalischen Optik → *Newtons* als größtes Verdienst; vgl. seine Schrift *Über das Sehen und die Farben*, die er Goethe bald nach ihrer Fertigstellung 1816 zusandte. Diese Schrift mit einem Geleitwort zu versehen, lehnte Goethe wegen einzelner von seiner Farbenlehre abweichenden Details ab.

Schopenhauers Hauptwerk *Die Welt als Wille und Vorstellung* (1818) las Goethe mit Interesse. Nach einem letzten Besuch Schopenhauers 1819 in Weimar brachen die persönlichen Beziehungen ab.

Unten: *Johanna Schopenhauer mit ihrer Tochter Adele vor der Staffelei. Gemälde von Karoline Bardua.*

Johanna Schopenhauer
* 3. 7. 1766 Danzig; † 17. 4. 1838 Jena

Die Witwe eines Danziger Großkaufmanns und Schriftstellerin wurde nach früherem Aufenthalt in Hamburg und jahrelangen Reisen durch Westeuropa 1806 in Weimar ansässig.

Im Oktober desselben Jahres besuchte Goethe sie und führte ihr einen Tag nach seiner Eheschließung seine Frau (→ *Christiane von Goethe*) zu. Über die gesellschaftlich verfemte Christiane schrieb sie an ihren Sohn Arthur Schopenhauer: *»Ich denke, wenn Goethe ihr seinen Namen gibt, können wir ihr wohl eine Tasse Tee geben.«* (24. 10. 1806) Das Haus Johanna Schopenhauers war 1806–1813 der bürgerliche Mittelpunkt der Weimarer literarischen Geselligkeit, an der auch Goethe rege teilnahm.

Corona Schröter. Selbstbildnis. »Die schöne Schröterin in der unendlich edlen, attischen Eleganz ihrer ganzen Gestalt« (Wieland).

Franz Schubert. Farbige Zeichnung nach dem Aquarell von W. A. Rieder, 1825. Die durchkomponierten Vertonungen Schuberts erreichten in ihrer Modernität nicht das durch die Tradition der strophischen Stimmungslieder von Reichardt und Zelter geprägte Ohr Goethes.

Ihren »*tragischen*« Roman *Gabriele* (1819/20) rezensierte Goethe 1822 wohlmeinend in *Über Kunst und Altertum*.

Corona Schröter

* 14. 1. 1751 Guben; † 23. 8. 1802 Ilmenau

Berühmte Sängerin und Schauspielerin.

Goethe sah sie seit Herbst 1765 während seiner Studienjahre auf dem →*Leipziger* Theater als Hauptdarstellerin und gewann sie 1776 für Auftritte in Weimar. Sie vertonte Goethes →*Singspiel Die Fischerin* für eine Aufführung des Weimarer Liebhabertheaters in Tiefurt.

Franz Schubert

* 31. 1. 1797 Liechtental b. Wien; † 19. 11. 1828 Wien

Schubert vertonte 1814 eine erste Folge von Gedichten seines Lieblingsdichters Goethe, darunter als »Erstes Werk« den *Erlkönig*. Im April 1816 wurde Goethe durch Vermittlung Joseph von Spauns eine Sammlung von Liedern Schuberts (u. a. *Rastlose Liebe, Heidenröslein, Erlkönig*) zugesandt, die Goethe kommentarlos zurückschickte.

In den folgenden Jahren komponierte Schubert zahlreiche weitere Goethe-Lieder. Im Juni 1825 sandte er seine Lieder *An Schwager Kronos* (1816), *An Mignon* (1815) und *Ganymed* (1817) mit einer Widmung an Goethe. Dieser ließ die Sendung unbeantwortet.

Zu Schuberts Kompositionen auf Texte von Goethe gehört außerdem eine Vertonung von →*Claudine von Villa Bella* (1815) und die Kantate *Prometheus* (1816).

Erst der Vortrag des *Erlkönig* durch Wilhelmine Schröder-Devrient (1804–1860) am 24. 4. 1830 löste in Goethe größte Bewunderung und Ergriffenheit aus.

→*Vertonungen*

Schwänke

Die Schwänke, Farcen, Fastnachtsspiele, Parodien und Zeitsatiren Goethes aus der Zeit des →*Sturm und Drang* sind stärker von einem materialistischen Einheitsgefühl (→*Baruch de Spinoza*, →*Pantheismus*) beherrscht als jede andere Werkgruppe. In ihnen sind oft Stoffe und Motive aus der niederen antiken, mittelalterlichen und Renaissance-Literatur (→*Hans Sachs*), wie Fressen, Saufen, körperliche Liebe, topoihaft behandelt. Auch in Goethes nachklassischer Zeit wirkte diese Tendenz in →*Faust*, den →*Xenien* und →*Zahmen Xenien* fort.

→*Ein Fastnachtsspiel vom Pater Brey dem falschen Propheten*; →*Götter, Helden und Wieland*; →*Hans-*

Links: *Goethes Zeichnung von der ersten Schweizer Reise:* Scheideblick nach Italien vom St. Gotthard, *22. 6. 1775.*

wursts Hochzeit; →*Jahrmarktsfest zu Plundersweilern*; →*Satyros oder Der vergötterte Waldteufel*

Schweiz

Goethe besuchte die Schweiz 1775, 1779 und 1797. 1775 reiste er in Begleitung der Grafen Christian und →*Friedrich Leopold von Stolberg* und wohnte in Zürich bei →*Johann Caspar Lavater*. Er unternahm Seefahrten und Bergbesteigungen (Gotthard).

Während der beiden ersten Reisen besuchte er in Zürich neben Lavater auch Johann Jakob Bodmer (1698–1783). 1779 reiste Goethe mit Herzog →*Carl August* bis Genf, von dort aus machte er einen Ausflug nach Ferney, dem Wohnsitz →*Voltaires*. 1797, geschult durch seine Beobachtungen in →*Italien*, verzeichnete Goethe nach vorbereiteten Schemata Einzelheiten von Volkssitten und -gebräuchen, Landwirtschaft, Gewerbe und Handel. Auf dieser Reise traf er mit dem ihm seit seinem römischen Aufenthalt bekannten →*Johann Heinrich Meyer* zusammen. Am Vierwaldstätter See entstand der Plan einer epischen Tell-Dichtung, den Goethe später →*Schiller* überließ.

→*Briefe aus der Schweiz*; →*Reise in die Schweiz im Jahre 1797*

Walter Scott

* 15. 8. 1771 Edinburgh; † 21. 9. 1832 Schloß Abbotsford b. Melrose

Goethes →*Götz von Berlichingen* wurde 1798 von Scott ins Englische übersetzt und regte ihn zur literarischen Bearbeitung historischer Stoffe an. Goethe kannte seit 1821 die meisten Romane des schottischen Dichters, er bewunderte seinen »*Kunstverstand*« (zu Ecker-

Unten: *Sir Walter Scott. Radierung von H. Walker nach dem Gemälde von H. Raeburn. Scotts Brief an Goethe wurde in Übersetzung in Eckermanns* Gesprächen mit Goethe *unter dem 25. Juli 1827 veröffentlicht: »Ich fühle mich sehr geehrt, daß irgendeine meiner Produktionen so glücklich gewesen ist, die Beachtung Goethes auf sich zu ziehen, zu dessen Bewunderern ich seit dem Jahre 1798 gehöre, wo ich, trotz meiner geringen Bekanntschaft mit der deutschen Sprache, kühn genug war, den* Götz von Berlichingen *ins Englische zu übertragen . . .«*

mann, 9. 10. 1828) und nannte ihn den *»reichsten, gewandtesten, berühmtesten Erzähler seines Jahrhunderts«* (*Walter Scott, Leben Napoleons*, 1827, veröffentlicht 1833). Ein verehrungsvoller Brief Scotts an Goethe vom 9. 7. 1827 ist in Eckermanns *»Gesprächen«* unter dem 25. 7. 1827 aufgenommen.

Porträt von Karl Freiherr von Seckendorff. Ölgemälde von J. E. Heinsius.

Karl Siegmund Freiherr von Seckendorff

* 26. 11. 1744 Erlangen; † 26. 4. 1785 Ansbach

Nach anfänglicher Offizierslaufbahn von 1775 bis 1784 Weimarischer Kammerherr.

Der schriftstellerisch und musikalisch begabte Seckendorff gehörte bald nach Goethes Eintritt in → *Weimar* zu dessen engerem Kreis. Er schrieb die Musik zu Goethes zwischen 1777 und 1780 vom Weimarer Liebhabertheater aufgeführten Singspielen → *Lila*, → *Der Triumph der Empfindsamkeit* und → *Jery und Bätely*. Er vertonte auch mehrere → *Gedichte* Goethes und war der Verfasser des zu Goethes 32. Geburtstag im Tiefurter Park aufgeführten Schattenspiels *Minervens Geburt, Leben und Taten.*

→ *Vertonungen*

Sekretäre

Neben seinen → *Dienern*, die Goethe oft zu Schreibarbeiten heranzog, waren Goethes Sekretäre seine engsten Mitarbeiter und oft Hausgenossen.

1782–1786 war Christian Georg Carl Vogel (1760–1819) bei Goethe tätig; als weimarischer niederer Beamter zog er 1792 mit Goethe in den Feldzug gegen Frankreich und diente ihm häufig als Sekretär.

Seit 1803 war → *Friedrich Wilhelm Riemer* Sekretär Goethes und wohnte bis 1812 in dessen Haus. 1812/13

Rechts: *Goethe im Arbeitszimmer, seinem Schreiber J. A. John diktierend. Ölgemälde von Johann Joseph Schmeller. Goethe zog von früh an das Diktieren dem Selbstschreiben vor. Auf größere Reisen nahm er manchmal einen Schreiber mit. Im Diktieren sah er manche Vorzüge, so schätzte er das Umhergehen, die Nötigung zu erhöhter Konzentration, auch war er davon überzeugt, daß die Sprache sich erst beim Sprechen entfalte. Den Umfang seiner Korrespondenz konnte er auf diese Art beträchtlich steigern.*

war Ernst Carl John (1788–1856) Goethes Sekretär, ab dem Jahr 1814 war es Johann August Friedrich John (1794–1854).

1818 wurde der Bibliothekar Friedrich Theodor Kräuter (1790–1856), der bereits seit 1811 von Goethe zur Mitarbeit herangezogen wurde, als Sekretär eingestellt. Dieser begann 1822 mit der Katalogisierung von Goethes sämtlichen gedruckten und ungedruckten Schriften und Briefen (→ *Bibliothek*).

1823 setzte → *Johann Peter Eckermanns* Dienst bei Goethe ein. Johann Christian Schuchardt (1799–1870) stellte noch unter Goethes Aufsicht die ersten Inventare von Goethes → *Kunst-* und → *naturwissenschaftlichen Sammlungen* her, die er 1848–1849 in drei Bänden veröffentlichte.

→ *Lebensweise, -gewohnheiten*

Sesenheim

Dorf im Elsaß, nahe → *Straßburg*.

→ *Friederike Brion*; → *Gedichte*

Sexualität

Neuere psychoanalytische Forschung setzt ersten Geschlechtsverkehr Goethes für den 37jährigen in → *Rom* an.

Sein Zusammenleben mit Christiane Vulpius (→ *Christiane von Goethe*) umschloß – nach Goethes eigenen Zeugnissen – seelische Zuneigung und sexuellen Verkehr. → *Charlotte von Stein* stellte über Goethe nach dessen Rückkehr aus Italien fest, er sei *»sinnlich geworden«* (Caroline Herder an J. G. Herder, 15. 8. 1788).

Der weitausgeuferten, z. T. belletristischen Literatur über Goethes Liebesleben zum Trotz sind andere sexuelle Beziehungen Goethes nicht nachweisbar. Zeitgenossen bezeugen, daß Goethe sich in reiferen Jahren, sowie eine Verliebtheit beherrschende Formen annahm, von der Geliebten abwandte. Spätere Neigungen zu Frauen trugen in einigen Fällen leidenschaftlichen Charakter, wurden aber offenbar nicht ausgelebt, sondern sublimiert.

Homoerotische Neigungen waren Goethe nicht fremd, wie mehrfache dichterische Gestaltung – das *»Schenkenbuch«* im Gedichtzyklus des → *West-östlichen Divan*, die kurze Erzählung von Liebe und Treueschwur zweier Knaben im Roman → *Wilhelm Meisters Wanderjahre*, Mephistopheles und die Engel in → *Faust* II, 5. Akt *(»Grablegung«)* – zeigt.

Über außerehelichen Geschlechtsverkehr vgl. Goethes Gedicht *Das Tagebuch* (1810).

→ *Frauen*

Goethe auf der Couch der Psychoanalytiker. O. Sahlberg stellte in einem Dialog mit M. Greffrath die Diagnose: »Ich würde das Ganze als Entwicklung sehen. (. . .) Mit der *Italienischen Reise* beginnt er überhaupt erst sexuelle Beziehungen herzustellen. Er identifiziert sich mit seinem Vater (. . .) Goethe hat sich durch sein psychisches Problem hindurchgearbeitet und mit Hilfe einer psychischen Regression gegenüber Frau von Stein. Er macht eine Nachreifung durch und hatte dann ein neues Ich. Nun wendet er sich nach außen, eine durchaus gesunde Extraversion. Er lebt mit Christiane zusammen, die Naturforschung wird sehr wichtig.«
(H. Eggebrecht, *Goethe. Ein Denkmal wird lebendig,* Mchn./Zürich 1982)

Rede zum Schäkespears-Tag. *Handschrift von Goethe. Die Huldigungsrede wurde zum 14. Oktober 1771 (dem protestantischen Namenstag für Wilhelm) in Frankfurt geschrieben und bei einer aus diesem Anlaß in Goethes Elternhaus veranstalteten Shakespeare-Feier vorgetragen.*

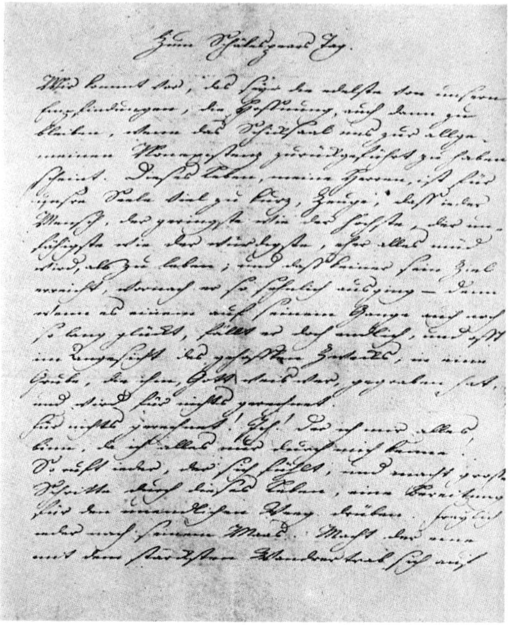

Unten: Othello, *englische Ausgabe, Göttingen 1766, mit Goethes eigenhändiger Widmung für Franz Christian Lersé. »Seinem und Schäkespears würdigen Freund Lersen zum ewigsten Angedenken. Goethe.« Lersé war ein Studienfreund des Dichters in Straßburg.*

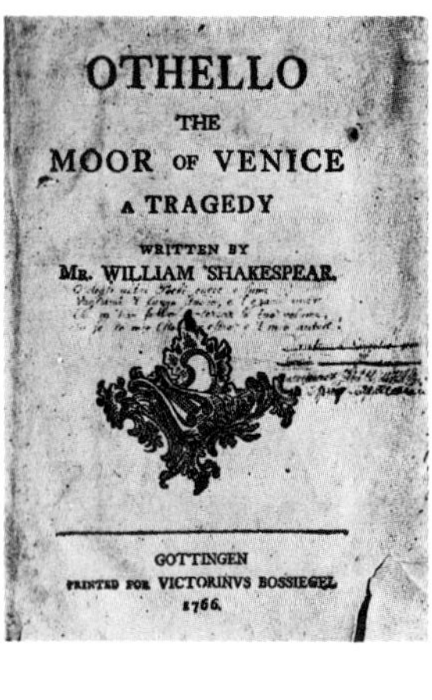

William Shakespeare

* 23. 4. 1564? Stratford-upon-Avon; † 23. 4. 1616 Stratford-upon-Avon

Schon 1766 in →*Leipzig* lernte Goethe Shakespeare durch die Auswahlausgabe von William Dodd *The Beauties of Shakespeare* (1752) kennen. 1767/68 beschäftigte er sich mit →*Wielands* Shakespeare-Übersetzung (1762–1766). 1770 notierte er sich Details aus verschiedenen Stücken Shakespeares (*Ephemerides*) und bekannte, daß er Shakespeare nächst →*Adam Friedrich Oeser* und Wieland als seinen *»echten Lehrer erkennen«* könne (an P. E. Reich, 20. 2. 1770).

Den fruchtbarsten Anstoß für seine Auseinandersetzung mit Shakespeare gewann Goethe durch seine Begegnung mit →*Johann Gottfried Herder* in →*Straßburg*, 1770/71. Dieser hatte in dem Sammelband *Von deutscher Art und Kunst* (1773) Shakespeares Dramaturgie dem klassizistischen regelrechten französischen Drama entgegengesetzt und die jungen Genies des →*Sturm und Drang* aufgefordert, sich Shakespeare zum Muster zu nehmen. Als Beispiel für eine solche neue Produktion verwies Herder auf Goethes →*Götz von Berlichingen*.

Die Zeugnisse von Goethes wechselvoller Beurteilung Shakespeares beginnen mit der enthusiastischen Rede *Zum Schäkespears Tag* (Erstdr. 1854), die er im

Oktober 1771 im Frankfurter Elternhaus hielt. Im Sinne Shaftesburys feierte er hier Shakespeare als das Genie eines *»zweiten Schöpfers«*, der in seinem Schaffen unabhängig vom Regelzwang einem Gesetz der »inneren Form« folgt.

In den Diskussionen der Theatertruppe in → *Wilhelm Meisters Lehrjahre* werden kontroverse Meinungen über Aufbau und Aufführbarkeit der Stücke Shakespeares, insbesondere des *Hamlet* (1601), vertreten: Während der sentimentale Wilhelm Meister an der bedingungslosen Verehrung Shakespeares festhält, vertritt der Theaterpraktiker Serlo den Standpunkt, daß seine Dramen der Bearbeitung bedürfen.

So bearbeitete auch Goethe 1811 *Romeo und Julia* (1594) unter rigorosen Streichungen für das Weimarer Theater. Zugrunde lag ihm hierbei die Übersetzung → *August Wilhelm Schlegels*, dessen Übertragung des Shakespeareschen Gesamtwerks von Goethe seit 1799 mit Interesse verfolgt wurde. Nach 1826, im dritten Teil seines Aufsatzes *Shakespeare und kein Ende* (*»Shakespeare als Theaterdichter«*), verteidigte Goethe seine starken Kürzungen in der *Romeo und Julia*-Bearbeitung, indem er auf Bearbeitungen des Theaterdirektors Friedrich Ludwig Schröder (1744–1816) verwies und sich scharf gegen die romantische Auffassung wehrte, *»daß man Shakespeare auf der deutschen Bühne Wort für Wort aufführen müsse, und wenn Schauspieler und Zuschauer daran erwürgen sollten«*.

Zwischen den polaren Aspekten der geniezeitlichen absoluten Bewunderung Shakespeares und der von theaterpraktischen Gesichtspunkten her einschränkenden Einschätzung liegen der erste und zweite Teil des Aufsatzes *Shakespeare und kein Ende* (*»Shakespeare als Dichter überhaupt«; »Shakespeare, verglichen mit den Alten und Neusten«*, 1813). Hier verinnerlicht Goethe als Klassizist den Handlungsreichtum Shakespeares dermaßen, daß er die Ansicht vertritt: *»Es gibt keinen höhern Genuß und keinen reinern, als sich mit geschloßnen Augen durch eine natürlich richtige Stimme ein Shakespearesches Stück nicht deklamieren, sondern rezitieren zu lassen.«*

Daneben aber kennzeichnet Goethe treffend den historisch-soziologischen Ort von Shakespeares Werken: *». . . Künste und Wissenschaften, Handwerke und Gewerbe, alles reicht seine Gaben dar. Shakespeares Dichtungen sind ein großer, belebter Jahrmarkt, und diesen Reichtum hat er seinem Vaterlande zu danken.«* (Teil 1) In diesem Reichtum des geschichtlich-gesellschaftlichen Gehalts sieht Goethe es begründet, daß Shakespeare das Antike und Moderne, das Naive und Sentimentale, Notwendigkeit und Freiheit usw. einzigartig überschreitet, *»indem er das Alte und Neue auf eine überschwengliche Weise verbindet«* (Teil 2).

Die gegenüber abgebildete Handschrift Goethes hat folgenden Wortlaut:

Zum Schäkespears Tag

Mir kommt vor, das sei die edelste von unsern Empfindungen, die Hoffnung, auch dann zu bleiben, wenn das Schicksal uns zur allgemeinen Nonexistenz zurückgeführt zu haben scheint. Dieses Leben, meine Herren, ist für unsre Seele viel zu kurz, Zeuge, daß jeder Mensch, der geringste wie der höchste, der unfähigste wie der würdigste, eher alles müd' wird als zu leben; und daß keiner sein Ziel erreicht, wornach er so sehnlich ausging – denn wenn es einem auf seinem Gange auch noch so lang' glückt, fällt er doch endlich, und oft im Angesicht des gehofften Zwecks, in eine Grube, die ihm, Gott weiß wer, gegraben hat, und wird für nichts gerechnet.
Für nichts gerechnet! Ich! Der ich mir alles bin, da ich alles nur durch mich kenne! So ruft jeder, der sich fühlt, und macht große Schritte durch dieses Leben, eine Bereitung für den unendlichen Weg drüben. Freilich jeder nach seinem Maß. Macht der eine mit dem stärksten Wandertrab sich auf, so hat der andre Siebenmeilenstiefel an, überschreitet ihn, und zwei Schritte des letzten bezeichnen die Tagreise des ersten. Dem sei, wie ihm wolle, dieser emsige Wandrer bleibt unser Freund und unser Geselle, wenn wir die gigantischen Schritte jenes anstaunen und ehren, seinen Fußtapfen folgen, seine Schritte mit den unsrigen abmessen.

»Lida, Glück der nächsten Nähe,
William, Stern der schönsten Höhe,
Euch verdank' ich, was ich bin; ...«
(*Zwischen beiden Welten*)

1824 las Goethe *Shakespeares Vorschule* (1823ff.) von → *Ludwig Tieck*. Zwei Jahre später bekannte er in einer Rezension Tieckscher Schriften, daß er Tieck zustimme, *»wenn er als Eiferer für die Einheit, Unteilbarkeit, Unantastbarkeit Shakespeares auftritt und ihn ohne Redaktion und Modifikation von Anfang bis zu Ende auf das Theater gebracht wissen will«* (*Ludwig Tiecks dramaturgische Blätter*).

Eine letzte, höchst positive Bewertung Shakespeares gab Goethe 1827 in einer Rezension der Neuausgabe von *The First Edition of the Tragedy of Hamlet*, Leipzig 1825.

Goethe huldigte Shakespeare in dem Gedicht *Zwischen beiden Welten* (1820).

Singspiele

Goethes Singspiele lassen sich in mehrere Gruppen einteilen: die ersten Fassungen von → *Erwin und Elmire* und → *Claudine von Villa Bella* sind nach dem Vorbild der französischen Opéra comique geschrieben; die zweiten Fassungen dieser beiden Singspiele sowie *Scherz, List und Rache* (1784/85) sind nach dem Muster der italienischen Opera buffa gestaltet; für das Weimarer Liebhabertheater verfaßte Goethe ferner → *Lila*, → *Der Triumph der Empfindsamkeit*, → *Jery und Bätely* und *Die Fischerin* (1782). Von → *Mozarts* Oper *La nozze di Figaro* (1785) ist das Fragment *Die ungleichen Hausgenossen* (1785/86) beeinflußt.

Komponisten zu den Singspielen waren u. a. → *Johann André*, → *Anna Amalia von Sachsen-Weimar-Eisenach*, → *Philipp Christoph Kayser*, → *Johann Friedrich Reichardt*, → *Corona Schröter*, → *Franz Schubert*, → *Karl Siegmund Freiherr von Seckendorff*.
→ *Oper*

Sizilien

Goethe traf Anfang April 1787 in Palermo ein. Er hielt sich etwa sechs Wochen auf Sizilien auf und schiffte sich Mitte Mai von Messina zur Rückreise nach Neapel ein. Er besuchte u. a. den Tempel von Segesta, das antike Theater in Taormina, die Tempelruinen in Girgenti. Er machte geologische Beobachtungen am Ätna-Massiv und bestieg den Monte Rosso. In Palermo besuchte er die Familie des Giuseppe Balsamo, alias Conte Alessandro Cagliostro (1743–1795). (→ *Der Groß-Cophta*)

Im öffentlichen Garten der Stadt faßte Goethe die Idee der *»Urpflanze«* (→ *Botanik*), die seine Lehre von der Metamorphose der Pflanzen vorantrieb. Das in Palermo entworfene Drama *Nausikaa* (→ *Dramenfragmente*) blieb Fragment.
→ *Italien*

Links: *Blick auf das Griechische Theater in Taormina. »Setzt man sich nun dahin, wo ehmals die obersten Zuschauer saßen, so muß man gestehen, daß wohl nie ein Publikum im Theater solche Gegenstände vor sich gehabt.«* (Italienische Reise, *7. Mai 1787*)

Sonette

Entstehung 1807/08; Erstdruck 1815 (mit Ausnahme des 16. und 17. Sonetts), 1827 (vollständig)

Goethe, der durch seine Kenntnis der italienischen Literatur von Jugend an mit der strengen Form des Sonetts vertraut war, hat erst im Jahre 1800 – angeregt durch → *August Wilhelm Schlegel* – die ersten eigenen Sonette geschrieben (*Das Sonett; »Natur und Kunst . . .«*).

Erneute Anregung zu einer Beschäftigung mit dieser Gedichtform erhielt er 1807 durch Lektüre → *Ludovico Ariostos* und durch Sonette des romantischen Dichters Zacharias Werner (1768–1823). Es entstand ein Zyklus von 17 Sonetten, Liebesgedichten, die teilweise Goethes Neigung zu → *Wilhelmine Herzlieb* widerspiegeln, teilweise auch mit seiner Empfindung für Silvie von Ziegesar (1785–1855) in Zusammenhang stehen mögen, mit der er im Sommer 1808 in Karlsbad und Franzensbad zusammentraf (→ *Böhmen*). Motivische Anklänge an gleichzeitige Briefe Bettina Brentanos (→ *Bettina von Arnim*) sind unverkennbar.

Die *Sonette* sind ein Werk des Übergangs von Goethes klassischer Epoche in seine Spätzeit. Die Erfüllung einer festen Form im Sinne der → *Klassik* verbindet sich in ihnen mit der geistig-künstlerischen Bewußtheit, die das → *Alterswerk* kennzeichnet.

Die Polarität von Leidenschaft und Entsagung, von starrer Form und Gefühl hat ihr Vorbild in den Sonetten Francesco Petrarcas (1304–1374), in dessen Tradition sich Goethe durch direkte Bezugnahme im 16. Sonett bewußt stellt.

Seit der Ausgabe seiner *Werke* 1815 versah Goethe seinen Sonetten-Zyklus mit dem Motto: »Liebe will ich liebend loben, Jede Form sie kommt von oben.« Im übrigen war Goethe recht verschwiegen über diese Sammlung.

Frédéric Soret

* 13. 5. 1795 St. Petersburg; † 18. 12. 1865 Genf

Nach einem Studium der Theologie und Naturwis-

Frédéric Soret. Steindruck von F. Martersteig. Soret nutzte seine freie Zeit zum Umgang mit Goethe und war ein von dem Dichter wie von der Schwiegertochter Ottilie gern gesehener Gast.

senschaften in Genf wurde Soret 1822 als Erzieher des Prinzen Karl Alexander (1818–1901), eines Enkels von Herzog →*Carl August*, nach Weimar berufen. Er trat damit in Goethes ständigen Besucher- und Freundeskreis. Seine Tagebuchaufzeichnungen über den Verkehr mit Goethe wurden von →*Johann Peter Eckermann* in seinen *Gesprächen mit Goethe* verarbeitet.

1829/30 übersetzte Soret unter starker Beteiligung Goethes dessen *Versuch, die Metamorphose der Pflanzen zu erklären* (→*Botanik*) ins Französische (ersch. 1831).

Baruch de Spinoza

* 24. 11. 1632 Amsterdam; † 21. 2. 1677 Den Haag

Eine erste Kenntnisnahme Spinozas durch Goethe erfolgte im Frühjahr 1773. Im Sommer 1774 führte Goethe Gespräche über Spinoza mit →*Johann Caspar Lavater*, →*Friedrich Heinrich Jacobi* und Johann Jakob Wilhelm Heinse (1746–1803).

Ein eindringendes Studium Spinozas mit →*Herder* und →*Charlotte von Stein*, angeregt durch einen Besuch Jacobis in Weimar, erfolgte 1784/85. In dieser Zeit entstand vermutlich die Frau von Stein diktierte *Studie nach Spinoza* (Erstdr. 1891), die mit Goethes zentralem monistischen Bekenntnis beginnt: *»Der Begriff vom Dasein und der Vollkommenheit ist ein und ebenderselbe.«*

Jacobis Deutung Spinozas als Atheisten in dessen Schrift *Über die Lehre des Spinoza in Briefen an Herrn Moses Mendelssohn* (1785) lehnte Goethe entschieden ab: *»Er beweist nicht das Dasein Gottes, das Dasein ist Gott. Und wenn ihn andre deshalb Atheum schelten, so möchte ich ihn theissimum ja christianissimum nennen und preisen«*. (An Jacobi, 9. 6. 1785) Jacobis Schrift *Von den göttlichen Dingen und ihrer Offenbarung* (1811) regte Goethe zu erneuter Lektüre von Spinozas *Ethik, nach geometrischer Methode dargelegt* (1677) an.

Neben der *Studie nach Spinoza* gibt *Dichtung und Wahrheit*, 16. Buch, Auskunft über Spinozas umfassende Wirkung auf Goethe.

Spiraltendenz →*Botanik*

Sport

In seinen Jugendjahren war Goethe körperlich wenig geübt. Als Knabe lernte er fechten und reiten, ebenfalls in jungen Jahren schießen.

Erst seit Anfang der siebziger Jahre begann Goethe sich im Zuge des erwachenden modernen Körperbewußtseins sportlich zu betätigen, wenngleich ohne gymnastische Systematik. Reiten und Wandern betrieb er intensiv seit der →*Straßburger* Zeit, in →*Weimar* nicht zuletzt auf den Rat seines Arztes Hufeland (→*Krankheiten*). Durch Oden →*Klopstocks* angeregt begann Goethe mit dem Schlittschuhlauf. Gleichfalls gewöhnte er sich daran, nackt in natürlichen Gewässern zu baden. In den frühen Weimarer Jahren lernte er schwimmen. Zu dieser Zeit widmete er sich ausgiebig der Jagd und Hetze. Goethes Bergbesteigungen (u. a. →*Harz*, →*Schweiz*), unabhängig von der herrschenden Witterung unternommen, waren seinerzeit ungewöhnlich.

Mit all diesen sportlichen Betätigungen wirkte Goethe in Weimar so vorbildlich, daß seine Bedeutung für die Geschichte der Leibesübungen kaum überschätzt werden kann. In Goethes Tagebüchern und Briefen finden sich viele Belege zu seinen *»körperlichen Übungen allerlei Art«* (Tagebuch, 23. 4. 1777). Sport zu treiben, war ein entscheidendes Element zur Steigerung von Goethes Lebensgefühl. *»Ich bin sehr in der Luft. Schlafen, Essen, Trinken, Baden, Reiten, Fahren, war ein paar Tage her der selige Inhalt meines Lebens.«* (An J. Fahlmer, 5. 6. 1775)
→*Lebensweise, -gewohnheiten*; →*Naturgefühl*; →*Reisen*

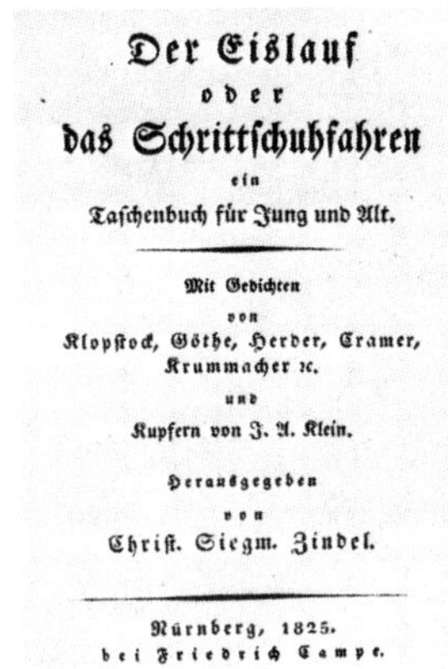
Der Eislauf
oder
das Schrittschuhfahren
ein
Taschenbuch für Jung und Alt.

Mit Gedichten
von
Klopstock, Göthe, Herder, Cramer,
Krummacher rc.
und
Kupfern von J. A. Klein.

Herausgegeben
von
Christ. Siegm. Zindel.

Nürnberg, 1825.
bei Friedrich Campe.

Almanach auf den Winter 1825 von Christ. Siegm. Zindel. Das Buch befand sich auch in Goethes Bibliothek.

». . . besonders aber tat sich, bei eintretendem Winter, eine neue Welt vor uns auf, indem ich mich zum Schlittschuhfahren, welches ich nie versucht hatte, rasch entschloß, und es in kurzer Zeit, durch Übung, Nachdenken und Beharrlichkeit, so weit brachte als nötig ist, um eine frohe und belebte Eisbahn mit zu genießen.« (Dichtung und Wahrheit, *12. Buch*)

Sprache

Nach der Phase des →*Rokoko* fand Goethes Sprache ihren eigenen Ton mit der Befreiung vom rationalistisch-grammatikalischen Regelzwang im →*Sturm und Drang*. Sie blieb während aller Epochen seines Lebens (→*Klassik*; → *Alterswerk*) die mannigfaltigste Individualsprache im deutschen Sprachraum. Besonders in seinen Dichtungen war Goethe außerordentlich sprachschöpferisch. Seine vielsprachige Erziehung (→*Labores juveniles*) ermöglichte es ihm, den deutschen Wortschatz häufig durch Fremdwörter zu erweitern. Seit seiner Studienzeit in →*Straßburg* verwandte Goethe Mundartliches und volkstümlich Sprichwörtliches. Das Frankfurter Judendeutsch (→*Juden, Judentum*) war ihm geläufig.

Er hat zeitlebens →*Luthers* →*Bibel* überragende Bedeutung für die Ausbildung der eigenen Sprache zugemessen.
→*Stil*; →*Wortgebrauch*

Staatsdienst

Goethe wurde am 11. Juni 1776 von Herzog →*Carl August* gegen den Widerstand einiger Räte und des Vorsitzenden des Geheimen Consiliums, →*Jakob Friedrich von Fritsch*, zum Geheimen Legationsrat mit Sitz und Stimme im Geheimen Consilium, der obersten

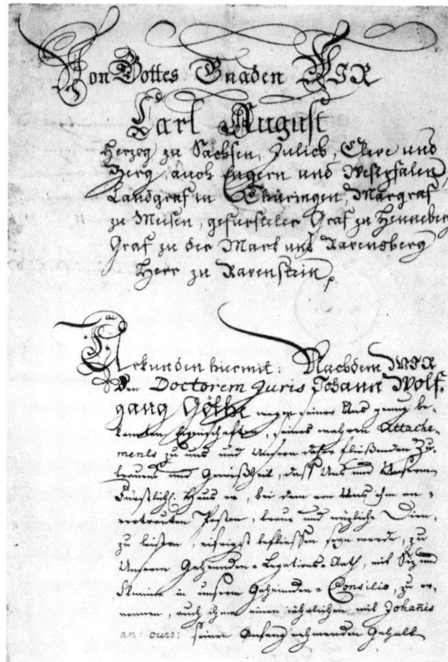
Von Gottes Gnaden Wir
Carl August
Herzog zu Sachsen, Jülich, Cleve und
Berg, auch Engern und Westphalen,
Landgraf in Thüringen, Marggraf
zu Meißen, gefürsteter Graf zu Henneberg
Graf zu der Mark und Ravensberg
Herr zu Ravenstein.

Urkunden hiermit: Nachdem Wir
den Doctorem Juris Johann Wolf-
gang Göthe

Rechts: *Dekret mit Goethes Ernennung zum »Geheimden Legations-Rath« am 11. Juni 1776.*
In den ersten 12 Jahren seiner Verwaltungstätigkeit bis zur Italienischen Reise *war Goethe mit vielfältigen Aufgaben befaßt. Er mußte sich in etliche Ressorts einarbeiten, schrieb Reskripte, ritt – was vor ihm kein fürstlicher Rat getan hatte – durch Wind und Wetter über grundlose Wege in entlegene Täler, um dort wirtschaftliche Erschließungsarbeit zu leisten. Er entwarf Maßnahmen zur Verbesserung der verarmten Gemeinde Melpers, schlug längere Verpachtungszeiten für Hofgüter vor, um die Investitionen rentabel zu machen. Gegenüber der routinemäßigen fürstlichen Verwaltung verhielt sich Goethe nachgerade fortschrittlich, im großen und ganzen schon im Sinne einer liberalen Wirtschaftstheorie.*

Landesbehörde des Herzogtums →*Sachsen-Weimar-Eisenach*, ernannt. Bis 1785 nahm Goethe regelmäßig an dessen Sitzungen teil. Er gehörte dem Geheimen Consilium nominell bis zur Umwandlung der Behörde in ein Staatsministerium, 1815, an.

Am 5. September 1779 wurde Goethe aus Anlaß seines 30. Geburtstags zum Geheimen Rat ernannt. 1782 eröffnete Carl August der Herzoglichen Kammer, daß *»über alle etwas beträchtlichen Vorfallenheiten«* mit Goethe Rücksprache zu nehmen sei. 1804 erfolgte Goethes Ernennung zum Wirklichen Geheimen Rat. Nach der Erhebung Sachsen-Weimar-Eisenachs zum Großherzogtum, 1815, wurde Goethe zum Staatsminister ernannt. (Zu seiner Besoldung →*Vermögen, Einkünfte*.)

Bis zur ersten Reise nach →*Italien* leitete Goethe verschiedene Verwaltungskommissionen: die Bergwerkskommission zur Wiederinstandsetzung des →*Ilmenauer* Erzbergwerks – das Bergwerk wurde 1784 wiedereröffnet, der Bergbau 1796 nach einem Wassereinbruch unter hohen Verlusten eingestellt –, die Kriegskommission – Goethe reduzierte die Armee von 800 auf 200 Mann –, weiterhin die Wasserbau-, Wegebau- und Schloßbaukommission. Nach der Rückkehr aus Italien, 1788, entlastete der Herzog Goethe auf dessen Wunsch von vielen früheren Ämtern.

Ab 1809 führte Goethe die seit 1815 so benannte »Oberaufsicht« über die »Unmittelbaren Anstalten für Wissenschaft und Kunst« in → *Weimar* und → *Jena*: die Bibliotheken in beiden Städten, das Münzkabinett, das Kunstkabinett, die Freie Zeichenschule, die Gemälde- und Kupferstichsammlung in Weimar, die Universitätsinstitute, die Museen und wissenschaftlichen Sammlungen, die Tierarzneischule, die Sternwarte und den Botanischen Garten in Jena. Nach der Umwandlung des Landes in ein Großherzogtum behielt Goethe diese Tätigkeiten bei. Sein Sohn → *August von Goethe* war ihm als Assistent beigeordnet.

Unter Goethes Leitung erlangte die Universität Jena ein weit über Deutschland hinausreichendes Ansehen. Goethe beschäftigte sich nicht nur mit den wissenschaftlichen Ereignissen in allen Fakultäten, förderte nicht nur modernste naturwissenschaftliche Entwicklungen (→ *Naturwissenschaften*), sondern setzte seine kulturpolitischen Ziele auch durch seine Teilnahme an jeder Berufung durch (→ *Schiller*, → *Fichte*, → *Schelling*, → *Hegel*, → *August Wilhelm Schlegel*, → *Friedrich Schlegel*).

Über seine amtliche Tätigkeit bemerkte Goethe: *»Ich wirke nun 50 Jahre in meinen öffentlichen Geschäften nach meiner Weise, als Mensch, nicht kanzleimäßig, nicht so direkt und folglich etwas minder platt. Ich suche jeden Untergebenen frei im gemeßnen Kreise sich bewegen zu lassen, damit er auch fühle, daß er ein Mensch sei. Es kommt alles auf den Geist an, den man einem öffentlichen Wesen einhaucht und auf Folge.«* (Zu F. v. Müller, 23. 8. 1827)

Vgl. auch Goethes Vortrag *Über die verschiedenen Zweige der hiesigen Tätigkeit* (1795) sowie eine schematische Disposition zu dessen Fortsetzung.

Vgl. auch Goethes Beziehungen zu den weimarischen Staatsministern und Beamten → *Friedrich von Müller* und → *Christian Gottlob von Voigt*.

Anne-Louise-Germaine Baronne de Staël

* 22. 4. 1766 Paris; † 14. 7. 1817 Paris

Tochter des französischen Finanzministers Jacques Necker (1732–1804) unter Louis XVI.

1795 übersetzte Goethe ihren *Essai sur les fictions* (1795) für *Die Horen*. Ihr Buch *De l'influence des passions sur le bonheur des individus et des nations* (1796) beurteilte Goethe positiv. Die Übersendung des Werkes *De la littérature considerée dans ses rapports avec les institutions sociales* (1799) erwiderte Goethe mit der Gegengabe von → *Wilhelm Meisters Lehrjahre* und einem günstigen Urteil.

Die von Napoleon 1803 exilierte Schriftstellerin kam im Dezember desselben Jahres in Begleitung des fran-

Unten: *Porträt von Germaine de Staël. Lithographie von Delpech nach Gérard.*

»Jenes Werk über Deutschland, welches seinen Ursprung dergleichen geselligen Unterhaltungen verdankte, ist als ein mächtiges Rüstzeug anzusehen, das in die Chinesische Mauer antiquierter Vorurteile, die uns von Frankreich trennte, sogleich eine breite Lücke durchbrach, so daß man über dem Rhein und in Gefolg dessen über dem Kanal endlich von uns nähere Kenntnis nahm, wodurch wir nicht anders als lebendigen Einfluß auf den fernern Westen zu gewinnen hatten. Segnen wollen wir also jenes Unbequeme und den Konflikt nationeller Eigentümlichkeiten, die uns damals ungelegen kamen und keineswegs förderlich erscheinen wollten . . .«

(Tag- und Jahreshefte, *1804*)

zösischen Diplomaten und Schriftstellers Benjamin Constant (1767–1830) nach Weimar, bei Goethe durch Schillers Brief vom 21. 12. avisiert: *»... ihr Naturell und Gefühl ist besser als ihre Metaphysik.«* Drei Tage später besuchte sie Goethe in seinem Haus. Bis zu ihrer Abreise im März 1804 fanden mehrere Zusammentreffen statt, durch die sich Goethe häufig irritiert fand: *»Natürlicherweise trieb sie es in Reden und Wechselreden gewöhnlich bis zu den Angelegenheiten des Denkens und Empfindens, die eigentlich nur zwischen Gott und dem Einzelnen zur Sprache kommen sollten. Dabei hatte sie, als Frau und Französin, immer die Art, auf Hauptstellen positiv zu verharren, und eigentlich nicht genau zu hören, was der andere sagte.«* (*Annalen*, 1804)

Madame de Staëls Buch *De l'Allemagne* (1810–1813), in dem Goethes Werke nur eingeschränkte Anerkennung finden, nahm Goethe reserviert auf. Ihre Darstellung hatte auf die Ausbildung des französischen Goethe-Bildes im 19. Jh. entscheidenden Einfluß.

Charlotte von Stein, geb. von Schardt

* 25. 12. 1742 Eisenach; † 6. 1. 1827 Weimar

Frau des weimarischen Oberstallmeisters Josias von Stein (1735–1793), Hofdame der Herzoginmutter →*Anna Amalia von Sachsen-Weimar-Eisenach*.

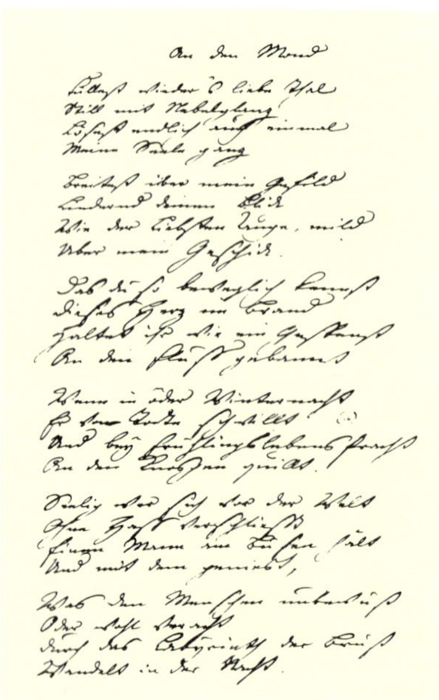

Unten links: *Goethes Handschrift des Gedichts* An den Mond *(erste Fassung). Es entstand etwa 1776/78 im Gartenhaus im Ilmpark und ist undatiert überliefert zwischen Goethes Briefen an Frau von Stein.*

Rechts: *Charlotte von Stein. Bleistiftzeichnung, vermutlich Selbstporträt.*

Schon durch ihre Herkunft aus dem Haus eines Hofmarschalls war Charlotte von Steins Lebenshaltung höfisch orientiert. Anpassung, sicheres Auftreten und vollkommene Beherrschung der Umgangsformen waren ihr eigen.

Im Januar 1775 bat Charlotte von Stein den Arzt Johann Georg Zimmermann (1728–1795) um Auskunft über den Dichter von *Die Leiden des jungen Werthers*, und Zimmermann teilte ihr mit, er habe gehört, *»daß Goethe der schönste, lebhafteste, ursprünglichste, feurigste, stürmischste, sanfteste, verführerischste und für ein Frauenherz gefährlichste Mann sei«* (19. 1. 1775). Im Juli 1775 zeigte Zimmermann Goethe in →*Straßburg* zu physiognomischen Studien u. a. eine Silhouette Charlotte von Steins, von der Goethe im Vergleich mit einer anderen Frauen-Silhouette folgende Charakteristik der Dargestellten ablas: »*... Behagen in sich selbst. Liebevolle Gefälligkeit, Naivetät und Güte, selbstfließende Rede, nachgiebige Festigkeit ...*« (An Lavater, 31. 7. 1775)

Goethe begegnete Charlotte im Kreis des Hofes bald nach seinem Eintreffen in →*Weimar* im November 1775. Ohne großes Interesse an der Erziehung ihrer zwei Söhne, führte die Dreiunddreißigjährige von ihrem Ehemann entfremdet ein seelisch unerfülltes Leben, als sie den sechsundzwanzigjährigen Goethe kennenlernte.

Zwischen beiden entspann sich sofort ein enger gesellschaftlicher Verkehr. Das Landgut der Familie Stein, Groß-Kochberg, war häufiges Ziel von Goethes Fahrten und Ritten. Charlotte hielt den ungestümen Stürmer und Dränger dazu an, im Umgang mit Hof und Beamtenschaft die Formen der Etikette walten zu lassen.

Der intensive, später abklingende, doch bis zu Charlottes Tod fortbestehende Briefwechsel belegt in den Briefen Goethes (Charlotte forderte ihre Briefe kurz vor ihrem Tod zurück und vernichtete sie fast vollständig) anfangs fast täglichen Austausch, der Alltägliches, Gesellschaftliches, Geistig-Künstlerisches und Emotionales gleichermaßen unmittelbar umfaßte. Die so noch nie von Goethe erlebte leidenschaftliche Hinneigung zu einer Frau deutete er sich durch die Vorstellung der *»Seelenwanderung«*: *»Ich kann mir die Bedeutsamkeit – die Macht, die diese Frau über mich hat, anders nicht erklären ...«* (An Wieland, April 1776). (Vgl. auch das Gedicht *»Warum gabst du uns die tiefen Blicke ...«*, 1776.)

Im Frühjahr 1781 bezeugt die Korrespondenz eine gesteigerte Intimität. Möglicherweise stehen die sich häufenden Enttäuschungen, die Goethe in der Führung seiner Amtsgeschäfte erfuhr, in ursächlichem Zusammenhang mit seiner ausschließlichen Hinneigung zu

Als Schöll 1848/51 Goethes Briefe an Frau von Stein aus dem Steinschen Familienbesitz veröffentlichte, kam eine Fülle kleiner bis dato unbekannter Gedichte zum Vorschein, die auch Goethe vergessen hatte. Darunter waren so berühmte Verse wie »Warum gabst du uns die tiefen Blicke.«

Die erste Strophe lautet:

»Warum gabst du uns die tiefen Blicke,
Unsre Zukunft ahndungsvoll zu schaun,
Unsrer Liebe, unserm Erdenglücke
Wähnend selig nimmer hinzutraun?
Warum gabst uns, Schicksal, die Gefühle,
Uns einander in das Herz zu sehn,
Um durch all' die seltenen Gewühle
Unser wahr Verhältnis auszuspähn?«

Die gegenüber abgebildete Handschrift lautet:

An den Mond

Füllest wieder 's liebe Tal
Still mit Nebelglanz,
Lösest endlich auch einmal
Meine Seele ganz.

Breitest über mein Gefild
Lindernd deinen Blick
Wie der Liebsten Auge, mild
Über mein Geschick.

Das du so beweglich kennst,
Dieses Herz im Brand,
Haltet ihr wie ein Gespenst
An den Fluß gebannt,

Wenn in öder Winternacht
Er vom Tode schwillt
Und bei Frühlingslebens Pracht
An den Knospen quillt.

Selig, wer sich vor der Welt
Ohne Haß verschließt,
Einen Mann am Busen hält
Und mit dem genießt,

Was den Menschen unbewußt
Oder wohl veracht'
Durch das Labyrinth der Brust
Wandelt in der Nacht.

Schloß Kochberg, das Besitztum der Frau von Stein, von Südwesten gesehen. Zeichnung von Goethe.

Charlotte von Stein, die auch ihrerseits durch die Freundschaft mit Goethe einen neuen Lebensinhalt gewann.

Um den Mißhelligkeiten in seinen Amtsgeschäften zu entgehen, brach Goethe im September 1786 von Karlsbad heimlich nach → *Italien* auf, ohne gegenüber irgend jemandem Ziel und Dauer seiner Reise bekanntgegeben zu haben. Noch während der Reise nahm er den Briefwechsel mit Charlotte wieder auf. Schon aus Verona kündigte er ihr ein Tagebuch seiner Reise an, aber erst aus Rom teilte er ihr Verlauf und Absicht dieser Reise mit.

Charlotte war durch die stillschweigende Abreise aufs tiefste verletzt. Goethes materialistischere Kunst- und Lebensanschauung nach seiner Rückkehr aus Italien sowie auch sein Liebesverhältnis und Zusammenleben mit Christiane Vulpius (→ *Christiane von Goethe*) veranlaßten Charlotte im Juni 1789 den Verkehr mit Goethe abzubrechen.

Mitte der neunziger Jahre kam – vermittelt durch Goethes Interesse am Studium von Charlottes Sohn Friedrich (1772–1844) – eine erneute Annäherung zustande, aber erst 1801 brachte Charlottes Anteilnahme an einer schweren Erkrankung Goethes die rücksichtsvoll freundschaftliche Aussöhnung, die sogar die Duldung Christianes umfaßte.

In die Zeit ihrer Unduldsamkeit gegen Christiane Vulpius – gegen deren Anblick sie es fertig brachte, sich im Ilmpark den Sonnenschirm vor die Augen zu halten – fiel die Abfassung ihres polemisch gegen Goethe gerichteten Dramas *Dido* (1794).

Goethes inniges Verhältnis zu Charlotte fand seinen unmittelbaren dichterischen Ausdruck in Gedichten, die er seinen Briefen an sie beifügte, und in den von Goethe so genannten *»Gedichten an Lida, den zartesten unter allen«* (an C. E. Schubarth. 2. 4. 1818) (→*Gedichte*).

Im September 1784 wurde Goethe im Gedankenaustausch mit →*Herder* und Charlotte zum Studium →*Baruch de Spinozas* angeregt. Im darauffolgenden Winter diktierte er ihr seine *Studie nach Spinoza*.

Charlottes Lebenshaltung der Gelassenheit und Reinheit wird exemplarisch gespiegelt in den Frauenfiguren des Singspiels →*Lila* und der Dramen →*Elpenor*, →*Die Geschwister*, →*Iphigenie auf Tauris* und →*Torquato Tasso*. Überhaupt mag Charlotte im ganzen auf Goethes klassische Wendung nach dem →*Sturm und Drang* nicht ohne Einfluß gewesen sein (→*Klassik*).

Ein Gespräch im Hause Stein über den abwesenden Herrn von Goethe, lautet der Titel eines Monologstückes von Peter Hacks, das 1976 in Dresden uraufgeführt wurde. Die Liebe zwischen den beiden wird auf scharfsinnige Sentenzen gebracht. »Liebe ist eine Erfindung der Dichter«, sagt Charlotte hier – und Goethe habe nur sich selbst geliebt, »freilich ohne besonderen Grund«.

Stella

Ein Schauspiel für Liebende. Entstehung 1775 (erste Fassung), 1805/06 (zweite Fassung); Erstdruck 1776 (erste Fassung), 1816 (zweite Fassung, Untertitel: *Ein Trauerspiel*); Urauff. 8. 2. 1776, Ackermannsche Gesellschaft, Hamburg (erste Fassung), 15. 1. 1806, Herzogl. Hoftheater, Weimar (zweite Fassung).

In *Stella* setzte Goethe die Tendenz von →*Die Leiden des jungen Werthers*, die Geschlechter von gesellschaftlichen Konventionen zu befreien, fort.

Nach Modellen älterer Literatur wird die Liebe als sinnliche Leidenschaft stärker als die empfindsame Liebe dargestellt und so den Figuren verhängnisvoll. Die emanzipatorische Tendenz ist von Goethe jedoch ausschließlich im Adelsmilieu gestaltet worden.

Die erste Fassung schließt mit einer »Ehe« zu dritt zwischen Fernando, Cäcilie und Stella. Hierfür bot die Sage vom Grafen von Gleichen die Vorlage. Für die Aufführung am Weimarer Hoftheater änderte Goethe den Schluß: bei der Konfrontation der drei Figuren erfolgt die tragische Kollision – Fernando erschießt sich, Stella nimmt Gift.

Stendhal (Henri Beyle)

* 23. 1. 1783 Grenoble; † 23. 3. 1842 Paris

Goethe nannte Stendhals Roman *Le rouge et le noir* (1830) das beste der ihm bekannten Werke: *»Indes* *zeugen sie alle von großer Beobachtung und psychologischem Tiefblick, so daß man denn dem Autor einige Unwahrscheinlichkeiten des Details gerne verzeihen mag.«* (Zu Eckermann, 17. 1. 1831)

Caspar Graf von Sternberg. Aquarell von F. v. Lüttgendorff, 1821. Geschenk des Großherzogs Carl August an Goethe zu Weihnachten 1822.

Caspar Maria Graf von Sternberg

* 6. 1. 1761 Prag; † 10. 12. 1838 Schloß Brezina (Böhmen)

Sternberg lebte seit 1809 teils auf seinem böhmischen Gut, teils in Prag, botanischen und mineralogischen Studien hingegeben.

Goethe stand mit ihm 1820–1832 in freundschaftlichem Briefwechsel, vorwiegend über naturwissenschaftliche Fragen (→*Geologie,* →*Mineralogie*). Er lernte ihn 1822 in Marienbad persönlich kennen und schloß sich dieser späten Freundschaft in ungewöhnlichem Maß auf (→*Böhmen*).

1824 und 1827 richtete Goethe Verse an ihn.

Laurence Sterne

* 24. 11. 1713 Clonmel (Irland); † 18. 3. 1768 London

Die Hauptwerke Sternes, *The Life and Opinions of Tristram Shandy Gentleman* (1759–1767; dt. *Leben und Meinungen des Herrn Tristram Shandy*) und *A Sentimental Journey through France and Italy by Mr. Yorick* (1768; dt. *Yoricks empfindsame Reise durch Frankreich und Italien*), lernte Goethe 1770/71 in →*Straßburg* kennen. Einen starken Einfluß übte Sternes Reisebeschreibung auf →*Die Leiden des jungen Werthers* aus. Goethe las Sternes Werke auch im Alter und schätzte den Autor als denjenigen, *»der die große Epoche reinerer Menschenkenntnis, edler Duldung, zarter Liebe in der zweiten Hälfte des vorigen Jahrhunderts zuerst angeregt und verbreitet hat«* (*Lorenz Sterne*, 1827).

Stil

Anders als in seiner Auffassung der →*Bildenden Kunst* und der →*Musik*, die seit der Epoche der Klassik vom klassizistischen Kanon geprägt waren, war Goethe in seiner Auffassung des Sprachstils ebenso wie in seiner stilistischen Praxis außerordentlich flexibel und ist den Einflüssen verschiedener Stilepochen wie →*Rokoko,* →*Sturm und Drang,* →*Klassik* gefolgt. Formelhafte und in größter sprachlicher Konzentration benutzte Abbreviaturen in allen literarischen Gattungen wie auch in seinen Briefen während der letzten zwei Jahrzehnte seines Schaffens kennzeichnen den Stil von Goethes →*Alterswerk*.

→*Ästhetik*; →*Sprache*

Auguste Luise (»Gustchen«) Gräfin zu Stolberg

* 7. 1. 1753 Bramstedt; † 30. 6. 1835 Kiel

Schwester von Christian und →*Friedrich Leopold Grafen zu Stolberg*, Stiftsdame in Holstein. Durch ihre Familie stand sie dem →*Pietismus* und dem Kreis um →*Friedrich Gottlieb Klopstock* nahe.

Nach Erscheinen von →*Die Leiden des jungen Werthers* wandte sich Auguste Stolberg im Januar 1775 anonym brieflich an Goethe. Damit begann ein zunächst bis 1782 währender empfindsamer, schwärmerisch-religiöser, vom Freundschaftskult der damaligen Zeit geprägter Briefwechsel, der in dieser exaltierten Weise unter Goethes Korrespondenzen eine Ausnahme bildet (→*Empfindsamkeit*). Zu einer persönlichen Begegnung beider kam es nie. Einen Nachhall fand der Briefwechsel 1822/23, als Goethe einen religiösen Bekehrungsversuch Augustes mit einem Bekenntnis zur Weltfrömmigkeit abwies.

Friedrich Leopold Graf zu Stolberg

* 7. 11. 1750 Bramstedt; † 5. 12. 1819 Schloß Sondermühlen b. Osnabrück

Die ersten Beziehungen zwischen F. L. Stolberg, seinem Bruder Christian (1748–1821) und Goethe setzten 1774 auf brieflicher Ebene ein. Im Mai 1775 lernte Goethe die Brüder persönlich in Frankfurt kennen und schloß sich ihnen und dem befreundeten Heinrich Christian Curt von Haugwitz (1752–1831) zu seiner ersten Reise in die →*Schweiz* an.

Im November 1775 besuchten die Brüder Stolberg Goethe, von dem sie sich in Zürich getrennt hatten, auf ihrer Rückreise aus der Schweiz in Weimar, und Friedrich Leopold erhielt das Angebot, als Kammerherr in die Dienste →*Carl Augusts* zu treten. Von seiner zunächst gegebenen Zusage trat Stolberg später zugunsten einer oldenburgischen Anstellung zurück. Im Sommer 1784 besuchten die Brüder Stolberg mit ihren Frauen Goethe erneut in Weimar.

F. L. Stolbergs mit versteckten Spitzen gegen Weimar angereicherte Vorrede zu seiner Übersetzung *Auserlesene Gespräche des Platon* (1796) löste bei Goethe und →*Schiller* eine Reihe spöttischer →*Xenien* aus und veranlaßte Goethe zu dem Aufsatz *Plato als Mitgenosse einer christlichen Offenbarung*, der jedoch erst 1826 in *Über Kunst und Altertum* gedruckt wurde.

Stolbergs Übertritt zur katholischen Kirche, 1800, *»zerriß die schönsten früher geknüpften Bande«* vollends, wenngleich Goethe *»dieses Ereignis keineswegs ... überraschte«* (*Annalen*, 1801). Beide begegneten sich noch einmal im Sommer 1812 in Karlsbad. Die letzten Briefe wurden 1816 gewechselt.

1825 schrieb Goethe die biographische Skizze *Voß*

Oben: *Gräfin Auguste Luise von Bernstorff, geb. zu Stolberg. Gemälde eines unbekannten Künstlers.*

Unten: *Friedrich Leopold Graf zu Stolberg. Kupferstich von M. Steinla nach dem Gemälde von J. C. Rincklake. Heiter ist Goethes Rückschau auf die Nacktbadereien der Brüder Stolberg in den erfrischenden Gewässern der Schweiz. »Die guten harmlosen Jünglinge, welche gar nichts Anstößiges fanden, halb nackt wie ein poetischer Schäfer, oder ganz nackt wie eine heidnische Gottheit sich zu sehen ...«* (Dichtung und Wahrheit, *19. Buch*)

und Stolberg, in der er den kurz vor Stolbergs Tod, 1819, erfolgten Angriff von →*Johann Heinrich Voß* gegen Stolbergs Konversion und den dadurch ausgelösten Streit rekapitulierte und Stolberg vor *»Vossens Unarten«* (an Knebel, 29. 12. 1819) in Schutz nahm (vgl. auch *Annalen*, 1820).

Straßburg

In den Jahren 1770/71 beendete Goethe an der dortigen Universität sein →*Studium* der →*Rechtswissenschaft*. Er hörte in dieser Zeit außerdem Vorlesungen über Staatswissenschaft, Geschichte, Anatomie, Chirurgie und Chemie.

Das Straßburger Münster weckte Goethes Interesse an der Gotik (→*Baukunst*, →*Sturm und Drang*), dem er in dem Essay *Von deutscher Baukunst, D. M. Ervinia Steinbach* (1772) Ausdruck gab. Mit →*Johann Gottfried Herder* begann er elsässische Volkslieder zu sammeln (→*Volkskunde, Volkslieder*). In seiner Lyrik fand er in den sog. »Sesenheimer Liedern«, gerichtet an die von ihm geliebte →*Friederike Brion*, einen neuen Ton (→*Gedichte*).

→*Johann Georg Hamann*; →*Johann Heinrich Jung-Stilling*; →*Jakob Michael Reinhold Lenz*; →*Heinrich Leopold Wagner*

Unten links: Von deutscher Baukunst. *Goethes Aufsatz über Erwin von Steinbach, den Erbauer des Straßburger Münsters, entstanden 1772, erstmals erschienen 1773.*

Rechts: *Das Straßburger Münster. Kupferstich von Harrewyn, um 1750.*

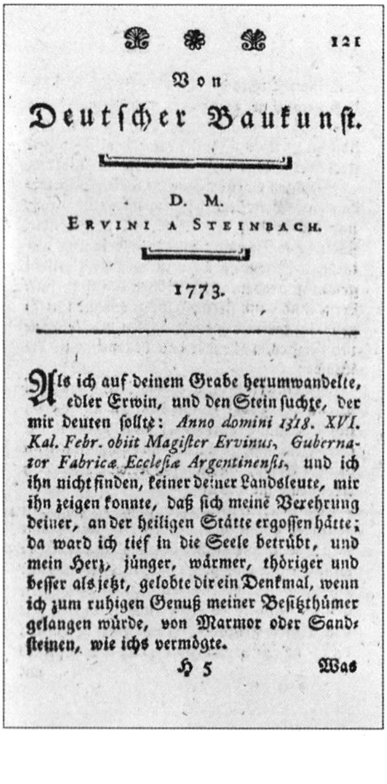

121

Von

Deutscher Baukunst.

D. M.

Ervini a Steinbach.

1773.

Als ich auf deinem Grabe herumwandelte, edler Erwin, und den Stein suchte, der mir deuten sollte: *Anno domini 1318. XVI. Kal. Febr. obiit Magister Ervinus, Gubernator Fabricæ Ecclesiæ Argentinensis*, und ich ihn nicht finden, keiner deiner Landsleute, mir ihn zeigen konnte, daß sich meine Verehrung deiner, an der heiligen Stätte ergossen hätte; da ward ich tief in die Seele betrübt, und mein Herz, jünger, wärmer, thöriger und besser als jezt, gelobte dir ein Denkmal, wenn ich zum ruhigen Genuß meiner Besitzthümer gelangen würde, von Marmor oder Sandsteinen, wie ichs vermögte.

H 5 Was

Studium

Goethe bezog 1765 auf Verlangen seines Vaters die Universität zu →*Leipzig*, nachdem dieser ihm den Wunsch in →*Göttingen* zu studieren, abgeschlagen hatte. Er studierte dort bis 1768 neben der →*Rechtswissenschaft* eine Vielzahl weiterer Fächer. 1770 setzte er das Studium in →*Straßburg* fort, wo er es 1771 als Lizentiat der Rechte abschloß.

→*Bildung*

Sturm und Drang

Für den jungen Goethe wurde die Bewegung des Sturm und Drang, der ein Drama →*Friedrich Maximilian Klingers* den Namen gab, zur bedeutendsten Anregung über seine formale aufklärerische Schul- und Universitätsausbildung hinaus. Sie förderte ein vertieftes Erfassen von Geschichte, Gesellschaft, Natur und Kunst.

Durch die Vermittlung →*Johann Gottfried Herders* wurde Goethe mit den geistigen Vätern der Bewegung, →*Jean-Jacques Rousseau*, Anthony Ashley Cooper Earl of Shaftesbury (1671–1713) und →*Johann Georg Hamann*, bekannt. Sie gaben ihm eine neue Auffassung vom Wesen der Sprache und Dichtung und neue Maßstäbe des ästhetischen Urteils. Insbesondere leiteten sie ihn an, den kanonischen Regelzwang des Rationalismus zu durchbrechen und im *»Originalgenie«*, im ungebärdigen *»großen Kerl«* das autochthone Wesen zu sehen, das sich selbst die gesellschaftlichen und ästhetischen Regeln und Gesetze gibt (→*Genie*).

Als vorbildlich studierte Goethe in diesem Sinn unter Herders Anleitung →*Volkskunde und Volkslieder* im Elsaß (→*Straßburg*), Bardenpoesie und die Gesänge →*Ossians* sowie →*Shakespeare*. Dessen Werk löste erste grundsätzliche theoretische Äußerungen Goethes gegen den formalen Regelzwang zugunsten eines dem »inneren« Formgesetz gehorchenden Dramenbaus aus. (*Zum Schäkespears Tag*, 1771)

Gegen die Architektur des →*Barock* und →*Rokoko* setzte Goethe – ausgelöst durch das Studium des Straßburger Münsters – den Stil der Gotik, dem er in Unkenntnis der englischen, französischen und italienischen Gotik das Merkmal eines echt deutschen Stiles zusprach. (*Von deutscher Baukunst*, 1772)

Zu den bedeutendsten dichterischen Zeugnissen dieser Phase gehören Goethes »Sesenheimer Lieder«, seine großen Hymnen in freien Rhythmen (→*Gedichte*), die erste Fassung des →*Götz von Berlichingen* (1773) sowie der Briefroman →*Die Leiden des jungen Werthers* (1774). Diese Werke übten auf die Zeitgenossen eine beispiellose Wirkung aus. Ferner entstanden in diesen Jahren →*Clavigo*, →*Stella* und Anfänge des →*Faust* sowie eine Reihe von →*Dramenfragmenten*,

»Meine Lust am Hervorbringen war grenzenlos; gegen mein Hervorgebrachtes verhielt ich mich gleichgültig; nur wenn ich es mir und andern in geselligem Kreise froh wieder vergegenwärtigte, erneute sich die Neigung daran ... Dieses wechselseitige bis zur Ausschweifung gehende Hetzen und Treiben gab jedem nach seiner Art einen fröhlichen Einfluß, und aus diesem Quirlen und Schaffen, aus diesem Leben und Lebenlassen, aus diesem Nehmen und Geben, welches mit freier Brust, ohne irgend einen theoretischen Leitstern, von so viel Jünglingen, nach eines jeden angebornem Charakter, ohne Rücksichten getrieben wurde, entsprang jene berühmte, berufene und verrufene Literaturepoche ...«
(*Dichtung und Wahrheit*, 12. Buch)

zumeist zentriert um revolutionäre Heldengestalten.

Dem Freundschaftskult der gleichzeitigen →*Empfindsamkeit* entsprechend herrschte unter den Stürmern und Drängern und ihren Freunden ein regsamer gesellig-geistiger Verkehr. Für Goethe war der Umgang mit →*Friedrich Maximilian Klinger,* →*Jakob Michael Reinhold Lenz,* →*Karl Philipp Moritz,* →*Heinrich Leopold Wagner* sowie mit Caroline Herder (1750–1809), →*Johann Heinrich Merck* und →*Johann Caspar Lavater* von besonderer Bedeutung.

Doch schon in den frühen Weimarer Jahren war er sowohl durch seine öffentliche Tätigkeit als auch durch die Entwicklung seines →*Weltbildes* und seiner →*Ästhetik* hin zu gebändigten Vorstellungen der →*Klassik* einem Teil der früheren Weggefährten entfremdet. Die Sturm-und-Drang-Werke des jungen →*Friedrich Schiller* in den achtziger Jahren stießen Goethe geradezu ab. Noch im Alter klagte Goethe darüber *»wie schwer es gehalten, aus der sogenannten Sturm- und Drangperiode sich zu einer höheren Bildung zu retten«* (zu Eckermann, 10. 2. 1829).

Tagebücher

Als Schiller gestorben war: »Meine Tagebücher melden nichts von jener Zeit; die weißen Blätter deuten auf den hohlen Zustand.«
(*Tag- und Jahreshefte,* 1805)

Goethe führte seit 1775 Tagebuch, vor der Reise nach →*Italien* mit Unterbrechungen und eigenhändig, nach der Rückkehr im Diktat an seine Schreiber. Goethes Tagebücher wurden zuerst 1887–1903 veröffentlicht und sind seither die wichtigste Quelle zur Datierung seiner Werke. Goethe selbst dienten sie oft als Hilfsmittel für seine schriftstellerischen (besonders die autobiographischen und naturwissenschaftlichen) Arbeiten.
→*Autobiographie*

Tag- und Jahreshefte →*Annalen*

Torquato Tasso

* 11. 3. 1544 Sorrent; † 25. 4. 1595 Rom

Tassos Hauptwerk, das christliche Epos *La Gerusalemme liberata* (1581), wurde von Goethe bereits als Knabe gelesen und war ihm während seiner gesamten Jugendzeit eine besondere Lieblingslektüre. In Briefen, die er als Leipziger Student zwischen 1765 und 1767 an seine Schwester (→*Cornelia Goethe*) schrieb, geht er mehrfach hierauf ein.

Die Figur des italienischen Dichters regte Goethe zu seinem Drama →*Torquato Tasso* an. Seine Beschäftigung mit ihm fand ihren literarischen Niederschlag außerdem in →*Wilhelm Meisters theatralischer Sendung* (Buch 1, Kap. 9).

Während seiner ersten Reise durch →*Italien* besuch-

Links: La Gerusalemme liberata. *Epos von Torquato Tasso. Aus der Genueser Ausgabe von 1590 mit Kupferstichen nach Zeichnungen von Bernardo Castello. Illustration zu einer Szene des 12. Gesangs: Tancredi tauft die äthiopische Fürstentochter Clorinda, seine Geliebte, die er im Verlauf eines nächtlichen Gefechts mit den Heiden tödlich verwundet hat.*

te Goethe im Oktober 1786 Tassos Gefängnis in Ferrara und im Februar 1787 dessen Grabstätte im Kloster San Onofrio in →*Rom*.

Technik

Zu Goethes Lebzeiten trieben eine Masse technischer Erfindungen die Entwicklung von Wirtschaft und Verkehr voran; nur wenige können erwähnt werden.

1754 wurde das erste Eisenwalzwerk in England eröffnet. 1765 erfand James Watt (1736–1819) die Dampfmaschine, so daß 1790 das erste Eisenwalzwerk mit Dampfkraft in England eröffnet werden konnte. 1814 besichtigte Herzog →*Carl August* unter Führung James Watts die Walzwerke im Gebiet von Birmingham und berichtete Goethe am 6. 8. 1814 brieflich darüber.

1769 wurde die erste Fabrik mit Spinnmaschinen in Nottingham eröffnet. Das soziale Problem der Weber, das sich hieraus ergab, war Goethe nicht nur durch den Nottinghamer »Maschinensturm«, 1812, sondern auch durch Nachrichten aus Schweizer Webereien bekannt und wurde von ihm in →*Wilhelm Meisters Wanderjahre* behandelt.

Rechts: *Aufstieg des ersten Heißluftballons der Brüder Montgolfier in Versailles, 1783.*

Goethe personifizierte die Technik in einem Dialog zwischen einem Gnom, der Geognosie und eben der Technik. Er widmete die Gelegenheitsarbeit am 30. Januar 1828 dem Salinendirektor Glenk in Stotternheim nach erfolgreichen Bohrversuchen.

Aus dem Bergwesen ging die Entwicklung der Eisenbahn hervor: nachdem ein erstes gußeisernes Gleis 1775 in Deutschland gelegt worden war, wurde 1803 die erste Schienenlokomotive für eine Grubenbahn eingesetzt; für eine solche konstruierte auch George Stephenson (1781–1848) seine erste Lokomotive. Diesen technischen Neuerungen im Verkehrswesen galt Goethes besonderes Interesse. Zur Zeit der Eröffnung der Strecke für die erste dem Personenverkehr dienende Eisenbahn, Manchester/Liverpool, im Jahre 1830, hatte Goethe ein Spielzeugmodell von deren erstem Eisenbahnzug im Haus. Es nimmt nicht Wunder, daß Goethe als Beobachter dieser Errungenschaft vorhersehen konnte: *»Mir ist nicht bange, daß Deutschland eins werde; unsere guten Chausseen und künftigen Eisenbahnen werden schon das ihrige tun.«* (Zu Eckermann, 23. 10. 1828)

Nach dem ersten Aufsteigen einer Mongolfière, das im Beisein einer großen Menschenmenge 1783 in Versailles stattfand, führte Goethe auch in Weimar Versuche mit Heißluftballons durch.

Über → *Napoleons* Plan eines Donau-Rhein-Kanals war Goethe durch Eugène de Beauharnais (1781–1824) unterrichtet. Er wünschte den Bau eines *»Kanals von Suez«* und sah – Ausführungen → *Alexander von Humboldts* folgend – den Bau eines Panama-Kanals voraus:

»Diese drei großen Dinge möchte ich erleben, und es wäre wohl der Mühe wert, ihnen zuliebe es noch einige fünfzig Jahre auszuhalten.« (Zu Eckermann, 21. 2. 1827)

→*Chemie*; →*Industrie*

Theaterleitung

Zu Goethes amtlichen Tätigkeiten in →*Weimar* (→*Staatsdienst*) gehörte bis 1817 die Leitung des Herzoglichen Hoftheaters, das er 1791 im Auftrag Herzog →*Carl Augusts* einrichtete. Ebenso unterstand das Theater in Bad Lauchstädt Goethes Oberdirektion. Das Hoftheater spielte außer in Weimar und Lauchstädt auch in Erfurt und Rudolstadt, später ebenfalls in Leipzig und Halle. Goethe war verantwortlich für das Repertoire, die Proben, Dekorationen und Kostüme. Er versah ferner Dramen des Repertoires mit Prologen und Epilogen.

Goethe achtete auf eine weltliterarische Zusammensetzung des Spielplanes (→*Weltliteratur*). Er brachte Dramen von →*Calderón*, →*Corneille*, →*Racine*, →*Shakespeare* und →*Voltaire* – teilweise in eigenen →*Übersetzungen und Bearbeitungen* – zur Aufführung. Neben den gängigen Erfolgsautoren seiner Zeit (→*August Wilhelm Iffland*) brachte Goethe Dramen von →*Heinrich von Kleist*, →*Friedrich von Schiller* und den Brüdern →*August Wilhelm* und →*Friedrich Schlegel* sowie eigene Werke zur Erstaufführung. Das Repertoire umfaßte auch →*Opern*.

Goethes Ästhetik der Sprechkultur und Schauspielkunst ist insbesondere in seinen Theaterreden festgehalten. Sie wirkte bis in die zweite Hälfte des 19. Jh.s nach, besonders auf die Theaterpraxis des Meininger Hoftheaters.

Das alte Hoftheater in Weimar. Kolorierter Holzstich nach einer Zeichnung von O. Schulz. Das Theater zählte etwa 500 Besucher pro Abend, mehr als die Hälfte davon waren Abonnenten. Durch das relativ preiswerte Abonnement gelang es Goethe, nahezu die gesamte Bürgerschaft Weimars für das Theater zu interessieren.
Widerstand gegen Goethes seit etwa 1798 in Zusammenarbeit mit Schiller entwickelten Theaterstil ging vor allem von den Schauspielern aus, die sich einen ihnen unnatürlich erscheinenden Sprechstil nicht aneignen wollten. In Leipzig erschien 1808, im Anschluß an die dort gastierende Weimarer Bühne, eine polemische Schrift, Saat, von Goethe gesät. *Darin hieß es, daß in Weimar jede Rolle »verheldet« werde, die Bewegungen seien so langsam und feierlich, als ginge man schon hinter der Bahre dessen, der im 5. Akt sterben müsse. Bei Umarmungen sei man sich drei Schritte vom Leibe, Treueschwüre würden ins Parterre gesprochen. Nach dem Charakter einer Rolle werde nicht gefragt.*

Seit seinem Eintritt in Weimar war Goethe als Autor und Schauspieler für das Herzogliche Liebhabertheater (→*Anna Amalia*) tätig. Überdies leitete er die Redouten und Maskenzüge bei Hof, für die er Texte und Szenarios verfaßte (→*Dramatische Gelegenheitsdichtungen*).

Ludwig Tieck. Kupferstich von F. W. Bollinger. – Tieck über Goethe: »Es kann als ein Frevel gegen diesen großen Mann erscheinen, wenn man es nicht lieber lächerlich finden will, daß man ihm so schulmeisternd mit Glaubensfragen nahe rückt, daß man Immoralität und Mangel an Idee seinen Werken vorwirft ...« (Ludwig Tieck, Die Verlobung, *1823)*

Ludwig Tieck

* 31. 5. 1773 Berlin; † 28. 4. 1853 Berlin

Der junge romantische Schriftsteller Tieck, der 1799/1800 in →*Jena* lebte, wurde im Juli 1799 von →*August Wilhelm Schlegel* bei Goethe in Weimar eingeführt. Hieran schloß sich ein gelegentlicher persönlicher und brieflicher Verkehr an. Nach ausgedehnten Studienreisen ließ sich Tieck 1819 in Dresden nieder, wo er 1825 Dramaturg des Hoftheaters wurde.

Tiecks Werke beurteilte Goethe mit Wohlwollen; literarische Anregungen des ungemein belesenen Tieck – Ben Jonson, →*Shakespeare,* Cervantes – wie auch zahlreiche von dessen Schriften nahm Goethe günstig auf. Gegen die falschen *Wanderjahre* von Johann Friedrich Wilhelm Pustkuchen (1793–1834) (→*Junges Deutschland)* nahm Tieck Goethes Roman →*Wilhelm Meisters Wanderjahre oder Die Entsagenden* in der Novelle *Die Verlobung* (1823) in Schutz, die Goethe daraufhin in *Über Kunst und Altertum* (1824) freundlich rezensierte. *Ludwig Tiecks dramaturgische Blätter* rezensierte er 1826.

Goethes dichterisches Werk war neben demjenigen Shakespeares von größtem Einfluß auf Tiecks schriftstellerisches Schaffen und seine Entwicklung von romantischen Positionen zum Realismus. Tiecks Einschätzung von Goethe fand in der Einleitung *»Goethe und seine Zeit«* zu seiner dreibändigen Ausgabe *Gesammelte Schriften von J. M. R. Lenz* (1828) ihren zusammenhängendsten Ausdruck. Tieck bewertete die →*Sturm-und-Drang*-Periode höher als spätere Schaffensphasen Goethes.

→*Romantik*

Unten: *Wilhelm Tischbein. Selbstbildnis in seinem Studio in Rom, 1785.*

Johann Heinrich Wilhelm Tischbein

* 15. 2. 1751 Haina (Hessen); † 26. 6. 1829 Eutin

Goethe befreundete sich mit dem Maler 1786 in →*Rom* aufs engste. Tischbein wurde Goethes Führer durch Rom und die Campagna sowie Berater im Zeichnen. Ein gemeinsames Werk mit Gedichten Goethes und dazugehörigen Zeichnungen Tischbeins blieb unausgeführt.

Das bedeutendste Zeugnis ihrer Freundschaft ist das berühmte Gemälde Tischbeins *Goethe in der Campagna* (1786–1788; heute im Frankfurter Goethe-Mu-

seum), über das Tischbein zu Beginn seiner Arbeit an Lavater schrieb, er male Goethe, »*wie er auf den Ruinen sitzt und über das Schicksal der menschlichen Werke nachdenkt*« (9. 12. 1786).

Goethe hat dem Freund in seiner →*Italienischen Reise* ein lebendiges Denkmal gesetzt. 1806/07 richtete Goethe vier Gedichte an Tischbein. Der in Rom nicht durchgeführte Werkplan fand 1821 eine Art später Ausführung in Goethes Gedichtfolge *Wilhelm Tischbeins Idyllen*, die er zu einem Zyklus von Zeichnungen Tischbeins schrieb (→*Gedichte*).

Goethe in der Campagna. *Gemälde von Johann Heinrich Wilhelm Tischbein, entstanden während Goethes Aufenthalt in Italien. Das lebensgroße Porträt beinhaltet bedeutende Bildrequisiten: im Vordergrund ein Relief, das Orest und Pylades vor Iphigenie zeigt, im Hintergrund das turmartige Grabmal der Metella und Reste eines Aquädukts. Goethe war mit dem Bild zufrieden, er fand es glücklich und sehr »gleichend«. In der* Italienischen Reise *beschreibt er ziemlich ausführlich das Entstehen dieses wohl verbreitetsten Porträts seiner Person, das sich im Besitz des Städelschen Kunstinstituts in Frankfurt befindet.*

Tizian (eig. Tiziano Vecellio)

* ca. 1488/90 Pieve di Cadore; † 27. 8. 1576 Venedig

Goethe lernte Gemälde Tizians während seiner ersten Reise durch →*Italien* in Verona, Padua, →*Venedig* und →*Rom* kennen. Er empfahl angehenden Künstlern, Tizians Gemälde zu kopieren (*Gutachten über die Ausbildung eines jungen Malers*, 1798; posthum ersch. 1896). Längere Ausführungen über *Roger und Angelika*, einen Kupferstich nach Tizian von dessen Schüler Cornelis Cort (1533–1578), in einem Brief an Karl Friedrich Zelter vom 31. 3. 1822 veröffentlichte Goethe in erweiterter Form in *Über Kunst und Altertum* (1824). Über Tizians Technik äußert sich Goethe in

Oben links: *Goethes Schlafzimmer. Hier starb Goethe. »Um halb zwölf Uhr Mittags drückte sich der Sterbende bequem in die linke Ecke des Lehnstuhls. So machte ein ungemein sanfter Tod das Glücksmaß eines reich begabten Daseyns voll.« (Bericht des Arztes Carl Vogel)*

Rechts: Goethe im Tode. *Zeichnung von Friedrich Preller, einen Tag nach Goethes Tod. »Die Überzeugung unserer Fortdauer entspringt mir aus dem Begriff der Tätigkeit; denn wenn ich bis an mein Ende rastlos wirke, so ist die Natur verpflichtet, mir eine andere Form des Daseins anzuweisen, wenn die jetzige meinen Geist nicht ferner auszuhalten vermag.« (Zu Eckermann, 4. 2. 1829)*

dem Aufsatz *Ältere Gemälde. Neuere Restaurationen in Venedig, betrachtet 1790* (*Über Kunst und Altertum*, 1825).

Tod

Goethe starb am 22. März 1832 gegen 11.30 Uhr sitzend im Lehnsessel seines Schlafzimmers im Haus am Frauenplan in →*Weimar* (→*Krankheiten*).

Eine Bleistiftzeichnung des Hauptes des aufgebahrten Toten verfertigte Friedrich Preller (1804–1878). →*Johann Peter Eckermann* beschreibt in seinen *Gesprächen mit Goethe* den Leichnam (März 1832).

Am 26. März wurde der Sarg Goethes in der Weimarer Fürstengruft beigesetzt.

Torquato Tasso

Ein Schauspiel. Entstehung 1780/81 (fragmentarische Prosafassung, nicht erhalten), 1788/89 (Versfassung in Blankversen); Erstdruck 1790; Urauff. 16. 2. 1807, Herzogl. Hoftheater, Weimar (Bühnenbearbeitung).

In der ersten Fassung des Dramas, die im wesentlichen auf der legendenhaften Tasso-Biographie von Giovanni Battista Manso (1619) basierte, stand offenbar die Liebesbeziehung des italienischen Dichters →*Torquato Tasso* zu der Prinzessin Leonora d'Este (1537–1581) im Mittelpunkt.

Grundlage für die endgültige Fassung war die weniger legendäre, ausführliche Tasso-Biographie (1785) des Abbate Pierantonio Serassi, durch die Goethe über Tassos spannungsvolles Verhältnis zu den politischen Machthabern genauere Kenntnis erhielt. Durch diese neue Quelle wurde das Drama um die Figur des Staatssekretärs Antonio erweitert und die Liebeshandlung mit einer Thematik verbunden, die auf den Gegensatz zwischen Dichter und Staatsmann, poetischer Welt und gesellschaftlicher Realität zielt.

Gemäß dem gewandelten Interesse des klassischen gegenüber dem jungen Goethe steht jetzt das Verhältnis Kunst – Wirklichkeit im Mittelpunkt der Handlung. Als *»eigentlichen Sinn«* des unter dem Eindruck seiner Weimarer Erfahrungen geschriebenen Dramas, das Goethe im Alter nach einer Äußerung des französischen Kritikers Jean-Jacques Antoine Ampère *»einen gesteigerten Werther«* nannte (zu Eckermann, 3. 5. 1827), bezeichnete Goethe: *»Es ist die Disproportion des Talents mit dem Leben«* (zu C. Herder, März 1789).
→*Jakob Friedrich Freiherr von Fritsch*; →*Klassik*; →*Karl Philipp Moritz*; →*Rom*

Der französische Kritiker Ampère hatte 1826 aus dem Munde Tassos den Werther-Ton herausgehört. Goethe gab ihm in einem Gespräch mit Eckermann am 3. Mai 1827 recht: »Wie richtig hat er bemerkt, daß ich in den ersten zehn Jahren meines weimarischen Dienst- und Hoflebens so gut wie gar nichts gemacht, daß die Verzweiflung mich nach Italien getrieben, und daß ich dort, mit neuer Lust zum Schaffen, die Geschichte des Tasso ergriffen, um mich in Behandlung dieses angemessenen Stoffes von demjenigen frei zu machen, was mir noch immer aus meinen weimarischen Eindrücken und Erinnerungen Schmerzliches und Lästiges anklebte. Sehr treffend nennt er daher auch den Tasso einen gesteigerten Werther.«

Der Triumph der Empfindsamkeit

Eine dramatische Grille. Entstehung 1777 (erste Fassung), 1786 (zweite Fassung); Urauff. 30. 1. 1778, Herzogl. Liebhabertheater, Weimar, Goethe in der Rolle des Adrason; Erstdruck 1787 (zweite Fassung).

Das von Goethe ursprünglich als *Festspiel mit Gesängen und Tänzen* bezeichnete, im Rahmen seiner Bemühungen um das deutsche →*Singspiel* konzipierte Stück *Die Empfindsamen* wurde in der zweiten Fassung zu einem satirischen Lustspiel umgearbeitet. Das Werk ist mehr als Zeugnis für Goethes Entwicklung als durch seinen dichterischen Rang von Bedeutung: mit der parodistischen Widerspiegelung von Goethes eigener und seiner Zeitgenossen empfindsamen Phase steht es am Übergang von Goethes Sturm-und-Drang-Zeit zu seiner klassischen Epoche.
→*Empfindsamkeit*; →*Johann Friedrich Reichardt*; →*Karl Siegmund Freiherr von Seckendorff*

Typus →*Morphologie*

Übersetzungen und Bearbeitungen

Seit seiner Knabenzeit beschäftigte sich Goethe mit fremdsprachigen Werken und übersetzte aus ihnen. Seine bedeutendsten Übersetzungen bzw. Bearbeitungen sind Gesänge →*Ossians* (1773), das *Hohelied Salomos* (1775; →*Bibel*), Fragmente aus →*Homers Ilias* und *Odyssee* (1793ff.), die Autobiographie →*Benvenuto Cellinis* (1796/97), →*Voltaires* Dramen *Mahomet* (1799/1800) und *Trancrède* (1800), →*Denis Diderots Essais sur la peinture* (*Diderots Versuch über die Malerei*, 1799) und dessen Dialog *Le neveu de Rameau* (*Rameaus Neffe*, 1805), →*Shakespeares Romeo und Julia* (1811).

Er bearbeitete ferner u. a. italienische →*Opern*,

»Beim Übersetzen muß man bis ans Unübersetzliche herangehen; als dann wird man aber erst die fremde Nation und die fremde Sprache gewahr.«
(*Maximen und Reflexionen*)

→*Heinrich von Kleists Der zerbrochne Krug* im Jahre 1808 sowie August von Kotzebues *Der Schutzgeist* und *Die Bestohlenen* im Jahre 1817 für Aufführungen an der Weimarer Bühne.

Unterhaltungen deutscher Ausgewanderten

Entstehung 1794/95; Erstdruck 1795

Goethes *Unterhaltungen* sind der erste Novellenzyklus in der deutschen Literatur. Vorbild war die romanische Novellistik Giovanni Boccaccios (1313–1375), François de Bassompierres (1579–1646) und der *Cent nouvelles nouvelles* (anonym 1482; Goethe besaß eine Ausgabe von 1786), denen Goethe zahlreiche formale (Rahmenhandlung u. a.) und inhaltliche Anregungen entnahm.

Die *Ausgewanderten* sind Flüchtlinge vor den jakobinischen Truppen Frankreichs, die 1793 linksrheinische Gebiete besetzt hielten und bis Frankfurt am Main vordrangen. In ihrem Kreis wird das Für und Wider der →*Französischen Revolution* besprochen, bis eine drohende weltanschauliche Entzweiung zu dem Entschluß führt, über die Revolutionsthematik zu schweigen. Statt dessen werden im weiteren Fortgang exemplarische Novellen erzählt.

Den Beschluß des Zyklus bildet *Das Märchen*, das die anderen Erzählungen durch seinen allegorisch-symbolischen Gehalt überhöht.

»Urfaust« →*Faust*

Urpflanze →*Botanik*

Urphänomen →*Morphologie*

Venedig

Goethe besuchte Venedig Ende September bis Mitte Oktober 1786 und Ende März bis Mai 1790. Er studierte →*Andrea Palladios* Bauten in und um Venedig, beschäftigte sich mit der venetianischen Malerei und dem Volkslied der Gondolieri. Ihn interessierte die republikanische Verfassung. Bei seinem zweiten Aufenthalt setzte Goethe insbesondere seine osteologischen Studien fort (→*Anatomie*, Wirbeltheorie des Schädels). Während dieser Zeit entstanden auch die →*Venetianischen Epigramme*, die Goethe nach seiner Rückkehr nach Weimar noch um einige weitere Epigramme ergänzte.

→*Baukunst*; →*Bildende Kunst*; →*Italien*

»So stand es denn im Buche des Schicksals auf meinem Blatte geschrieben, daß ich 1786 den achtundzwanzigsten September, abends, nach unserer Uhr um fünfe, Venedig zum erstenmal, aus der Brenta in die Lagunen einfahrend, erblicken und bald darauf diese wunderbare Inselstadt, diese Biberrepublik betreten und besuchen sollte. So ist denn auch, Gott sei Dank, Venedig mir kein bloßes Wort mehr, kein hohler Name, der mich so oft, mich, den Todfeind von Wortschällen, geängstiget hat.«
(*Italienische Reise*)

Venetianische Epigramme

Entstehung 1790; Erstdruck einer Auswahl 1795

Vorbild für die *Venetianischen Epigramme*, die Goethe während seines zweiten Besuches in → *Venedig* und kurz nach seiner Rückkehr in Weimar schrieb, war der antike Epigrammatiker Martial. Das gilt für einzelne Motive, den Stil und die Versform, das Distichon. Zyklisch weniger einheitlich als die → *Römischen Elegien*, verbinden die insgesamt 104 Epigramme Themen aus dem persönlichen Bereich – Liebesmotive, Reflexionen über die eigene Dichtung – mit kritischen Gedanken zur Politik, besonders zur → *Französischen Revolution*. Formal meist knapp gehalten (überwiegend bestehen sie aus zwei Distichen), sind sie in der Formulierung häufig scharf, ja bissig, in der Stimmung kühl und von Unmut beherrscht.

Eine aus metrischen Gründen vorgenommene Umarbeitung erfuhren die *Venetianischen Epigramme* im Jahre 1800, nachdem → *August Wilhelm Schlegel* sie für den Druck in den *Neuen Schriften* im Hinblick auf das Versmaß überprüft hatte.

Der Dogenpalast in Venedig. Gemälde von Francesco Guardi (1712–1793). Goethe sollte im März 1790 die Herzogin Anna Amalia von Italien nach Weimar begleiten. Doch ihre Rückkehr aus Süditalien verzögerte sich, sodaß er, anfänglich allein, in Venedig auf sie warten mußte. Derweil erwarteten ihn in Weimar Christiane mit dem drei Monate alten August und seine naturwissenschaftlichen wie dichterischen Arbeiten, die er hatte liegenlassen müssen.
»Ach! ich verstehe mich wohl: es ist mein Körper auf Reisen, Und es ruhet mein Geist stets der Geliebten im Schoß.«
(Venetianische Epigramme)

Verleger

Die vielfältigen Beziehungen Goethes zu den hervorragendsten Verlegern seiner Zeit begannen mit der

Freundschaft zu dem Leipziger Johann Gottlob Immanuel Breitkopf (1719–1794) und dessen Familie. Breitkopf verlegte 1769 Goethes erste gedruckte Gedichtsammlung *Neue Lieder, in Melodien gesetzt von Bernhard Theodor Breitkopf* (→ *Gedichte*; → *Vertonungen*).

Während Goethe → *Götz von Berlichingen* 1773 mit → *Johann Heinrich Merck* im Selbstverlag herausgab, ließ er 1774 → *Clavigo*, → *Die Leiden des jungen Werthers* u. a. Werke durch Christian Friedrich Weygandt (um 1742–1807) in der Leipziger Weygandtschen Buchhandlung verlegen. Zum 50jährigen Erscheinungsjubiläum gab Goethe einer Neuausgabe des *Werther* im Verlag Weygandt das Gedicht *An Werther* (1824) (→ *Gedichte*) bei.

Die früheste Sammlung von Goethes Werken druckte der Bieler Buchdrucker Johann Christoph Heilmann (3 Bände, 1775/76) – der damals rechtlich noch weitgehend ungeregelten Nachdruckpraxis entsprechend ohne Kenntnis Goethes. Kurz darauf brachte der Berliner Buchhändler und Verleger Christian Friedrich Himburg (1733–1801) ebenfalls unrechtmäßig *Goethes Schriften* heraus (3 Bände, 1775/76; 4 Bände, 1779). (Vgl. Goethes Invektive *Der vierte Teil meiner Schriften Berlin 1779 bei Himburg*; vgl. auch *Dichtung und Wahrheit*, 16. Buch).

Goethe legte diesen Nachdruck zum Teil der ersten von ihm selbst veranstalteten Ausgabe seiner *Schriften* (8 Bände, 1787–1790) zugrunde, die von Georg Joachim Göschen (1752–1828) in Leipzig verlegt wurde. (Bei 328 Subskribenten druckte Göschen 4000 Exemplare. Der Absatz blieb äußerst unbefriedigend.) Als einziges weiteres Werk Goethes kam seine Übersetzung von → *Diderots Le neveu de Rameau* (*Rameaus Neffe*, 1805) bei Göschen heraus.

Bei dem Berliner Buchdrucker und Verleger Johann

Zu den wichtigsten Verlegern Goethes gehören (v. l. n. r.): Johann Gottlob-Immanuel Breitkopf, Georg Joachim Göschen, Johann Friedrich Gottlieb Unger und Johann Friedrich Cotta.

Friedrich Gottlieb Unger (1753–1804) erschien die zweite rechtmäßige Sammelausgabe von Goethes Werken, *Neue Schriften* (7 Bände, 1792–1800), ferner → *Der Bürgergeneral* (1793) und → *Wilhelm Meisters Lehrjahre* (1795/96). Ein Briefwechsel zwischen Goethe und Unger bestand von 1792 bis 1803.

1797 brachte der Berliner Buchhändler und Verleger Johann Friedrich Vieweg (1761–1835) Goethes → *Hermann und Dorothea* als *Taschenbuch für 1798* in einer Luxusausgabe heraus. Als *Taschenbuch für 1810* erschien bei dem Wiener Buchhändler und Verleger Josef Geistinger (gest. um 1830) Goethes fragmentarisches Drama → *Pandora*.

1795 lernte Goethe durch Vermittlung → *Schillers* den Tübinger Buchhändler und Verleger Johann Friedrich Cotta (1764–1832) kennen, der ab 1806 sein alleiniger Verleger wurde. 1797 war Goethe sein Hausgast anläßlich seiner dritten Reise in die → *Schweiz*. Seither standen sie in Briefwechsel. Goethe traf mit Cotta 1800 während der Leipziger Messe zusammen, Cotta besuchte Goethe in den folgenden Jahren mehrfach in Weimar. 1830 übernahm Goethe die Patenschaft von Cottas erstem Enkel.

1798 gab Goethe seine Zeitschrift *Propyläen* in Cottas Verlag heraus, 1803 seine Übersetzung *Leben des Benvenuto Cellini* (→ *Cellini*), 1804 → *Die natürliche Tochter*, 1805 den Sammelband *Winckelmann und sein Jahrhundert*. 1806–1810 erschien bei Cotta die dritte Gesamtausgabe von Goethes *Werken* in 13 Bänden, 1815–1819 die vierte Ausgabe in 20 Bänden.

Ab 1827 kam nach sorgfältigen Aushandlungen des Verlagskontraktes, in denen → *Sulpiz Boisserée* vermittelte, die *Ausgabe letzter Hand* heraus, und zwar gleichzeitig im Oktavformat und als Taschenausgabe. (Zu Cottas Honoraren → *Vermögen, Einkünfte*.) Sie war

1842 mit 60 Bänden (einschließlich der *Nachgelassenen Werke*) abgeschlossen. Es war Goethe für diese Ausgabe erstmalig gelungen, sich beim Deutschen Bund *»schützende Privilegien«* gegen Raub- und Nachdruck zu verschaffen (→*Raubdrucke*). Im Lauf des 19. Jh.s erschienen im Cottaschen Verlag mehrere Gesamtausgaben, an die die Geschichte wissenschaftlicher Goethe-Ausgaben geknüpft ist (→*Werkausgaben*).

Der Leipziger Verlag Brockhaus machte Goethe 1825 einen Vertragsvorschlag über eine endgültige Gesamtausgabe, deren Honorar Goethe von 50 000 auf 70 000 Taler steigerte. Der Vertrag kam nicht zustande. Nach Goethes Tod ließen dessen Nachkommen einzelne nachgelassene Werke sowie Briefwechsel Goethes und →*Johann Peter Eckermann* seine *Gespräche mit Goethe in den letzten Jahren seines Lebens* (1836–1848) im Verlag Brockhaus erscheinen.

Vermögen, Einkünfte

Goethes Großvater, Friedrich Georg Goethe (→*Vorfahren*), hinterließ – Bargeld, Grundstücke, Hypotheken und Waren zusammengerechnet – 90 000 Gulden, die sich unter der Verwaltung von Goethes Vater (→*Johann Caspar Goethe*) auf 70 000 Gulden verminderten. (Die Ausbildung Goethes kostete den Vater 7000 Gulden.) Goethe erbte 1808 nach dem Tod seiner Mutter 22 000 Gulden.

Bei seiner Einstellung in den weimarischen →*Staatsdienst* betrug Goethes Gehalt 1200 Taler jährlich; es wurde 1785 auf 1600, später auf 1800 Taler erhöht. Als Staatsminister erhielt Goethe ab 1816 3000 Taler. Zusätzlich zu seiner Besoldung bekam Goethe von Herzog →*Carl August* ein Gartenhaus und ein Stadthaus in →*Weimar* als Geschenk. 1798 erwarb Goethe für ca. 13 000 Taler das bei Weimar gelegene Gut Ober-Roßla, das er 1803 wieder verkaufte.

Sein Weimarer Anfangsgehalt – Goethe war immerhin Mitglied des »Conseil« – war gerade so hoch wie die Zinseinkünfte seines Vaters zu jener Zeit waren. Das Elternhaus mußte aushelfen, weil der Sohn mehr ausgab als hereinkam. Von seiner Schriftstellerei hätte Goethe in den ersten 20 Jahren seiner Laufbahn nicht leben können, trotz des Welterfolgs von *Werther*. Im letzten Lebensjahrzehnt hielt Goethe regelrecht Hof. Er verwaltete ein immer steigendes persönliches Budget mit sehr hohen festen Ausgaben.

Goethes Hauptverleger Cotta (→*Verleger*) zahlte für die Ausgabe der *Werke* Goethes von 1806 10 000 Taler, für die Ausgabe von 1815 16 000 Taler, für die »Ausgabe letzter Hand« 72 500 Taler, das höchste Honorar, das in Deutschland bis dahin gezahlt worden war. Bei Goethes Tod bestand sein Vermögen aus der Summe von 30 000 Talern, dem immobilen Besitz und den Sammlungen (→*Autographensammlung*, →*Bibliothek*, →*Kunstsammlungen*, →*Münzsammlung*).

»Jedes Bonmot, das ich sage, kostet mir eine Börse voll Gold; eine halbe Million meines Privatvermögens ist durch meine Hände gegangen, um das zu lernen, was ich jetzt weiß, nicht allein das ganze Vermögen meines Vaters, sondern auch mein Gehalt und mein bedeutendes literarisches Einkommen seit mehr als fünfzig Jahren . . . Es ist nicht genug, daß man Talent habe, es gehört mehr

dazu, um gescheit zu werden ...« (Zu Eckermann, 13. 2. 1829)

Verskunst

Als Knabe und Student dichtete Goethe nach barocken und anakreontischen Mustern (→*Rokoko*), wobei er in den →*Dramen* den Alexandriner benutzte.

Doch schon in Leipzig, in den sehr persönlichen Oden an seinen Freund Ernst Wolfgang Behrisch (1738–1809) (→*Gedichte*), setzte sich Goethe mit einer ersten Anwendung von freien Rhythmen – angeregt durch →*Pindar* und →*Friedrich Gottlieb Klopstock*– über rationalistische Poetiken hinweg. Seit seiner Straßburger Zeit (→*Sturm und Drang*, →*Volkskunde, Volkslieder*) begann Goethe eine Fülle von Liedformen, weitgespannte freie Rhythmen und Knittelverse zu benutzen.

Zur Zeit der →*Klassik* bevorzugte Goethe in der Lyrik und Versepik antike Versmaße: in den Elegien und Epigrammen das Distichon (Verspaar aus Hexameter und Pentameter) (*Alexis und Dora*, 1796, →*Römische Elegien*, →*Venetianische Epigramme*), in den →*Epen* den Hexameter (→*Reineke Fuchs*, →*Hermann und Dorothea*). Bei der Neubearbeitung ursprünglicher Prosadramen trat in der klassischen Zeit der Blankvers in den Vordergrund, aber auch der Trimeter wurde benutzt.

Durch die Romantik wurde Goethe zu →*Sonetten* angeregt, wobei er an Francesco Petrarca (1304–1374) anknüpfte. Für einige Dramen übernahm er nach dem Vorbild →*Pedro Calderóns* den reimlosen trochäischen Vierer.

Nach seinem Motto *»Wir sind vielleicht zu antik gewesen; / Nun wollen wir es moderner lesen« (Zahme Xenien)* verwendete Goethe im Alter wiederum →*Hans Sachs*' Knittelvers in der Spruchdichtung.

Unter dem Eindruck der Dichtung des →*Orients* versuchte Goethe einige Ghaselen. Im ganzen aber folgte er in seinem aus dieser geistigen Begegnung hervorgehenden Gedichtzyklus →*West-östlicher Divan* nicht orientalischen, sondern den eigenen, zum höchst persönlichen Altersstil (→*Alterswerk*) entwickelten Versformen. Eine ähnliche Vielfalt von Versformen ist in →*Faust* II enthalten.

Die deutsche Klassik ist nicht schöpferisch durch die Prägung neuer Formtypen. Doch in der unwiederholbaren Gestaltung und Vollendung des Vorhandenen tritt Goethe ganz besonders hervor.
Auseinandersetzungen mit dem Verstheoretiker J. H. Voß um den rechten Hexameter beeindruckten Goethe nicht, der sich dem Quantitätenzwang der antiken Form souverän entzog. Voß: »Nimmer begriff eur Ohr jenes hellenische Maß« (zit. nach O. Paul/I. Glier, *Deutsche Metrik*, Mchn. 1961)

Vertonungen

Goethes Dichtungen, besonders seine Gedichte, wurden von Anfang an vielfach vertont. Die ersten Kompositionen zu →*Gedichten* Goethes lieferte Bernhard Theodor Breitkopf (1745–1820): das 20 Gedichte umfassende sog. »Leipziger Liederbuch« Goethes erschien 1769 unter dem Titel *Neue Lieder, in Melodien gesetzt* –

Oben links: *Plakat von T. Laval zu Charles Gounods* Faust *am Théâtre Lyrique, 1859.*

Mitte: *Plakat von J. Chéret zu* Mignon *von Ambroise Thomas. Die Oper in drei Akten wurde an der Pariser Opéra-Comique 1866 aufgeführt.*

Rechts: *Titelblatt der Partitur von Hector Berlioz' dramatischer Legende* La damnation de Faust *(»Fausts Verdammnis«), erschienen bei Schlesinger in Paris.*

mit dem Namen des Komponisten, doch ohne denjenigen des Verfassers (→ *Verleger*). Mit Goethe befreundete Komponisten, die auf seine Aufträge oder Anregungen hin Musik zu seinen Dichtungen komponierten, waren u. a. → *Johann André,* → *Philipp Christoph Kayser,* → *Johann Friedrich Reichardt* und → *Karl Friedrich Zelter*. Hinzu traten dilettierende Musikliebhaber wie → *Anna Amalia von Sachsen-Weimar-Eisenach,* → *Corona Schröter* und → *Karl Siegmund Freiherr von Seckendorff*. Die bedeutendsten zeitgenössischen Komponisten, die Werke Goethes vertonten, waren → *Wolfgang Amadeus Mozart,* → *Ludwig van Beethoven,* → *Franz Schubert,* → *Felix Mendelssohn-Bartholdy*, Louis Spohr (1784–1859) und – vor allem als Balladenvertoner – Carl Loewe (1796–1869), der 1820 Besucher Goethes in Weimar war.

Herausragende Liedkomponisten um die Mitte und gegen Ende des 19. Jh.s waren Robert Schumann, Johannes Brahms und Hugo Wolf.

Sinfonische, oratorische und chorische Werke nach Dichtungen Goethes komponierten u. a. Robert Schumann: *Szenen aus Goethes Faust* (1844–1853), Ouvertüre *Hermann und Dorothea* (um 1850); Richard Wagner: *Faust-Ouvertüre* (1840/1855); Franz Liszt: *Faust-Sinfonie* (1860); Johannes Brahms: *Altrhapsodie* (1870) nach *Harzreise im Winter*; Paul Dukas: *Der Zauberlehrling* (1896).

Die bekanntesten Opern nach Stoffen und Figuren Goethescher Dichtungen komponierten Hector Berlioz: *La damnation de Faust* (1846); Charles Gounod: *Faust* (1859); Ambroise Thomas: *Mignon* (1866); Arrigo Boïto: *Mefistofele* (1868) und Jules Massenet: *Werther* (1892).

Unter den zahlreichen Komponisten des 20. Jh.s, die Texte Goethes vertonten, sind Othmar Schoeck, Gustav Mahler (8. Sinfonie), Hans Pfitzner, Ernst Křenek und Hermann Reutter erwähnenswert.

Manche Gedichte Goethes wurden im Jahrhundert zwischen Reichardt und Brahms von mehr als 100 Komponisten vertont. Das *Heidenröslein* und *Wanderers Nachtlied* gehören dazu. Goethe lehnte das Durchkomponieren des Liedes ab, das mochte er der Arie vorbehalten. Das Gedicht sollte nicht zum Libretto werden, seine Atmosphäre, sein lyrischer Eigenwert waren gegen eine sich emanzipierende Musik zu schützen.

Verwaltungskommissionen → *Staatsdienst*

Die Vögel

Nach dem Aristophanes. Entstehung 1780; Urauff. 18. 8. 1780, Herzogl. weimarisches Liebhabertheater, Ettersburg, Goethe in der Rolle des Treufreund; Erstdruck 1787 (veränderte Fassung).

Mit seiner Umdichtung der gleichnamigen politischen Komödie des Aristophanes plante Goethe, eine umfassende Satire auf die literarischen Verhältnisse in Deutschland zu liefern. Ausgeführt ist jedoch nur ein Akt.

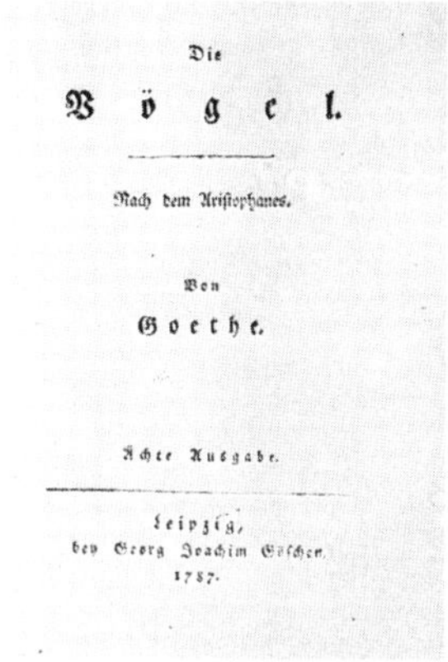

Die

Vögel.

Nach dem Aristophanes.

Von

Goethe.

Ächte Ausgabe.

Leipzig,
bey Georg Joachim Göschen.
1787.

Titelblatt der ersten Einzelausgabe der Vögel, *als »ächte Ausgabe« vom Stehsatz des vierten Bandes der* Schriften *Goethes, in dem die Erstfassung, ebenfalls 1787, erschienen war, nachgedruckt.*

Christian Gottlob von Voigt

* 23. 12. 1744 Allstedt; † 22. 3. 1819 Weimar

Jurist, ab 1777 Weimarischer Geheimer Regierungsrat, ab 1791 Geheimer Assistenzrat mit Sitz und Stimme im Geheimen Consilium.

Goethe kam mit Voigt 1783 in nähere Berührung, als dieser sein engster Mitarbeiter bei der Leitung des →*Ilmenauer* Bergwerks wurde. Ab 1788 war Voigt neben Goethe (→*Staatsdienst*) an der Oberaufsicht über die wissenschaftlichen und Kunstanstalten des Landes →*Sachsen-Weimar-Eisenach* und der Leitung der Universität →*Jena* beteiligt. 1803 wurde er Kammerpräsident, 1815 Präsident des neugegründeten Staatsministeriums.

Die kollegiale Zusammenarbeit zwischen Goethe und Voigt brachte einen stetigen Briefwechsel mit sich, der die umfassendste Auskunft über Goethes staatliche und organisatorische Tätigkeit und über politisch-gesellschaftliche Zeitfragen gibt.

Zum 50. Dienstjubiläum Voigts dichtete Goethe die Ottaverime *Herrn Staatsminister von Voigt* (1816).

Porträt von Goethes Ministerkollegen Christian Gottlob Voigt. Pastellgemälde von J. Roux.

Volksbücher

Goethe zählt in *Dichtung und Wahrheit* (1. Buch) die Volksbücher auf, die er in seiner Kindheit gelesen hat: *»Der ›Eulenspiegel‹, ›Die vier Haimonskinder‹, ›Die schöne Melusine‹, ›Der Kaiser Oktavian‹, ›Die schöne Magelone‹, ›Fortunatus‹, mit der ganzen Sippschaft bis auf den ›Ewigen Juden‹, alles stand uns zu Diensten, sobald uns gelüstete, nach diesen Werken anstatt nach irgend einer Näscherei zu greifen.«* Die meisten dieser Volksbücher waren in Frankfurt am Main in billigen Drucken erschienen. *»Wir Kinder hatten also das Glück, diese schätzbaren Überreste der Mittelzeit auf einem Tischchen vor der Haustüre eines Büchertrödlers täglich zu finden, und sie uns für ein paar Kreuzer zuzueignen.«* (*Dichtung und Wahrheit*, 1. Buch) Das

»Diese Art Gedichte, die wir seit Jahren Volkslieder zu nennen pflegen, ob sie gleich eigentlich weder vom Volk noch fürs Volk gedichtet sind, sondern weil sie so etwas Stämmiges, Tüchtiges in sich haben und begreifen, daß der kern- und stammhafte Teil der Nationen dergleichen Dinge faßt, behält, sich zueignet und mitunter fortpflanzt – dergleichen Gedichte sind so wahre Poesie, als sie irgend nur sein kann; sie haben einen unglaublichen Reiz, selbst für uns, die wir auf einer höheren Stufe der Bildung stehen, wie der Anblick und die Erinnerung der Jugend fürs Alter hat. Hier ist die Kunst mit der Natur im Konflikt, und eben dieses Werden, dieses wechselseitige Wirken, dieses Streben scheint ein Ziel zu suchen, und es hat sein Ziel schon erreicht.«
(Aus Goethes Besprechung von *Des Knaben Wunderhorn,* 1806)

Unten: *Voltaire. Kupferstich nach dem Gemälde von Latour.*

ebenfalls in Frankfurt erschienene Faust-Buch *Historia von D. Johann Fausten* von 1587 wird Goethe, obwohl er es nicht nennt, ebenfalls auf diese Weise bekannt geworden sein (→ *Faust*). Später beschäftigte sich Goethe gelegentlich mit weiteren Volksbüchern.
→ *Mittelalter*; → *Volkskunde, Volkslieder*

Volkskunde, Volkslieder

Seit 1770 beschäftigte sich Goethe auf Anregung → *Johann Gottfried Herders* mit dem Sammeln deutscher Volkslieder (→ *Friederike Brion*, → *Straßburg*). Er verstand sie zeitlebens im Sinne → *Johann Georg Hamanns* als der *»Muttersprache des menschlichen Geschlechts«* zugehörig und nicht als Ausdruck einzelner Individuen, Stämme oder Völker. Von Anfang an sah Goethe sie im Gegensatz zu *»unsren neueren zierlichen Versuchen«* (Rezension zu *Zwei schöne neue Märlein, Frankfurter Gelehrte Anzeigen,* 1772), der rationalistischen Poesie des → *Rokoko.*

Nächst dem elsässischen Volkslied wurde er im Laufe seines Lebens durch vielfältige Vermittlung von Freunden und Bekannten mit böhmischen, hebräischen, irischen, lettischen, neugriechischen und serbokroatischen Volksdichtungen bekannt. Goethe schätzte sie im ganzen: *»Eigentlichster Wert der sogenannten Volkslieder ist der, daß ihre Motive unmittelbar von der Natur genommen sind.«* (*Maximen und Reflexionen*) Im einzelnen jedoch fand er ihren Stoff, gemessen an der Kunstdichtung, eng: *». . . deshalb werden sie in Masse monoton, indem sie immer nur einen und denselben beschränkten Zustand ausdrücken.«* (*Volksgesänge abermals empfohlen*, 1823)

In seinem eigenen Werk verfügte Goethe, so oft es ihm geboten schien, mit größter stilistischer Sicherheit über den volksliedhaften Ton (→ *Gedichte*).

Goethes kritische Äußerungen zum Volkslied sind zusammengefaßt in Rezensionen von 1805 bzw. 1806 zu Johann Peter Hebels *Alemannischen Gedichten* (1803), und der von → *Achim von Arnim* und → *Clemens Brentano* herausgegebenen Sammlung *Des Knaben Wunderhorn* (1806).
→ *Aberglaube*; → *Mittelalter*; → *Romantik*; → *Volksbücher*

Voltaire (François-Marie Arouet)

* 21. 11. 1694 Paris; † 30. 5. 1778 Paris

In einem Gespräch mit Eckermann weist der alte Goethe nachdrücklich auf die ungeheure Bedeutung hin, die der französische Dichter und Philosoph der → *Aufklärung* und dessen große Zeitgenossen in seinen Jugendjahren hatten: *»Es geht aus meiner Biographie* *nicht deutlich hervor, was diese Männer für einen Einfluß auf meine Jugend gehabt und was es mich gekostet, mich gegen sie zu wehren und mich auf eigene Füße in ein wahreres Verhältnis zur Natur zu stellen.«* (3. 1. 1830)

In *Dichtung und Wahrheit* (11. Buch) schreibt Goethe: *»Uns Jünglingen ... ward die parteiische Unredlichkeit Voltaires und die Verbildung so vieler würdiger Gegenstände immer mehr zum Verdruß, und wir bestärkten uns täglich in der Abneigung gegen ihn.«*

Das klassisch abgewogene, ausführlichste Urteil über Voltaire findet sich in Goethes Anmerkungen zu dem von ihm übersetzten Dialog→ *Denis Diderots, Le neveu de Rameau* (*Rameaus Neffe,* 1805).

Als Leipziger Student sah Goethe 1765 Voltaires Drama *Zaïre* (1733) auf der Bühne. Anfang 1799 beschäftigte er sich mit dessen Tragödien *Mérope* (1744) und *Mahomet* (1742). Auf Wunsch Herzog → *Carl Augusts* übersetzte er im selben Jahr *Mahomet* und brachte das Stück Anfang 1800 auf die Weimarer Bühne. In der zweiten Hälfte 1800 übersetzte er Voltaires Trauerspiel *Tancrède* (1760), das er Anfang 1801 in Weimar aufführen ließ (→ *Theaterleitung,* → *Übersetzungen und Bearbeitungen*).

1810 las Goethe die Briefe Voltaires, 1825 dessen Darstellung *Le Siècle de Louis XIV.* (1751). Er schätzte besonders Voltaires *»kleine Gedichte an Personen«,*

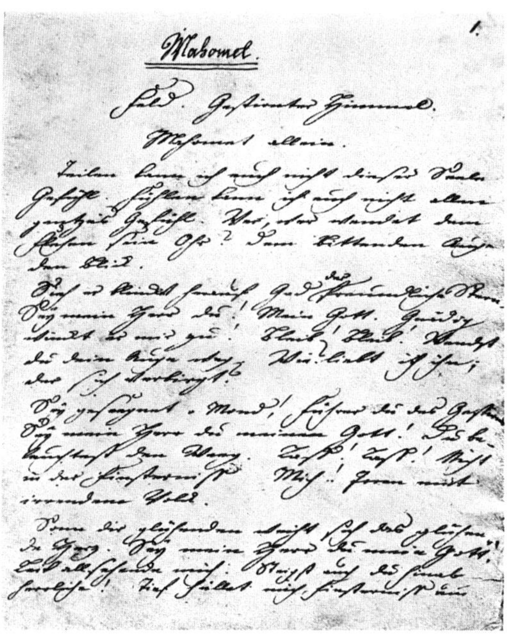
1.

Mahomet.

Links: *Goethes Handschrift vom Anfang seiner Übersetzung des* Mahomet *von Voltaire. »Eigentlich ist alles gut, was so ein großes Talent wie Voltaire schreibt, wie wohl ich nicht alle seine Frechheiten gelten lassen möchte ... vornehm war er. Und bei all seiner Freiheit und Verwegenheit hat er sich immer in den Grenzen des Schicklichen zu halten gewußt, welches fast noch mehr sagen will ... Und dann hat es wohl nie einen Poeten gegeben, dem sein Talent jeden Augenblick so zur Hand war wie Voltaire.« (Eckermann,* Gespräche mit Goethe, *16. 12. 1828)*

über die er zu Eckermann äußerte: »... *sie gehören ohne Frage zu den liebenswürdigsten Sachen, die er geschrieben. Es ist darin keine Zeile, die nicht voller Geist, Klarheit, Heiterkeit und Anmut wäre.*« (16. 12. 1828)

Vorfahren

Ferne Vorfahren Goethes gehörten verschiedenen mitteldeutschen Stämmen an. Aus den Weimarer Ahnen mütterlicherseits ragen Lucas Cranach d. Ä. (1472–1553), der kursächsische Kanzler Gregorius Brück (um 1484–1557) und der Bürgermeister Jakob Schröter (1530–1612) hervor.

Nach → Frankfurt am Main wanderte von der väterlichen Seite Goethes Großvater, der Schneidermeister Friedrich Georg Goethe (1657–1730) ein. Er war seit 1687 Frankfurter Bürger und heiratete 1705 in zweiter Ehe die Witwe des Gasthofbesitzers »Zum Weidenhof«, Cornelia Schellhorn, geb. Walther (1668–1754). Aus dieser Ehe stammte Goethes Vater → *Johann Caspar Goethe.*

Von der mütterlichen Linie kam Goethes Ururgroßvater Johann Wolfgang Textor (1638–1701) 1690 nach Frankfurt. Er war 1666–1673 Rat der Stadt Nürnberg und Professor der Jurisprudenz in Altdorf, 1674–1690 Professor in Heidelberg, danach bis zu seinem Tod erster Syndikus der Stadt Frankfurt am Main. Sein Sohn Christoph Heinrich Textor (1666–1716), seit 1703 Frankfurter Bürger, wurde 1716 zum kurpfälzischen Hofgerichtsrat ernannt.

Dessen Sohn, Johann Wolfgang Textor (1693–1771), Goethes Großvater, war zunächst Advokat am Kaiserlichen Kammergericht in Wetzlar, seit 1727 Syndikus, seit 1747 Stadtschultheiß (Bürgermeister) und kaiserli-

Unten links: *Goethes Großvater Johann Wolfgang Textor. Ölgemälde von J. A. Scheppelin, 1763. Der Stadtschultheiß vor seiner Bibliothek in Amtstracht mit der Kette, die er zum Andenken an die Krönung Franz I. von Maria Theresia erhalten hatte.*

Rechts: *Anna Margaretha Justina Textor, geb. Lindheimer, Goethes Großmutter. Unsigniertes, undatiertes Ölgemälde auf Leinwand. Für die Enkel war sie die »erhabene Großmama«, die trotz der hohen Stellung ihres Mannes ohne Dünkel blieb.*

cher Rat in Frankfurt am Main. Aus seiner Ehe mit Anna Margaretha Lindheimer (1711–1783) entstammte Goethes Mutter →*Catharina Elisabeth Goethe.*

Die väterliche Linie brachte in Goethes Elternhaus ein beträchtliches →*Vermögen* ein, die mütterliche Linie den sozialen Status eines reichsstädtischen Patriziers, des obersten Beamten der Stadt (→*Adelsstand*).

Vormärz →*Junges Deutschland*

Johann Heinrich Voß

* 20. 2. 1751 Sommersdorf (Mecklenburg); † 29. 3. 1826 Heidelberg

Einen ersten Besuch des Eutiner Schulrektors empfing Goethe 1794 in Weimar. Beeindruckt von dessen Übersetzung der *Odyssee* →*Homers*, aus der in Weimar Vorlesungen veranstaltet wurden, gab Goethe ihm sein Epos →*Reineke Fuchs* zur Durchsicht der Hexameter mit. Voß lieferte dazu ein aufgrund der metrischen Freiheiten Goethes recht kritisches Urteil und übersandte diesem gleichzeitig seine gesamte Homer-Übertragung.

Im November 1794 las Goethe aus Voß' *Ilias*-Übersetzung in der Weimarer »Freitagsgesellschaft« vor. 1802 und 1804 beschäftigte er sich mit der vierbändigen Ausgabe der Gedichte von Voß und widmete ihr eine ausführliche Rezension in der *Jenaischen Allgemeinen Literatur-Zeitung* (April 1804), in der er Voß *»ein unsterbliches Verdienst um die deutsche Rhythmik«* bescheinigt.

Ende 1802 entwickelte sich zwischen Goethe und Voß, der im Oktober desselben Jahres nach →*Jena* übersiedelte, ein herzlicher werdendes, freundschaftliches Verhältnis, und die bisher brieflich erörterten Fragen über Versbau und Metrik wurden in persönlichen Gesprächen fortgeführt. Voß' Weggang von Jena nach Heidelberg, 1805, bedauerte Goethe. Zweimal, in den Jahren 1814 und 1815, besuchte er Voß in Heidelberg, und dieser machte 1817 einen Gegenbesuch in Weimar.

Voß' 1819/20 erfolgende Angriffe gegen →*Friedrich Leopold Graf zu Stolberg* wegen dessen Übertritt zum Katholizismus mißbilligte Goethe (vgl. *Annalen*, 1820, sowie die biographische Skizze *Voß und Stolberg*, 1825).

Johann Heinrich Voß. Gemälde von Wilhelm Tischbein, 1818.

*»[*Luise *von Voß]*
Wahrlich, es füllt mit Wonne das Herz, dem Gesange zu horchen,
Ahmt ein Sänger wie der Töne des Altertums nach.«
(Xenien)
»Uns begleite des Dichters Geist, der seine Luise
Rasch dem würdigen Freund, uns zu entzücken, verband.«
(Gedicht Hermann und Dorothea*)*

Vulkanismus →*Erdgeschichte*

Christiane Vulpius →*Christiane von Goethe*

Heinrich Leopold Wagner. Zeitgenössischer Scherenschnitt, das einzig authentische Bild von Wagner.

Heinrich Leopold Wagner

* 19. 2. 1747 Straßburg; † 4. 3. 1779 Frankfurt a. M.

Wagner studierte 1770/71 gemeinsam mit Goethe in →*Straßburg* Rechtswissenschaft. Eine erneute enge Verbindung zwischen beiden ergab sich 1774/75, als Wagner nach Frankfurt übersiedelte. Der selbst dichterisch produktive, der Bewegung des →*Sturm und Drang* zugehörige Wagner richtete im März 1775 gegen die Kritiker von →*Götz von Berlichingen* und von →*Die Leiden des jungen Werthers* die Satire *Prometheus, Deucalion und seine Rezensenten*. Nachdem man allgemein Goethe für den Verfasser hielt, gab dieser im April in einer öffentlichen Erklärung Wagner als Autor an. 1776 übersetzte Wagner auf Goethes Rat hin Louis-Sébastien Merciers Kampfschrift *Du théâtre* (1773) und veröffentlichte unter dem Titel *Aus Goethes Brieftasche* als Anhang dazu zwei Aufsätze und einige Gedichte Goethes, die dieser ihm zum Druck überlassen hatte.

In seinem Trauerspiel *Die Kindermörderin* (1776) verwandte Wagner ein Motiv der Gretchentragödie aus →*Faust* I, dessen Urfassung er kannte. Goethe empfand die thematische Anleihe noch Jahrzehnte später als *»Gedankenraub«* (*Dichtung und Wahrheit*, 14. Buch).

Walter Benjamin steht mit seinem Essay *Goethes Wahlverwandtschaften* (1924/25) am Anfang der Neubewertung von Goethes vielleicht abgründigstem Werk, das im 19. Jh. kaum zur Kenntnis genommen worden war. Benjamin versteht *Die Wahlverwandtschaften* als entfalteten »Protest gegen jene Welt, mit der sein Mannesalter den Pakt geschlossen hatte«. – Brecht, in Unkenntnis biographischer Einzelheiten, bewunderte am Stil der *Wahlverwandtschaften* besonders die Eleganz des jungen Autors und mußte sich deshalb von Benjamin darüber belehren lassen, daß Goethe das Buch als fast Sechzigjähriger geschrieben hatte.

Die Wahlverwandtschaften

Ein Roman. Entstehung 1808/09; Erstdruck 1809

Goethe entlehnte den Titel der modernen Chemie, die unter »attractiones electivi« (Torbern Bergman, 1775) die Eigenschaft bestimmter Elemente verstand, sich mit neu·hinzutretenden gesetzmäßig zu verbinden. Diesem Prozeß entsprechend konstituierte Goethe die gesellschaftliche Konstellation, in der die Ehe Eduards und Charlottes durch die herbeigezogenen Personen des Hauptmanns und Ottilies, denen sich die Ehepartner zuwenden, zerbricht.

Über die feinsten psychologischen Beobachtungen und Analysen dieses Vorgangs hinaus ist das gesellschaftliche Verhalten der beteiligten Landedelleute symbolisch in den Rahmen der Landschaft gestellt, deren Umgestaltung und Aufbau dem Ehezerfall und imaginierten Ehebruch diametral entgegensteht. Auf mehreren Ebenen werden »chemische« Notwendigkeit und sittliche Freiheit des Entschlusses als gegenläufige Thematiken durchgeführt.

Weimar

Zur Zeit Goethes Residenzstadt des Herzogtums →*Sachsen-Weimar-Eisenach*, bei seiner Ankunft etwa 6000 Einwohner, in seinem Todesjahr etwas mehr als 10 000.

Weimar. Herderplatz. Stahlstich von Kolb nach Pozzi.

Goethe traf am 7. November 1775 auf Einladung Herzog → *Carl Augusts* zu einem Besuch am Hof ein. Nachdem er in verschiedenen Stadtwohnungen gewohnt hatte, bezog Goethe 1776, im Jahr seiner Amtseinführung und Vereidigung als Beamter im weimarischen → *Staatsdienst*, sein erstes festes Wohnhaus – ein Geschenk Carl Augusts –, das Gartenhaus am Stern, an den Wiesen der Ilm gelegen. 1782 mietete er Teile des Hauses am Frauenplan, das Carl August ihm 1792 schenkte. Beide Häuser bewohnte Goethe bis zu seinem Tod (→ *Goethe-Häuser und -Museen*).

Das aus einem mittelalterlichen und einem barocken Teil bestehende Haus am Frauenplan ließ Goethe 1792 umbauen und modernisieren, wobei gewisse Stilelemente italienischer Villen Vorbild waren. Im Verlauf von Goethes ausgebreiteten Studien und Forschungen wurde das Haus zum Hort seiner → *Bibliothek,*

Das Weimarische Residenzschloß, genannt die »Wilhelmsburg«, vor dem Brand 1774. Nach einer zeitgenössischen Zeichnung.

→*Kunst-*, →*Münz-* und →*naturwissenschaftlichen Sammlungen*. Für die gesamte Lebenszeit wurde das Haus am Frauenplan das Zentrum von Goethes weitgespanntem gesellschaftlichen Verkehr. Goethe empfing hier Angehörige des Weimarer Hofes, Kollegen aus der Beamtenschaft, Freunde aus der Welt der Wissenschaften und der Schönen Künste sowie die stets wachsende Schar deutscher und fremdländischer Besucher. Dieser weltweite Zustrom ließ ihn sich selbst unter allen *»Onern und Anern«* als *»Weltbewohner«* und *»Weimaraner«* empfinden (*Zahme Xenien*).

Persönlichkeiten des Hofes, zu denen Goethe in nähere Beziehungen trat, waren die Herzoginmutter →*Anna Amalia*, Herzogin →*Luise*, →*Christoph Martin Wieland*, →*Karl Ludwig von Knebel*, →*Charlotte von Stein*, →*Christian Gottlob von Voigt*, →*Friedrich von Müller*. Er unterhielt fortlaufenden geistigen Austausch mit den Ortsansässigen →*Johann Gottfried Herder*, →*Johann Heinrich Meyer*, →*Friedrich von Schiller*, →*Friedrich Wilhelm Riemer*, →*Johann Peter Eckermann*. In Zusammenarbeit mit Meyer, Schiller, später Carl Ludwig Fernow (1763–1808) bildete Goethe den kunsterzieherischen Kreis der →*Weimarer Kunstfreunde*.

Goethe lebte hier mit Christiane Vulpius (→*Christiane von Goethe*) zusammen: *»ich bin verheiratet, nur*

Unten: *Tiefurt bei Weimar. Das bescheidene Schloß Tiefurt war seit 1780 Sommersitz der Herzogin Anna Amalia. Nach ihm führt das nur handschriftlich verbreitete* Journal von Tiefurt *seinen Namen, das von 1781 an drei Jahre hindurch erschien und von Goethe u. a. die Gedichte* Meine Göttin, Auf Miedings Tod *und* Edel sei der Mensch *enthielt.*

nicht durch Zeremonie«. Die Eheschließung erfolgte 1806.

Nächst seiner Beschäftigung mit dem Straßenbau der Stadt Weimar (→ *Staatsdienst*) leistete Goethe Besonderes bei Wiederaufbau und Neubau öffentlicher Baulichkeiten. Nach dem Brand des Residenzschlosses (1774) leitete er dessen Wiederaufbau (beendet 1803) sowie den Bau eines neuen Hoftheaters (beendet 1780, abgebrannt 1825). Goethe nahm Anteil am abermaligen Neubau des Theaters (eingeweiht 1825). Seit 1778 war Goethe vor allem auch maßgeblich an der nach modernsten englischen Gesichtspunkten erfolgenden Um- und Neugestaltung der Weimarer Parks beteiligt (→ *Gartenkunst*).

Stätten geistig-geselligen Lebens in der näheren Umgebung Weimars waren die Lustschlösser Tiefurt, Belvedere und Ettersburg. Häufige Fahrten und Ritte führten Goethe an die benachbarten Höfe in Dessau, Eisenach und Gotha.

→ *Dornburg*; → *Ilmenau*; → *Jena*

»Ich brauche nur in unserm lieben Weimar zum Fenster hinauszusehen, um gewahr zu werden, wie es bei uns steht. Als neulich der Schnee lag und meine Nachbarskinder ihre kleinen Schlitten auf der Straße probieren wollten, sogleich war ein Polizeidiener nahe, und ich sah die armen Dingerchen fliehen, so schnell sie konnten ... Es darf kein Bube mit der Peitsche knallen oder singen oder rufen, sogleich ist die Polizei da, es ihm zu verbieten. Es geht bei uns alles dahin, die liebe Jugend frühzeitig zahm zu machen und alle Natur, alle Originalität und alle Wildheit auszutreiben, so daß am Ende nichts übrigbleibt als der Philister ...«
(Gespräch mit Eckermann, 12. 3. 1828)

Weimarer Kunstfreunde

Eine bedenkliche Wirksamkeit entfalteten Goethe und → *Johann Heinrich Meyer* in Zusammenarbeit mit → *Friedrich von Schiller*, ab 1804 auch mit Carl Ludwig Fernow (1763–1808), als Weimarer Kunstfreunde, »W. K. F.«

Entsprechend ihrem unduldsamen, antiromantischen, eng klassizistischen, an → *Johann Joachim Winckelmann* und Rapahel Mengs (1728–1779) geschulten Kunstprogramm veranstalteten sie 1799–1805 jährliche Preisausschreiben für junge Künstler, die in der Kunstwelt Deutschlands erheblichen Widerspruch hervorriefen.

→ *Herausgebertätigkeit*

Weltbild

Aufgrund seines starken → *Naturgefühls* und gesteigert durch sein Studium → *Baruch de Spinozas* neigte Goethe tendenziell zu einem monistischen Verständnis der Welt, in dem sich bei wechselnder Akzentsetzung materialistische und idealistische Komponenten miteinander verbanden.

Hinzu trat eine durch den Umgang mit → *Johann Gottfried Herder* angeregte soziologische, historisch-genetische Erkenntnismethode, die Goethe – obzwar unsystematisch – zu einem dialektischen Erkenntnisverfahren entwickelte.

→ *Geschichte*; → *Gesellschaft*; → *Menschenbild*; → *Naturphilosophie*; → *Naturwissenschaften*; → *Pantheismus*; → *Philosophie*

An Karl Streckfuß schrieb Goethe am 27. 1. 1827: »Ich bin überzeugt, daß eine Weltliteratur sich bilde, daß alle Nationen dazu geneigt sind und deshalb freundliche Schritte tun. Der Deutsche kann und soll hier am meisten wirken, er wird eine schöne Rolle bei diesem großen Zusammentreten zu spielen haben.«

Weltliteratur

Ebenso wie Goethe auf Weltverkehr und Weltwirtschaft seine Aufmerksamkeit richtete, hat er auch eine Wechselwirkung der Literaturen aufeinander teils erblickt, teils vorausgesehen. Einerseits von Jugend auf mit kosmopolitischer Lektüre vertraut (→*England*, →*Frankreich*), andererseits im 19. Jh. durch sein literarisches Werk im Ausland anerkannt, bildete er 1827 den Begriff der »*Weltliteratur*« und propagierte ihn in verschiedenen Korrespondenzen (→*Thomas Carlyle*) und Aufsätzen in *Über Kunst und Altertum. »Nationalliteratur will jetzt nicht viel sagen, die Epoche der Weltliteratur ist an der Zeit, und jeder muß jetzt dazu wirken, diese Epoche zu beschleunigen.«* (Zu Eckermann, 31. 1. 1827)

Werkausgaben

Zu Lebzeiten Goethes erschienen erste, von ihm selbst betreute Sammelausgaben seiner Werke (→*Verleger*), zuletzt die zunächst 40 Bände umfassende *Vollständige Ausgabe letzter Hand* von 1827 bis 1830 (A. l. H.), die nach Goethes Tod von →*Eckermann* und →*Riemer* bis auf 60 Bände vervollständigt wurde.

Im Auftrag der Großherzogin Sophie von Sachsen-Weimar, an die der Nachlaß nach dem Tod von Goethes Enkel Walther 1885 fiel, erschien 1887 der erste Band der sogenannten »Weimarer« oder »Sophien-Ausgabe« (WA), die 1919 mit dem 143. Band beschlossen wurde. Mit Ausnahme von Abteilung III (Tagebücher) und IV (Briefe) gehen die Texte dieser nach wie vor umfassendsten, historisch-kritischen Gesamtausgabe im wesentlichen auf die A. l. H. zurück. Ausführliches Material zu Textgeschichte und Überlieferung sowie der Abdruck wichtiger Varianten stellen neben Registern die Vorzüge dieser Ausgabe dar.

Nach unkommentierten Werkausgaben wie z. B. der von 1902 bis 1912 bei Cotta erschienenen 40bändigen *Jubiläumsausgabe* begründete die 18bändige *Festausgabe*, die 1926/27 zum hundertjährigen Bestehen des Bibliographischen Instituts herauskam, die Tradition kommentierter wissenschaftlicher Editionen der Goetheschen Werke.

Zu den bedeutendsten nach dem Zweiten Weltkrieg erschienenen Ausgaben gehören zweifellos die aus Anlaß von Goethes 200. Geburtstag 1948 begonnene *Gedenkausgabe* Ernst Beutlers, die bis 1954 bei Artemis in 24 Bänden erschien und zwischen 1960 und 1971 mit 3 Bänden – Briefe, Tagebücher, Register – vervollständigt wurde, sowie die 14bändige, von Erich Trunz herausgegebene *Hamburger Ausgabe*, die von 1948 bis 1960 im Christian Wegner Verlag herauskam, zwischen 1962 und 1969 durch 6 Bände Briefe von und an Goethe ergänzt und 1972 vom C. H. Beck Verlag übernommen wurde. Beides sind streng genommen Auswahlausgaben; doch die Akzente sind ganz unterschiedlich gesetzt: Während bei der *Gedenkausgabe*, deren Textgrundlage vorwiegend die WA bildet, der möglichst weitgehende Abdruck der Werke im Vordergrund des Interesses stand, liegt bei der *Hamburger Ausgabe* das Hauptgewicht auf einer Kommentierung des gebotenen Textes, der häufig auf die A. l. H., aber auch auf Erstdrucke, Handschriften sowie die WA zurückgeht.

Eine von der Deutschen Akademie der Wissenschaften zu Berlin (DDR) in Auftrag gegebene, 1952 unter Leitung von Ernst Grumach begründete, allerdings nur unvollständig vorliegende historisch-kritische Ausgabe geht unter Wahrung strenger editorischer Prinzipien meist nicht auf die A. l. H., sondern auf Erstdrucke, Druckvorlagen oder Handschriften zurück. Sie war als Ersatz fülr die editorisch überholte Abteilung I der »Weimarer Ausgabe« angelegt und enthält in ihren nur z. T. vorliegenden Apparaten umfassende Angaben zur Textgeschichte und Überlieferung.

West-östlicher Divan

Entstehung 1814–1820; Erstdruck 1819, 1827 (erweitert)

Das persische Fremdwort »Divan«, dem Titel einer Gedichtsammlung des Hafis (um 1327–1390) entnommen, bedeutet »Versammlung«, besonders »Liedersammlung«. Diese Bezeichnung ist für Goethes Gedichtzyklus zu eng. Goethes *Divan* gehört – ganz anders als die posthum gesammelten Lieder des Hafis – zu den in der Weltliteratur seltenen bewußt strukturierten Gedichtzyklen.

Der Zyklus besteht aus 12 *»Büchern«*, die inhaltlich und formal weit über den Charakter von Liedersammlungen hinausweisen (z. B. *»Buch der Betrachtungen«, »Buch der Sprüche«, »Buch des Paradieses«*). Wenn die *»Bücher«* auch in verschiedenem Umfang ausgeführt sind, macht gerade deren wechselseitige Erhellung den umfassenden Gehalt des Werkes aus. Er reicht vom Preis des persischen Dichters (*»Buch Hafis«*) zu pantheistischen Bekenntnissen (*»Buch des Parsen«*), von Invektiven im Stil der → *Zahmen Xenien* (*»Buch des Unmuts«*) zu Parabeln (*»Buch der Parabeln«*), von einer der reichsten Reihe Goethescher Liebesgedichte (*»Buch Suleika«*) bis zum Preis der Knabenliebe (*»Das Schenkenbuch«*). Im *Divan* hat Goethe – weit über seine persischen Vorbilder hinausgehend – sämtliche lyrischen Formen sowie neue Bilder und Wortschöpfungen verwirklicht.

Goethe war seit Knabenzeiten mit literarischen Zeugnissen des Orients vertraut (→ *Bibel*). Durch

Hugo von Hofmannsthal verehrte den *West-östlichen Divan* sehr: »Dieses Buch ist völlig Geist; es ist ein Vorwalten darin dessen, was Goethe das ›obere Leitende‹ genannt hat, und so ist etwas entgegen, daß es nicht ins Breite beliebt und verstanden sein könne. Freilich sind Worte daraus in jedermanns Munde und Stücke daraus durch die Musik in jedermanns Ohr, aber als Ganzes ist es, man kann sagen, wenig bekannt und in der Herrlichkeit seiner Zusammenfügung nicht von sehr vielen, dem Verhältnis nach, begriffen worden. Und doch ist es eine Bibel: eines von den Büchern, die unergründlich sind, weil sie wahre Wesen sind, und worin jegliches auf jegliches deutet, so daß des innern Lebens kein Ende ist. An diesem teilzunehmen aber bedarf es eines erhöhten inneren Zustandes, und nichts ist in unserer Zeit seltener geworden als auch nur die Forderung an uns selbst, dieses uns herzustellen.«
(*Goethes West-östlicher Divan* in »Jahrbuch der Goethe-Gesellschaft« 1919)

West-östlicher Divan. *Frontispiz mit kalligraphischem Schmuck und Titelseite der 1819 bei Cotta in Stuttgart erschienenen Erstausgabe des großen lyrischen Alterszyklus. Die arabischen Schriftzeichen bedeuten: »Der östliche Divan vom westlichen Verfasser.«*

→*Johann Gottfried Herder* wurde Goethe auf persische, indische und chinesische Dichtung hingewiesen, vor allem aber auch angeleitet, die Bibel kulturhistorisch als Zeugnis des vorderen Orients zu lesen. Hinzu trat das breit angelegte Studium der Orientalistik (→ *Orient*).

Die unmittelbare Anregung zum *Divan* war die Lektüre der Dichtungen des Hafis, aus dem Persischen zum ersten Mal übersetzt von Joseph von Hammer-Purgstall (1774–1856), die Goethe im Juni 1814 las. Erste Gedichte zum *Divan* entstanden im selben Monat, weitere in rascher Folge im Juli. Im August lernte Goethe Marianne Jung, spätere →*von Willemer*, kennen. Mit ihr tauschte er 1815 mehrere Gedichte aus, die er als Gedichte *»Suleikas«* und *»Hatems«* in den *Divan* aufnahm.

Von nicht zu unterschätzender Bedeutung ist der zweite, der prosaische Teil des *Divan*. Seit der »Ausgabe letzter Hand«, 1827, trägt er den Titel *»Noten und Abhandlungen zu besserem Verständnis des west-östlichen Divans«*. Als Schüler Herders und Zeitgenosse →*Georg Wilhelm Friedrich Hegels* wandte Goethe hier sein Verständnis von Natur, Kunst, Gesellschaft und Geschichte zum umrißhaften Aufbau einer Kulturmorphologie der Araber und Perser an, wobei der Dichtung sein größtes Interesse galt.

Links: *Goethes Gedicht* Gingko biloba *aus dem* West-östlichen Divan *in der Gestaltung des Druck- und Schriftkünstlers Josua Reichert (1981).*

Wetzlar
1772 arbeitete Goethe als Assessor am dortigen Reichskammergericht. In diese Zeit fiel seine Liebe zu →*Charlotte Buff* die der Lotte in Goethes erstem Roman →*Die Leiden des jungen Werthers* (entstanden 1774), Züge verlieh.

Unten: *Goethes Wohnung in Wetzlar am Kornmarkt. Holzstich aus dem 19. Jh.*

Christoph Martin Wieland
* 5. 9. 1733 Oberholzheim b. Biberach; † 20. 1. 1813 Weimar

Lange bevor Goethe den Prinzenerzieher am Hof von Weimar persönlich kennenlernte, stand er unter dem literarischen Einfluß dieses bedeutenden Schriftstellers. 1767/68 beschäftigte er sich mit der Shakespeare-Übersetzung Wielands (8 Bände, 1762–1766), dessen Anmerkungen auf seine *Hamlet*-Interpretation in →*Wilhelm Meisters Lehrjahre* gewirkt haben.

1768 las Goethe noch vor dem Erscheinen der Buchausgabe Wielands Epos *Musarion oder Die Philosophie der Grazien* (1768) in Aushängebögen, über dessen tiefen Eindruck er später bekannte: »*Hier war es, wo ich das Antike lebendig und neu wieder zu sehen glaubte. Alles was in Wielands Genie plastisch ist, zeigte sich hier auf's vollkommenste ...*« (*Dichtung und Wahrheit*, 7. Buch) Im selben Jahr las er Wielands *Idris* (1767),

Christoph Martin Wieland. Kohlezeichnung von A. Graff, vermutlich 1794. »Ein anschauliches Beispiel für die hohe und herzliche Lebenskunst, mit der momentane und sachliche Differenzen von den beiden Altmeistern Weimars ausgeglichen wurden, gibt ihr Verhalten nach der Aufführung von Salieris Oper Palmyra *(März 1799). Goethe hatte sich der Ausstattung dieses Werkes erfreut; der musikalische Wieland, welcher Opern mit den Ohren genoß, war nicht auf seine Rechnung gekommen. So gerieten die Dichter nach der Aufführung hart aneinander. Schon am nächsten Tage aber lud Goethe den alten Weimarer Genossen zu einem Freundschaftstrunke ein, und Wieland nahm mit herzlichen Worten an.« (F. Sengle,* Wieland, *Stuttgart 1949).*

1770 *Der Rasende Sokrates oder die Dialoge des Diogenes von Synope* (1770). So konnte Goethe zu Recht schon früh das Bekenntnis ablegen, daß nach seinem Leipziger Lehrer →*Adam Friedrich Oeser* und →*Shakespeare »Wieland noch der einzige«* sei, *»den ich für meinen echten Lehrer erkennen kann«* (an Reich, 20. 2. 1770).

1773 las Goethe Wielands Erziehungsroman *Der goldne Spiegel oder Die Könige von Scheschian* (1772). Wielands Zeitschrift *Der Teutsche Merkur* (1773–1789) nahm er mit Vorbehalt zur Kenntnis.

Ausgelöst durch Wielands *Alceste* (1773) und dessen *Briefe über das deutsche Singspiel Alceste* (1773) schrieb Goethe im Oktober 1773 die scharfe dramatische Satire →*Götter, Helden und Wieland*, die Wieland 1774 mit der Veröffentlichung einer positiven Rezension im *Teutschen Merkur* beantwortete. Gleichzeitig erschien dort auch eine ausführliche, rühmende Besprechung von Goethes →*Götz von Berlichingen*. Diese Freizügigkeit Wielands gegenüber Goethe steigerte sich zu begeisterter Zuneigung des Älteren zum Jüngeren nach Goethes Eintreffen in Weimar. Außer in vielen brieflichen Äußerungen spricht Wieland diese Empfindung in dem Gedicht *An Psyche* (1776) aus.

Goethe, der Wieland schon im Dezember 1774 einen Versöhnungsbrief geschrieben hatte, zollte dessen Werken weiterhin höchste Anerkennung. So schickte er Wieland nach Vollendung von dessen Epos *Oberon* (1780) einen Lorbeerkranz und urteilte über das Werk: *»Sein Oberon wird, so lang Poesie Poesie, Gold Gold und Kristall Kristall bleiben wird, als ein Meisterstück poetischer Kunst geliebt und bewundert werden.«* (An Lavater, 3. 7. 1780) Mit großem Interesse verfolgte und las Goethe Wielands Übersetzungen von Aristophanes, Lukian, Horaz und der Briefe Ciceros.

Bei allem geistigen Austausch entwickelte sich der gesellige Verkehr nicht sehr lebhaft, da →*Johann Gottfried Herder* Wieland in seinen Kreis zog und Wieland wie dieser die →*Xenien* verabscheute. Gleichwohl wurde ein freundschaftlich nachbarlicher Verkehr zwischen Goethe und Wieland, u. a. als den Gutsherren auf Oberroßla und Oßmannstedt, aufrechterhalten.

Gemeinsam mit Wieland gab Goethe ein *Taschenbuch auf das Jahr 1804* heraus. Nach Wielands Tod verfaßte Goethe den Nachruf *Zu brüderlichem Andenken Wielands*, den er in einer Logenfeier am 18. Februar 1813 vortrug. Während der Entstehung des Nachrufs äußerte sich Goethe brieflich: *»Geistesruhe und Tätigkeit hielten sich bei ihm so schön das Gleichgewicht, und so hat er, mit der größten Gelassenheit und ohne das mindeste leidenschaftliche Streben, unendlich viel auf die geistige Bildung der Nation gewirkt. Ich habe mir in diesen Tagen sein Wesen und Tun rekapituliert; es ist*

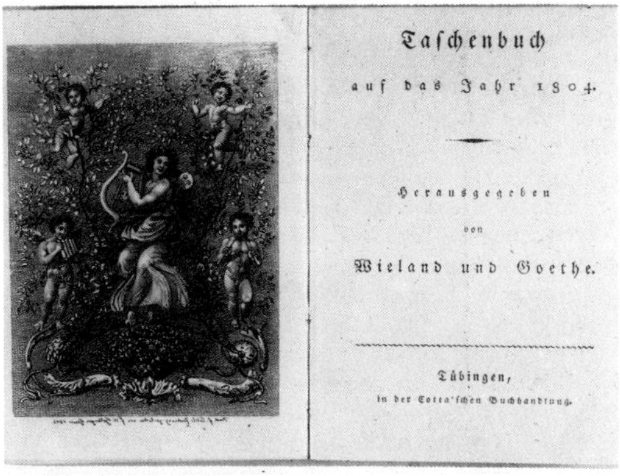

höchst merkwürdig und in Deutschland einzig in seiner Art. Die Franzosen haben eher ähnliche Männer aufzuweisen.« (An Reinhard, 25. 1. 1813) In Goethes *Maskenzug. Den 18. Dezember 1818* werden Wieland und einige seiner Werke poetisch gewürdigt.

Oben links: *Titelblatt und Titelkupfer des 1804 von Goethe und Wieland gemeinsam herausgegebenen* Taschenbuchs auf das Jahr 1804.

Rechts: Der Teutsche Merkur. *Titelblatt der ersten Nummer vom Januar 1773. (Bereits im zweiten Heft ist die Schreibung* »Teutsch« *verwendet worden.) Wieland schuf mit dieser Zeitschrift einen neuen Typus: Literatur steht neben Rezensionen, philosophischen und populärwissenschaftlichen Abhandlungen, politische Aufsätze finden sich neben Reiseberichten und Biographien. Auch Goethe gehörte zeitweilig zu den Mitarbeitern. Ab 1790 erschien die Zeitschrift unter dem Titel* Der neue Teutsche Merkur. *Sie wurde, nach ungewöhnlich langer Erscheinungsdauer, 1810 eingestellt.*

Wilhelm Meisters Lehrjahre

Ein Roman. Entstehung 1794–1796; Erstdruck 1795 (1.–6. Buch), 1796 (7. und 8. Buch)

1777, drei Jahre nach Abschluß seines ersten Romans, → *Die Leiden des jungen Werthers*, begann Goethe einen zweiten Roman zu diktieren, von dem er bis 1786 sechs Bücher vollendete und dem er 1782 den Titel *Wilhelm Meisters theatralische Sendung* gab. Die handschriftlich vollendeten Teile schickte er Buch für Buch einer Züricher Freundin zu, die diese kopierte. So ist trotz Goethes späterer Vernichtung seines Manuskripts die Vorform der *Lehrjahre* erhalten geblieben und seit dem Fund des Züricher Manuskripts, 1910, zur Erhellung von Goethes Entwicklung ausgewertet worden.

Goethe unterbrach seine Arbeit an der *Theatralischen Sendung* vor Antritt der Reise nach → *Italien* und führte die Arbeit unter Umstrukturierung des Inhalts 1794–1796 in einer neuen Arbeitsphase zuende.

Das Hauptthema der *Theatralischen Sendung* ist ein im Deutschland des 18. Jh.s vielfach erörtertes Problem: die mangelnde Einheit der Nation durch Entwicklung eines nationalen Theaters zu befördern, das Volk ästhetisch zu bilden und zu erziehen. Im Hinblick auf eine Gruppe kurz vor dem Roman entstandener »Künstlergedichte« (→ *Gedichte*) kann man unter gewissen Einschränkungen von einem »Künstlerroman« sprechen. Die Erzählung folgt strikt der Chronologie der Geschichte.

In den *Lehrjahren* erscheint das Reich des Theaters nicht mehr als das allein zu erstrebende. Der Roman beginnt in dem Augenblick, als der Held, der Bürger- und Kaufmannssohn Wilhelm, sein Elternhaus verläßt und sich nach einer Ausbildung und Tätigkeit in einer ständisch gegliederten Welt umsieht. Die größtmögliche Freiheit zur Persönlichkeitsbildung glaubt Wilhelm im vom Adel protegierten Theater und überhaupt in Anpassung an adlige Lebensformen zu finden. Er folgt darin einer *»falschen Tendenz«*.

Im sog. Bildungsroman Goethes wird der Held auf indirekte Weise gebildet: Eine gewissermaßen mystische, nach dem Muster der aufgeklärten Logen (→ *Freimaurerei*) sich versammelnde pädagogische *»Gesellschaft vom Turm«* läßt Wilhelm absichtlich den Weg der *»falschen Tendenz«* streckenweise verfolgen – auf ihm werden seine Bemühungen um das Verständnis → *Shakespeares* und insbesondere seine Interpretationen des *Hamlet* zur produktiven Fortbildung –, um ihn endlich durch Einsicht in seinen Irrtum zu belehren.

Das Bessere liegt in der Abkehr von der Welt des theatralischen Scheins und in dem Eintritt in die Welt der Tätigkeit, die im Roman durch Landedelleute repräsentiert ist und als deren Symbol gegen Ende → *Amerika* erscheint, wohin die *»Gesellschaft vom Turm«* auszuwandern gedenkt. Die Klammer zur Fortsetzung des Romans in → *Wilhelm Meisters Wanderjahre oder Die Entsagenden* ist mit der Amerika-Thematik gegeben.

Das 6. Buch, *»Bekenntnisse einer schönen Seele«*, reflektiert zwischen den Erfahrungen des Scheins und der Tätigkeit die Möglichkeit der völligen Verinnerlichung allen Erlebens im Subjekt – Spiegelungen von Goethes Kenntnis des → *Pietismus* (→ *Susanna Katharina von Klettenberg*).

Mit Wilhelms Eintritt in den Kreis der weltlich Tätigen sterben die Gestalten, die symbolisch das rein Poetische, ja wahnhafte Phantasie und Wahnsinn vertreten, Mignon und der Harfner.

In → *Schillers* Briefen des Jahres 1796 an Goethe, in → *Novalis' Schriften* (1802) ist das erregte Echo festgehalten, das dieser in deutschen Traditionen durchaus neue Romanwurf bei den Zeitgenossen auslöste und das → *Friedrich Schlegel* resümieren ließ: *»Die Französische Revolution, Fichtes Wissenschaftslehre, und Goethes Meister sind die größten Tendenzen des Zeitalters. Wer an dieser Zusammenstellung Anstoß nimmt, wem keine Revolution wichtig scheinen kann, die nicht laut und materiell ist, der hat sich noch nicht auf den hohen weiten Standpunkt der Geschichte der Menschheit erhoben.«* (*Athenäums-Fragmente,* 1798).

»Tritt aber auch der belehrte Held ins tätig-wirkliche Leben zurück, als in ein wahrhaft preisbares und so gepriesenes, dann – mit deutlichem Abscheu – nicht in ein Philisterdasein von der Art Werners. Von der Art jenes Praktikers und Erfahrungsmanns, der das Element Überschwang nie erfahren hat, dessen Praktik also geistlos und dessen Realismus selber der lückenhafteste ist. Gewiß, im *Meister* zeigt nur noch die *theatralische Sendung* einen Nachhauch von Sturm und Drang, aber er ist es, der den – wie immer durchschnittlichen – Helden lebendig erhält und der das Philistertum, das im gleichen Zug unfreie und amusische, von Wilhelm fernhält.«
(Ernst Bloch, *Das Prinzip Hoffnung,* Ffm. 1959)

»Eine besinnungslose Literaturwissenschaft hat diesem Buch, das schön ist, wenn man nicht bedenkt, wie viele Menschen es ausschließt, in sektenhaftem Kult eine lächerlich überzeitliche Position gebastelt. Ganz nach den Anweisungen aus dem klassischen Saal der Vergangenheit, in dem die Zeit als schönste Leiche für immer festgehalten werden soll. Weil man schon alles in der Hand hat. Weil man schon herrscht. So soll es bleiben.«
(Martin Walser, *Goethe hat ein Programm, Jean Paul eine Existenz,* in: »Literaturmagazin« 2, Reinbek 1974)

Wilhelm Meisters theatralische Sendung

→ *Wilhelm Meisters Lehrjahre*

Wilhelm Meisters Wanderjahre oder Die Entsagenden

Entstehung 1807–1812 (einige der später eingefügten Novellen), 1820/21 (erste Fassung: 18 Kapitel), 1827–1829 (zweite Fassung: 3 Bücher und Sprüche); Erstdruck 1821 (erste Fassung), 1829 (zweite Fassung).

Goethes Altersroman ist eine Fortsetzung des Romans aus den Jahren der Klassik, → *Wilhelm Meisters Lehrjahre*. In diesem sind Bildung und Ausbildung des Titelhelden der Hauptgegenstand. Im Altersroman sind es die Gründung und Leitung ganzer Gesellschaften und ihre Grundprobleme der Arbeitsbeschaffung und -verteilung sowie der Jugenderziehung.

Individuelle Schicksale – von extremen seelischen Erfahrungen bis zu komödiantischen Verwechslungsgeschichten – werden in Erzählungen dargestellt, die in die Rahmenhandlung eingeschaltet sind. Diese erfüllen ihrerseits, einmal kurz und gedrängt, in anderem Fall umfangreicher und über mehrere Kapitel sich erstrekkend – vom Märchen über Anekdote, Bericht bis zur Novelle mit eingestreutem Lied –, die mannigfaltigsten literarischen Formen.

Hinzu treten seit der zweiten, endgültigen Fassung Spruchsammlungen, die das 2. und 3. Buch beschließen (sowie die Gedichte *Vermächtnis* und *»Im ernsten Beinhaus war's ...«*, die, wie auch die abschließende Notiz *»Ist fortzusetzen«*, in neueren Ausgaben des Romans fortgelassen sind).

Die Vielgestaltigkeit im Formalen erschwerte den Lesern bis weit ins 20. Jh. hinein den Zugang zu den *Wanderjahren*. Ähnlich wie in der Wirkungsgeschichte von → *Faust* II und dem → *West-östlichen Divan* haben erst neuere literaturwissenschaftliche Methoden die symbolisch-sinnfällige Struktur der wechselweisen Bezogenheit der Details zum Ganzen aufgedeckt.)

Wie Goethe sich selbst im Alter als ein *»kollektives Wesen«* ansah (zu Eckermann, 17. 2. 1832), so läßt er in den *Wanderjahren* jeden einzelnen unter gesellschaftlichen Bedingungen sein *»Denken und Tun, Tun und Denken«* (2. Buch, 9. Kap.) in den Dienst der Gesellschaft stellen. Die Einsicht in das Verbindliche solcher gesellschaftlicher Bedingungen zu gewinnen – das ist der Prozeß des *»Entsagens«*, den der einzelne zu durchlaufen hat.

Wilhelm, der in den *Lehrjahren* dem hochfliegenden Traum von der ästhetischen Erziehung der Nation durch das Theater anhing, wird in diesem Prozeß der Einsicht, sich um seiner gesellschaftlichen Nützlichkeit willen bedingen zu müssen, *»Wundarzt«* (→ *Medizin*). Er regt die Gründung einer Manufaktur zur Herstellung anatomischer Modelle an (wie sie in der Folgezeit tatsächlich zu Lehrzwecken nach Goethes Vorschlag entwickelt wurden).

Derartige Einzelheiten sind von Goethe in globaler Perspektive mit zeitgeschichtlich-gesellschaftskritischen Erfahrungen verwoben: Die Gefahren des *»Maschinenwesens«* (3. Buch, 13. Kap.) (→ *Technik*), der Übervölkerung Europas, die weltweite Verflechtung ökonomischer Unternehmungen, ihre Absicherung durch genossenschaftliche und aktiengesellschaftliche Gemeinschaftsgründungen, die neuzeitliche Notwendigkeit des Spezialistentums, überhaupt die Einbettung individueller Bestrebungen in Gesellschaften, in die Bünde von Auswanderern (nach Amerika) und Handwerkern (in Europa), die gruppenweise Organisation der Erziehung stellen jedes Detail in einen weiten, beziehungsreichen Kontext.

Die Probleme der formalen Gestaltung erweisen sich so gesehen als Perspektivenprobleme, wie sie erst mit dem Roman des 20. Jh.s entstanden, in dem – den Erkenntnisssen neuerer Soziologie folgend – der einzelne in funktionalem Zusammenhang mit Gesellschaft und Geschichte dargestellt wird (vgl. Thomas Manns *Der Zauberberg*, 1924; Robert Musils *Der Mann ohne Eigenschaften*, 1930, u. a.).

In der Gestalt der Makarie transzendiert der Gehalt von Wechsel, Wandel, Entwicklung, dem das Prinzip des steten *»Wanderns«* Ausdruck gibt, in überirdische Bereiche (→ *Astrologie*).

»Goethe, der deutlich der drohenden Unmöglichkeit aller menschlichen Beziehungen in der heraufkommenden Industriegesellschaft sich bewußt war, hat in den Novellen der *Wanderjahre* versucht, den Takt als die rettende Auskunft zwischen den entfremdeten Menschen darzustellen. Diese Auskunft schien ihm eins mit der Entsagung, mit Verzicht auf ungeschmälerte Nähe, Leidenschaft und ungebrochenes Glück. Das Humane bestand ihm in einer Selbsteinschränkung, die beschwörend den unausweichlichen Gang der Geschichte zur eigenen Sache machte, die Inhumanität des Fortschritts, die Verkümmerung des Subjekts. Aber was seitdem geschah, läßt die goethesche Entsagung selber als Erfüllung erscheinen. Takt und Humanität – bei ihm das Gleiche – sind mittlerweile eben den Weg gegangen, vor dem sie nach seinem Glauben bewahren sollten.« (Theodor W. Adorno, *Minima Moralia,* Ffm. 1951)

Marianne von Willemer, geb. Jung

* 20. 11. 1784 Linz; † 6. 12. 1860 Frankfurt a. M.

Die sechzehnjährige Tänzerin und Sängerin wurde von dem reichen Frankfurter Bankier Johann Jakob von Willemer (1760–1838) in sein Haus aufgenommen. Er heiratete die 24 Jahre jüngere Marianne im September 1814. Im August 1814 lernte Goethe sie während einer Reise an Rhein, Main und Neckar in Frankfurt kennen und besuchte das Ehepaar im September auf dessen Landgut. Im folgenden Jahr war er über einen Monat Gast der Willemers. Es entstanden mehrere kleine den Willemers übersandte Gelegenheitsgedichte, die Goethe später mit anderen unter dem Titel *Rhein und Main* zusammenfaßte.

Seit Februar 1815 dichtete Goethe als *»Hatem«* Marianne in zahlreichen Gedichten zum → *West-östlichen Divan* als *»Suleika«* an. Marianne antwortete mit mehreren eigenen Gedichten, von denen Goethe u. a. *»Hochbeglückt in deiner Liebe ...«*, *»Was bedeutet die Bewegung ...«* und *»Ach, um deine feuchten Schwingen ...«* in den *Divan* einfügte. Goethe stand mit Marianne bis zu seinem Tod im Briefwechsel. 1831, als er ihr ihre Briefe zurücksenden wollte, was er erst kurz vor seinem Tod wirklich tat, schrieb er für sie die Verse *»Vor die Augen meiner Lieben ...«*.

Links: *Marianne von Willemer, geb. Jung. Kolorierter Holzstich nach der Zeichnung von Doris Raab.*
Goethe brachte bei seiner zweiten Begegnung mit Marianne ein Exemplar von Hafis' Divan *mit. Sie fand sofort Zugang zu dieser Welt und erkannte auch, daß sie auf Goethe damit wirkte. In Chiffren aus Hafis (Band, Seite, Zeile) teilte sie sich Goethe mit größtem Feingefühl mit. Dabei wurde sie selbst zur Dichterin:*
»Hochbeglückt in deiner Liebe,
Schelt' ich nicht Gelegenheit;
Ward sie auch an dir zum Diebe,
Wie mich solch ein Raub erfreut!«
Das war die Antwort Marianne-Suleikas auf Goethe-Hatems:
»Nicht Gelegenheit macht Diebe,
Sie ist selbst der größte Dieb;
Denn sie stahl den Rest der Liebe,
Die mir noch im Herzen blieb.«
(West-östlicher Divan, *Buch Suleika)*

Rechts: *Neudruck des zuerst 1869 erschienenen Aufsatzes* Goethe und Suleika *von Herman Grimm mit der Typographie von Josua Reichert, 1982.*

Über ihre Mitautorschaft im *Divan* gab Marianne im Alter dem Goethe-Forscher Herman Grimm (1828–1901) Auskunft.

Johann Joachim Winckelmann

* 9. 12. 1717 Stendal; † 8. 6. 1768 Triest

Durch seinen Leipziger Lehrer →*Adam Friedrich Oeser* wurde Goethe 1765 auf den klassizistischen Kunstkanon Winckelmanns, besonders auf dessen Werk *Gedanken über die Nachahmung der Griechischen Werke in der Malerei und Bildhauerkunst* (1754) hingewiesen (→*Antike*).

Das von Winckelmann an klassischen attischen Werken entwickelte Stilideal der *»edlen Einfalt und stillen Größe«* hat Goethes Anschauung der →*Bildenden Kunst* bis weit über die Reise durch →*Italien* hinaus

Johann Winckelmanns,
Präsidentens der Alterthümer zu Rom, und Scrittore der Vaticanischen Bibliothek,
Mitglieds der Königl. Englischen Societät der Alterthümer zu London, der Maleracademie
von St. Luca zu Rom, und der Hetrurischen zu Cortona,
Geschichte der Kunst
des Alterthums.
Erster Theil.
Mit Königl. Pohlnisch- und Churfürstl. Sächs. allergnädigsten Privilegio.
Dresden, 1764.
In der Waltherischen Hof-Buchhandlung.

Links: *Johann Joachim Winckelmann. Kupferstich von M. Steinla nach A. Maron.* Italienische Reise, *Rom, 13. Dezember 1786: »Vor einunddreißig Jahren, in derselben Jahreszeit kam er [Winckelmann], ein noch ärmerer Narr als ich, hierher, ihm war es auch so deutsch Ernst um das Gründliche und Sichere der Altertümer und der Kunst. Wie brav und gut arbeitete er sich durch! Und was ist mir nun aber auch das Andenken dieses Mannes auf diesem Platze!«*

Rechts: *Erste Ausgabe des ersten Teils von J. J. Winckelmanns* Geschichte der Kunst des Altertums, *Dresden 1764.*

prägend beeinflußt. Noch 1805, als Goethe bereits das Studium von→*Pedro Calderón, Cervantes* u. a. im Sinn der Romantiker aufgenommen hatte, huldigte er nach erneutem Studium Winckelmanns dessen klassizistischer Kunstanschauung durch Herausgabe des Sammelwerks *Winckelmann und sein Jahrhundert. In Briefen und Aufsätzen.*

Ein kanonisch ausschließendes Kunst- wie auch Menschenverständnis hielt Goethe in seinem Beitrag an, Winckelmann als *»antike Natur«*, als *»ganz und gar abgeschlossen, völlig im antiken Sinne«* zu feiern und die in ganz Europa betrauerte Tatsache zu verschweigen, daß der homosexuelle Winckelmann in einem Triester Hotel von einem räuberischen Strichjungen erstochen worden war.

Wirbeltheorie des Schädels →*Anatomie*

Wirkung

Goethes Person und sein Schaffen haben schon zu seinen Lebzeiten nach allen Richtungen ungemeines Interesse geweckt. Auf vielfältige Weise beschäftigten sich Um- und Nachwelt mit ihm und seinem Werk. In zahlreichen Gesprächssammlungen wurden seine mündlichen Äußerungen notiert (→*Gespräche*). Früh in seinem Leben wurde er Gegenstand der Dichtung (→*Friedrich Heinrich Jacobi,* →*Friedrich Maximilian Klinger,* →*Jakob Michael Reinhold Lenz,* →*Christoph Martin Wieland*). Im 19. und 20. Jh. wurde eine Masse z. T. trivialer Erzählwerke, vorwiegend über Goethe und einzelne Frauen, geschrieben. Im 20. Jh. ragt aus den Dichtungen um Goethe Thomas Manns Roman *Lotte in Weimar* (1939) hervor. (→*Charlotte Buff*)

Zu Geothes Gedichten und Dramen wurden zu seinen Lebzeiten und in der Folgezeit viele Musiken geschrieben (→*Vertonungen*). – In den →*Naturwissenschaften* setzte eine Würdigung Goethescher Forschungen und Erkenntnisse vornehmlich in der nachpositivistischen Ära ein. Sein Name wurde in mehreren Fachgebieten zur Bezeichnung von Naturphänomenen verwandt (z. B. Goethit, →*Mineralogie*). Außerdem sind im 20. Jh. einige Auszeichnungen zur Literatur- und Sprachpflege sowie ein dem Auswärtigen Amt der Bundesrepublik Deutschland beigeordnetes Institut zur Pflege deutscher Sprache und Kultur im Ausland nach Goethe benannt.

Um das weitreichende Ausmaß von Goethes Wirkung auch nur annähernd zu umreißen, sei – nach Wirkungskreisen thematisch geordnet – auf folgende Stichworte verwiesen:
→*Goethe-Bildnisse,* →*Goethe-Büsten,*→*Goethe-For-*

Im Goethe-Jahr 1982 veranstaltete die Zeitschrift »Westermanns Monatshefte« eine Autorenumfrage zu Goethe. Schon auf dem Titelblatt mit der Frage »Wer kennt Goethe?« antwortete ein Button auf der Brust des Gefeierten: »Mich kennt keiner.« Der Kritiker Reinhard Baumgart (»Die Zeit«, 16. 4. 1982) gibt zu bedenken: »Der Goethe müßte wieder einmal ruiniert werden! Das heißt ausgeschöpft, verbraucht, verzehrt, erschöpft. Das heißt nicht: liquidiert . . . So könnte aus dem wieder einmal ruinierten Klassiker der andere, längst noch nicht ausgelesene, zurechtaktualisierte, der fremde und freie Goethe wieder auftauchen.«

schung, → Goethe-Gesellschaften, → Goethe-Häuser und -Museen;
→ Geschichte, → Theaterleitung;
→ Berlin, → Böhmen, → Frankreich, → Jena, → Österreich, → Preußen, → Rußland, → Weimar;
→ Carl Gustav Carus, → Franz Grillparzer, → Heinrich Heine, → Wilhelm von Humboldt, → Novalis, → Ludwig Tieck, → Heinrich Leopold Wagner;
→ George Gordon Lord Byron, → Thomas Carlyle, → Germaine de Staël.

Friedrich August Wolf

* 15. 2. 1759 Haynrode b. Nordhausen; † 8. 8. 1824 Marseille

Kurz nach seiner Lektüre von Wolfs *Prolegomena ad Homerum* (1795) lernte Goethe den Hallenser Philologen und Begründer der neueren Altertumswissenschaften durch Vermittlung *→ Wilhelm von Humboldts* im Mai 1795 in Weimar kennen. Goethe beschäftigte sich in den folgenden Jahren eingehend mit der von Wolf aufgeworfenen Frage nach der Autorschaft der Homerischen Epen, der sog. »Homerischen Frage« (*→ Homer*). 1800 traf Goethe mit Wolf in Leipzig zusammen.

1802 begann ein bis 1807 währender, enger persönlicher Kontakt mit wechselseitigen Besuchen in Halle und Weimar. 1805 beteiligte sich Wolf an dem von Goethe herausgegebenen Sammelband *Winckelmann und sein Jahrhundert* mit der dritten der drei *Skizzen zu einer Schilderung Winckelmanns*, die dessen wissenschaftliche Bedeutung umreißt. Als Huldigung setzte Wolf seinem *Museum der Altertumswissenschaft* 1807 eine Widmung an Goethe voran.

Friedrich August Wolf. Porträt. Crayonstich von D. Beyel.
»[Der Wolfische Homer]
Mit hartherz'ger Kritik hast du den Dichter entleibet,
Aber unsterblich durch dich lebt das verjüngte Gedicht.«
(Xenien)

Nach Wolfs Übersiedlung nach Berlin sahen sich Goethe und Wolf noch mehrfach in Teplitz, Berka und Bad Tennstedt, zuletzt 1820 in Weimar. Ein Briefwechsel bestand von 1795 bis 1819.

Dichterischen Ausdruck seiner Dankbarkeit für die Anregungen, die er durch Wolfs *Prolegomena* empfangen hatte, gab Goethe in der Elegie *Hermann und Dorothea* (1796).

Wortgebrauch

Goethes Wortschatz umfaßt ca. 80000 Wörter, ein Umfang, der von keinem anderen Individuum deutscher Sprache erreicht worden ist.

Im Alltag nahm Goethe einen zu oberflächlichen Umgang mit Worten wahr. So polemisiert Mephistopheles gegenüber dem Schüler: *»Im ganzen: haltet Euch an Worte! / Dann geht Ihr durch die sichre Pforte / Zum Tempel der Gewißheit ein.«* (*Faust* I, *»Studierzimmer«*) Im Alter äußerte Goethe im selben Sinn: »... *um Ge-*

danken und Anschauungen ist es den Leuten auch gar nicht zu tun. Sie sind zufrieden, wenn sie nur Worte haben, welches schon mein Mephistopheles gewußt und nicht übel ausgesprochen hat.« (Zu Eckermann, 16. 12. 1828) Seinem von Jugend auf geübten pädagogischen Eifer gemäß hielt er sich und seine Umwelt zu größtmöglicher Präzision im Wortgebrauch an: *»Wir haben das unabweichliche, täglich zu erneuernde, grundernstliche Bestreben, das Wort mit dem Empfundenen, Geschauten, Gedachten, Erfahrenen, Imaginierten, Vernünftigen möglichst unmittelbar zusammentreffend zu erfassen.«* (*Maximen und Reflexionen*)
→*Sprache*; →*Stil*

Das *Goethe-Wörterbuch* ist in den 17 Jahren nach seiner ersten Lieferung bis zum Buchstaben B vorangekommen. Es bringt – mittlerweile mit Computer-Unterstützung – ausführliche Belege, Verweise, Erklärungen, die angesichts eines durch die zeitliche Distanz fremder werdenden Wortgebrauchs uns für das rechte Verständnis immer wichtiger werden. Das Wörterbuch wird herausgegeben von der Akademie der Wissenschaften der DDR, der Akademie der Wissenschaften in Göttingen und der Heidelberger Akademie der Wissenschaften; es erscheint in Lieferungen seit 1966.

Xenien

Entstehung 1795/96; Erstdruck einer Auswahl 1796

Die *Xenien* (griech. »kleine Gastgeschenke«) sind eine Gemeinschaftsarbeit Goethes und →*Schillers*. Sie gehören zur Epigrammdichtung und bestehen formal jeweils aus einem einzigen Distichon. Ihre Anzahl beläuft sich im ganzen auf über 900, von denen Goethe und Schiller jedoch nur etwa zwei Drittel – z. T. unter dem Titel *Xenien*, z. T. unter anderen Titeln – in Schillers *Musenalmanach für das Jahr 1797* veröffentlichten. 99 seiner außerhalb des Zyklus stehenden Xenien vereinigte Goethe 1800 zur Sammlung *Vier Jahreszeiten.*

Antikes Vorbild für die Xenien war – wie schon für die →*Venetianischen Epigramme* – Martial, über den →*Gotthold Ephraim Lessing* in seinen *Zerstreuten Anmerkungen über das Epigramm* (1771) gehandelt hatte. Wie Goethe und Schiller den Titel *Xenien* ironisch benutzten, ist auch der Inhalt eine scharfe Satire auf den zeitgenössischen Kunst- und Literaturbetrieb. Insbesondere wurden die Popularaufklärer Karl Wilhelm Ramler (1725–1798), Johann Christoph Adelung (1732–1806) und Joachim Heinrich Campe (1746–1818), Kant und die Kantianer wie Karl Leonhard Reinhold (1756–1823), die Romantiker →*August Wilhelm* und →*Friedrich Schlegel,* außerdem →*Jean Paul,* August von Kotzebue (1761–1819), aber auch Freunde wie →*Johann Caspar Lavater* und →*Friedrich Leopold Graf zu Stolberg* bewitzelt und verhöhnt. Die *Xenien* erregten ungeheures Aufsehen. Zahlreiche Angegriffene, u. a. →*Friedrich Nicolai* und →*Johann Friedrich Reichardt,* wehrten sich mit Gegenschriften.

[Xenien]
Distichen sind wir. Wir geben uns nicht für mehr, noch für minder.
Sperre du immer, wir ziehn über den Schlagbaum hinweg.

[Martial]
Xenien nennt ihr euch? Ihr gebt euch für Küchenpräsente?
Ißt man denn, mit Vergunst, spanischen Pfeffer bei euch?

[Xenien]
Nicht doch! Aber es schwächten die vielen wäßrigten Speisen.
So den Magen, daß jetzt Pfeffer und Wermut nur hilft.

Zahme Xenien

Entstehung seit 1815; Erstdruck einer Auswahl 1820 (1. Abt.), 1821 (2. Abt.), 1824 (3. Abt.), 1827 (4.–6. Abt.)

Die Xenienritter. *Zeitgenössische Darstellung von Rosmaesler, 1797.*

In ironischer Anlehnung an seine satirischen Epigramme aus der klassischen Epoche, die →*Xenien*, faßte Goethe eine Reihe von Sprüchen aus seiner Spätzeit (→*Gedichte*) unter dem Titel *Zahme Xenien* zusammen. Dabei zeichnen sich die im Knittelvers geschriebenen »zahmen« Xenien durch häufig rückhaltlose Schärfe, Agressivität gegen Gegner, z. T. größte Derbheit der Sprache aus.

Diese Spruchdichtung Goethes wirft, indem sie alle denkbaren Themenkreise aufgreift, helles Licht auf die Weltsicht und das Weltverständnis seines Alters (→*Alterswerk*).

Zeichnungen

Goethe wurde schon als Knabe von seinem Vater zum Zeichnen angehalten. Aus der Frankfurter, Leipziger und Straßburger Zeit haben sich wenige Blätter erhalten. Der Hauptbestand von Goethes Zeichnungen stammt aus seinen ersten Weimarer Jahren und von seinem ersten Aufenthalt in →*Italien*.

Die Sujets sind vielfältig: neben der Darstellung von Szenen aus dem Alltagsleben, realen und utopischen Landschaften, verfertigte Goethe Porträtskizzen, Entwürfe zu Dekorationen sowie Zeichnungen zu naturwissenschaftlichen Gegenständen.

»Das Auge war vor allen anderen das Organ, womit ich die Welt faßte . . . wo ich hinsah erblickte ich ein Bild, und was mir auffiel, was mich erfreute, wollte ich festhalten, und ich fing an, auf die ungeschickteste Weise nach der Natur zu zeichnen.«
(*Dichtung und Wahrheit*, 6. Buch)

→*Bildende Kunst*; →*Philipp Hackert*; →*Angelica Kauffmann*; →*Johann Heinrich Meyer*; →*Adam Friedrich Oeser*; →*Johann Heinrich Wilhelm Tischbein*

Karl Friedrich Zelter

Karl Friedrich Zelter. Lithographie von Heine nach dem Gemälde von K. Begas. Von 1802 bis 1831 fanden zwanzig persönliche Begegnungen zwischen Goethe und Zelter statt. 1812 bot Goethe dem Berliner das Du an: eine Freundschaft, gewiß. Manche sagen, Zelter sei der Goethe nächste Mensch und Freund gewesen. Goethe charakterisierte ihn am 4. Dezember 1823 gegenüber Eckermann: »In Gesprächen ist Zelter genial und trifft immer den Nagel auf den Kopf . . . Er kann bei der ersten Bekanntschaft etwas sehr derb, ja mitunter sogar etwas roh erscheinen. Allein, das ist nur äußerlich. Ich kenne kaum jemanden, der zugleich so zart wäre wie Zelter.«

* 11. 12. 1758 Berlin; † 15. 5. 1832 Berlin

Berliner Maurermeister und Musiker, ab 1800 Leiter der Berliner Singakademie, Gründer der ersten Liedertafel, 1808, und des Königlich Akademischen Instituts für Kirchenmusik, 1819.

1796 erhielt Goethe Zelters Veröffentlichung *Zwölf Lieder am Klavier zu singen* mit Vertonungen einiger Gedichte aus →*Wilhelm Meisters Lehrjahre* durch dessen Verleger zugesandt. Hierdurch wurde Goethes Wunsch, Zelter kennenzulernen, geweckt. 1799 eröffnete Zelter die lebenslängliche Korrespondenz, die die freimütigsten und gehaltvollsten Selbstdarstellungen des alten Goethe enthält und die unverhüllte, derbe Urteile über die verschiedensten Bereiche des geistig-künstlerischen und des praktischen Lebens umfaßt.

Im Februar 1802 besuchte Zelter erstmals Goethe in Weimar. In späteren Jahren war er regelmäßiger Gast Goethes, zuletzt 1831. 1821 war Zelter zusammen mit seinem Schüler →*Felix Mendelssohn-Bartholdy* zu Gast bei Goethe.

Zelters Schüler Karl Eberwein (1786–1868) war seit 1807 Leiter einer von Goethe für sonntägliche Musikveranstaltungen gegründeten Hauskapelle.

1810 las Goethe das Manuskript von Zelters Autobiographie (ersch. 1861). Eine im selben Jahr an Zelter ergangene Anregung Goethes, für eine Aufführung des →*Faust* eine Bühnenmusik zu komponieren, lehnte dieser ab. Dagegen entstanden zahlreiche Liedkompositionen.

Zelters Musikauffassung, an Bach und Händel geschult und kaum über sie hinausreichend, hat Goethes kanonisch enges Musikverständnis nicht erweitert.

Vgl. auch Goethes Kantate *Zelters siebzigster Geburtstag* sowie das zur selben Gelegenheit geschriebene *Tischlied*, 1828.

→*Musik*; →*Vertonungen*

Zoologie

Goethes Beschäftigung mit Zoologie war – im Gegensatz zu derjenigen mit →*Botanik* – nur sporadisch. Sie war in erster Linie bedingt durch seine anatomischen und osteologischen Interessen. Neben seinen Hauptwerken zur →*Anatomie* ist die Abhandlung *Versuch über die Gestalt der Tiere* (1790) erwähnenswert. Im Alter verfaßte Goethe mit Bezug auf den »Akademiestreit« zwischen →*Georges de Cuvier* und Geoffroy

Saint-Hilaire (1772–1844) den Aufsatz *Principes de Philosophie zoologique* (1830/32).
→ *Naturwissenschaften*

Zwischenkieferknochen → *Anatomie*

Bibliographie

Bibliographien

W. Hagen, *Die Drucke von Goethes Werken.* Bln. 1971.

H. Pyritz, *Goethe-Bibliographie.* Unter red. Mitarbeit von P. Raabe. Fortgef. von H. Nicolai und G. Burkhardt. Unter red. Mitarbeit von K. Schröter und H. Riege. 2 Bde. Heidelberg 1965–1968.

Goethe-Bibliographie 1951 bis lfd. Bearb. von H. Nicolai, ab 1970 von H. Henning. In: Goethe Jahrbuch 14/15 (1952/53) bis lfd. [Jahresbibliographien.]

G. Schmid, *Goethe und die Naturwissenschaften. Eine Bibliographie.* Halle 1940.

Nachschlagewerke

Lexikon der Goethe-Zitate. Hg. von R. Dobel. Zürich 1968. – Tb.-Ausg. 2 Bde. Mchn. 1972. (dtv. 3089. 3090.)

H. G. Gräf, *Goethe über seine Dichtungen.* 9 Bde. Ffm. 1901–1914.

Goethe-Wörterbuch. Bd. 1 ff. Bln., Stg. 1978 ff.

Gesamtausgaben

Von Goethe selbst veranstaltete »Gesamtausgaben« s. unter Stichwort *Verleger* im lexikalischen Teil dieses Buches.

Werke. 36 Thle. (in 23 Bdn.) Bln. 1868–1879. [*»Hempelsche Ausgabe«.*]

Werke. Abth. I–IV. 133 (143) Bde. Weimar 1887–1919. [*»Weimarer«* bzw. *»Sophien-Ausgabe«.* Umfassendste Ausgabe der Werke, Tagebücher und Briefe. Vollständigkeit einzelner Korrespondenzen ist nur in den neuesten Ausgaben einzelner Briefwechsel erreicht.]

Sämtliche Werke. Jubiläums-Ausgabe. Hg. von E. von der Hellen. 40 Bde., Reg.bd. Stg. 1902–1912.

Sämtliche Werke. Propyläen-Ausgabe. 45 Bde., 4 Erg.bde. Mchn., Bln. 1909–1932.

Werke. Festausgabe. Hg. von R. Petsch. 18 Bde. Lpzg. 1926–1927.

Werke. Hamburger Ausgabe. Hg. von E. Trunz. 14 Bde., Reg.bd. Hbg. 1948–1964.

Gedenkausgabe der Werke, Briefe und Gespräche. Hg. von E. Beutler. 24 Bde., 3 Erg.bde. Zürich 1948–1971.

Poetische Werke. Kunsttheoretische Schriften. Berliner Ausgabe. 22 Bde., Suppl.bd. Bln., Weimar 1960–1978.

Teilausgaben

Der junge Goethe. Neu bearb. Ausg. Hg. von H. Fischer-Lamberg. 5 Bde., Reg.bd. Bln. 1963–1974.

Die Schriften zur Naturwissenschaft. Abt. 1–2. Weimar 1947 ff.

Amtliche Schriften. Weimar 1950 ff.

Corpus der Goethezeichnungen. Bearb. der Ausg.: G. Femmel u. a. 7 (10) Bde. Lpzg. 1958–1973.

Einzelne Briefwechsel

Goethes Ehe in Briefen. Hg. von H. G. Gräf. 3. Aufl. Lpzg. 1972.

Briefwechsel des Herzogs-Großherzogs Carl August mit Goethe. Hg. von H. Wahl. 3 Bde. Bln. 1915–1918.

Goethe und Cotta. Briefwechsel 1797–1832. Hg. von D. Kuhn. 3 Bde. Stg. 1979 ff.

Briefwechsel zwischen Goethe und Knebel (1774–1832). Hg. von G. E. Guhrauer. 2 Bde. Lpzg. 1851.

Goethes Briefwechsel mit Heinrich Meyer. Hg. von M. Hecker. 4 Bde. Weimar 1917–1932.

Goethe und Reinhard. Briefwechsel 1807–1832. Hg. von O. Heuschele. Wiesbaden 1957.

Der Briefwechsel zwischen Schiller und Goethe. Hg. von E. Staiger. Ffm. 1966.

Goethes Briefe an Frau von Stein. Hg. von J. Fränkel. Neuausg. 3 Bde. Bln. 1960–1962.

Goethes Briefwechsel mit Christian Gottlob Voigt. Unter Mitw. von W. Huschke bearb. und hg. von H. Tümmler. 4 Bde. Weimar 1949–1962.

Marianne Willemer und Johann Jakob Willemer: Briefwechsel mit Goethe. Hg. von H.-J. Weitz. Ffm. 1965.

Der Briefwechsel zwischen Goethe und Zelter. Hg. von M. Hecker. 3 Bde. Lpzg. 1913–1918.

Gespräche, Zeugnisse, Dokumentationen

Goethes Gespräche. Auf Grund der Ausg. und des Nachlasses von F. Frhr. von Biedermann

erg. und hg. von W. Herwig. 3 (4) Bde. Zürich 1965–1972.
Begegnungen und Gespräche. Hg. von E. und R. Grumach. Berlin 1965ff.
Johann Peter Eckermann: Gespräche mit Goethe in den letzten Jahren seines Lebens. 1823–1832. Neue Ausg. Hg. von F. Bergemann. Ffm. 1963.
Kanzler von Müller: Unterhaltungen mit Goethe. Krit. Ausg. besorgt von E. Grumach. Weimar 1956.
Briefe an Goethe. Gesamtausgabe in Regestform. Weimar 1980ff.
Goethe in vertraulichen Briefen seiner Zeitgenossen. Zusammengestellt von W. Bode. Neu hg. von R. Otto und P.-G. Wentzlaff. Bln., Weimar 1979.
Goethe im Urtheile seiner Zeitgenossen. Gesammelt und hg. von J. W. Braun. 3 Bde. Bln. 1883–1885.
Goethe im Urteil seiner Kritiker. Hg., eingel. und kommentiert von K. R. Mandelkow. Mchn. 1975ff.
R. Steiger, *Goethes Leben von Tag zu Tag. Eine dokumentarische Chronik.* Zürich 1982ff.

Gesamtdarstellungen

H. Grimm, *Goethe.* Vorlesungen. 2 Bde. Bln. 1877.
R. M. Meyer, *Goethe.* 3 Bde. Bln. 1895.
A. Bielschowsky, *Goethe. Sein Leben und seine Werke.* 2 Bde. Mchn. 1896–1904.
F. Gundolf, *Goethe.* Berlin 1916.
G. Müller, *Kleine Goethebiographie.* Bonn 1947.
K. Viëtor, *Goethe. Dichtung, Wissenschaft, Weltbild.* Bern 1949.
E. Staiger, *Goethe.* 3 Bde. Zürich 1952–1959.
R. Friedenthal, *Goethe. Sein Leben und seine Zeit.* Mchn. 1963.
K. O. Conrady, *Goethe. Leben und Werk. 1749–1832.* Stg. 1982ff.

Biographisches

K. Viëtor, *Der junge Goethe.* Lpzg. 1930.
W. H. Bruford, *Kultur und Gesellschaft im klassischen Weimar 1775–1806.* Göttingen 1966.
J. Haarhaus, *Auf Goethes Spuren in Italien.* 3 Bde. Lpzg. 1918.
J. Vogel, *Aus Goethes Römischen Tagen.* Lpzg. 1905.
J. Urzidil, *Goethe in Böhmen.* Erw. Ausg. Zürich 1965.
W. Andreas, *Carl August von Weimar. Ein Leben mit Goethe. 1757–1783.* Stg. 1953.
H. H. Houben, *J. P. Eckermann. Sein Leben für Goethe.* 2 Bde. Lpzg. 1925–1928.
W. Hof, *Goethe und Charlotte von Stein.* Neuausg. Ffm. 1979.
W. W. Parth, *Goethes Christiane. Ein Lebensbild.* Mchn. 1980.
W. Bode, *Goethes Sohn.* Bln. 1918.

Weltbild

H. von Einem, *Beiträge zu Goethes Kunstauffassung.* Hbg. 1956.
M. Jolles, *Goethes Kunstanschauung.* Bern 1957.
H. J. Moser, *Goethe und die Musik.* Lpzg. 1949.
H. Trevelyan, *Goethe und die Griechen.* Hbg. 1949.
W. Mommsen, *Die politischen Anschauungen Goethes.* Stg. 1948.
R. H. Grützmacher, *Die Religionen in der Anschauung Goethes.* Baden-Baden 1950.
Goethe als Seher und Erforscher der Natur. Untersuchungen. Hg. von J. Walther. Halle 1930.
M. Kleinschneider, *Goethes Naturstudien.* Bonn 1971.
A. Hansen, *Goethes Morphologie.* Gießen 1919.

Zur Dichtung

V. Hehn, *Über Goethes Gedichte.* Stg. 1911.
H. A. Korff, *Goethe im Bildwandel seiner Lyrik.* 2 Bde. Hanau 1958.
K. Burdach, *Zur Entstehungsgeschichte des West-östlichen Divans.* Bln. 1955.
M. Mommsen, *Studien zum West-östlichen Divan.* Bln. 1962.
W. Lentz, *Goethes Noten und Abhandlungen zum West-östlichen Divan.* Hbg. 1958.
Goethes Dramen. Neue Interpretationen. Hg. von W. Hinderer. Stg. 1980.
E. Braemer, *Goethes Prometheus und die Grundpositionen des Sturm und Drang.* Weimar 1959.
W. Rasch, *Goethes »Torquato Tasso«.* Stg. 1954.
E. Traumann, *Goethes Faust. Nach Entstehung und Inhalt erklärt.* 2 Bde. Mchn. 1913–1914.
P. Requadt, *Goethes »Faust I«. Leitmotivik und Architektur.* Mchn. 1972.
W. Emrich, *Die Symbolik von Faust II. Sinn und Vorformen.* Bln. 1943.
H. Reiss, *Goethes Romane.* Bln. 1963.
F. Nemec, *Die Ökonomie der »Wahlverwandtschaften«.* Mchn. 1973.
A. Henkel, *Entsagung. Eine Studie zu Goethes Altersroman.* Tübingen 1954.

Zeittafel

1749 Geburt Johann Wolfgang Goethes als Sohn des kaiserlichen Rates Johann Caspar Goethe und dessen Frau Catharina Elisabeth, geb. Textor, am 28. August in Frankfurt a. M.
1750 Geburt der Schwester Cornelia (7. 12.).
1755 Beginn des Privatunterrichts unter Aufsicht des Vaters. Erster Latein- und Griechischunterricht.
1756 Ausbruch des Siebenjährigen Krieges.
1758 Erster Französischunterricht. Zeichenunterricht bis 1761.
1759 Besetzung Frankfurts durch französische Truppen: Einquartierung des Leutnants François de Théas Comte de Thoranc im Haus der Eltern (bis 1761). Häufige Besuche des französischen Theaters.
1762 Beginn des Englisch- und Hebräischunterrichts. Erste, handschriftliche Gedichtsammlung für den Vater.
1763 Ende des Siebenjährigen Krieges (Hubertusburger Friede vom 15. 2.) und der französischen Besetzung Frankfurts. Konfirmation. Erster Klavierunterricht. Konzert des siebenjährigen Mozart in Frankfurt.
1764 Krönung Josephs II. zum Römischen König in Frankfurt (3. 4.). Bekanntschaft mit Johann André.
1765 Aufnahme des Studiums in Leipzig. Universitätslehrer u. a. Johann Gottlob Böhme, Johann August Ernesti, Christian Fürchtegott Gellert. Zeichenunterricht bei Adam Friedrich Oeser. Bekanntschaft mit der Familie Breitkopf.
1766 Besuch bei Johann Christoph Gottsched. Erste Begegnung mit Anna Katharina (»Käthchen«) Schönkopf. Bekanntschaft mit Ernst Wolfgang Behrisch. Tod Gottscheds (12. 12.).
1767 Erste Sammlung von Gedichten *(Annette)*. Beginn der Arbeit an dem dramatischen Erstling *Die Laune des Verliebten*.
1768 Lösung der Beziehung zu Käthchen Schönkopf. Johann Joachim Winckelmann in Triest ermordet (8. 6.). Schwere Erkrankung. Abreise nach Frankfurt. Umgang mit Susanna Katharina von Klettenberg und deren pietistischem Kreis. Erste Arbeit an *Die Mitschuldigen*.
1769 Besuch des Antikensaals in Mannheim. *Neue Lieder in Melodien gesetzt von Bernhard Theodor Breitkopf.*
1770 Immatrikulation an der Universität in Straßburg. Besuch vor allem medizinischer und historischer Vorlesungen. Umgang u. a. mit Johann Heinrich Jung-Stilling, Heinrich Leopold Wagner. Bekanntschaft mit Friederike Brion in Sesenheim. Erste Begegnung mit Johann Gottfried Herder.
1771 Bekanntschaft mit Jakob Michael Reinhold Lenz. Ablehnung der Dissertation G.s, *De legislatoribus*. Promotion zum Lizentiaten der Rechte. Reisen im Oberelsaß. Gedichte an Friederike. Rückkehr nach Frankfurt, wo G. sich als Rechtsanwalt niederläßt. Ansprache *Zum Schäkespeares Tag*. Bekanntschaft mit Johann Heinrich Merck.
1772 Mitarbeit an Mercks *Frankfurter Gelehrten Anzeigen*. Praktikum in Wetzlar. Erste Begegnung mit Charlotte Buff, vorher bereits mit Johann Christian Kestner, ihrem Verlobten. Rückkehr nach Frankfurt. Reise nach Darmstadt.
1773 Briefkontakt mit Johann Caspar Lavater. Umgang mit Sophie von La Roche und deren Tochter Maximiliane. Hochzeit von Johann Georg Schlosser und G.s Schwester Cornelia.
Götz von Berlichingen mit der eisernen Hand. Von deutscher Baukunst.
1774 Bekanntschaft mit Friedrich Maximilian Klinger. Lahn- und Rheinreise mit Lavater und Johann Bernhard Basedow. Zusammentreffen mit Jung-Stilling, Friedrich Heinrich Jacobi und Wilhelm Heinse. Erste persönliche Bekanntschaft mit Friedrich Gottlieb Klopstock. Erste Begegnung mit den weimarischen Prinzen Carl August und Constantin. Erste Beschäftigung mit dem Faust-Stoff (»Urfaust«, 1775).
Clavigo. Götter, Helden und Wieland. Die Leiden des jungen Werthers. Jahrmarktsfest zu Plundersweilern. Ein Fastnachtsspiel vom Pater Brey.
1775 Bekanntschaft und Verlobung mit Anna Elisabeth (»Lili«) Schönemann. Enger Kontakt zu Johann André. Erste Reise in die Schweiz, mit Christian und Friedrich Leopold Grafen zu Stolberg. In Karlsruhe Zusammentreffen mit Carl August und dessen Braut Luise von Hessen-Darmstadt, die im selben Jahr heiraten. In Zürich Unterkunft bei Lavater. Bekanntschaft mit Johann Jakob Bodmer. Regierungsantritt Carl Augusts, der G. nach

Weimar einlädt. Lösung der Verlobung mit Lili. Eintritt in den Kreis des Weimarer Hofes. Ende des Jahres erstes Zusammentreffen mit Charlotte von Stein. Erste Begegnung mit Christoph Martin Wieland.
Erwin und Elmire.

1776 Beginn des weimarischen Staatsdienstes und Ernennung zum Geheimen Legationsrat. Berufung Herders als Generalsuperintendent nach Weimar. Geologische und mineralogische Studien.
Claudine von Villa Bella. Stella.

1777 Arbeiten für das Weimarer Liebhabertheater. Beginn der Arbeit an *Wilhelm Meisters theatralischer Sendung* (bis 1786). Tod von G.s Schwester Cornelia (8. 6.). Erste Harzreise.

1778 Besuch Berlins und Potsdams mit Carl August. Begegnung mit Anna Luise Karsch.
Proserpina (Prosafassung).

1779 Ernennung zum Leiter der Kriegs- und Wegebaukommission und zum Geheimen Rat. Zweite Reise in die Schweiz, mit Carl August. Begegnung mit Johann Georg Adam Forster in Kassel.

1780 Reise durch Thüringen. Aufnahme in die Loge Amalia. Naturwissenschaftliche Studien.

1781 Tod Gotthold Ephraim Lessings (15. 2.). Vorträge über Anatomie.

1782 Tod des Vaters (25. 5.). Bezug des Wohnhauses am Frauenplan in Weimar. Erhebung in den Adelsstand durch Joseph II. Übertragung der Leitung der Herzoglichen Kammer.

1783 Erster Kontakt zu Christian Gottlob von Voigt. Zweite Harzreise. Aufenthalte in Göttingen (Besuch eines Kollegs von Georg Christoph Lichtenberg) und Kassel (Begegnung mit dem Naturforscher Samuel Thomas Sömmerring).

1784 Entdeckung des »Os intermaxillare« (Zwischenkieferknochen). Dritte Harzreise.

1785 Botanische Studien. Erster Kuraufenthalt, in Karlsbad. Halsbandaffäre am französischen Hof.

1786 Aufenthalt in Karlsbad. Tod Friedrichs II. von Preußen (17. 8.). Heimliche Abreise nach Italien. In Rom Unterkunft bei Johann Heinrich Wilhelm Tischbein und Bekanntschaft mit Angelica Kauffmann, Johann Heinrich Meyer, Karl Philipp Moritz.

1787 Reise nach Neapel (mit Tischbein) und Sizilien (mit Christoph Heinrich Kniep). Gesteins- und Pflanzenstudien (»Urpflanze«). Bekanntschaft mit Philipp Hackert, unter dessen Anleitung G. zeichnet. Eintreffen Schillers in Weimar.
Der Triumph der Empfindsamkeit mit dem Monodrama *Proserpina* (Versfassung). *Iphigenie auf Tauris* (Versfassung). *Schriften* (8 Bde., bis 1790).

1788 Rückkehr nach Weimar. Neubestimmung der Tätigkeit im Staatsdienst. Beginn der Beziehung zu Christiane Vulpius, Trübung des Verhältnisses zu Charlotte von Stein. Begegnung mit Schiller in Rudolstadt, dessen Jenaer Professur G. befürwortet.
Egmont.

1789 Besuch von Johann Friedrich Reichardt. Schillers Antrittsvorlesung in Jena. Ausbruch der Französischen Revolution (14. 7.). Bekanntschaft mit Wilhelm von Humboldt. Geburt des Sohnes August (25. 12.).
Das Römische Karneval.

1790 Zweite Reise nach Italien (Venedig). Aufenthalt in Schlesien mit Carl August. Erste Besichtigung einer Dampfmaschine. Reise ins Riesengebirge. Intensive naturwissenschaftliche Studien (Wirbeltheorie des Schädels).
Faust, ein Fragment. Torquato Tasso. Versuch, die Metamorphose der Pflanzen zu erklären. Versuch über die Gestalt der Tiere. Jery und Bätely.

1791 Übertragung der Leitung des Weimarer Hoftheaters. Selbstmord Johann Heinrich Mercks (27. 6.). »Freitagsgesellschaft«. Beginn des Aufenthalts von Johann Heinrich Meyer in G.s Haus in Weimar (bis Ende 1802).

1792 Teilnahme am Feldzug in Frankreich als Begleiter Carl Augusts. Französische Belagerung von Mainz und Frankfurt. In Düsseldorf Gast bei Friedrich Heinrich Jacobi.
Der Groß-Cophta. Neue Schriften (7 Bde., bis 1800).

1793 Hinrichtung Ludwigs XVI. (21. 1.). Teilnahme an der Belagerung von Mainz als Begleiter Carl Augusts.
Der Bürgergeneral.

1794 Professur Johann Gottlieb Fichtes in Jena. Erste Begegnung mit Johann Heinrich Voß. Geburtstagsbrief Schillers und Beginn der Freundschaft.
Reineke Fuchs.

1795 Auf Einladung Schillers Mitarbeit an dessen Zeitschrift *Die Horen*. Bekanntschaft mit Alexander von Humboldt und Friedrich August Wolf. Aufenthalt in Karlsbad.
Wilhelm Meisters Lehrjahre (1.–6. Buch). *Römische Elegien. Unterhaltungen deutscher Ausgewanderten. Venetianische Epigramme.*

1796 Erste Begegnung mit August Wilhelm Schlegel. Bekanntschaft mit Jean Paul. Reise nach Leipzig.
Wilhelm Meisters Lehrjahre (7. und

8. Buch). Musen-Almanach für das Jahr 1797 mit *Xenien.*

1797 Erste Begegnung mit Friedrich Schlegel. Dritte Reise in die Schweiz.
Hermann und Dorothea. Musen-Almanach für das Jahr 1798 mit den Balladen *Die Braut von Korinth, Der Zauberlehrling, Der Gott und die Bajadere.*

1798 Aufenthalte auf dem gerade erworbenen Gut Ober-Roßla. Abschluß des Umbaus und Neueröffnung des Weimarer Hoftheaters. Begegnungen mit Novalis und Friedrich Wilhelm Joseph Schelling.
Zeitschrift *Propyläen* (bis 1800).

1799 Der sog. »Atheismusstreit« führt zu Fichtes Entlassung in Jena. Erste Kunstausstellung der Weimarer Kunstfreunde (in der Folge jährlich bis 1805). Übersiedlung Schillers nach Weimar.

1800 Reise nach Leipzig.
Paläophron und Neoterpe.

1801 Tod Johann Caspar Lavaters (2. 1.). Reise nach Göttingen, Pyrmont und Kassel.

1802 Erste Begegnung mit Karl Friedrich Zelter. Eröffnung des Lauchstädter Theaters.
Der Zauberflöte zweiter Teil.

1803 Tod Friedrich Gottlieb Klopstocks (14. 3.). Verkauf von Ober-Roßla. Friedrich Wilhelm Riemer wird Hauslehrer des Sohnes August und Sekretär G.s. Begegnungen mit Philipp Otto Runge und Anne-Louise-Germaine de Staël. Tod Johann Gottfried Herders (18. 12.).

1804 Tod Immanuel Kants (12. 2.). Ernennung zum Wirklichen Geheimen Rat.
Die natürliche Tochter.

1805 Schwere Nierenkoliken. Tod Schillers (9. 5.).
Winckelmann und sein Jahrhundert.

1806 Aufenthalt in Karlsbad. Ende des Heiligen Römischen Reiches Deutscher Nation. Schlacht bei Jena. Besetzung Weimars durch französische Truppen. Eheschließung mit Christiane Vulpius.
Werke (13 Bde., bis 1810).

1807 Tod der Herzoginmutter Anna Amalia (10. 4.). Reise nach Karlsbad. Bekanntschaft mit Carl Friedrich Graf von Reinhard. Erste Besuche Bettina Brentanos. Neigung zu Wilhelmine (»Minchen«) Herzlieb.

1808 Reise nach Karlsbad und Franzensbad. Tod der Mutter (13. 9.). Erfurter Fürstentag. Begegnungen mit Napoleon in Erfurt und Weimar.
Faust I.

1809 Übertragung der Oberaufsicht über die Unmittelbaren Anstalten für Wissenschaft und Kunst auf G. und Voigt.
Die Wahlverwandtschaften.

1810 Reise nach Karlsbad, Teplitz und Dresden. Umgang mit Kaiserin Maria Ludovica von Österreich. Bekanntschaft mit Johann Wolfgang Döbereiner.
Pandora. Zur Farbenlehre (2 Bde).

1811 Erster Kontakt zu Sulpiz Boisserée. Zerwürfnis zwischen Bettina von Arnim und dem Ehepaar Goethe. Aufenthalt in Karlsbad mit Riemer und Christiane.
Aus meinem Leben, Dichtung und Wahrheit (1. Teil). *Philipp Hackert.*

1812 Reise nach Karlsbad und Teplitz. Bekanntschaft mit Beethoven.
Dichtung und Wahrheit (2. Teil).

1813 Tod Christoph Martin Wielands (20. 1.). Aufenthalt in Teplitz. »Völkerschlacht« bei Leipzig. Begegnung mit Zar Alexander I. von Rußland und Fürst Metternich.

1814 Aufenthalt in Berka. Erste Rhein-Main-Reise. Bekanntschaft mit Marianne von Willemer. In Heidelberg Besuch bei den Brüdern Boisserée.
Dichtung und Wahrheit (3. Teil).

1815 Neuordnung Deutschlands durch den Wiener Kongreß: Deutscher Bund. Sachsen-Weimar-Eisenach wird Großherzogtum. Zweite Rhein-Main-Reise. Gemeinsame Fahrt nach Köln mit Freiherrn vom Stein. Besuch des Kölner Doms. Ernennung zum Staatsminister.
Werke (20 Bde., bis 1819). *Des Epimenides Erwachen. Sonette.*

1816 Tod Christiane von Goethes (6. 6.). Aufenthalt in Bad Tennstedt.
Italienische Reise (1. Teil, bis 1817). Zeitschrift *Über Kunst und Altertum* (bis 1832).

1817 Aufgabe der Leitung des Weimarer Hoftheaters. Heirat August von Goethes und Ottilie von Pogwischs.
Zeitschrift *Zur Naturwissenschaft überhaupt besonders zur Morphologie* (bis 1824).

1818 Geburt des Enkels Walther Wolfgang (9. 4.). Aufenthalt in Karlsbad.

1819 Tod Christian Gottlob von Voigts (22. 3.). Reise nach Karlsbad.
West-östlicher Divan.

1820 Reise nach Karlsbad. Geburt des Enkels Wolfgang Maximilian (18. 9.).
Zahme Xenien (1. Abt.). *Urworte, Orphisch.*

1821 Aufenthalte in Marienbad und Eger. Bekanntschaft mit Ulrike von Levetzow.
Wilhelm Meisters Wanderjahre oder Die Entsagenden. Zahme Xenien (2. Abt.).

1822 Aufenthalte in Marienbad und Eger. Bekanntschaft mit Frédéric Soret und Caspar Maria Graf von Sternberg.
Campagne in Frankreich. Belagerung von Mainz.

1823 Erkrankung an Herzbeutelentzündung. Erste Begegnung mit Johann Peter Eckermann. Aufenthalte in Marienbad, Eger und Karlsbad. Heftiger Krampfhusten.

1824 Tod Friedrich August Wolfs (8. 8.). Besuch Heinrich Heines.
Zahme Xenien (3. Abt.).

1825 Brand des Weimarer Hoftheaters.

1826 Besuche Franz Grillparzers.

1827 Tod Charlotte von Steins (6. 1.). Geburt der Enkelin Alma (29. 10.). Besuch König Ludwigs I. von Bayern zu Goethes Geburtstag.
Werke, vollständige Ausgabe letzter Hand (40 Bde., bis 1830).

1828 Tod des Großherzogs Carl August (14. 6.). Reise nach Dornburg.
Novelle. Briefwechsel zwischen Schiller und Goethe in den Jahren 1794 bis 1805 (bis 1829).

1829 Tod Friedrich Schlegels (12. 1.) und Johann Heinrich Wilhelm Tischbeins (26. 6.). Uraufführung von *Faust* I in Braunschweig.
Wilhelm Meisters Wanderjahre oder Die Entsagenden (2. Fassung). *Italienische Reise* (2. Teil).

1830 Tod der Herzogin Luise von Sachsen-Weimar-Eisenach (14. 2.).Tod August von Goethes (27. 10.). Lungenblutsturz.

1831 Abschluß von *Faust* II und von *Dichtung und Wahrheit* (4. Teil).

1832 Erkrankung am 16. März. Tod am 22. März. Bestattung am 26. März in der Weimarer Fürstengruft.
Nachgelassene Werke (20 Bde., bis 1842).

Bildnachweis

Archiv für Kunst und Geschichte, Berlin: S. 14 unten, 23, 26 rechts, 31 links, 32, 33, 35, 38, 42–46, 49, 54 unten, 55, 60, 61 oben, 66, 68, 72 rechts, 74 links, 75 links, 76 oben links, 77, 78 unten, 81 unten, 83, 84 unten (Foto: Udo Hesse), 85 (Foto: Udo Hesse), 94, 96 Mitte, 101 oben, 103, 105 oben rechts und unten Mitte und rechts, 111 oben und unten (Foto: Udo Hesse), 112, 113 unten, 114, 116, 120 links, 125, 128, 130, 132 rechts, 133, 135, 136, 139 oben Mitte und rechts und unten, 140 links, 144, 145, 146, 147 oben und unten links, 152 links, 153 links, 156, 157, 160, 161 oben, 164, 167, 168, 170, 172, 173, 175, 176, 182, 183, 186, 189, 192, 195, 196, 201, 203, 204, 207, 210, 211 oben, 214, 215, 216 unten, 217 unten, 218, 219, 229, 232, 235, 241, 242 oben, 243, 244 rechts, 247, 249 rechts, 252 rechts, 254, 257, 258, 259, 265 unten, 271 oben links und unten, 273, 276. Artemis-Verlag, Zürich/München: S. 191, 199. Bayer. Staatsgemäldesammlungen, München: Schutzumschlag Vorderseite. J. A. Cropp, Eschborn-Niederhöchstadt: S. 260. dpa, Frankfurt/M.: S. 19, 187 links. Freies Deutsches Hochstift, Goethemuseum, Frankfurt/M.: S. 6 (Foto: U. Edelmann), 100 (Foto: U. Edelmann), 102 unten, 110 Mitte und unten (Foto: U. Edelmann), 113 oben, 202, 256. Goethe-Museum Düsseldorf, Anton- und Katharina Kippenberg-Stiftung: S. 11, 31 rechts, 53, 65 rechts, 72 links, 75 unten, 76 oben rechts, 98 unten, 105 oben links, 106 (Foto Mitte: W. Klein), 107 links (Foto: W. Klein) und rechts, 110 oben (Foto: W. Klein), 119, 129, 151, 152 rechts, 153 rechts, 165, 171 unten (Foto: W. Klein), 194, 212, 222 unten, 228, 236, 264 (Foto: W. Klein), 275 (Foto: W. Klein). Historia-Photo, Hamburg: S. 48, 101 unten, 248 Mitte. Bildarchiv Jürgens, Köln: S. 16, 102 oben, 220 unten sowie Schutzumschlag Rückseite links. Kulturzentrum Ostpreußen, Ellingen: S. 121. Kunsthalle Hamburg: S. 208. Margarete Lichtenberg, Steinau: S. 161 unten. Nationale Forschungs- und Gedenkstätten der klassischen deutschen Literatur, Weimar: S. 17, 21, 30, 34, 40 oben, 41, 61 unten (GNM), 65 links (GNM), 75 rechts, 87, 99 rechts, 104, 105 unten links, 111 Mitte, 120 rechts, 123 oben, 147 unten rechts, 150, 169, 171 oben (GNM), 187 rechts, 216 oben (GNM), 244 links. Werner Neumeister, München: S. 37. Österreichische Nationalbibliothek, Wien: S. 81 links. Hans Patzelt, München: S. 225. Bildarchiv Preußischer Kulturbesitz, Berlin: S. 211 unten, 267 rechts. Josua Reichert, Stephanskirchen/Simssee: S. 265 oben, 271 oben rechts. Scala, Florenz: S. 159. Schiller-Nationalmuseum, Marbach/N.: S. 15 unten, 40 unten, 50 oben, 51 unten, 54 oben rechts, 59, 117 unten, 123 unten, 127, 139 links, 248 links, 253 oben, 266, 267 links. Schopenhauer-Archiv bei der Stadt- und Universitätsbibliothek Frankfurt/M.: S. 217. Wallraf-Richartz-Museum, Köln: S. 115 rechts. Yale University Art Gallery, William A. Speck Collection, New Haven, Conn.: S. 105 oben Mitte.

Das Copyright für die Werke von Ernst Barlach (S. 76 unten links) liegt bei der Ernst Barlach-Nachlaßvertretung GmbH, für Max Beckmann (S. 76 unten rechts) bei BILD-Kunst, Bonn 1983, Lovis Corinth (S. 197 oben) bei Thomas Corinth, New York und für Max Liebermann (S. 89) bei Frau Marianne Feilchenfeldt, Zürich.

Die Karten auf S 56 wurden von der Firma Huber & Oberländer, München angefertigt.

Alle oben nicht angeführten Aufnahmen stammen aus dem Verlagsarchiv.

Vergleichende Zeittafeln zur Geschichte der Weltliteratur.

Diese *Synchronopse der Weltliteratur* zeigt die Entwicklungslinien der europäischen, amerikanischen und asiatischen Literaturen in ihrem individuellen Verlauf und zugleich im zeitlichen Nebeneinander von den Anfängen bis zur Gegenwart. Neben den wichtigsten Werken stehen die Autoren des jeweiligen Zeitabschnitts, so daß die Gleichzeitigkeit unterschiedlichster Gestaltungsformen sichtbar wird.

288 Seiten
Mehr als 280 Bilder und Dokumente
Bibliographie und Register
Durchgehend farbig
DM 18,80
ETB 10003

Das Autoren-Lexikon der deutschen Klassik: Informationen, Dokumente, Bilder.

Die *Klassiker der deutschen Literatur* werden in knappen analytischen Essays dargestellt; ausführliche Zeittafeln informieren über Leben und Werk; die Nachwirkung ist in einer Sammlung wichtiger Zitate dokumentiert. Zahlreiche Abbildungen vermitteln einen anschaulichen Eindruck von den Lebensumständen, der Arbeitsweise und vom Umkreis dieser Schriftsteller und Philosophen.

448 Seiten
Mehr als 500 Bilder und Dokumente. Bibliographie
Durchgehend farbig
DM 26,80
ETB 10006

Die neuartige Übersicht zur europäischen Kunstgeschichte.

Die *Synchronopse der europäischen Malerei* gruppiert die wichtigsten Werke und Künstler aller Epochen nach geographisch-kunstgeschichtlichen Zusammenhängen in zeitlich paralleler Anordnung. Zahlreiche Bildbeispiele verdeutlichen diesen neuartigen Überblick über die Haupttendenzen der gesamteuropäischen Malerei. Mit elf Kurzessays zu den stilgeschichtlichen Hauptepochen.

352 Seiten
Mehr als 300 Abbildungen
Durchgehend farbig
DM 24,80
ETB 10004

Das Epochenlexikon: Kulturgeschichte zum Nachschlagen.

Der Band *Das Biedermeier* ist ein Epochenlexikon. Wohnkultur, Handwerk, Mode, die Schönen Künste sind ebenso berücksichtigt wie die kulturellen Zentren, Erscheinungen des öffentlichen Lebens und die prägenden Persönlichkeiten des Zeitalters zwischen 1814 und 1848. Mit zahlreichen Bildern und Dokumenten, einer Zeittafel und einer Bibliographie.

288 Seiten
Mehr als 240 Bilder und Dokumente
Durchgehend farbig
DM 18,80
ETB 10010

Hermes Handlexikon

Abgeschlossene Wissensgebiete in Einzelbänden.

Bisher erschienen:

ETB 10001: Wer kannte wen? DM 16,80
ETB 10002: Daten der Geschichte DM 24,80
ETB 10003: Synchronopse der Weltliteratur DM 18,80
ETB 10004: Synchronopse der europäischen Malerei DM 24,80
ETB 10005: Synchronopse des Zweiten Weltkriegs DM 18,80
ETB 10006: Die Klassiker der deutschen Literatur DM 26,80
ETB 10007: Richard Wagner DM 18,80
ETB 10008: Große Entdecker und Forschungsreisende DM 16,80
ETB 10009: Universitäten und Hochschulen DM 26,80
ETB 10010: Das Biedermeier DM 18,80
ETB 10011: Die Staaten der Erde. Band 1 DM 18,80
ETB 10012: Die Staaten der Erde. Band 2 DM 18,80
ETB 10013: Päpste und Konzilien DM 26,80
ETB 10014: Martin Luther und die Reformation DM 19,80
ETB 10015: Historische Stätten in Deutschland und Österreich DM 24,80
ETB 10016: Geschichte der Technik DM 16,80
ETB 10017: Die Literatur-Nobelpreisträger DM 26,80
ETB 10018: Charles Darwin DM 19,80
ETB 10019: Die graphischen Künste DM 22,80
ETB 10021: Opern auf Schallplatten. Band 1 DM 24,80
ETB 10035: Opern auf Schallplatten. Band 2 DM 24,80
ETB 10023: Opernhäuser in Deutschland, Österreich und der Schweiz DM 26,80
ETB 10024: Die Friedensbewegung DM 26,80
ETB 10025: Geschichte der Frauenemanzipation DM 24,80
ETB 10026: Die großen Psychologen DM 26,80
ETB 10029: Bewaffnete Konflikte seit 1945 DM 16,80

Demnächst erscheinen:

ETB 10027: Systematik der bildenden Kunst
ETB 10028: Schatzkammern in Deutschland, Österreich und der Schweiz
ETB 10030: Die Klassiker der römischen Literatur
ETB 10031: Daten zur deutschen Gegenwartsliteratur
ETB 10032: Große Städte der Welt. Band 1
ETB 10034: Große Städte der Welt. Band 2
ETB 10033: Sigmund Freud

Änderungen vorbehalten